Von Schlomers

Richard Wagner
Der deutsche Horizont

Richard Wagner

Der deutsche Horizont

Vom Schicksal eines guten Landes

Aufbau-Verlag

ISBN-10: 3-351-02628-5
ISBN-13: 978-3-351-02628-8

1. Auflage 2006

Einbandgestaltung Andreas Heilmann, Hamburg
Druck und Binden C. H. Beck, Nördlingen
Printed in Germany

www.aufbau-verlag.de

Die Bedeutung einer Sache ist ihre Wirklichkeit.

Nicolás Gómez Dávila

Inhalt

I. Intro: Nationalfarben 11
Auftritt des Aussiedlers 13 · Das gute Land 15

II. Die eingebildete Republik: Erfindung der Gründerzeit 17
Der Luxus-Bankrott 19 · Nationalsport ohne Nation 23 · Leben im Zeichen der geistigen Deflation 25 · Billig will ich 27 · Palast der Republik 30 · Festschrift für Deutschland 34 · An den Feuerstellen der alten Bundesrepublik 37 · Die Erfindung der Gründerzeit 41 · Berlin, Hauptstadt light 43 · Mythos Mitte 47 · Der deutsche Imbiß 49

III. Die Tricontinentale geht an die Börse: Zur postachtundsechziger Sozialisation 51
Dekonstruktion der Autorität 53 · Europäische Irrtümer 56 Weltbild 60 · Die Krawattenlosen 61 · Die Diskreditierung der Adenauerzeit 62 · Linke Diskurse 69 · Der schnelle Nazi-Vergleich 72 · Die Gegner der BRD 74 · Auftritt der Grünen 75 · Das Land der Achtundsechziger 78 · Demokratie und Herabwürdigung 81 · Das Ich als Arbeitgeber und Sinnstifter 84 · Die Metaphysik des Machtwechsels 87 · Der verlassene Abenteuerspielplatz 91

IV. Russische Puppen: Das lange Leben der DDR ... 92
Mythos Deutsche Einheit 92 · Die DDR zwischen Deutschland und Osteuropa 93 · Kleine Erinnerung an Uwe Johnsons Bücher 99 · Der Antifaschismus zum Abholpreis 102 · Entzauberung der DDR 108 · Die Sprachlosen 113 · Szene DDR 118 · Nachruf auf die Ostalgie 119 · Sammelsurium 125 · Wer verdient an der DDR? 128 · Fazit Vereinigung 132 · Am Brandenburger Tor 134

V. Traudl Junge erinnert sich und stirbt: Das Dritte Reich im Familienalbum 136
Die wahre Geschichte von Coca-Cola 139 · Wir werden mit der Vergangenheit nicht fertig 140 · Auf dem Moralmarkt der Überlebenden und Nachgeborenen 142 · Wahrheitsfindung und Revisionismus 145 · Logo der Vertreibung 153 · Kursbuchränder 155 · Das Phantom Hitler 156 · Vom Tabubruch zum Empörungsspiel 160 Befreiung und Freiheit 164 · Warum unsere Öffentlichkeit die NPD braucht 169 · Drittes-Reich-Industrie 172 · Der reisende Hornist 174

VI. Der hegemoniale Ballermann: Die Landsknechte von Mallorca schwärmen aus 176
Vom Landsknecht zum König von Mallorca 177 · Freiheit? Freizeit! 181 · Essen im Dunkeln 183 · Der totale Spaß 187 · Der virtuelle Basar 189 · Die Macht der Konsole 190 · Dramaturgie 192 Autorität 193 · Klingeltöne 194 · Die Trivialisierung der Sinnfrage 195 · Cyberwalk 199

VII. Tauziehen: Unsterblicher Korporatismus 200
Bismarcks Sozialstaat 202 · Wenn die Konflikttradition fehlt 203 Der verwaltete Mensch 205 · In der Kantine der Gleichen 209 Das Dilemma der Eliten 211 · Der Weinkenner 214 · Die Macht der Diener 216 · Die Rückkehr der sozialen Frage 216 · Kampf der Generationen 217 · Der aufgebrochene Geldkreislauf 219 · Zunftspiele 220 · Der schwache Staat antwortet 221 · Die begrenzte Marktwirtschaft 222 · Was ist gut für den Sozialstaat Deutschland? 225 · Die Kombi-Existenz 225 · Einstellung des Verfahrens 228 Die Ideologie des Guten 229 · Die Milchmädchen sind da 230 · Das allgemeine Moralprogramm 232 · Im Tollhaus 234 Business Lunch 235

VIII. Die Autorität des Clowns: Stille Tage im Café Größenwahn 237
Mythos Schreiben 238 · Literatur und politische Autorität 239 Die Event-Kultur 242 · In der Spaßgesellschaft 245 · Die Autorität des Themas 247 · Bildung und Wissen im Medienzeitalter 248 Provokation 250 · Das Humboldtmanöver 251 · Benimmbuch 253 Neun Figuren des öffentlichen Raums 254 · Der einzelne und sein

Archiv 257 · Die Rückkehr der Sinngebung in die Pop-Kultur 260 Geschichten aus der Quotenbox 264

IX. Das Land der dritten Strophe: Die abgerüstete Nation 268
Walsers Deutschland 269 · Das antisemitische Dreieck 278 Schuldzuweisungen 279 · Rückkehr der antisemitischen Diskurse 280 · Antisemitismus multikulturell 281 · Der vagabundierende Antisemitismus 284 · Phantome und Realitäten 286 · Jenseits der Gegenwart 288 · Die Lehrjahre des Immigranten 289 Einwanderung und Loyalität 294 · Die abgerüstete Nation 297 · Nach dem Ende des Heimatfilms 298 · Imaginäre Territorien 301 · Der Mythos der Integration 302 · Stadtkultur und Grundgesetz 305 · Der Immigrant als Bürger 308 · Die Nation in Europa 312

X. Tattoos der Angst: Die Rückkehr der Schöpfung .. 314
Die perfekte Welle 315 · In der Gefahrenzone 316 · Das Treibhaus 317 · Der deutsche Baum 320 · Vom Fatum der Geschichte 322 · Eskalation 323 · Kriegsangst 325 · Nach der Entzauberung 327 · Kirchenmanifest 329 · Die Erlebnisgesellschaft nimmt Abschied von einem ihrer Helden 331 · Die Lust an der Wiederholung 336 · Wellness für alle 337 · Über Hufeisen 339

XI. Deutschland ohne Grenzen: Die Phantome der Identität 340
Deutschland in Europa 342 · Deutsche und Slawen nach der EU-Osterweiterung 343 · Signale der Normalität 346 · Die Rußlandbegeisterung zwischen Pop und Metaphysik 350 · Die chinesische Lösung 357 · Europa-Skepsis 361 · Die Stunde der Armen 362 Interesse und Grenze 365 · Das Dilemma der europäischen Ostgrenze 369 · Warum die Türkei nicht EU-Mitglied werden kann 374 · Weltmacht Europa 380

XII. Bonus: Über den Horizont 383
Die ausgestellte Zukunft 388

Literatur 391
Bücher 391 · DVDs 398 · CDs 399

I.

Intro: Nationalfarben

Was wird aus Deutschland angesichts des allgemeinen europäischen Beharrens auf der Nation? Nach dem Ende des Kalten Kriegs bleibt vieles offen, die fortgesetzte Krise des EU-Projekts wird zum täglichen Beleg. Europa erweist sich als eine weiche Addition der nationalen Gemeinschaften. Man ist zwar Europäer, aber man ist es als Franzose, als Ire, als Pole und Lette, auch als Deutscher. Europa wird nicht zur großen Einheitsnation, es ist nicht Amerika, kann es nicht sein. Politiker, die aus jedem Gips Marmor und aus der Not eine Tugend zu machen verstehen, beschreiben unseren Zustand als einen der Vielfalt und sehen es positiv.

»Die deutsche Einheit kommt. Wir können uns die Diskussion um ihre Wünschbarkeit ersparen.« So formulierte es Alexander Gauland im März 1990. Die Vereinigung ist mit dem ostmitteleuropäischen Erosionsprozeß von 1989 über die Deutschen gekommen. Ohne Charta 77, Solidarność und die ungarische Grenzöffnung hätte es kaum ein so schnelles politisches Ende der DDR gegeben. Ihren Wirtschaftsbankrott hätte man durch den innerdeutschen Handel und seine halb legalen und halb kriminellen Begleitphänomene noch weiter hinauszögern können. Auf Dauer allerdings wäre die Trennung auch nicht günstiger gekommen als die Vereinigung.

Diese ist, bei aller Zustimmung und Freude, das größte deutsche Problem geblieben. Nicht nur, weil weder Ost noch West darauf vorbereitet waren, sondern weil die Ausdehnung des westdeutschen Modells auf den Osten sich als kaum praktizierbar erweist. Während die DDR durch die

Geschichte endgültig widerlegt ist, leidet das Modell Bundesrepublik an Reformunfähigkeit, sowohl der Eliten als auch der Bevölkerung.

Wenn es in der Nachkriegszeit hieß: Wir sind wieder wer, so stellt sich jetzt die Frage: Wer sind wir? Diese Frage müssen wir nicht nur beantworten wollen, wir müssen es auch können. Dazu wäre es nötig, uns endlich an der Gegenwart zu messen. Nicht allein unsere existentielle Befindlichkeit kann das Kriterium sein, mehr denn je sind die ökonomischen Anstrengungen in Betracht zu ziehen. Der Gang der Welt fragt nicht nach seiner Zumutbarkeit.

Die Arbeit, die sich Deutschland mit seiner nationalsozialistischen Vergangenheit immer noch macht, wirkt exemplarisch, vergleicht man sie mit dem Geschichtsumgang in anderen europäischen Ländern. Sie nimmt aber auch, als wollte sie zu keinem Ende kommen, immer neue Formen an, die zum Teil mehr die Phantasie antreiben als die Moral. Die Geschichte macht Quote. So führte der Weg von der Trauer zur Einsicht, aber kaum zu einem brauchbaren kollektiven Selbstverständnis. Eine Nation läßt sich nicht am Massengrab aufstellen, jedenfalls nicht mit dem Gesicht zur Zukunft.

Das vereinigte Deutschland befindet sich, wenn auch unspektakulär, auf der Suche nach Gründungsmythen. Was aber taugt noch nach der Manipulation durch Nationalsozialisten und Kommunisten und der anschließenden Demontage durch die kritische Öffentlichkeit zum nationalen Mythos? Der Kölner Karneval? Friedrich Schiller? Das Fußballspiel von Bern? Marlene Dietrich? Die Lufthansa? Die Semperoper? Die Familie Weizsäcker?

Deutschland schleppt den bösen Teil seiner Vergangenheit mit sich herum, als könnte es damit seine Zukunft richten. Aus dieser Art Vergangenheit läßt sich aber nur eine Vermeidungsstrategie ableiten, kein Handlungsschema. Die Vermeidungsstrategie hat uns mit dem Rücken zum gesamten guten Rest unserer Vergangenheit gestellt. In der alten

Bundesrepublik wurde mit ihrer »Umgründung« in den sechziger Jahren, bei allem Geschichtsgerede, eine Strategie der Geschichtslosigkeit ausgerufen. Sie bestätigte als Identifikationsmodus den wachsenden Wohlstand. Das Kaufhaus besetzte die Stelle der Germania. Damit wurde ein Identitätsangebot für gute Zeiten geschaffen. Spätestens mit der Vereinigung aber stellt sich die Frage: Was hält uns zusammen? Was kann uns in Zukunft zusammenhalten?

Wie kommt Deutschland aus der Falle heraus, die mit der Anspruchshaltung seiner Bürger entstanden ist? Eine Gesellschaft bewährt sich erst in der Fähigkeit zum kollektiven Verzicht. In schlechten Zeiten zeigt sich Gerechtigkeit in der Bereitschaft der Eliten und der einfachen Bürger zu selbstlosem Handeln im Interesse der Gemeinschaft.

Stolz auf Deutschland sein sollte bedeuten, stolz auf deutsche Leistungen zu sein. Das wäre der Stolz, der einer Einwanderungsgesellschaft, die wir de facto sind, angemessen ist.

Bekennen wir uns zu einer Leitkultur, die sich auf Rechtsbewußtsein, individuelle Freiheit, Verfassungstreue, deutsche Sprache, Demokratie, Paragraph 218, Gleichheit der Geschlechter, säkulare Gesellschaft, Arbeitsethos, Zahlungsmoral, Steuermoral, Minderheitenakzeptanz, Umweltbewußtsein, Verbot der Todesstrafe und das föderale Prinzip beruft.

Zu Deutschland gehört auch ein Traum von Deutschland. Haben wir ihn? Können wir ihn haben, ohne uns beim Dürfen aufzuhalten? Oder bleibt es bei den Nationalfarben als Accessoires der Modekollektion einer Eva Gronbach?

Auftritt des Aussiedlers

Im März 1987 kam ich als Aussiedler in dieses Land. Ich kam in Nürnberg an, mit dem Ost-West-Zug »Orient Express«. Mein Ziel war das Durchgangslager Nürnberg-Langwasser. Es war in zwei Hochhäusern gleich hinter dem

Reichsparteitagsgelände untergebracht. Aus dem Zimmerfenster blickte man auf das Gelände. Das erste, was ich so von der Bundesrepublik zu sehen bekam, war das Reichsparteitagsgelände.

Die Stadt Nürnberg, in die ich abends einen Ausflug unternahm, erschien mir, dem aus dem düsteren Rumänien der Diktatur Kommenden, wie eine hell erleuchtete Bühne. Ich ging auf der Straße, als hätte ich einen Auftritt, den Auftritt des Aussiedlers.

Das Stück, in dem ich zu spielen anfing, hatte begonnen, ohne daß mir seine Folgen klar waren. Bis heute muß ich erklären, woher mein Deutsch stammt und warum ich mich nicht als Rumäne verstehe. So wenig weiß man in Deutschland über Deutschland.

Deutschland kannte ich aus vielen Gründen. Aus den Gesprächen, die ich in meiner Kindheit hörte, wenn mein Großvater mit seinen Freunden in der Werkstatt zusammensaß, und wenn sie von den Weltkriegen sprachen, dem Ersten und dem Zweiten. Von Adenauer und den Amerikanern.

Aus den alten Büchern in Sütterlin, die ich von den Dachböden im Dorf einsammelte und in denen ich las wie in einem großen Lexikon, in das man blickt wie in ein Faß ohne Boden. Nibelungentreue. Faust.

Eines Tages fand ich bei Verwandten eine Truhe vor, mit ganzen Jahrgängen des Spiegel. Jemand hatte es geschafft, sie nach Rumänien einzuschleusen, wie Zigaretten, wie Jeans. So las ich über Strauß und die Spiegel-Affäre, über Reinhard Gehlen und Erich Kuby, über Nadja Tiller und Peter Kraus.

Hinter dem rumänischen Alltag baute sich die deutsche Geschichte auf. Aus der Muttersprache und ihren krummen Liedern: In einem kühlen Grunde.

Wir waren Deutsche, Banater Schwaben, wir hatten den Krieg verloren. Die Brüder meiner Mutter hatten den Krieg verloren, der eine in der Wehrmacht, der andere in der Waffen-SS. Sie waren beide im Westen geblieben. Alle, die konnten, waren im Westen geblieben. Wir waren in Rumänien und waren Deutsche, aber was war Deutschland für uns? Das Mutterland, wie die Älteren sagten? Eine zweite Realität? Jerry Cotton und die Bundesliga? VW? Der Bossa Nova?

Wer konnte, ging zu dieser zweiten Realität, wanderte aus, führte dort ein zweites Leben. Kam zu Besuch, kam in den Ferien, in den großen Sommern der sechziger und frühen siebziger Jahre, um uns sein zweites Leben vorzuführen, mit einem schönen Auto, Klamotten und Platten, die wir nur aus dem Radio kannten, von der Mittelwelle.

Ich las, ich schrieb, wurde Schriftsteller. Deutscher Schriftsteller in Rumänien. Ich schrieb Gedichte, Kurzgeschichten. Arbeitete als Deutschlehrer, als Journalist. Solange es ging. Und dann ging es nicht mehr. In einer Diktatur leben heißt mitmachen oder sich verweigern, bis man diese alles bestimmende Unterscheidung nicht mehr aushält.

Ich reiste aus, nach Deutschland. Man ließ mich gehen. In den Achtzigern sperrte man die Schriftsteller nicht mehr ein, man jagte sie davon.

Das gute Land

So kam ich 1987 in den Westen, ging nach Berlin, nach Westberlin. Deutschland, das bis dahin die Welt war, wurde zur Nachbarschaft. Alles, was ich aus der Ferne aufgenommen hatte, erlebte ich nun aus der Nähe. Das gute Land lag vor mir. Als Land der Bibel und der Bonanza-Ranch.

Es ist bis auf den heutigen Tag wie ein Abenteuerspielplatz, auf dem regelmäßig der Ernst der Lage verhandelt wird. Die Kassen sind leer, rufen die Kassenwarte, und nennen sich doch weiterhin Kassenwarte. Was wird aus uns, fragen wir, während wir durch das menschenleere Kaufhaus rennen. Eine Mikrophonstimme kündigt ein Schnäppchen an. Oder ist es einer der Wirtschaftsweisen, der von der Konjunkturentwicklung spricht? Auf dem Monitor in der U-Bahn erscheinen die neuesten Arbeitslosenzahlen. Vielleicht sind es auch die Ergebnisse der letzten Lottoziehung.

Die Wirklichkeit weicht den Umfrageergebnissen. Die Umfrageergebnisse zerrinnen in der Hand der Experten. Wer in den Abgrund blickt, meint das Parkett zu erkennen, über das er gehen muß.

Der Morgen ist das Frühstücksfernsehen. Sehenden Auges fürchten wir die Zukunft zu verpassen und rühren doch keinen Finger. Der Panoramazug erscheint uns als Geisterbahn. Trotzdem ist er ausgebucht. Höhenflug und tiefer Sturz sind kaum noch voneinander zu unterscheiden. Wir leben in einer verkehrten Welt, jedenfalls denken wir es, nachmittags beim Friseur.

Das gute Land erscheint uns wie ein Parkhaus, durch das wir ratlos laufen, weil wir den Standplatz unseres Wagens vergessen haben. Für einen Augenblick ist es uns, als sprechen die Parkautomaten mit uns, aber das bilden wir uns nur ein.

In Wirklichkeit tragen wir Kopfhörer und lassen uns Bücher vorlesen. Die Lage ist aussichtslos, denken wir, als seien wir im Kino. Gleich geht das Licht an, denken wir und stehen unvermittelt vor dem Auto.

Deutschland ist wie die Wirklichkeit, nur kleiner.

II.

Die eingebildete Republik: Erfindung der Gründerzeit

Am 10. November 1989 stand eine dem Ereignis angemessene Menschenmenge vor dem Schöneberger Rathaus in Westberlin. Auf den Balkon traten die aus dem fernen Bonn angereisten Vertreter der politischen Klasse, begleitet von ihren Berliner Kollegen, überrascht und hocherfreut, wie alle. Es spielte sich etwas ab, das vernünftigerweise niemand hätte voraussagen können.

Man ließ den Emotionen freien Lauf, zumal die Meinungen in der Sache wohl sehr weit auseinandergehen konnten. Selbst die bisherigen Warner vor einem vereinigten Deutschland und sogar die diversen Anhänger der Zweistaatenformel, als Strafe für den Nationalsozialismus, der Schoß, der immer noch fruchtbar sei, und so weiter. Robert Menasse zum Beispiel erinnert sich so: »Es war meine Hochzeitsnacht. Meine große Liebe, die soeben meine Frau geworden war, und ich, wir saßen da und starrten auf diese Bilder. Es war unsere späte und glückliche Vermählung mit der Zeitgenossenschaft.«

Vielleicht entstehen die historischen Augenblicke, wenn eine kollektive Bereitschaft einsetzt, den sogenannten Verstand aufzugeben. Allein diese Abwesenheit an Vernunft ließ das Undenkbare Wirklichkeit werden. Die kritischen Intellektuellen und die Grenztruppen der DDR waren gleichermaßen gelähmt. Militärisch ausgedrückt: Sie hatten Ladehemmung.

Es war der Tag der Balkone und der Balkonreden. Der große alte Mann der deutschen Politik, Willy Brandt, ehemals, zu Mauerbau-Zeiten, Regierender Bürgermeister, sprach den dankbar aufgenommenen Satz: »Jetzt wächst zusammen, was zusammen gehört.« Es wurde der vielzitierte Brückensatz für die von der Geschichte eingeholten Deutschen. Was aber sagt dieser Satz aus? Was gehört zusammen? Er entpuppt sich beim genaueren Hinsehen als eine merkwürdig uneindeutige Aussage, im Grunde eine Luftblase. Solche Sätze erhalten ihren Status nicht durch ihren Inhalt, sondern durch ihre Rezeption.

Die Politiker auf dem Balkon des nachkriegsbewegten Schöneberger Rathauses sangen mit der Menge die Nationalhymne, das Deutschlandlied, seine dritte Strophe. Sie sangen es falsch, aber mit der Begeisterung, die aus der Gewißheit kam, einen großen, einen historischen Augenblick zu erleben. Die Geschichte war nach Deutschland zurückgekehrt. Zum erstenmal nicht mehr als Debatte, sondern als Ereignis.

Tage danach brachte die taz das Event auf Schallplatte heraus. Damit waren die Grundlagen für die Wahrnehmung des Vereinigten Deutschland gelegt. Emotionen, falsche Töne, ein brauchbarer Spruch und die Juxplatte der Alternativkultur ordneten sich in die allgemeine Rotation ein.

Ein Herbst wurde zum Geschichtsportal:

Republikflüchtlinge bevölkern den Garten der bundesdeutschen Botschaft in Prag. Vom Balkon spricht Hans Dietrich Genscher, der Außenminister. Man versteht nur ein einziges Wort: Ausreise, der Rest geht im tosenden Beifall unter.

In Leipzig, auf den Montagsdemos, nach den Friedensgebeten in der Nikolaikirche, liest man auf dem Transparent: »Mündige Bürger brauchen: Freie Wahlen, Reisefreiheit, saubere Umwelt, Zivildienst, freie Marktwirtschaft«.

»Visafrei bis nach Hawaii!«

In der Berliner Stasi-Zentrale in Lichtenberg stehen die Einweckgläser mit den Geruchsproben von verhörten Personen im Regal.

Das Neue Deutschland berichtet vom Mitropa-Speisewagenkoch, auf der Strecke Berlin–Budapest, der, nach einer

Betäubung mit einer Menthol-Zigarette, in Wien aufgewacht sei. Wochen später widerruft das Blatt die Meldung.

Beate Uhse läßt 600000 Kataloge in den Osten schaffen und dort kostenlos verteilen.

»Für uns kam dieses Ereignis (die Grenzöffnung) wie ein Blitz aus heiterem Himmel, und wir erfuhren davon erst am Abend in den Fernsehsendungen.« So Iwan Kusmin, der ehemalige stellvertretende Leiter der KGB-Residentur in Berlin-Karlshorst, 1994 in der FAZ.

Die Sinatra-Doktrin (»My Way«), die, laut einer launigen Moskauer Pressekonferenz des Sprechers im Außenministerium Gennadi Gerassimow, die Breschnew-Doktrin abgelöst hatte, zeigt ihre Wirkung.

Hannelore Kohl tippt auf ihrer Reiseschreibmaschine das Zehn-Punkte-Programm ihres Mannes zum Thema der Vereinigung.

Die Zahlungsunfähigkeit der DDR ist für das Jahr 1990 nicht mehr abzuwenden. Das steht zu diesem Zeitpunkt noch in einem Geheimpapier von Experten wie Schalck-Golodkowski.

»Jetzt geht's zum Kurfürstendamm!«

»Die Deutschen warten, hüben wie drüben, wie die Geschichte disponiert.« So lautete der letzte Satz in dem Buch »Die Deutschen« von 1967. Sein Autor: Johannes Gross.

Im Herbst 1989 hat die Geschichte disponiert. Mehr nicht. Alles andere blieb den Deutschen überlassen.

Der Luxus-Bankrott

Es gibt ein Land, so die Sage, das die zweitgrößte oder die drittgrößte Wirtschaftsleistung der Welt aufzuweisen hat und das bei einer Bewohnerzahl im demographischen Mittelfeld und einem eher kleinen Territorium. Seine Bewohner verstehen sich gerne als Weltmeister. Zum Beispiel Weltmeister im Export. Das Wort ist seit Jahrzehnten ein beliebtes Medienkürzel. So bezeichnen uns die Schlagzeilen als Weltmeister bei der Windenergie, aber auch im Sekttrinken und sogar in der Anzahl der Websites. 2005 waren es 84,7 auf 1000 Einwohner.

Das hat wohl mit einem der Gründungsmythen der Bundesrepublik zu tun, mit dem Fußballspiel in Bern, das am 4. 7. 1954 das deutsche Selbstbewußtsein mit einem Schlag aus den NS-Ruinen wiedererstehen ließ. Es hat aber auch damit zu tun, daß man den Nationalstolz, der einem verboten war, durch die Sekundärtugenden euphemistisch ersetzen konnte. Weltmeister ist ein rein performativer Begriff. Er generiert als Hintertürpatriotismus den Weltmeisterstolz.

Das vielbelächelte und von Intellektuellen oft genug verdammte kleinbürgerliche »Wir sind wieder wer« hat identitätsstiftend gewirkt. Es hat die Leistungen der fünfziger Jahre grundiert und später die Leitplanken der Republik geziert. Je mehr Normalität der (west)deutsche Staat annahm, desto geringer wurde seit den siebziger Jahren diese Zuversichtsrhetorik. Mit der Vereinigung scheint sie abhanden gekommen, zumindest in den Hintergrund getreten zu sein.

Ein kollektives Gefühl läßt sich offenbar doch nicht auf Dauer aus den Daten errechnen. Wirtschaftswundergefühle wirken nicht generationenübergreifend. Gerade die Vereinigungsproblematik zeigt, daß der Leistungsbegriff nicht nur integriert, sondern auch ausgrenzt. Ost- und Westdeutsche finden zu keiner gemeinsamen Leistungsgeschichte zusammen. Der Leistungsbegriff als Integrationsfaktor war wohl der Ausdruck der besonderen Nachkriegssituation, als Geschlagene und Vertriebene, allein mit einem Überlebensprogramm ausgestattet, ans Werk gingen.

Zuversicht entsteht aus Inkommensurablem. Im internationalen Vergleich sind die Ressourcen Deutschlands eine beeindruckende Größe. Aber der internationale Vergleich nützt innenpolitisch und mental gar nichts. Niemand vergleicht sich mit dem Nachbarn jenseits der Staatsgrenze, zumal wenn es diesem schlechter geht.

So schnell wie die Vereinigung zum Höhenflug führte, so schnell kam sie auch zur Depression. Nicht daß es zur Wirtschaftspleite oder zum Staatsbankrott gekommen wäre. Die Währung hielt allen Anfechtungen stand, bis zuletzt. Die D-Mark war eines der stabilsten Zahlungsmittel der Welt. Auch hungerte kaum jemand im vereinigten Deutschland, weder in Ost noch West, jedenfalls nicht wegen der Vereinigung. Der Sozialstaat hält bis heute ein Niveau wie kaum in einem anderen Land. Und der Solidaritätsbetrag, der als Vereinigungs-Steuer gezahlt wird, ist ziemlich gering, mehr ein Einheitsobolus.

Trotzdem ist nichts mehr, wie es war, jedenfalls in den Augen der Menschen nicht. Versucht man Ursachen für den Stimmungsumschwung zu finden, kommt man zu wenig Konkretem. Allen Themen voran geht die Arbeitslosigkeit. Danach kommt der Zustand der Sozialkassen. Die Arbeitslosigkeit hat sich als Thema Nummer eins eingebrannt. Sie ist ein viel wichtigeres Thema als in anderen Ländern. Das hat mit dem deutschen Fetisch Statistik zu tun, mit dem aufwendigen Verwaltungsprozedere der Arbeitslosigkeit. Die Zahlen stehen regelmäßig wie Drohungen am Medienhimmel. Vergleiche mit Weimar sind bis heute beliebt. Weimar heißt Instabilität, Weimar ist im deutschen Bewußtsein mindestens so schlimm wie der Supergau oder der Treibhauseffekt. Kriegen wir Weimarer Zustände, oder kommt die nächste Eiszeit?

Dabei gibt es kaum noch jemand, der Erfahrungen mit Weimar hat. Weimar ist ein Phantom im kollektiven Gedächtnis. Selbst unsere Verfassung liegt immer noch im Streit mit Weimar, so daß wir uns eine Parlamentsgaudi in Form eines künstlich herbeigeführten Mißtrauensantrags des Kanzlers gegen sich selbst ausdenken müssen, um einen banalen politischen Vorgang zu ermöglichen, vorgezogene Neuwahlen. Wir sollten uns endlich von Weimar verabschieden.

Ein wichtiges unausgesprochenes Thema ist in Deutschland der Arbeitsbegriff. Der deutsche Arbeitsbegriff ist ein

Angestelltenbegriff. Es gibt wenige Gesellschaften auf dieser Welt, die den Begriff so eng definieren. Woanders schafft man sich eine Arbeit. In Deutschland stößt man auf dem Weg in die Selbständigkeit auf zahllose Hürden.

Arbeit heißt einen Arbeitsplatz haben, und diesen Arbeitsplatz bekommt man, oder man bekommt ihn nicht. Das ist ein Begriff, der seit dem Kaiserreich gewachsen ist und seinen letzten Schliff durch die Mitbestimmungsregelungen im Westen in den siebziger Jahren erhalten hat. Sie standen am Ende einer Sozialpartnerschaftskonstruktion, die mit den Arbeiterausschüssen des 19. Jahrhunderts einsetzt, mit Ideen im Umfeld des Laboratoriums Paulskirche, und während des gesamten Kaiserreichs als korporatistische Formeln einer Konsensgesellschaft verhandelt wurden, in Gestalt der paritätischen Arbeitskammern. Am Ende der Entwicklung hatte man ein weltweit einzigartiges Modell von, wie es hieß, »Wirtschaftsdemokratie« entwickelt, die aus den ursprünglichen Garantieforderungen der Lohnarbeiter ein Aushebelungsinstrument der Marktwirtschaft machte. Die wilde Mischung aus Korporatismus und Rätedemokratie hat uns zur Freude der Konsensgesellschaft die Streikruhe beschert, aber auch den Flächenlohntarif, ein Instrument, das die Konkurrenzmöglichkeit aufhebt und damit gerade in der Gründerzeit des vereinigten Deutschland die Energien, Ressourcen und Talente gefangenhielt.

Dazu kommt, daß in Ostdeutschland der Arbeitsbereich durch das Staatsmonopol eine Prägung erfuhr, die letzten Endes zu einer folgenreichen Aushöhlung des Arbeitswertbegriffs führte. Arbeit wurde zur Simulation. Zur Angelegenheit der Partei, die von den entmündigten Bürgern in der Regel mit einem Achselzucken quittiert wurde. Dieses Denkmuster schlägt bis heute durch, wenn im Osten gleiche Löhne wie im Westen angemahnt werden, aber von der Arbeitsproduktivität nicht die Rede ist. So wird aus einer Leistungsfrage im Handumdrehen ein Gerechtigkeitsproblem.

Im vereinigten Deutschland haben sich diese Teilmentalitäten bestens ergänzt, gegen jede realistische Entwicklung. Vielmehr ist es so, daß der Staat diesen Begriff selbst fördert, kaum eine Problematik wird so umfassend verwaltet wie die Arbeitslosigkeit. Ein Beispiel sind die ausufernden Arbeitsämter, Pardon, Arbeitsagenturen. In vielen Ortschaften belegen sie die beeindruckendsten Behördengebäude. Ein wahrer Archipel.

Bezeichnend ist auch, daß die Ämter oder Agenturen sich immer weniger um die Vermittlung von Arbeit kümmern und immer mehr um die Erfassung und die Interpretation von Arbeitslosigkeit. Die Bundesagentur für Arbeit unterhält sogar ein eigenes »Institut für Arbeitsmarkt und Berufsforschung«.

Auch in der Arbeitsfrage erweist sich, daß die Wahrnehmung weitgehend mit dem Wahrnehmungsmuster identisch ist. Letzten Endes geht es in der öffentlichen Auseinandersetzung um die Finanzierung der Arbeitslosigkeit. Die Panik aber ist ausgebrochen, als Teilen der Bevölkerung klar wurde, daß Arbeitsloser in Zukunft wohl kein Beruf mehr sein könnte. Die allgemeine Forderung ist wohl, der Bankrott möge bezahlbar bleiben. Luxus für alle, heißt die Devise, die aus der Frage der Gerechtigkeit abgeleitet wurde.

Es ist ein Denken auf Pump.

Nationalsport ohne Nation

Jedes Volk hat seinen Nationalsport. Bis vor kurzem hätte man meinen können, bei den Deutschen handele es sich um den Fußball, zumal dieser für einen Gründungsmythos der Bundesrepublik gesorgt hat, der selbst noch nach der Vereinigung sein symbolisches Scherflein zum kollektiven Selbstbewußtsein beitrug. Das vereinigte Deutschland wurde 1990 prompt Fußballweltmeister. Die Stimmung, die sich daraus hätte ergeben können, trug aber nicht. 1990 war die Zeit der Hooligans. Die häufigste Geste war das provokative Zeigen der Reichskriegsflagge. Es war der Auftakt zu den frühen Neunzigern, in denen Jugendliche sich mit Vorliebe zum Pöbel erklärten und die Einwanderer terrorisierten.

Die Geschichte wiederholt sich nicht. Selbst der Film zum Jubiläum des Initialereignisses »Das Wunder von Bern« konnte 2004 nichts daran ändern, auch wenn der Bundeskanzler Schröder zur Filmpremiere erschien und anschließend vor der Kamera erklärte, er habe geweint. Die Lifestylegesellschaft kann mit der Republik von Kohle und Kartoffeln, gebrochenen Vätern und rollenbewußten Frauen nur wenig anfangen. Jene waren alptraumerfahren, jetzt ist man eher Objekt einer flüchtigen Imagination. Die Ängste erwecken heute den Eindruck, verwaltet zu sein. Die Bilder der Angst erscheinen als von den Medien lanciert. Trotzdem ist Angst angesagt.

Eine Erbschaft des nationalsozialistischen Desasters scheint die deutsche Nachkriegsbegabung für die kollektiven Ängste zu sein. Es gibt eine lange Liste von Panikstimmungen und auch erstaunlich großen Protestbewegungen, die sich daran entzündeten. Von den Atomgegnern der fünfziger Jahre bis zu den Friedensbewegten der Achtziger. Aber auch die Ökologie aus der Angst heraus ist eine deutsche Denkfigur, sie brachte schließlich die Grünen hervor. Waldsterben, Treibhaus und Windenergie sind zum Emblem gewordene deutsche Überzeugungen. Wenn man die Friedenssehnsucht, die Friedensbeharrung um jeden Preis, auch gegen die Menschenrechte, noch als Ergebnis des Nie-wieder-Krieg nach 1945 verstehen mag, so zielt das Umweltbewußtsein doch auf weniger Politisches, es zielt auf Größeres, auf die menschliche Existenz. Für das erste mag der Begriff des Ausgebombten ausreichen, für das zweite geht die Frage schon an die Schöpfung, da ist der Michel Philosoph. Und ein bißchen ist es jeder Ökobauer und jeder Mülltrenner ja auch. Ohne philosophische Neigung würde er seine trotzige Tätigkeit als sinnlos, zumindest aber als lächerlich empfinden müssen. Sisyphos ist nicht lächerlich, er hat aber auch keinen Humor.

Es ist, als schlügen die Deutschen in allen Fragen immer noch die Hermannschlacht. Man geht nicht auf Entwicklungen ein, man stemmt sich gegen sie, wie gegen das Ende der Geschichte. Man weiß es, und man jammert, gegen den Neoliberalismus, gegen die Globalisierung. Aber im Namen wovon? Wir beziehen uns nicht auf die Nation, schon längst nicht auf das nationale Interesse, wir berufen uns aber auf eine Nationalideologie. Diese ist friedfertig, ökologisch und besserwisserisch.

Der gute alte Geisterfahrer ist über Nacht zum Falschfahrer geworden.

Leben im Zeichen der geistigen Deflation

Stimmung über alles, aber schlecht muß sie sein. Realität und Wahrnehmung fallen weit auseinander. Was ist nur mit uns los, daß man bereits Bücher mit dem Titel »Kopf hoch, Deutschland« für nötig halten muß?

Eine intellektuelle Nachkriegsfaustregel besagt, man dürfe Deutschland nicht gut finden. Als sei, wo Deutschland drauf steht, Faschismus drin. Die ursprünglich, in den frühen Nachkriegsjahren, vielleicht nicht ganz unbegründete Position hat sich von der Realität längst abgelöst.

Bezeichnend war die Kritik von SPD und Grünen, speziell jene von Claudia Roth, an der Rede des Bundespräsidenten Köhler zur Sechzig-Jahr-Feier des Kriegsendes. Er war ihnen zu zuversichtlich, weil er auf die deutschen Leistungen hingewiesen hat, und man staune, weil er der Meinung ist, daß die Neofaschisten in Deutschland keine Chance hätten.

Die Warnung vor uns selbst ist längst zu einem Ritual geworden, das nichts kostet und seine Protagonisten immer noch unangreifbar macht. Es nützt Deutschland schon lange nicht mehr, es legitimiert auf billige Weise schlechte Politik.

Auch die Nachbarvölker wundern sich. Die gesamte deutsche Krise ist über die Grenzen Deutschlands hinaus nicht vermittelbar. Trotzdem haben wir eine Krise. Sie ist imaginiert und real zugleich. Und sie läßt sich weder durch Imagepflege noch durch Reformpflästerchen beheben. Wir haben eine Systemkrise, die gleichzeitig eine Sinnkrise ist.

Vielleicht sollten wir darüber nachdenken, warum unser gesamtes Erfolgsmodell mit seinen jetzt zutage tretenden Fehlern bei den Nachbarn nicht nur wenig bekannt ist, sondern von diesen auch niemals als nachahmenswert empfunden wurde.

Wenn in der alten Bundesrepublik die Fronten wichtig waren und längst markiert und die Markierungen respektiert wurden, so ist im vereinigten Deutschland ein hektisches Auflösen aller Demarkationslinien zu konstatieren. Zunächst einmal war man darauf bedacht, niemand auszugrenzen. Diese Übersensibilität hängt wohl mit dem unklaren Nationenbegriff zusammen, eine weitere Erbschaft der Nachkriegszeit.

Lautstark verkündete man zwar, diese gehe nun unweigerlich zu Ende, aber man fürchtete dieses Ende auch und zwar ohne ersichtlichen Grund. Haben die Deutschen Angst vor sich selbst oder vor der Verantwortung, die sich aus einer realen Souveränität ergibt? Bis zur Wiedervereinigung war Deutschland durch zwei Staaten mit eingeschränkter Souveränität repräsentiert. Beide Staaten waren nicht von der gesamten Staatenwelt voll anerkannt, sie erkannten sich selber nur bedingt an. So widersprach die Existenz der DDR der Präambel des bundesdeutschen Grundgesetzes, aber auch die DDR erkannte nicht die Zugehörigkeit Westberlins zur Bundesrepublik an. In diesem Zusammenhang stritt man sich um Semantik wie den Unterschied von Bindungen und Verbindungen.

Die volle Souveränität aber wird im heutigen Deutschland gar nicht gefeiert. Es wäre das Datum des Abzugs der alliierten Truppen aus Deutschland, im Jahre 1994.

Ein Grundhindernis Deutschlands ist, daß sich seine Öffentlichkeit den Problemen nicht stellt. Trotzdem werden sie verhandelt, und zwar in einem Ton, der sie dramatisiert oder bagatellisiert. Deutschland fehlt es an Realismus. Man ist entweder Spaßgesellschaft oder Weltuntergangskommission.

Auch das ist ein Erbe der Nachkriegszeit. Das erfolgreichere Buch über die Gründerzeit der Bundesrepublik war Karl Jaspers' »Wohin treibt die Bundesrepublik?«. Es hat nicht nur ein Fragezeichen im Titel, sondern geht auch sonst recht skeptisch mit der neuen Staatskonstruktion um. Das weitaus solidere Werk von Fritz René Allemann »Bonn ist nicht Weimar«, das also eine klare positive Botschaft schon mit seinem Titel vermittelt, ist bis heute eher ein Geheimtip geblieben. Bloß der Titel konnte Karriere machen, und zwar als Schlagwort einer öffentlichen Selbstbeschwichtigungsrhetorik.

Wir haben eine funktionierende Demokratie. Das steht fest. Wer aber sind die Demokraten?

Billig will ich

Als im Frühjahr 2004 die Gewerkschaften zum Protestwochenende aufriefen, verteilten sie T-Shirts mit der Aufforderung: »Steht auf!«. Darunter stand, in kleinerer Schrift: »gegen Sozialabbau«. Dieser Minimalismus erscheint wie die billige Kopie eines John-Heartfield-Plakats. Sogar Klaus Staeck war schon mal aufwendiger. In der Sache steckte aber auch Absicht. Die keineswegs armen Gewerkschaften betrieben damit die Verwandlung zum Schlichten. Schließlich wurde die soziale Frage neu ausgerufen. Aufstehen ist die verbale Reduktion des Protests auf die einfachstmögliche

Formel. Die Schlichtheit suggeriert Notwendigkeit und vermittelt billige Sozialkritik.

Es gab eine Zeit, da war das Billige verpönt. Das Wort selbst war so gut wie ausgemerzt. Man sagte »günstig«. Wie man »nicht erwünscht« sagte oder »wir müssen draußen bleiben«. In der letzten Zeit aber hat es einen rasanten Statuswandel erfahren. »Billig will ich«, tönt der Werbeslogan einer bekannten Supermarktkette. Der dezidierte Ton suggeriert sogar das Selbstbewußtsein des gewieften Käufers. Die Parole befindet sich nicht nur auf den Tragetaschen und den Kassenzetteln, die Kassiererinnen tragen sie als Button. Sie soll ins Auge springen.

Wer sich zum Billigen bekennt, hat bald jede Zurückhaltung eingebüßt. So ein Schlagwort kann nur schrill sein. Als hätte man alle Benimmregeln aufgegeben oder alle Hüllen fallen lassen. Als wäre die Stunde der Wahrheit gekommen. Es paßt zum allgemeinen Niedergang, wenn die Werber »Geiz ist geil« brüllen und mittlerweile als Replik darauf »Nicht nur Geiz ist geil«. Es sind die Schlachtrufe der Deflationskünstler, die an die Stelle der Lebenskünstler getreten sind.

Vorbereitet wurde dieser Zustand durch den Aldi-Kult. Irgendwann galt es unter Bürgerlichen als schick, zu erzählen, man kaufe bei Aldi ein. Wer das sagte, sprach von einem gewissen Käse oder einem namenlosen Rotwein, als wären es Geheimtips. Es war jedoch nichts als Massenware aus dem Karton, was da zum Kultobjekt erhoben wurde. Aldi bediente diesen Kult, indem es einzelne Waren anbot, die einem höheren Anspruch genügen konnten, aber den einmal gesetzten Rahmen, die Geschäftsidee, nicht sprengten. Sie mußten besser wirken als ein gängiges Aldi-Produkt, durften aber in der Preislage nicht teurer sein. Das Unternehmen begann mit seinem Image erfolgreich zu spielen. Das Billige wurde zum Ornament.

Das zweite Phänomen der Kultveredelung entstand bei Ikea. Über einzelne dort erwerbbare Einrichtungsgegenstände kursieren wahre Mythen, die die Geschichten über das erlebnisreiche Zusammenbauen von Ikea-Möbeln erfolgreich ergänzen. Es gibt eine höchst lebendige Ikea-Folklore.

Beide Phänomene bilden eine Vorstufe zum entscheidenden Statement: Billig ist erlaubt. Sie traten als diskrete Vorboten der Deflation auf. Mittlerweile wird überall mit Niedrigpreisen geworben, mit Rabatten gewunken. Wo früher die Markenware triumphierte, herrscht jetzt das Angebot. Selbst Markenprodukte werden in einer Billigvariante konzipiert, erschwinglich gemacht. Dafür werden die Etiketten immer aufwendiger. Während das Leben billig wurde, verschwand der Ausdruck »Etikettenschwindel«. Bei Starbucks hat der Pappbecher einen Schnabeltassendeckel.

Zeitgleich mit diesen Vorgängen tauchten die sogenannten Factory-Outlet-Geschäfte auf, die meist Kleidung zum Fabrikpreis anbieten. Vorzeigbares für alle. Jeder kann scheinen, was er nicht ist. Man wirkt auf billige Art wohlhabend. »Schnäppchen« ist eines der am häufigsten gebrauchten Wörter dieser Tage. No-name-Produkte besetzen den Horizont und den Boulevard. Zum namenlosen Gegenstand gehört der namenlose Käufer. Das Massenprodukt konturiert den Niedergang.

Abgekürzte Herstellungsprozesse oder Produktionsverlagerungen, aber auch eine vereinfachte Kommunikation haben dazu beigetragen. Die Erweiterung des öffentlichen Raumes durch das Internet hat die Umgangsformen noch plebejischer gemacht. Ein Chat wird grundsätzlich in der Duzform geführt. Man duzt sich bereits, bevor man sich überhaupt zu Gesicht bekommt. Da konnte eBay nicht ausbleiben, das plebejisierte Auktionshaus, basisdemokratisch, gelegentlich aber auch Tummelplatz schlechter Zahlungsmoral.

Bezeichnend für das billige Leben ist die Omnipräsenz des Kalauers. »Let's Wok Together«, titelte ein Hauptstadtmagazin. Das Thema lautete: »Ein Topf für alle – Kochen in Berliner Büros«. Die geistig erschwinglichste aller Zeitungen, Bild, titelte zu Fotos mit Heidi, Seal und Baby Leni: »Familie Klumterbunt«.

Wer aber das Buchstabieren satt hat, der leiht sein Ohr der neuesten Billig-Erfindung, dem iPod. Der Player speichert die Songs als Downloads, Einheitspreis 99 Cent. Wie in den Resterampen, die vor einiger Zeit überall in den kaufkraftarmen Wohngegenden auftauchten. Alles zu 99 Cent, aber was?

Der öffentliche Raum wird zunehmend von Orten des Billigen besetzt: Imbisse, Kioske, Kopierläden, Wäschereien, Stehcafés, Haltestellen. Der alltägliche Ablauf erscheint wie eine Geostrategie des Billigen. Unterwegs zum Billigjob wirft man schnell noch einen Blick in den Schnäppchenmarkt, den mittlerweile jedes angesehene Kaufhaus zu bieten hat.

Zum billigen Leben gehört, neben dem billigen Essen wie Fast Food, Döner, Wrap und Kaffee to go und dem entsprechenden Outfit auch das billige Denken. Man schaue sich nur die knalligen Titel vieler Sachbücher an, ihre schlichten Botschaften, die bereits mit den Kapitelüberschriften erschöpfend beschrieben sind. Bücher als eine Summe von Schlagzeilen. Wie hieß es früher? Aussage gegen Aussage. Patt.

Das Billige expandiert. Es beherrscht unsere Gesellschaft, die in ihrer Agenda ruht wie in einem Pool. Alles ist nichts, und nichts ist alles. Die einen sind arm, die anderen tun so. Und alle erwecken den Eindruck, als hätten sie was zu sagen, und sei es nur, daß sie sich eine Meinung zum allgemeinen Zustand leisten können. Das einzige aber, was sie sich wirklich leisten, ist der Schlachtruf »Billig will ich«, und auch der wurde ihnen in den Mund gelegt.

Es ist, als wären wir in der Rotation bei Viva, dem Billiglatein fürs Leben.

Palast der Republik

Im Winter 2002 konnte man am Checkpoint Charlie, in Berlin, an der ehemaligen Grenzübergangsstelle für Ausländer, einem jungen Mann in Vopo-Uniform begegnen. Kann sein, er hielt gerade einen Fahrradfahrer an. Kann sein, daß er zu dem Fahrradfahrer sagte: »Wenn Sie in die Deutsche Demokratische Republik einreisen wollen, müssen Sie vom Fahrrad absteigen.«

Seine Uniform hatte der junge Mann vom Flohmarkt, er selber kam aus dem fernen Allgäu. Über die DDR wußte er, bevor er nach Berlin kam, praktisch nichts. Die vielen lustigen Honeckerzitate, die er parat hatte, bezog er aus dem Internet.

Die Vereinigung überlagerte das Ende des Kommunismus. Die Auseinandersetzung einer erzürnten ostdeutschen Bevölkerung mit der Nomenklatura konnte in ihrer verschärften Form nicht mehr stattfinden. Das Ende der DDR war auch das Ende der DDR-Opposition. Bald sprach man nur noch von »ehemaligen« Bürgerrechtlern.

Die deutsch-deutschen Querelen besetzten zu schnell die Szene. Die Folgen: Das öffentliche Bewußtsein speichert die Tragweite der kommunistischen Verbrechen nicht. Damit ist eine weitere Plattform unaufgearbeiteter Vergangenheit eingerichtet. Beim Thema Kommunismus hat man von der Erfahrung mit der Aufarbeitung des Nationalsozialismus nicht nur nichts gelernt, man hat sogar unter den Bedingungen des Vergleichsverbots der beiden Ideologien die Erfahrungen mit dem Nachleben des Dritten Reichs ignoriert. Vereinzelte Linke, wie der Berliner Juraprofessor Uwe Wesel, fanden Adenauers sanften Umgang mit den Ex-Nazis, ihre Einbindung in die Funktionseliten der frühen Bundesrepublik, sogar vorbildlich für die anstehende Eingliederung der ehemaligen kommunistischen Funktionäre und Profiteure. Sollte, was bis gestern noch ein Dauervorwurf gegen die »Restaurationspolitik« Adenauers war, über Nacht nicht mehr gelten, bloß weil er jetzt die eigenen Kumpel in Ost und West treffen konnte, die Fellow Travellers und Befürworter des selbsternannten besseren deutschen Staats, nämlich der DDR?

Plötzlich waren alle, wie zu Kaisers Zeiten, nur noch Deutsche. Auch die Verbrecher. Markus Wolf, der ehemalige Chef des Auslandsgeheimdienstes der DDR, 1993 und 1997 vom Oberlandesgericht Düsseldorf rechtskräftig verurteilt, aber wegen Lappalien und auf Bewährung, tritt bis heute als smarter Zeitzeuge auf. Martin Walser verlangte vor ein paar Jahren die Freilassung des zu einer Haftstrafe verurteilten DDR-Spions Rainer Rupp, mit der Begründung, der Kalte Krieg sei vorbei.

Die verharmlosende Darstellung des DDR-Regimes als autoritär, Grass sprach sogar von einer kommoden Diktatur, führte zur Feier des allgemeinen Opportunismus. Standfestigkeit war out. Nicht die von den Behörden aufgelöste Renft-Combo wurde Kult, nicht deren Song »Die Flut«, sondern die offizielle Proll-Rock-Truppe, die Reisekaderband Die Puhdys. Das öffentliche Interesse galt nicht dem verbrecherischen Charakter des DDR-Systems und seiner Institutionen, sondern den verschiedenen IMs. Sie wurden so lange in den Medien herumgereicht, bis sie aussahen wie jedermann.

Der Vergleich zwischen Nationalsozialismus und Kommunismus ist eines der zentralen Denkverbote in Deutschland. Begründet wird es mit der Einmaligkeit des Holocaust, an der mit dem Vergleich gerüttelt werden würde. Darum geht es aber nicht.

Es geht vielmehr, im Zeichen des Vergleichsverbots, um die Verharmlosung des Kommunismus. Die meisten für die Repression in Ostdeutschland Verantwortlichen sind nicht nur ungestraft geblieben, sie konnten sich sogar im vereinigten Deutschland parteipolitisch etablieren. Die PDS ist am gesamten Vorteilssystem der politischen Klasse angedockt.

Die ungeprüfte Anerkennung der Ex-Kommunisten ließ die Thematik kommunistischer Verbrechen zur Anekdote werden. Sie wurden für eine Weile von den Medien verwertet, anschließend in die Nischen der eine Marginalexistenz führenden Opferverbände abgestoßen. Ein Beispiel dafür ist die Posse um die Kreuze für die Maueropfer, die die Betreiberin des privaten Museums am Checkpoint Charlie in Berlin im Winter 2004 aufstellen ließ. Das offizielle Berlin zeigte sich weitgehend peinlich berührt von soviel Eigeninitiative. Eilig wurde von Kultursenator Thomas Flierl (PDS), ein Mann aus dem alten DDR-Kulturapparat, ein Konsenspapier erarbeitet. Darin wurde ein »Gedenkkonzept Berliner Mauer« entworfen, das an die Stelle der wilden Gedächtnisform treten sollte und zwar bis 2011 zum 50. Jahrestag des Mauerbaus. Vorgesehen ist darin der Ausbau der Mauergedenkstätte an der entlegenen Bernauer Straße, der Checkpoint Charlie soll innerhalb des Konzepts bloß ein »Ort der Information« zur weltweiten Ost-West-Konfrontation im Kalten Krieg sein. Beliebiger geht es kaum. Die Gleichstellung von Ost und West im Kalten Krieg ist eine alte linke These, die immer schon der Verharmlosung des Stalinismus diente. Damit war die Debatte bald vom Tisch. Die Frau aber, die sie ausgelöst hatte, die Museumsbetreiberin Alexandra Hildebrandt, machte man zum Objekt des öffentlichen Gespötts. Das Stadtmagazin Zitty ernannte sie zur peinlichsten Berlinerin des Jahres. Als Begründung konnte man folgendes lesen: »Sie ist die größte Heimsuchung Berlins. In einer Mischung aus fanatischem Sendungsbewußtsein und kaltem Erwerbsstreben überzieht sie die Stadt mit ihren Gedenkwaffen: Mauern, Kreuze, Fluchtdevotionalien. (...) Die Witwe des kalten Kriegers Rainer Hildebrandt hat das Gedenken zum Erlebnispark umfunktioniert.«

Aufgrund einer Gerichtsentscheidung wurden die Mauerkreuze am 5. 7. 05 polizeilich geräumt. Zu der Aktion waren einige Dutzend Demonstranten erschienen. Mehrere von ihnen hatten sich symbolisch an Kreuze angekettet.

Die großen Mißverständnisse begannen mit der Wendezeit. Nach dem Befreiungsschlag des DDR-Volks im Herbst 1989 hatten sich viele Ostbürger schnell an der Warenwelt ausgetobt, zu schnell. Hemmungsloser Konsum, zumal von Billigprodukten, erzeugt bekanntlich Langeweile. Die aus ihrem realsozialistischen Mangelstatus Entlassenen erlebten bald jene Banalisierung, die Ernüchterung, vor denen im Westen immer schon ganze Bücherregale zu warnen wußten.

Erstaunlich bleibt, mit welcher Blauäugigkeit sich die Ostdeutschen nach der Auflösung der DDR dem Kaufrausch hingaben, wie sie die unseriösen Kreditkäufe akzeptierten, so daß viele von ihnen bald verschuldet waren. Sie gebärdeten sich wie Analphabeten des Konsums. Sie selber erklärten sich zu Enttäuschten. So wurde aus der Freiheitsfrage die Identitätsfalle.

Die Ex-Nomenklatura aber setzte sich an die Spitze der Bewegung. Wo sie vor Jahr und Tag noch die Polizei dirigierte, führte sie jetzt plötzlich den Protest an. Wie war das möglich?

Die Ostdeutschen hatten durch ihre bedingungslose Beitrittsbereitschaft nicht nur die DDR-Problematik, die ostdeutsche Konfliktlage weggekickt, wie die Ostprodukte, die Ostschlagersänger und die Ostschriftsteller, sie hatten es aufgegeben, sich als Gemeinschaft zu betrachten. Die Organisatoren der Opposition, die Bürgerrechtsgruppen, verloren ihre Aufgaben, sie gingen in den Westparteien auf. Den Ostdeutschen blieb nicht viel zu tun. Alles, was sie gerade erfinden wollten, gab es im Westen längst, war ausreichend normiert, Gesetz.

Blieben also nur die PDS und die symbolische Verteidigung der DDR, mit Aktionen für den Erhalt des Palastes der Republik. Gysi entrollte 1997 sogar ein Transparent vom Dach: »Stoppt Palast Abriß«.

Es war Theater. Gespielt wurde eine Verwechslungskomödie, in der die Requisiten die Handlung beherrschten. Die Besten hatten sich zwar davongemacht, aber die Tafel der Besten beherrschte weiterhin das Bühnenbild.

Festschrift für Deutschland

Die Vereinigung nach den Beitrittsbestimmungen des Grundgesetzes stellte nicht nur für die DDR, sondern auch für die Bundesrepublik einen Bruch dar, dessen Überwindung man sich mit Bildern schönredet: vom Botschaftsflüchtling zum Mauerspecht, vom Zaungast zur Treuhand. Es ist ein Leporello der blühenden Landschaften und der sich darin tummelnden Schmetterlingsjäger.

Die Bundesrepublik brauchte die DDR nicht. Ihr Wirtschaftssystem konnte mit der DDR-Industrie nichts anfangen. Diese Industrie produzierte im Zeichen des Mangels, nicht des Überflusses. Der Produzent hatte in der DDR eine klare Monopolstellung, der Kunde war Bittsteller. Daher waren die DDR-Produkte auf dem freien Markt nicht konkurrenzfähig, konnten es auch gar nicht sein. Nichts ist stärker situationsbedingt als die Akzeptanz von Waren.

Die Bundesrepublik besaß die ausreichende Logistik, um ganz Deutschland zu versorgen. Man brauchte die Ostdeutschen als Produzenten praktisch nicht. Unter solchen Voraussetzungen war der Bankrott der DDR und die Konfrontation mit der Massenarbeitslosigkeit unvermeidbar. Bis heute hat sich das nicht grundlegend geändert. Sowohl die Wirtschaft als auch die Arbeitswilligen werden im Osten weiterhin in selbst für deutsche Verhältnisse unüblicher Größenordnung subventioniert. Es ist ein aussichtsloser Alimentierungsprozeß.

Die DDR konnte spätestens seit den frühen Achtzigern nicht mehr ohne die Bundesrepublik auskommen. Strauß und Schalck-Golodkowski stellten die frühen Unterhändler der deutsch-deutschen Partnerschaft dar. Schalck betätigte sich auch als Devisenbeschaffer. So war dafür zu sorgen, daß Honeckers Generalsekretärskonto bei der deutschen Handelsbank in Ost-Berlin stets mit 100 Millionen DM bestückt war. Mit diesem Geld konnte man an allen Instanzen vorbei operieren. Auch an allen DDR-Instanzen. Ein totalitäres System lädt zur Kriminalität geradezu ein, und wer sich mit den Polit-Kriminellen einläßt, sieht sich bald selbst in die Gesetzlosigkeit verstrickt.

Diese Partnerschaft führte nicht nur zur vorübergehenden finanziellen Rettung der DDR durch den von Strauß angeregten Milliardenkredit, das innerdeutsche Geschäft hatte auch seine Kollateral-Profiteure, oft genug auf Kosten des Steuerzahlers, wie den Wurstfabrikanten und Großspender der CSU März aus Rosenheim, der durch die Vorteile des Fleischhandels mit dem Osten seine Firma erheblich vergrößern konnte. Daß er dabei in dubiose Geschäftsbeziehungen mit Schalcks Stasi-Unternehmen »Kommerzielle Koordinierung« geriet, ist keine Ausnahme. Die vielfältigen Ungereimtheiten im innerdeutschen Handel sind wohl einer der Gründe, warum bei den Eliten des Westens keine große Begeisterung über die Öffnung der Stasi-Archive besteht.

Die Partnerschaft zwischen Ost und West gründete auf dem Interesse der Bundesrepublik an der Stabilität der DDR. Je instabiler diese war, um so größer wurde auch die Gefahr für die Bundesrepublik. Und zwar durch die Kriegsperspektive zwischen den Supermächten. Eine direkte Konfrontation in Europa würde sich im Ernstfall auf dem Territorium Deutschlands abspielen.

Selbst wenn man den Kriegsfall als wenig wahrscheinlich betrachtete, so blieb immer noch das deutlichste Gefahrenzeichen, die Massenflucht. Diese konnte das austarierte System der Bundesrepublik belasten und ins Wanken bringen. Es war eine Zeit, in der sich niemand etwas von »polnischen Verhältnissen in der DDR« versprechen konnte, wie Schalck-Golodkowski 1991 nachträglich meinte.

So wurden die beiden deutschen Staaten zur Schicksalsgemeinschaft des Kalten Kriegs. Die Nation blieb stumm, zu ihren Gestendolmetschern wurden Atomgegner und Friedensaktivisten, Amerikafeinde und Ökologen, Salonlinke und Sonderwegsbefürworter. Deutschland verschwand aus der Realität. Es wurde zur großen Erzählung der Jargon-Wiedergänger.

Das Dritte Reich erfährt seine tausendste Ästhetisierung, mal kommt es als große Oper daher, mal als böses Fernsehmärchen. Zuletzt sogar schon von der Sekretärin erzählt. Die DDR hingegen erscheint uns immer wieder als Komödie, als Klamotte, von Brussig und Haussmann. Good bye, rufen ihr mancherlei Leute nach und halten es für einen Witz. Was aber ist mit der Bundesrepublik? Wenn es einen Untergang gibt, der unser Leben tatsächlich aus dem Lot bringen kann, dann ist es das Verschwinden der alten Bundesrepublik.

Die Ratlosigkeit über sie ist groß und sprachlos. Das hat etwas mit einer falschen Codierung ihrer Grundlagen zu tun, mit dem Ermächtigungsdiskurs der Altachtundsechziger. Ihr Palaver von der Schlüsselgeneration, die das Land umgekrempelt habe, verdeckt bis heute die Realitätsräume des deutschen Nachkriegsmodells.

Jetzt wird auch die Bundesrepublik Geschichte. Anzeichen dafür gibt es schon lange, sie eignen sich jedoch schlecht zur Metapher. Die alte Bundesrepublik war ein Postkatastrophenmodell, damit konnte sie nur unspektakulär sein. Aber: Von heute aus betrachtet, sind weder die Studentenunruhen von 1967/1968 noch die politischen Morde der RAF aussagekräftige Signaturen des Gesellschaftsmodells BRD. Nicht die sechziger Jahre des durchgeknallten SDS sind der Drehpunkt, auch die K-Gruppen-Siebziger nicht.

Wenn man vom Nachkriegsdeutschland spricht, bleiben die vielgescholtenen fünfziger Jahre im Mittelpunkt. Auf sie kommen wir immer wieder zurück. Sie sind das Zentrum der Nostalgie des Westens. Ob es sich um die Geburt des Nachkriegsstaates aus dem Fußballspiel von Bern handelt oder um die vermeintliche Wiederkehr der jungen Frau in die Kultur, um das Fräuleinwunder. Die Geburtshelfer heißen Helmut Rahn und Susanne Erichsen, auch wenn es meistens anders aussieht. Eine der am wenigsten wahrgenommenen öffentlichen Lügen der Bundesrepublik ist die Diskurslüge. Sie hat viel mit der Rhetorik der Achtundsechziger zu tun, mit ihrer Selbstinszenierung als Nazigegner.

Dabei sind sie weit mehr von den Aufbruchsjahren der Bundesrepublik geprägt, in denen sie aufwuchsen, als vom Dritten Reich, das sie als Vierziger-Jahre-Kohorte eher vom Hörensagen kannten. Sie verguckten sich post factum in den großen Gegner so sehr, daß sie ihn überall zu erblicken anfingen. Das führte zu einer Verschüttung der fünfziger Jahre, der Basiszeit, zu ihrer Denunziation als Restaurationsraum.

Dabei war damals soviel Anfang wie nie. Und das zwangsläufig. Wirtschaftswunder und kleinbürgerliche Einebnung der Gesellschaft waren ein Werk auf den Trümmern, aber auch eines der Geschlagenen. Als hätte Ernst Moritz Arndt mit seiner Gedichtzeile von 1849 Pate gestanden: »Wir sind geschlagen, nicht besiegt«. Geschlagen war der deutsche Staat, man war unter alliierter Kontrolle, abgerüstet und diplomatisch entmündigt. Gestalten konnte man nur noch die Gesellschaft, den Alltag. Anerkennung kam, solange man vom internationalen Parkett verbannt war, nur aus der Arbeitswelt.

Autos und Kaufhäuser wurden so nicht nur zu Merkmalen der bundesdeutschen Gesellschaft, sie waren auch Ausdruck ihrer Stabilität. Die Verankerungen der Bundesrepublik ergaben sich nicht aus den Staatsaktionen, sondern aus dem Arbeitsethos. Die Banalität dieses Tatbestandes hat die Lust auf Größe lange im Zaum halten können.

Dennoch liegen auch die Wurzeln des Protestes, des Unbehagens am Schweigen über den Nationalsozialismus und der ins Neurotische gesteigerten politischen und existentialistischen Ängste, die sich ab den Sechzigern mediengerecht artikulierten, weitgehend in den fünfziger Jahren. Die meisten der Vordenker von 1968 sind älter als die Studenten mit ihren Maobüchlein. Es sind Leute wie Hans Magnus Enzensberger, Karl Markus Michel, Manfred Bissinger,

Otto Schily, Klaus Rainer Röhl, Ulrike Meinhof und Horst Mahler. Sie haben ihr Weltbild, im Dissens mit dem Adenauerstaat, an Themen wie Wiederbewaffnung, KPD-Verbot, und Ostermarschbewegung gegen die Atomrüstung gewonnen. Als sie sich der anarchistischen Studenten annahmen, war ihr Staats- und Gesellschaftskonzept schon lange zusammengefügt. Sie aber bestimmten weit mehr die Parolen und Prioritäten als die Maulhelden der Bewegung: Dutschke und Krahl. Sie bestimmen heute noch, Schily wurde Innenminister und Bissinger einer der Berater aus dem inneren Kreis um den Kanzler Schröder.

Die fünfziger Jahre können nicht vergehen. Wenn sie, in denen die Grundlagen der Bundesrepublik gelegt wurden, auch die des Zweifels an ihnen, erledigt sind, ist auch die alte Bundesrepublik erledigt. Danach aber stellt sich wirklich die Frage nach der Identität des deutschen Staates. Die Fünfziger waren, neben dem Wirtschaftswunder, auch die Zeit der Amerikanisierung, gegen die es bis heute immer wieder ein ambivalentes Aufbegehren gibt, die Jahre des Rock 'n' Roll, Ted Herold, Peter Kraus. Dieser vermittelte ein Lebensgefühl, das die Freizeitterritorien der Republik bis heute mitbestimmt und schließlich Erstaunliches geleistet hat beim Zurückdrängen von Landserschlager und Schunkelpatriotismus. Hat, so gesehen, die Ikone Peter Kraus in der Frage des Antifaschismus nicht mehr geleistet als mancher Adept der Kommune 1? Von Kabarett und Chanson gar nicht erst zu reden, von Wolfgang Neuss und Hanne Wieder.

Es gibt die einen und die anderen fünfziger Jahre. Jenseits des Muffs, schaut man genauer hin, liegt eine kritische Welt, die bereits die intellektuelle Engführung vorschreibt, und eine mondäne, eine des künstlerischen Aufbruchs.

Es ist die Welt der Renate Riemeck und ihrer »Deutschen Friedensunion«, pazifistisch, aber auch antiwestlich. Und es ist die Welt der Regina Relang, der international geschätzten Modefotografin, die für alle großen Modedesigner arbeitete.

Es ist auch die Welt eines Willi Baumeister, die Welt der Synchronisierung mit der künstlerischen Moderne, die Welt eines avantgardistischen Architekten wie Frei Otto, der die Dauer verschmäht und noch 2003 bekannte, es sei ihm eher unangenehm, daß fünf seiner Bauten unter Denkmalschutz stünden, es ist die Welt der Redaktion Radio-Essay eines Alfred Andersch.

Für Axel Schildt markiert das Jahr 1957 die Scheidelinie zwischen der Traditionsgesellschaft und der Modernisierung des Alltags. Es ist das Jahr, in dem die Urlaubsreise ihren Massenstatus erhält, in dem die Zahl der PKW jene der Motorräder übersteigt, in dem die Zahl der Fernseher größer ist als die der Kinoplätze. Adenauers CDU erlangt die absolute Mehrheit, die SPD entwirft das Godesberger Programm.

Lange blieb der Erosionsprozeß der alten Bundesrepublik unbeachtet. Waren die Diskursinhaber und ihre Boten an ihrem Schicksal doch wenig interessiert. Erst die Vereinigung hat alles neu aufs Tapet gebracht, und die Verwirrung wurde offenbar. Plötzlich wurden die realen Räume der fünfziger Jahre als Kindheitsräume entdeckt. Man näherte sich von den Rändern dem Kern der Sache in Suchbewegungen, wie Friedrich Christian Delius 1994 mit seiner Erzählung »Der Sonntag, an dem ich Weltmeister wurde«. Diese Suchbewegungen blieben vorsichtig. Ahnte man doch, daß es unter Umständen an die eigenen ideologischen Glaubenssätze gehen mußte. Die reale Wahrnehmung der Bundesrepublik als Geschichtsraum macht, nicht weniger als das Ende des Ostblocks, viele linke Grundsätze zur Makulatur, läßt die Diskursplantagen des postachtundsechziger Denkens in mancher Hinsicht zum Nebenschauplatz werden.

Die Krise in der Autoindustrie vor Augen, das plötzliche Infragestellen des Kaufhauses anläßlich der Karstadt-Krise im Herbst 2004, sie rütteln mehr an unserem Horizont, als wir es zugeben wollen. Erscheinen dagegen die liebgewordenen Begriffe wie Entwicklungshilfe, Globalisierung, Treibhauseffekt nicht eher als eine Luxusterminologie? Mit dem drohenden Verschwinden der Institutionen der Bundesrepublik sind wir jenseits von Utopie und Anti-Utopie zur einfachen Frage vorgestoßen: Wie kann es weitergehen? Was werden die Kinder und Enkel der Geschlagenen aus der deutschen Gesellschaft diesseits von Staatsträumen machen, was können sie daraus machen?

Die Erfindung der Gründerzeit

Die Berliner Republik ist ein Produkt der öffentlichen Sprachregelung. Die Rolle der ausgestellten Emotionen kann man nicht hoch genug schätzen. Ein vergessener Basisbegriff der DDR-Agoniezeit ist das Begrüßungsgeld. Unter diesem Namen wurden überall in Westberlin und in den Zonenrandgebieten, in die sich Ströme von neugierigen Ossis ergossen, Gelder ausgezahlt. Die Geldübergabe ist ein Topos der alten Bundesrepublik, mit dem die eingeschränkte Souveränität und damit Handlungsfähigkeit ausgeglichen werden sollte. Aber auch das Patchwork deutschen Selbstverständnisses wurde so unter Kontrolle gehalten. Es war ein Selbstverständnis ohne Selbstbewußtsein. Nach der Verwurstung aller Werte durch das Dritte Reich war man zu keinen Großkonzepten in der Lage. Immer noch nicht.

Diese Selbstverunsicherung ragte auch in die Vereinigungsverwerfungen. Die Übertragung der West-Währung auf Ostdeutschland und die Geldtransfers aus dem Staatshaushalt, die reale finanzielle Gleichstellung der Ostdeutschen sind Beispiele für die Reduktion des Denkens, der Reflexion, wirtschaftspolitisch betrachtet sind sie Akte des Wahnsinns.

Es war der Publizist Johannes Groß, der mit einem guten Zeitgespür die Berliner Republik ausrief. Die Formulierung ist in solchen Fällen fast alles, sie überdeckt die Eigenschaftslosigkeit des Vorgangs.

Mit dem Weimar-Vergleich wurden emblematisch die Ängste zum Ausdruck gebracht, aber auch signalisiert, daß wir Deutsche ein Bewußtsein von den Gefahren haben. Real hatte die Situation des wiedervereinigten Deutschland mit Weimar überhaupt nichts zu tun.

Es folgte der logische Vergleich mit Bonn. Er beinhaltete das Versprechen, die Bonner Errungenschaften Demokratie, Westbindung, Wohlstand zu bewahren. Die Berliner Republik sollte die Fortsetzung des Bonner Staates bleiben. Alles, so versicherte man sich, geschehe im Zeichen des Status quo. Auf der einen Seite war die größtmögliche Veränderung losgetreten worden, auf der anderen aber sollte alles bleiben, wie es war. Die Berliner Republik hatte als rasender Stillstand begonnen. Sie gab sich als Epoche und hatte nicht einmal ein Anliegen, geschweige denn ein Programm.

Die politische Klasse machte sich unter der Führung der Medien an die Arbeit. Und diese waren nicht mehr dieselben wie in Bonn. Sie veränderten sich durch die andere, die größere Bühne Berlins. Der deutsche Größenwahn wurde um diese Zeit noch nicht durch die politische Klasse repräsentiert, sondern durch die Medien. Die Bilder wurden anders.

Die neunziger Jahre sind die Drehscheibe der Gegenwart. Der Vereinigungspfusch und das Abenteuer der New Economy konturieren den Raum, der Agora ist, Arena und Manege. In diesem Raum wurde zunächst das zähe System Kohl abgewickelt. Kohl, der sich im Mantel der Geschichte wähnte, ohne zu merken, wie abgetragen dieser war, hatte nicht nur die Vision der blühenden Landschaften im Osten, er diagnostizierte en passant auch den kollektiven Freizeitpark Deutschland. Wenn ich Visionen habe, soll sein Gegenspieler Helmut Schmidt gelegentlich geäußert haben, gehe ich zum Arzt.

Erst mit dem rot-grünen Machtantritt wurde auch politisch mit der Erlebnisgesellschaft gleichgezogen. Mit den Fotosessions von Schröder und Fischer wurde die postmoderne Bildmaschine auch politisch fündig. Schröder und Fischer erschienen als die berufenen Politiker der Posthistoire, in der nur noch das Ego zählen sollte, das gute Leben, die mentale Toskana.

Rot-Grün hatte kein ernsthaftes Programm, das vielzitierte rot-grüne Projekt hat es nie gegeben. Es wurde erst im Laufe der Jahre aus der Konfrontation mit der ausweglosen Haushaltslage und dem blockierten Arbeitsmarkt zusammengebastelt. Mit Schröder zog 1998 eine Schönwetterregierung ein, die auf die Herausforderungen einer Krise nicht im geringsten vorbereitet war.

Berlin, Hauptstadt light

Als Berlin vom Bundestag zur Hauptstadt gekürt wurde, geschah das in einer weiteren Aufwallung der Emotionen. Die meisten Abgeordneten waren wohl über sich selber überrascht und noch Jahre danach geschockt, weil sie aus dem beschaulichen Bonn in den wilden Osten ziehen sollten.

Am liebsten wäre es ihnen gewesen, wenn Berlin symbolische Hauptstadt geworden wäre und Bonn Sitz von Regierung und Parlament hätte bleiben können. Dieses zu entscheiden lag zwar in ihrer Hand, aber sie trauten sich wohl nicht. Die Schildbürger standen vor der großen Geschichte, sie unterwarfen sich ihr, als wäre das Licht doch noch ins Rathaus gelangt.

Berlin aber war und ist nicht nur Symbol, sondern auch Realität. Und das nicht zu knapp.

Am Anfang der neunziger Jahre war es noch die Stadt der Graffiti, des Untergrunds Westberlin, obwohl die größte Untergrundfläche, die Mauer, bereits in tausend Devotionalien zersägt und zerklopft worden war. Die Botschaften an den Kreuzberger Wänden hatten noch einen Aktualitätswert. Die Demo-Aufrufe, die man heute im Vorbeigehen liest, sind meistens zehn Jahre alt.

Die Mauer sperrte ein und sperrte aus. Sie machte Westberlin zur Insel und zum Laboratorium, dessen Erkenntnisse aber keiner haben wollte. Lange noch blieb Westberlin ein Haßobjekt westdeutscher Milieus und auch Eliten. Die einen störten die Kosten, die anderen das Urbane. Es war eine Metropole ohne Staatsauftrag. Und es war heimliche Provinz. Der Ort Nachkriegsdeutschlands, an dem das Provisorische der Zeit sichtbar blieb, der Ort, an dem die Zeit nicht haltbar war.

Der Haß macht sich bis heute bemerkbar, wenn immer noch Westberliner Institutionen abgewickelt werden. West- und Ostdeutsche sind daran klammheimlich im Einvernehmen beteiligt. Ob es um die Theater ging, das Schiller-Theater oder die Freie Volksbühne, um die AVUS-Rennstrecke, die Krankenhäuser, Doppeldeckerbusse oder den Bahnhof Zoo.

Was aber war Ostberlin, jene deklarierte Hauptstadt eines martialisch, aber bloß notdürftig legitimierten Staates, in dem Zepter und Krone durch Antifaschismus und Klassenkampf ersetzt worden waren?

Als Sitz der Nomenklatura, der Staatsbürokratie, der Profiteure aller Art lebte Ostberlin auf Kosten vom Rest und wurde von diesem entsprechend gehaßt. Diese Aversion trennt die Brandenburger immer noch von den Berlinern und macht eine Länderfusion unmöglich.

So wurden West- und Ostberlin wegen der Subventionierung gehaßt. Ostberlin aber hatte Macht über seine Geldgeber, Westberlin hingegen lebte von den Zwängen der deutschen Geschichte und des Kalten Kriegs. Es war emotionales Symbol. Sonntagsredenobjekt und Schulbuchbeispiel.

Als die Wende kam, strahlten Westberlins Fassaden. Die meisten jedenfalls. Ostberlin war Ruine und Platte, und es war unklar, was abstoßender wirkte, die Platte oder die Ruinen. Schon das Ostberliner Stadtbild verriet die Schattenseite, die der Sozialismus war.

Die jungen Westler, die sich ins neue Territorium vorwagten, sahen das allerdings anders. Sie bewunderten es, daß hier noch Straßenbahnen fuhren, die nicht dem Autofetischismus zum Opfer gefallen waren, und richteten sich mit großer Fröhlichkeit in den Altbauruinen mit Außenklo im Prenzlauer Berg ein, wo sich gerade eine einheimische Subkultur anschickte, die Diskurshoheit zu gewinnen.

Das aber war nicht die ganze Ostkultur. Es gab noch zwei weitere Strömungen. Da war zunächst einmal die Phalanx der offiziellen und halboffiziellen DDR-Intellektuellen, die Reformsozialisten, deren Gedankenspiele in dem Satz von Christa Wolf auf dem Alexanderplatz vom November 1989 kulminierten: »Stell dir vor, es ist Sozialismus, und keiner geht weg.« Der Satz benutzt einen bekannten Spontispruch als Folie: Stell dir vor, es ist Krieg, und keiner geht hin. So gesehen wäre der Sozialismus, wie in der Propaganda des Regimes, also das Gegenteil von Krieg. Wie hieß es doch gleich? Richtig, das sozialistische Friedenslager!

Ihre Thesen hatten in der Wendezeit keine Chancen, da sie das Volk vor etwas warnten, was diesem mit Waffengewalt vorenthalten worden war, der Kapitalismus. Erst im vereinigten Berlin sollten die Reformsozialisten wieder zu Ruhm und Ehren kommen, auch zu neuer Macht, als Stichwortgeber der Enttäuschten. Als der Freiheitsdrang vom Gerechtigkeitskomitee abgelöst wurde und der Mündigkeitsanspruch vom Identitätsbedürfnis. Bereits 1992 warb das Ostblatt »Junge Welt« mit dem Spruch: »Nur ostdeutsche Zeitungen schreiben Ostdeutsch.« Und das in der taz.

Die dritte Strömung bildete auch hier wie im alten Westberlin das Gros der kleinen Leute, die Berliner Schnauze. Sie sahen mit dem ihnen eigenen Sarkasmus der Zukunft entgegen. Einer Zukunft mit einer kleinkarierten Stadtverwaltung und den daraus resultierenden Schikanen.

Das Berlin der neunziger Jahre kultiviert und versteckt seine Mythen zugleich. Es kultiviert die zwanziger Jahre, den alten Mythos der Linken und der Hedonisten, und es versteckt Preußen. Dabei ist Preußen überall. Nur, die Straßennamen bleiben stumm. Es sind leere Zeichen. Weil keiner die Geschichte kennt. Um so kurioser, daß sich zuletzt sogar noch die Honecker-DDR mit Preußen legitimieren wollte. Sie stellte 1980 das Standbild Friedrichs des Großen zurück unter die Linden. Ansonsten gilt bis heute: Preußen soll herhalten für alles, was schiefgelaufen ist in Deutschland.

Was aber bedeutet die Präsenz von leeren Zeichen für die Stadt? Das verschüttete Preußen grüßt den Touristen. Dieser fotografiert es. Sanssouci und die Pfaueninsel. Arkadien und die Langen Kerls. Vignetten schauen uns an. Auch das Postimperiale lebt vom Ausverkauf des Imperialen.

Die Stadt trat aus dem politischen Raum heraus. Sie nimmt die politische Klasse kaum wahr. Statt dessen erklärt sie sich zum Ort des großen Erlebnisses. Nicht der Bundestag ist aufregend, sondern die Love-Parade. Der Politiker, der das Problem durchschaute, war der Regierende Bürgermeister seit 2001, Klaus Wowereit. Er verzichtete von Anfang an auf Programmatisches, sein Antrittsstatement war bekanntlich: »Liebe Genossinnen und Genossen, ich bin schwul und das ist auch gut so.« Sein Das-ist-auch-gut-so wurde vorübergehend zum geflügelten Wort. Seither ist er der Eröffner der Events, der König von Berlin, der das Nachtleben einer bankrotten Stadt regiert.

Denn, wie es sich für eine Metropole gehört, kultiviert Berlin den Mythos der Nacht. Eine moderne Metropole aber weiß sich auch selber in Frage zu stellen, sie ist es heutzutage sogar ihrem Status schuldig. Am Kiosk also, die schwarze Postkarte mit der Aufschrift »Berlin by Night«. Jeder reale Streifzug durch die Nacht indessen macht die Grenzen der lebendigen Stadt erkennbar, läßt die Inseln der Urbanität als Orte der Selbsttäuschung erscheinen. Orte des Vergnügens sind nicht Orte des Nachdenkens.

Der Gehsteig der frühen neunziger Jahre ist die Oranienburger Straße. Auch sie damals noch eine Insel. Rundherum die leere Mitte, die erst gefüllt werden will mit Architektur. Eine bautechnisch einzigartige Situation. Eine Großstadt mit einem Brachgelände in ihrer Mitte. Die Herausforderung war groß, was gebaut wurde, ist wenig spektakulär. Gerade die Bauten in Berlins Mitte zeigen die Bravheit der offiziellen Republik. Es ist eine Republik ohne Entwurf, aber mit Traufhöhe. Eingebildet und voller Einbildungen. Weil man es allen recht machen will, kommt man nicht voran, nicht aus dem Trott, aber auch an keinen wunderbaren Ort.

Das vereinigte Berlin bleibt ein Beispiel für das Nebeneinander von Disparatem. Eine Doppelstadt. Kurfürstendamm/Unter den Linden. Kreuzberg/Prenzlauer Berg. Gropiusstadt/Marzahn. Deutsche Oper/Staatsoper. Ost/West. Inseln. Man kann sich sein Berlin aussuchen.

Die Enden der Stadt sind unsichtbar. Es sind achtzig Kilometer bis Polen, aber Polen kommt nicht vor. Berlins Verankerungen sind durch die Nachkriegszeit verschüttet worden. Ostsee. Danzig. Königsberg. Warschau. Breslau. Prag. Wien. Die Einzugsmetropole des Ostens ist Geschichte. Sie ist Geschichte geblieben. Bis heute.

Das Deutschland von Berlin ist ein anderes Deutschland als das Deutschland von Bonn, nicht wegen Berlin, sondern wegen Deutschland.

Deutschland wird in den neunziger Jahren ohne eine genauere Vorstellung von Deutschland neu eingerichtet. Alles geht. Aber wohin geht die Reise?

Mythos Mitte

Mitte ist beruhigend. Mitte vermittelt eine Vorstellung von Gleichgewicht, von Stabilität. Außerdem: Wer sich in der Mitte befindet, ist an Wichtigem beteiligt, meint es jedenfalls, zumindest als Zuschauer. Wo die Mitte ist, ist die Macht. Wo die Mitte ist, ist die Gegenwart. Diese Überlegung ist der einzige Grund, warum sich täglich die Touristen zu Hunderten anstellen, um den Reichstag zu besichtigen und die nichtssagende Glaskuppel in Augenschein zu nehmen.

»Mitte« ist der vielleicht wichtigste Begriff der neuen Jahrhundertwende in Deutschland. Er beschreibt zunächst einmal den Ort in Berlin, der kein Ortsname ist. Berlin-Mitte bezeichnet zwar die Mitte der Stadt, das Zentrum, aber es ist als Ortsname leblos. Und was heißt schon Zentrum in Berlin? Kanzleramt oder Kudamm? Reichstag oder KaDeWe? Der Bedeutungssimulator Hackescher Markt oder das Bastel-New-York am Potsdamer Platz? Oder der Kunstwahn in den Galerien der Auguststraße, die so angesagt aussehen, daß man unwillkürlich denkt, es kann sie morgen schon nicht mehr geben? Oder gar der Beschluß der Mehdorn-Bahn, den verlorenen Lehrter Stadtbahnhof zum neuen Hauptbahnhof Berlins zu küren? Wo die Reisenden angesichts des geschmacklosen Kanzleramts ins Leere stolpern werden, um danach unverzüglich die S-Bahn nach Charlottenburg zu nehmen, durch das sie soeben ohne Halt geschleust wurden.

Mitte ist prädestiniert für die Begegnung, nicht zwischen Ost und West, sondern zwischen dem, was danach kam und kommt. Es verspricht Zukunft, eine Art Utopie des vereinigten Deutschland, die neueste Mischung der jungen Generation, aber auch der Eliten. Das Territorium des Vereinigtseins, auf dem die Vereinigung kein Thema mehr ist. Eine Adresse, wie man einem suggeriert. Auf nach Mitte! Ort der Angeber und Selbsternannten. Mitte sind die Abzock-Cafés um den Hackeschen Markt, die marode Staatsoper Unter den Linden, das Quartier 206, das Lafayette. Dussmann und das letzte DDR-Hotel Berlins. Die Wurstbraterei im Bahnhof Friedrichstraße, das Hotel Kempinski am Gendarmenmarkt. Der Büchermarkt vor der Humboldt-Uni, IM Peis Anbau am Zeughaus.

Mitte ist aber auch das eigenschaftslose Zentrum der vereinigten Nation. »Mitte« wurde zum Basisschlagwort der politischen Klasse. Keine Partei der Berliner Republik, die nicht in die Mitte will, in die politische Mitte, den Ort der

Austauschbarkeit, der Beliebigkeit der Programmatik. Mitte erscheint wie das Wohlfühlzentrum der Konsensgesellschaft.

Niemand will mehr radikal sein oder gar extrem, beides sind im vereinigten Deutschland Schimpfwörter, Epitheta für politisch rechts, irgendwie unappetitlich.

In der Mitte passiert zwar nichts, aber man ist dabei, wenn nichts passiert.

Der deutsche Imbiß

Mittag für Mittag versammeln sich geschäftige Menschen an den Stehtischen vor dem Imbißfenster. Auffallend viele unter ihnen werden von der Wurstbraterin als Stammgäste begrüßt. Es sind Wiederholungstäter, zu denen man nicht guten Tag sagt, sondern sie mit der vermuteten Bestellung begrüßt: Eine Knacker mit Brötchen? Man nickt. Wer wird schon der Wirtin widersprechen?

Eine Currywurst zu essen ist keine Frage der Zugehörigkeit zu einem Milieu. Viel schwieriger wäre eine andere Frage zu beantworten: Was ist deutsch an der Currywurst? Solange es den Konsens darüber gibt, daß die Currywurst deutsch ist, erweist sich auch diese Frage als obsolet.

Auseinanderzuhalten sind die Gäste des Mittagsimbiß nur anhand ihrer Kleidung, meistens handelt es sich um Berufskleidung. Handwerkskluft und Bankeranzug wechseln einander ab. Das aber ist eine haltlose Beobachtung. Denn der Imbiß gehört zu den wenigen Orten unserer Welt, an denen die Menschen sich nicht voneinander unterscheiden wollen.

Der Imbiß ist der Ort der Eintopfzeremonie, und er hat in der Regel auch Eintöpfe im Angebot: Erbsen mit Wiener. Es ist ein Ort, an dem jeden Augenblick plötzlich ein Wirtinnenwitz erzählt werden könnte, etwas aus dem obszönen Volksvermögen, aber das kommt nicht vor, jedenfalls schon lange nicht mehr. Es genügt der Gedanke, daß es so sein könnte. Vielleicht ist das deutsch.

Der Imbiß ist ein Ort, den man kennt. So ohne weiteres ist er gar nicht zu finden. Selbst an den großen öffentlichen Plätzen führt er eine bescheidene Existenz. Keine Werbefußstapfen führen aus der U-Bahn zu ihm. Werbung gehört nicht zu seiner Welt. Im Unterschied zu den Fast-Food-Ketten verhält er sich ausdrücklich zurückhaltend. Ein Werbeslogan von ihm würde sofort als das erkannt, was es ist, eine Übertreibung. Die einzige Werbung, die ihm zusteht, ist der Geheimtip. Beispiel: Die beste Currywurst in der Stadt. Das aber ist mehr Lob als Werbung und bleibt folgerichtig dem Mundfunk überlassen.

Der Imbiß ist ein Nachbarschaftsphänomen, eines der letzten. Man geht zu ihm, wie in die Eckkneipe, wie in ein Mittagsversteck. Es ist ein kurzes, schnelles Abtauchen aus den großen Sorgen. Wird das Knierohr noch geliefert, und welche Fondsgarantien sind die überzeugendsten? Atemholen im Stehen, Auftanken für den Sprung in den Nachmittag.

Bisweilen ist der Imbiß selber als Versteck getarnt. Sein Rückzugsgebiet sind vor allem Fleischereien und Bäckereien. Hier vermutet einen wirklich kein Mensch. Man ist vom Stadtverkehr verschont und von den scheelen Blicken der vorbeiziehenden Fußgänger, der argwöhnenden Wanderer der Stadt. So kann man essen wie in der Kindheit, ganz ohne Manieren, und mit viel Ketchup. Danach rückt man die Krawatte zurecht, das Top, den Blaumann und eilt mit schnellem Schritt davon, als nehme man gerade einen Anlauf.

III.

Die Tricontinentale geht an die Börse: Zur postachtundsechziger Sozialisation

»Das Doppeljahr 1967/68 war ein magischer Augenblick der Weltgeschichte, als alle Weltereignisse plötzlich einen Kontext zu bilden und eine geschichtliche Strömung zu ergeben schienen. Alles schien auf einen globalen Endkampf zwischen Revolution und Konterrevolution hinzulaufen, ein Armageddon, wie Che Guevara es in seiner Botschaft an die ›Tricontinentale‹ in Havanna prophezeit hatte. Und diese neue Internationale würde (wie die alte, III. Internationale) in Berlin, an der Schnittstelle der beiden Weltmächte, einen ihrer zentralen Knotenpunkte finden.« So Gerd Koenen in »Vesper, Ensslin, Baader«.

Die Kurzbeschreibung enthält jene Selbstüberschätzung, die bis heute Antrieb und Markenzeichen der Generation ist. Gerade in der Selbstüberschätzung zeigt sie, worauf man zielte: auf die Macht, nicht auf die Freiheit. Die Botschaft war biblisch, und Berlin, der Ort des mickrigen Studiums, versprach Schauplatz entscheidender Schlachten zu werden. Von dem, worum es wirklich ging, wußte man herzlich wenig.

Vom Vietnam-Krieg sind zwei Sätze übriggeblieben. Die Amerikaner haben Vietnam überfallen und mußten dem heldenhaften Kampf des Vietcong weichen. Vietnam war ein Desaster für den amerikanischen Imperialismus. Soviel weiß man, und so wenig genügt auch. Denn der Vietnam-Krieg ist längst dem Vietnam-Kriegsvergleich gewichen.

Aber wußte man jemals mehr über den Vietnam-Krieg? Die Studenten demonstrierten in den magischen achtundsechziger Jahren ja nicht für die Vietnamesen, sondern gegen die Amerikaner. Gegen die amerikanische Aggression. Vietnam war nur der Schauplatz, für den man sich kaum interessierte. Guevara hatte die Revolution für ortlos erklärt. Als Maoist wie Jürgen Horlemann (KPD/AO), der mit Peter Gäng das einflußreiche Buch »Vietnam. Genesis eines Konflikts« 1966 in der edition suhrkamp publizierte, das auf vom Berliner SDS zusammengetragenen Material basierte, meinte man nicht Vietnam, sondern den Vietnam-Krieg. Die Guerilla mußte abstrakt sprechen, weil sie in den gesellschaftlichen Realitäten überhaupt keine Anhaltspunkte finden konnte. Oriana Fallaci ist wahrscheinlich die einzige, die den konkreten Spuren des Kriegs vor Ort nachging. Jane Fonda, der Star, fuhr im Gestus des von Tom Wolfe so treffend angeprangerten »Radical Chic« medienwirksam nach Hanoi. Die größtmögliche Provokation für daheim.

Man war Instrument im Kalten Krieg, aber man sah sich gern als Akteur auf dem internationalen Klassenkampffeld. Dabei war die antiamerikanische Stimmung durchaus ein Merkmal der breiten Öffentlichkeit, des deutschen Nachkriegs-Mainstream. Davon zeugt ein Musiktitel, der 1966 die Hitparaden in Deutschland anführte, Freddy Quinns »Hundert Mann und ein Befehl«. Dort hieß es in bezug auf Vietnam: »Hundert Mann und ein Befehl / und ein Weg, den keiner will / Tagein, tagaus, wer weiß wohin? / Verbranntes Land, und was ist der Sinn?« Es handelte sich allerdings um eine Coverversion von Barry Sadlers Durchhaltelied »The Ballad of the Green Berets«, kurz davor die Nummer eins in den US-Charts und zwei Jahre später Titelmelodie des John-Wayne-Films »The Green Berets«, des einzigen Hollywood-Propagandafilms zum Vietnam-Krieg. Barry Sadler wurde übrigens 1989 in Guatemala City erschossen. Die Sache ist bis heute ungeklärt. Gerüchte besagen, er hätte die Contras trainiert.

Interessant bleibt aber auch die Identität des deutschen Texters von »Hundert Mann und ein Befehl«. Der Mann, der aus einem Durchhaltelied einen Protestsong machte, heißt Ernst Bader (1914–1999). Er war einer der erfolgreichsten deutschen Schlagertexter und hat beispielsweise die Verse von »Tulpen aus Amsterdam« geschrieben. Den Zweiten Weltkrieg hat er mit Nebenrollen als Wehrmachtsoffizier im Goebbelskino hinter sich gebracht. Bader pflegte sich als Christ und Sozialist zu bezeichnen. Er schrieb Ende der achtziger Jahre ein Willkommenslied für Honecker, mit Margot Honecker in Chile stand er noch in den neunziger Jahren im Briefkontakt.

So führt von Trizonesien, wie das Karnevalskabarett von 1948 das Westland nannte, ein direkter Weg zur Tricontinentale und wieder zurück. Achtundsechzig in Deutschland war auch deutsch.

Dekonstruktion der Autorität

Das Verhängnis der Achtundsechziger wurde die Theorie. Sie ersetzte die Philosophie. Wo Philosophie Auswege zuläßt und sogar mit Absicht beschreibt, baut die Theorie den angekündigten Tunnel. Sie transferierten alles und jedes auf eine Ebene der großen Begriffe. Als ließe sich der Beipackzettel eines Frühstücksjoghurts in den Jargon der Frankfurter Schule übersetzen. Ihre Spezialität blieb das akademische Kauderwelsch, das immer neue Interpretationen erlaubt und doch den Zirkelschluß nicht verläßt. Die endlosen Diskussionen darüber, was Dutschke gemeint haben könnte oder wirklich sagen wollte, erübrigen sich, wenn man seine begriffliche Verwirrung abzieht. Wie bei Krahl, dem anderen Großmaul der Bewegung, bleibt so gut wie nichts übrig. 1974 veröffentlichte Dutschke seine Dissertation: »Versuch, Lenin auf die Füße zu stellen. Über den halbasiatischen und den westeuropäischen Weg zum Sozialismus«. Was heißt eigentlich: Lenin auf die Füße stellen? Klar, die Formulierung hat er sich bei Marx ausgeliehen, wenn aber Marx die Richtung der Dialektik von Hegel umgedreht haben wollte, so war es immerhin Hegel, was aber konnte schon passieren, wenn man einem Lenin den Kopfstand nimmt, außer dem Marschieren?

Die Dekonstruktion der Autorität geschah trotz aller Theorie nicht fundiert, sondern im Happening. Schlechtes Benehmen war angesagt, es hat sich leider durchgesetzt. Schlechtes Benehmen galt in den revolutionären Zeiten als politische Symbolik. Berühmt wurden die inszenierten Auftritte vor Gericht. Fritz Teufels größtes Erfolgserlebnis war ja wohl, als er der Aufforderung des Gerichts, aufzustehen, mit den Worten nachkam: »Wenn's der Wahrheitsfindung dient.« Über so was lachte sich eine ganze Generation scheckig.

Diese Leute haben weniger die Machtverhältnisse gestört und mehr den Knigge ausgehebelt. Sie haben die halbe Nation zum Duzen gebracht, eine Unsitte, die bis heute andauert. Sie führt dazu, daß ein Außenminister im Sommer 2005 die folgende Homepage angibt: www.joschka.de. Schlimmer ist nur noch IKEA.

Die eigentlichen Gegner der Studenten, die Bildungs- und Staatsautoritäten der Spießerrepublik, erschienen wie Darsteller in einem Schmierentheater. Man stelle sich die Polizisten in Westberlin vor, die 1967 noch in ihren komischen preußischen Uniformen herumliefen, als hätte sie Heinrich Mann erfunden. Mit Tschako und Schlagstock, aber ohne Schild. Ihnen gegenüber stand mit den Studenten die Pop-Kultur. Außer Atem. Rollender Stein. Hier trafen Pop-Kultur und Kaiserreich aufeinander, im klassischen Generationenkonflikt, Väter und Söhne, Mütter und Töchter. Unversöhnlich wie eh und je.

Der Kalte Krieg allerdings bot ein nie dagewesenes Provokations- und Selbstüberhebungspotential. Es kann nicht gutgehen, wenn die Weltrevolution aufgeboten wird, um den Protest gegen das bürgerliche Elternhaus zu artikulieren. Es ist eine kaum zu überbietende Maßlosigkeit, sie prägt die Protagonisten bis heute. Bis heute meint man, die Welt retten zu müssen. Der Gestus reicht bis ins Grünenprogramm unserer Jahre hinein. Dort versucht man bekanntlich mit Wind den Planeten zu bewegen.

Die Dekonstruktion der Autorität führte zur Abrüstung der Werte. Man ging für das persönliche Recht auf die Straße mit dem Signum der absoluten Verachtung dieses Rechts, mit Mao. Und das zur Zeit der Pekinger Kulturrevolution, als die Menschenverachtung ein Ausmaß erreichte, das selbst für das 20. Jahrhundert ungewöhnlich war, zahllose Menschen das Leben kostete und noch viel mehr das bißchen Freiheit, das sie vorher selbst in China noch besaßen. Lebensläufe wurden mit einer Energie zerstört, die beispiellos ist. Für die Studenten aber war es kein Thema. Es spielte sich außerhalb ihrer Lebenswirklichkeit ab. Hier der Schriftsteller Peter Schneider in einer Rede von 1968, auf einer Veranstaltung, die ein »Springer-Tribunal« vorbereiten sollte. »Die ›Bild-Zeitung‹ ist tatsächlich ein Kampfblatt, aber nicht eines für die Interessen des kleinen Mannes, sondern ein Kampfblatt, mit dem die Herrschenden gegen die Massen kämpfen und gleichzeitig die Massen hindern, gegen die Herrschenden zu kämpfen. Und wenn wir uns gegen Springers Massenpresse organisieren, so kämpfen wir nicht dagegen, weil sie einseitig berichtet und Emotionen weckt, sondern wir bekämpfen sie, weil sie einseitig im Interesse der Herrschenden berichtet und Emotionen im Interesse der Herrschenden weckt, statt einseitig im Interesse der Massen.« Einseitig im Interesse der Massen? Der Mao-Sound ist perfekt.

Achtundsechzig ist auch aus der Ignoranz geboren. Wie läßt sich sonst verstehen, daß die Studenten in Westberlin gegen alles demonstrierten außer gegen die Sowjetarmee, die rund um Berlin stationiert war und als einzige die Existenz des Stadtstaats, inklusive der Demonstrationsfreiheit, bedrohte.

Im Westen zählt nur der Westen.

Das deutsche Achtundsechzig ist vielleicht das radikalste Lehrstück darüber, wie der Westen, auch wenn er vorgibt, sich um den Rest der Welt zu kümmern, doch nur sich selbst meint. Sogar die Selbstbezichtigung kann zum Ausdruck der Arroganz werden.

Jede Darstellung der Achtundsechziger tritt bis heute hinter die Selbstdarstellung der Achtundsechziger zurück. In ihrem Selbstverständnis haben diese die Bundesrepublik revolutioniert. Es sei gegen Autoritäten und die überkommenen Wertvorstellungen gegangen. Von heute aus betrachtet, erscheint das meiste als Provokation. Als Puddingattentat, wie es seinerzeit verharmlosend hieß. Aber es war auch eine Entfesselung, die zwar ein Lebensgefühl, ein schlummerndes, beschleunigt durchsetzte und doch der Gewalt und nicht zuletzt der Ideologisierung des Lebenswandels, der ideologischen Verirrung, den Weg bahnte.

Man könnte sagen, auch wenn vieles ohne die Achtundsechziger gegangen wäre, so geht bis heute fast nichts mehr ohne den achtundsechziger Diskurs. Durchgesetzt haben sie sich immer wieder und weiter durch ihre Legitimationsgabe. Die Legitimationsprobleme wiesen sie stets lautstark den anderen zu. Wenn sie früher im Besitz der Wahrheit in bezug auf den Spätkapitalismus waren, so sind sie es heute in der Frage der Ökologie.

Europäische Irrtümer

Nach dem Desaster der Weltkriege und dem Zusammenbruch der Kolonialpolitik traten die Europäer in eine Ära der Selbstbezichtigung ein. Das bedeutete, daß man die Gründe für die Probleme anderer Kulturen und das gestörte Verhältnis zu diesen ausschließlich bei sich selber suchte. Daraus entstand ein Denken, das bis heute fortwirkt, eine nüchterne Analyse der Ereignisse verhindert und die Protagonisten handlungsunfähig macht.

Die Denkmuster, die die heutige Öffentlichkeit prägen, wurden in den sechziger Jahren fixiert. Anlaß waren die Kriege in Algerien und Vietnam. Beide bewirkten intellektuelle Positionierungen, die innenpolitische Grabenkämpfe markierten, zum Ausdruck aber kamen sie in der Sympathie für außereuropäische militante Bewegungen.

Bald schon beherrschte der Topos des Guerillero die Denkbilder. Vom poetischen Buchtitel des karibischen Revolutionsdenkers Frantz Fanon, »Die Verdammten dieser Erde«, beflügelt, wurde die Problematik der Unterentwicklung zum Nord-Süd-Konflikt verklärt, und der argentinische Macho und Jesusersatz Che Guevara sorgte für die romantische Literarisierung des spröden ökonomischen Stoffes der Ausbeutung: Tiers-mondisme und Tricontinentale (Afrika, Asien, Lateinamerika) waren geboren. Mit ihnen aber wurde eine fatale europäische Denkfigur in die Mediengesellschaft geworfen: Wir sind die Schuldigen, wir sind die Verursacher. Nicht völlig frei von Urchristentum, könnte man sagen.

Der maoistisch inspirierte Vulgärmarxismus von 1968 trug wesentlich dazu bei, die aufs Ökonomische reduzierte Thematik der Unterentwicklung mit der Glorifizierung der Aufständischen außerhalb Europas zu verbinden. Robin Hood wurde neu erfunden, er dominierte sogar noch die Bühne der späteren ökologischen Auseinandersetzungen, als Robin Wood. Aus Lateinamerika eignete man sich als neue Sprachregelung das Stadtguerillakonzept der Tupamaros an. Die Verlage Wagenbach und S. Fischer publizierten die einschlägigen Bücher. Der damalige Fischer-Autor Günter Maschke (»Kritik des Guerillero«) tritt heute als Exeget und Verehrer von Carl Schmitt auf. Selbst Hanser war bemüht, seinen Beitrag zu leisten. In seiner gelben Reihe erschien ein Band der russischen Formalisten über Lenins Stil. Und sogar bei dtv führte 1968 ein Buch über die Studentenrevolte in Paris den Untertitel: »Die Manifestation der europäischen Kulturrevolution«.

Die Öffentlichkeit war kontaminiert.

Spätestens mit dem Auftritt der RAF wurde klar, daß die Simplifikation des Weltbilds vor der Innenpolitik nicht haltmachen würde. All diese Denkmuster, die Taten und

Untaten, die ihnen folgten, rüttelten an der Rechtsstaatlichkeit der westlichen Welt. Sie tun es bis heute, durch das gelegentliche Bekenntnis zur Gewalt und die Diffamierung der Institutionen der westlichen Demokratie.

Die Reduktion der Welterschütterung auf die Umtriebe des Raubtiers Kapitalismus und der Ruf nach Gewalt zur Beseitigung aller Übel, kurz Revolution genannt, hat seit den frühen Sechzigern zunehmend den Beifall einflußreicher intellektueller Gruppen gefunden. Man lese nur die Texte des von der »Gallistl'schen Krankheit« befallenen Martin Walser aus den siebziger Jahren, als er der DKP nahe stand.

Eine sachliche Beschreibung der Konfliktpotentiale außerhalb Europas ist bis heute kaum möglich, weil man die Ursachen stur in den Auswirkungen der westlichen Kultur und der von ihr eingerichteten Konsumgesellschaft sucht. Besonders unangenehm ist die Entwicklung dieser Denkmuster seit dem Ende des Kalten Kriegs und dem Aufstieg der EU zur europäischen Identifikationsfigur verlaufen. Das Böse, das man seit dem Vietnam-Krieg gerne in den Vereinigten Staaten lokalisierte, findet nun seine endgültige Verortung im American way of life. Meilensteine dieses Denkens ergeben sich aus der Golfkriegsdebatte und zuletzt aus den Auseinandersetzungen um den Irakkrieg. Die Schreckensherrschaft Saddams erscheint folgerichtig als ein Nebenschauplatz der Geschichte.

Alle internen Probleme der sogenannten Dritten Welt gelten als Nebenstränge der Welterklärung. Da kann noch so viel geschrieben werden über das Scheitern der Entwicklungshilfe angesichts der Strukturlosigkeit der mit der Hilfe bedachten Gesellschaften (nachzulesen bei Lawrence E. Harrison, in: Underdevelopment Is a State of Mind), die Meinung bleibt unerschütterlich die: Der Westen ist schuld, oder, noch einfacher, die USA sind's. Bis hin zum Terrorismus des 11. September. Obwohl die meisten der bekannten Attentäter nachweislich aus begüterten Familien stammen, wird mit einem bemerkenswerten Autismus von dem sozialen Elend in der Dritten Welt als Gärmasse gesprochen, wenn nicht gar krause Verschwörungstheorien über die amerikanischen Geheimdienste verbreitet werden, wie jene des Sozialdemokraten Andreas von Bülow, der es mit seinem Machwerk »Die CIA und der 11. September«, in dem naturgemäß auch der israelische Mossad eine erhebliche Rolle spielt, mühelos auf die Bestsellerlisten brachte.

Eine besonders hinterhältige Form dieser Art Schuldzuweisung steckt im von den Achtundsechzigern aufgegriffenen Konzept des Antizionismus. Der Zionismus wurde dabei in stalinistischer Tradition folgenreich als jüdische Spielart des Imperialismus dargestellt. Bis heute ist man in der europäischen Öffentlichkeit, vor allem in der deutschen, aber auch in der französischen, weitgehend davon überzeugt, daß die Ursache für die bedrohlichen Entwicklungen im arabischen Raum die israelische Politik sei. Der Verfall der arabischen Staaten und ihre schrittweise Konfiskation durch den Fundamentalismus werden nicht etwa auf die allzu dünne Modernisierungssubstanz und die fehlende Demokratie in diesem Raum zurückgeführt, sondern auf die israelische Aggression und Vertreibungspolitik. Daß die meisten jüdischen Bevölkerungsgruppen aus den arabischen Staaten brutal, teils durch Pogrome vertrieben wurden, wird schlicht übergangen.

Ein Schritt weiter, und man ist bei jenen, die sagen, die Existenz Israels gefährde die Zukunft der islamischen Welt. Die das sagen, sind unsere Rechtsextremisten und alle politischen Eliten, die dem Panarabismus und dem Islamismus verpflichtet sind. Eigentlich müßten sie für ein langes Leben Israels plädieren, weil sie damit bequem von der eigenen politischen Misere ablenken können.

Was in Europa fehlt, ist eine Debatte über die wahren, die vielfältigen Ursachen des fortgesetzten Scheiterns großer Teile der Dritten Welt, aber auch die Diskussion über Erfolgsbeispiele wie Taiwan, Singapur oder Südkorea und das frühere Hongkong und über die Bereitschaft, sich von den ideologischen Nachkriegsirrtümern zu verabschieden. Hilfreich könnte auch eine Reflexion über die Mentalität sein, aus der die RAF hervorgegangen ist, worüber man manches aus Gerd Koenens Buch »Das rote Jahrzehnt« erfährt sowie aus den Arbeiten von Wolfgang Kraushaar. Es wäre eine Diskussion über die Quellen der intellektuellen Sympathien für den Terrorismus, die fortwährende intellektuelle Schadenfreude, ihre Gründe und Phantasmen.

Weltbild

Der rote Kalender 1988 des Berliner Rotbuch Verlags verzeichnete folgende Ereignisse: 1942 Wannseekonferenz, 1919 Rosa Luxemburg und Karl Liebknecht werden von Freikorpsoffizieren ermordet, 1883 stirbt Karl Marx, 1944 Peter Paul Zahl wird geboren, 1982 argentinische Truppen besetzen die Malvinas, 1930 Kohl geboren (Die Gnade der späten Geburt), 1967 Puddingattentat der Kommune 1 auf US-Vizepräsident Humphrey von Berliner Polizei vereitelt, 1968 Aufgehetzt von der Springer-Presse, verübt J. Bachmann einen Mordanschlag auf den Studentenführer Rudi Dutschke. 2 Jahre später nimmt sich Bachmann im Gefängnis das Leben. 1975 Die letzten US-Soldaten verlassen Vietnam. 1987 750-Jahrfeier in Kreuzberg mit Feuer und Flamme eröffnet. 1980 Besetzung des Bohrlochs 1004 in Gorleben. Freie Republik Wendland

Der Kalender liest sich wie das Glossar zum Weltbild, das bis heute das Denken bestimmt.

In Berliner Antiquariaten, genauer in Antiquariaten auf dem Territorium des alten Westberlin, kann man sich auch immer noch mühelos auf eine Zeitreise in die wilden Jahre begeben. Man muß sich nur in eines der Hinterzimmer vorarbeiten, immer die vollgestopften Regale entlang. Politikwissenschaften, Marxismus, 68. Man wird schnell auf eine kuriose Terminologie stoßen. Auf ein geschlossenes Vokabular aus einer anderen Welt. Ist sie aber wirklich so weit weg?

Heute wird Mao im Europaparlament zitiert. Was ist bloß aus dem Protest geworden? Bedeutet es etwas, wenn Daniel Cohn-Bendit dem zeitweise resignierten Kommissionschef Barroso zuruft: »Die Niederlage verstehen heißt, den Sieg vorbereiten?« Nein, es bedeutet nichts. Die Maoisten sind jetzt ehemalige Maoisten, sie zitieren den großen Vorsitzenden grinsend. Ihr Einsatz ist ein humoristischer. Auch sie wissen inzwischen die Segnungen des Abendlands zu schätzen, vor allem seine Sterne-Restaurants. Nichts tötet die Subversionsabsicht besser als ein siebengängiges Menü in Belgien.

Die Ex-Maoisten stecken in Maßanzügen und, um sich vom Establishment doch noch zu unterscheiden, tragen sie, skandalfrei, aber zeichensicher, die Hemden offen, also ohne Krawatten. Das letzte, was einem Maoisten nach der Verramschung seiner Jugendideale bleibt, ist der Verzicht auf die Krawatte. Die fehlende Krawatte ist sein ultimatives Statement. Sein Minimalprogramm, das ihn vom Makler unterscheidet. Schließlich hat er allem abgeschworen, der Gewalt, dem Klassenkampf und den Turnschuhen.

In Abwesenheit der Utopie ist die Subversion lakonisch geworden. Seit man nicht mehr auf die Straße geht, weil man im Parlament sitzt oder sogar in der Regierung oder in jedem anderen mickrigen Amt, das am Ende des langen Marsches wartet, hat man nur noch eine Handvoll Zeichen für die Ausschmückung seiner Identität zur Verfügung. Diese Zeichen müssen gepflegt werden. Sonst ist das Ego futsch. Und das Ego ist bekanntlich alles. Oder fast alles.

Unlängst sah ich durch die Straße, in der ich wohne, fünfhundert junge Leute auf Skates rollen. Sie führten ein Transparent mit sich, auf dem stand: »Mehr Rechte für Skater«. Das Tempo, in dem sie vorbeiglitten, bestimmte der Polizeiwagen, der vorausfuhr.

Die Vergangenheit des Protests hält sich bedeckt. Was ist

von all den großen Friedensdemos übrig, von der »Freien Republik Wendland« und ähnlich markanten Inszenierungen? Castor, schallt es einem manchmal entgegen, fast verschämt. Als sei im Grunde nur die Regionalpresse gemeint. Man könnte sagen, die Subversion ist verschüttet, der Protest Geschichte. Die Protagonisten, verlegene Inhaber lächerlicher Zitate. Wäre da nicht die eine, die unsterbliche Ikone: Che. Unerschüttert blickt er uns von den T-Shirts entgegen. Unlängst sogar im TV-Dschungelcamp der Spaßgesellschaft. War es nicht Naddels Agent, der das Konterfei des Helden trug?

Unerschütterlich blickt uns der junggebliebene Argentinier entgegen. Was aber will er uns sagen? Nichts will er uns sagen. Gar nichts. Das ist sein Geheimnis. Es ist das Geheimnis, das ihn unsterblich macht. Und uns mit ihm.

Die Gegenwart will nichts.

Die Diskreditierung der Adenauerwelt

Was zwischen 1967 und 1977 geschah, zwischen dem Tod von Benno Ohnesorg und dem Deutschen Herbst, wird immer mehr als die Begründung der innenpolitischen Settings angesehen. Von den linken Akteuren wird das Jahrzehnt als eine Auseinandersetzung mit der staatlichen Repression und Widerstand gegen die staatliche Repression beschrieben, die die emanzipatorische Bewegung einer neuen Generation unterbinden wollte. Zwei Säulen werden damit aufgestellt, die nicht tragen: Repression und Generation.

Die Bundesrepublik als repressiver Staat ist eine ältere Erfindung, sie geht auf die fünfziger Jahre zurück, auf einen prinzipiellen Dissens zwischen Teilen der Intelligenz und der Adenauerpolitik. Der Patriarch war bieder, in seinen politischen Zielen aber klar. Er hatte es verstanden, aus überkommenen rheinischen Separatismussympathien die Westbindung des neuen Staats abzuleiten, es sollte die Rettung für das Deutschland der Geschlagenen werden, und es wurde sie auch.

Innenpolitisch kam er dem Wunschbild der Deutschen entgegen. Nach dem totalen Krieg wollten sie, die Ausgebombten, dem Verbrechensvorwurf Ausgesetzten, privatisieren. Er schaffte es, in einer dem Untergang nochmals entkommenen Gesellschaft, für die Masse, die dem Tod von der Schippe gesprungen war, einen produktiven Konsens zu finden. Dazu benutzte er fragwürdige Methoden, wie die Integration der Altnazis. Ist das aber Restauration? Nein, denn es wurden die Grundlagen der Demokratie gelegt.

Die Konsensgesellschaft aber wurde auf die Familienwerte gesetzt. Das war prekär, weil es die Geschlechterrollen wieder festigte, einen solchen Rückfall muß man aber für jene Zeit für die gesamte westliche Welt konstatieren, es ist eine Rücknahme der Emanzipationsergebnisse der zwanziger Jahre, inklusive ihrer Praxisumsetzung durch die Kriegsumstände. An die Stelle von Louise Brooks und Mae West traten nun als Ikonen Marilyn Monroe und Jane Mansfield.

Es gab aber selbst in den fünfziger Jahren keine flächendeckende reaktionäre Gleichschaltung, wie die intellektuelle Sicht das später zu vermitteln suchte. Auch die fünfziger Jahre haben faszinierende Frauenkarrieren aufzuweisen, das Model Susanne Erichsen, die Schauspielerin und Sängerin Hildegard Knef, die Unternehmerin Beate Uhse. Wenn man sich heute über das offizielle Frauenbild der Fünfziger lustig macht, was ja zum nicht mehr hinterfragten Standard gehört, sollte man sich parallel dazu auch einmal das Frauenimage zu Gemüte führen, das in den diversen Vorabendserien und in den Illustrierten gegenwärtig propagiert wird. Man wird schnell feststellen, daß die Rollenzuschreibungen, die konservativen Sehnsüchte, sich kaum von denen aus dem Heimatfilm des vielgescholtenen Jahrzehnts unterscheiden. Daß jenes in mancher Hinsicht mehr Qualität als das heutige Entertainment zu bieten hatte, veranschaulicht schon der rasche Vergleich zwischen den Liedern einer

Caterina Valente und einer Kristina Bach oder Claudia Jung. Wo findet man heute noch solche Perlen wie Bill Ramseys »Ohne Krimi geht die Mimi nie ins Bett«? Die Fünfziger sind nicht nur die Sissi-Jahre, so wie die Neunziger auch nicht nur die Gute-Zeiten-Schlechte-Zeiten-Welt darstellen.

Was die linken und linksliberalen Intellektuellen in den fünfziger Jahren in die Opposition trieb, war ihre Fixierung auf das Dritte Reich und die Gefahren seines Nachlebens. Das Dritte Reich wirkte in den Köpfen weiter, als Alptraum der Bombennächte und der vielen Kriegstoten, Gefallenen und Vermißten, wie man zu sagen pflegte. Es lebten aber auch die Parolen von der deutschen Nation weiter, als hätten die Nazis einen nationalen Größenrekord eingefahren und nicht den Untergang der Gemeinschaft zynisch und pathetisch herbeigeführt.

Die kritischen Intellektuellen übertrugen ihre Ängste auf die Regierungspolitik. Sie sahen bald nicht nur überall die Nazis, sondern auch die Gefahren der Adenauer-Politik, weil sie alles mit der jüngsten Vergangenheit in Verbindung brachten. Ein zentrales Erlebnis für die Generation der damals Zwanzigjährigen wurde die Wiederbewaffnung, die Gründung der Bundeswehr. Für Hans Magnus Enzensberger, Karl Markus Michel, Bernd Engelmann, Peter Rühmkorf, Klaus Rainer Röhl, Ulrike Meinhof war dieses das prägende Erlebnis und nicht der 17. Juni oder der Ungarn-Aufstand. So gab es keinen deutschen Camus, so wie es später keinen deutschen Glucksmann gab.

Ulrike Ackermann macht in ihrem Buch »Sündenfall der Intellektuellen« auf die Verdrängung des »Kongresses für kulturelle Freiheit« aufmerksam, der 1950 als ein antitotalitärer Zusammenschluß europäischer Intellektueller in Berlin gegründet wurde. Das damals gebildete Netzwerk gab die einflußreichen Zeitschriften »Preuves« und »Der Monat« heraus. Wenn heute jemand überhaupt etwas darüber weiß, dann erschöpft es sich meist in der Bemerkung, die hätten Geld vom CIA bekommen. Es ist eine zählebige

KGB-Diffamierung, die von westlichen Linken mit großem Eifer kolportiert wurde. Gemeint war die finanzielle Unterstützung durch den amerikanischen Kongreß. Die Kolporteure aber nahmen mit größter Selbstverständlichkeit Bares von der Stasi. Wirft es ihnen jemand vor?

Die Grundlage für viele spätere Bedeutungsasymmetrien ist hier zu suchen. In den Urzeiten des Kalten Kriegs bekämpfte man die NS-Gefahr postum und nicht den höchst lebendigen Kommunismus. Auch die so erfolgreiche spätere Friedensbewegung hat ihre Wurzeln im nachgeholten Antifaschismus. Das Trauma des Kriegs verwandelt sich in eine existentialistische Hysterie, in die Angst vor dem Weltuntergang, dem »Supergau«, wie er später genannt wurde. Das schlechte Benehmen begegnet der Apokalypse. Eine weitere Sackgasse in der Definition von Istvan Bibo?

Adenauer stellte die Freiheit ins Zentrum seiner Politik, die kritischen Intellektuellen den Frieden. Es war von Anfang an ein Frieden um jeden Preis, den sie meinten, im Zweifelsfall auch um den Preis der Freiheit.

Robert Havemann kommentierte 1970 den Sachverhalt so: »Freiheit und Frieden sind die beiden großen Hoffnungsbegriffe der Menschheit. Sie, die so eng zusammenhängen, wurden voneinander getrennt. Die ›westliche‹ Welt nahm sich die Freiheit, die ›östliche‹ den Frieden. Heute sind beide Worte abgenutzt, korrodiert, zu reinen Parolen geworden, mit denen die Staatsmänner die leeren Phrasen ihrer Reden drapieren. Mit allem, was der Osten tut, rettet er der Menschheit den Frieden, während der Westen – selbst in Vietnam – die Freiheit gegen Willkür und Unterdrückung mit Napalm und Splitterbomben verteidigt.«

Es fällt auf, daß die Atomkriegsangst weitgehend durch Wissenschaftler legitimiert wurde, wie Werner Heisenberg und Carl Friedrich von Weizsäcker. Weizsäcker und Heisenberg hatten im Dritten Reich eine moralfreiere Rolle gespielt, als sie das jemals zugeben konnten. Man denke nur an die endlose Kontroverse um ihren Besuch 1941 bei Niels

Bohr, der sie wohl als Abgesandte des Reichs betrachtete. Sie wurden in den Fünfzigern als Mitinitiatoren des »Göttinger Appells« der 18 Kernforscher gegen eine atomare Aufrüstung der Bundeswehr zu Friedensfürsten. Für sie wurden Antiatombewegung und Ostermärsche zur biographischen Legitimation. Es ging so weit, daß sie ihre Nachkriegsrolle vorverlegten und mit Hilfe ihres publizistischen Sprachrohrs Robert Jungk die These in die Welt setzten, sie seien damals in Kopenhagen gewesen, um über Bohr, der nach seiner Flucht aus dem besetzten Dänemark am Manhattan-Projekt der amerikanischen Bombe mitarbeitete, einen grenzüberschreitenden Bombenarbeitsstopp der Wissenschaftler zu erreichen.

Die Denkfigur ist in jeder Hinsicht eine der fünfziger Jahre, sie setzt die Schlußfolgerungen aus dem Abwurf in Hiroshima voraus und damit eine moralische Fragestellung, wie sie während des Kriegs noch gar nicht gegeben war. Bohr erinnert sich an zwei Kollegen, die vom Sieg der Wehrmacht überzeugt waren.

Hinzu kommt der Brachialstil von Rober Jungk, der die Pazifismusthese in seinem Buch »Heller als tausend Sonnen« verbreitete. Jungk war, vorsichtig ausgedrückt, nicht frei von den Hysterien der späten fünfziger Jahre. Er hat wohl manches von den Behauptungen Heisenbergs noch weiter vergröbert, was bei einem Mann, der später ein Buch mit dem Titel »Der Atomstaat« in bewußter Anlehnung an Kogons »Der SS-Staat« veröffentlichte, nicht weiter verwundert.

Die Linke wurde fast zwangsläufig zur politischen Heimat des deutschen Sonderwegs, der Wiedervereinigung als Priorität, wie man es an Biographien wie der von Egon Bahr ablesen kann. So konnten sich in der Bundesrepublik die Konservativen unauffällig und ungestört als die verläßlichen Partner des Westens etablieren. Die neue Nachkriegsrechte war im Zeichen der Adenauer-Programmatik proamerikanisch, proisraelisch, frankophil und antikommunistisch. Das war im Kalten Krieg nicht nur ein wohlfeiles Verhalten, es markierte darüber hinaus die Grundlagen der Bonner Republik und benennt so auch ihre Erfolgsgrundlagen, denen die kritischen Intellektuellen sich nur nachholend annähern können, auch heute noch.

Sie verstellten sich den Blick für Frankreich als »Kofferträger«, diskrete Unterstützer der algerischen Befreiungsbewegung. Der Furor gegen den Vietnamkrieg verdrehte die Rolle der Vereinigten Staaten für Deutschland: Ein Gedicht wie »Kilroy war hier« von Yaak Karsunke beschreibt treffend den Stimmungsumschwung der jungen Generation den Amerikanern gegenüber: »wir / sind geschiedene leute«. Ihr Engagement für die Palästinenser wiederum, nach dem Sechstagekrieg, war implizite eines gegen Israel.

Emblematisch betrachtet, hatten diese Themen allesamt einen ambivalenten Charakter. Sie beschworen ältere deutsche Widerstände gegen den Westen, codierten diese zeitgemäß um. Unausgesprochen hatte das Ganze mehr mit Niekisch, Schmitt und Jünger zu tun als mit Marx und Marcuse. Nationalbolschewismus, Feindbilddenken und Emphase setzten anonym ihre Zeichen. Eine der schillernden Figuren der Zeit, der einflußreiche Rundfunkjournalist, Sinologe und bekennende Maoist Joachim Schickel, leitete 1970 sein Buch »Guerrilleros, Partisanen. Theorie und Praxis« durch ein großes Gespräch mit Carl Schmitt über den Partisanen ein.

Die frühen Berührungspunkte mit dubiosem, rechtsgesteuertem Gedankengut, die jetzt immer häufiger bei Achtundsechzigern nachgewiesen werden, haben wahrscheinlich mit deren Eignung als Protestpotential zu tun. Eine Jugend, die auf Negation der Spießerrepublik aus war, sah sich wie Bernward Vesper suchend in den Bibliotheken der Eltern um, in den schlagenden Studentenverbindungen wie Krahl oder Rabehl.

Die Sackgasse der kritischen Intellektuellen bildete sich dergestalt heraus, daß sie die Grundlagen der Bundesrepublik mehr oder weniger offen zu bekämpfen begannen. Sie verrannten sich in die Idee der Restaurationsgefahr so sehr, daß sie alle wichtigen Ereignisse verschliefen, sogar den Mauerbau. Zur primären intellektuellen Arbeit gehörte vor allem die Entlarvung der bundesrepublikanischen Eliten und der Politik. Die notwendige Auseinandersetzung mit der Nazivergangenheit wurde immer mehr zu einem innenpolitischen Instrument, das schließlich dazu beitrug, die SPD auf den Weg zur Macht zu führen. Selbst der Frankfurter Auschwitz-Prozeß spielte dabei eine Rolle. So gründete man 1965 ein Wahlkontor deutscher Schriftsteller für die SPD. Voraus ging ein Geniestreich des Rolf Hochhuth, sein im höchsten Maße manipulatives Stück »Der Stellvertreter« über das Verhältnis des Vatikan zum Dritten Reich. Sowohl die Anlage des Stücks, das ziemlich deutliche Geschichtsklitterung betrieb, als auch sein immenser Erfolg in der kritischen Öffentlichkeit deuten darauf hin, daß die Gegenwart gemeint war. Es war letzten Endes eine Diskreditierung des Katholizismus, der bei der Ausrichtung der rheinischen Nachkriegsrepublik eine entscheidende Rolle spielte. Es sollte eben eine De-Legitimierung der Westbindung erwirken.

»Jetzt aber wird auf Anweisung der Firma Pacelli & Eisenhower aus den berufenen 6 Westländern ein zu Drei Vierteln katholischer Block gebildet, in dem jede Opposition leicht mundtot gemacht werden kann.« So lautete der intellektuelle Befund bereits 1956 in Arno Schmidts Roman »Das steinerne Herz«. Und hatte nicht davor schon Kurt Schumacher die katholische Kirche als »fünfte Besatzungsmacht« bezeichnet?

Mit der Figur des Kurt Gerstein, ein SS-Offizier, der der Bekennenden Kirche angehört, findet Hochhuth eine folgenreiche paradoxe Personifikation, den Judenretter. Der wirkliche Gerstein blieb bis zuletzt eine undurchsichtige Erscheinung. Trotz der Kontakte zur Widerstandskirche, die ihm in den Dreißigern sogar Haftstrafen einbrachten, meldete er sich während des Krieges freiwillig zur SS. Er arbeitete für deren Hygiene-Institut und war beauftragt, das Zyklon-B in den Vernichtungslagern bereitzustellen und seine Wirkung zu beobachten. Darüber hat er einen Bericht verfaßt. Gerstein erhängte sich wohl in seiner Zelle im Sommer 1945. Die Alliierten wollten Anklage wegen Kriegsverbrechen gegen ihn erheben. Gerstein wurde später zur Identifikationsfigur für Täterkinder, einer der politisch korrekten Journalisten der Republik, Christian Schultz-Gerstein (1946 bis 1987), nahm, wegen der Vergangenheit des eigenen Vaters als Nazi-Richter, sogar seinen Namen an.

Linke Diskurse

Das meiste, was die Achtundsechziger umtrieb, wurde bereits vorher als Thema installiert, mal abgesehen von den Drogen als Befreiungsmittel. Eine durch die fünfziger Jahre geprägte Salonlinke hatte ab 1960 dafür gesorgt. Selbst die berühmte Verbindung zur Arbeiterschaft, zumindest zur Arbeitswelt, war bereits durch die Dortmunder »Gruppe 61« und die »Werkkreise Literatur der Arbeitswelt« hergestellt worden. So erscheinen am Horizont Max von der Grün mit seinen Romanen »Männer in zweifacher Nacht« (1962) und »Irrlicht und Feuer« (1963) und Günter Wallraff mit den Industriereportagen. In den Werkkreisen steckte bereits ein Stück Bitterfelder Weg, also DDR-Ideologie vom schreibenden Arbeiter.

An der Aufarbeitung der Nazivergangenheit hatte das Dokumentarstück der frühen sechziger Jahre einen wesentlichen Anteil, neben Hochhuth waren es die Autoren Heinar Kipphardt, Peter Weiss und Martin Walser. Es war aber gleichzeitig ein Theater, das sich für die politischen Kämpfe der Zeit instrumentalisieren ließ. Das Brecht-Lehrstück, das schon einmal, im Stalinismus, im Klassenkampfkitsch versunken war, probierte unter der wohlwollenden Regie des Alt-Theatermachers Erwin Piscator den Absturz ein weiteres Mal, bis hin zu Peter Weiss' »Vietnam-Diskurs« (1968). Weiss hatte in seinen »Zehn Arbeitspunkten eines Autors in der geteilten Welt« ein peinliches Bekenntnis zum Sozialismus formuliert.

Die Vermischung von Diktaturaufarbeitung und Klassenkampfparolen leistete einen unguten Beitrag zur Verharmlosung des Totalitären und zur Dämonisierung des Kapitalismus. Die Profiteure aber waren alte Bekannte, Feinde der Demokratie. 68 ist nicht nur das Datum der Studentenbewegung, 68 wurde auch die DKP gegründet.

Sogar der SDS, in dem die meisten Protagonisten der späteren Revolution ein- und ausgingen, Dutschke, Meinhof, Rabehl, Krahl, Kunzelmann, Teufel, Schmierer, Horlemann, Semler, Amendt, KD Wolff, war in seiner Radikalisierung ein Produkt der fünfziger Jahre. Als Hochschulorganisation der SPD 1946 gegründet, kam es zu ersten Spannungen mit der Partei wegen der Wiederbewaffnung und dem Bad Godesberger Programm. 1961 wurde der Verband aus der SPD ausgeschlossen. Danach entwickelte er sich, angesichts von großer Koalition und anstehender Notstandsgesetzgebung, zum Kern der westdeutschen APO, der Außerparlamentarischen Opposition. 1968 hatte er 2500 Mitglieder.

Die Achtundsechziger fanden die Würfel vor. Sie ließen sie zur rechten Zeit fallen.

Die wohl wirkungsvollste Pop-Geste der bundesdeutschen Öffentlichkeit war die Ohrfeige, die Beate Klarsfeld dem Kanzler Kiesinger verpaßte. Es war ein knapper Gestus symbolisch gemeinter Gewalt, um die unauflösbare Schuldproblematik zu betonen. Sie besagte, die Mittel der Demokratie reichen dafür nicht aus. Eine zeittypische Denkfigur der APO. Die Geste ging Willi Brandts Kniefall in Warschau bei der Kranzniederlegung voraus.

Es war aber auch eine Geste der Vereinfachung. Kiesinger war nicht ganz der Kiesinger, den die aufbegehrende Linke in ihm sehen wollte. Außerdem hatte die medienwirksame Ohrfeige der Beate Klarsfeld auch noch einen ungenannten

Paten im Hintergrund: Albert Norden, Chefagitator der SED. Durch ihn und die von ihm erarbeiteten Beweismittel versuchte die DDR die Öffentlichkeit der Bundesrepublik zu manipulieren, auf die linken und liberalen Intellektuellen dauerhaft Einfluß zu nehmen. Das Norden-Rezept beinhaltete echte Dokumente aus dem geheimen Fundus der Stasi, manipulierte echte Dokumente und dreiste Fälschungen. Über Jahrzehnte versorgte die interessierte DDR kritische Intellektuelle, Publizisten und Journalisten der Bundesrepublik mit dieser Art Material. Sie wurden über populäre Manipulatoren in der Westöffentlichkeit verbreitet, Reportagen von Wallraff fußten darauf und ganze Bücher von Bernd Engelmann. Wer für die DDR ins Bild paßte, wer in ihren Augen die richtigen Positionen vertrat, wurde auch schon mal mit dem Zugang zu Archiven belohnt und hatte damit die Möglichkeit, eine Historiker- oder Publizistenkarriere auszubauen. Die DDR konnte einen durchaus reich machen. Darüber hinaus war sie die wichtigste Oppositionspartei in der Bundesrepublik.

Daß es zu der Hegemonie der Linken über den öffentlichen Diskurs kommen konnte, hat viele Gründe. Bezeichnend ist, daß Macht und Diskurshoheit regelmäßig auseinanderfielen.

Oft wird der Vergleich mit Frankreich gesucht. Dort wuchs sich achtundsechzig die Subversion zum Aufstand aus, wurde aber auch in die Schranken gewiesen. Der Radikalismus hat in Paris sein Ende durch Solschenizyn gefunden. Die Lektüre des »Archipel Gulag« ließ die neuen Philosophen folgenreich umdenken.

Solschenizyn hatte in Deutschland keine geringere Verbreitung als in Frankreich. Horst Bienek sah 1974 im »Archipel Gulag« sogar ein Gegenstück zu Kogons »SS-Staat«, trotzdem blieb er auf die Gedankenwelt der deutschen Linken ohne Einfluß, und das, obwohl sich ein Böll um ihn nach seiner Ausbürgerung und Ankunft im Westen kümmerte. Böll hatte trotz seines Engagements u. a. mit seinem Essay

»Will Ulrike Meinhof Gnade oder freies Geleit« unter den Linken nur den Status des *fellow travellers*, des nützlichen Idioten. Man nahm seine publizistische Hilfe gern an, aber er war keine Instanz für das arrogante Milieu.

Lagerdenken und Diffamierungsstrategien fallen einen von allen Seiten an. In Deutschland festigten die linken Bewegungen die ideologischen Bindungen. Es ging nicht um die Erkenntnisse Solschenizyns, sondern um seine Zuordnung.

Vor allen Themen steht zuerst die Frage der Zugehörigkeit zu einem der beiden Lager. Die Ausweis-Mentalität lebt. Die beiden deutschen Wörter, die in jedem sowjetischen Kriegsfilm meiner Kindheit vorkamen, lauteten »Halt!« und »Ausweis«.

Der schnelle Nazi-Vergleich

Die Europäer gelten bekanntlich gerne als die Guten. Die besonders guten Europäer, das sind seit einigen Jahren Franzosen und Deutsche. Sie bezeichnen sich mittlerweile sogar als »Kerneuropäer«. Im Frühjahr 2003 hatten sie es ziemlich einfach, sich zu positionieren. Die polternde Außenpolitik der Bush-Regierung und das Thema Irakkrieg machten es ihnen leicht.

Dann aber hat die italienische EU-Ratspräsidentschaft begonnen, und die Europäer sind mit einem Paukenschlag bei sich selbst angekommen. Den Paukenschlag führte Ministerpräsident Berlusconi aus, indem er, in der Hitze der Debatte, einem deutschen Europa-Parlamentarier die Rolle eines KZ-Aufsehers in einem italienischen Spielfilm antrug.

Die deutschen Medien, die sich schon seit Wochen mit dem wenig attraktiven Reformthema und dem noch weniger attraktiven Reformprogramm der Regierung Schröder auseinandersetzen mußten, griffen den Skandal dankbar auf. Nicht weniger dankbar verhielt sich der Bundeskanzler, der von Berlusconi eine Entschuldigung verlangte und sogar auf den Italien-Urlaub verzichtete. Wie schön, wenn man sich als Deutscher über andere Europäer aufregen darf! Ist es nicht fast schon der Beweis, das wir endlich ein normales Land sind?

Aber auch diese nach Genugtuung lechzende Aufregung beruht auf einem kurzen Gedächtnis. Berlusconi ist nicht der Erfinder des schnellen Nazi-Vergleichs. Er ist überhaupt der Erfinder von gar nichts, sondern bloß ein zwielichtiger Unternehmer mit dubiosen Kontakten, der in der Politik seine Chance bekam, weil das politische Nachkriegssystem Italiens in den neunziger Jahren zusammenbrach. Zusammengebrochen ist es aber vor allem durch die Korruption und die moralische Verkommenheit der politischen Klasse. Berlusconi ist ein Produkt der italienischen Misere.

Die Nazi-Vergleiche aber sind nichts als ein Ausdruck des niedrigen Niveaus der öffentlichen Debatten. Es ist noch gar nicht so lange her, daß eine deutsche Justizministerin den amerikanischen Präsidenten Bush in die Nähe von Hitler rückte. Und war es nicht Helmut Kohl, der während der Perestroika Gorbatschow mit Goebbels verglichen hat, was ihn nicht daran hinderte, wenig später mit dem so Verglichenen über die deutsche Einheit zu parlieren. Aber auch der wortgewaltige Herbert Wehner hat bereits 1975 für einen Eklat im Bundestag gesorgt, indem er Franz-Josef Strauß mit Goebbels in Verbindung brachte.

Alles markige Sprüche, wie der zuletzt von Berlusconi. Alles mit viel Aufregung verbunden, aber politisch bedeutungslos. Solche schmutzigen Geschichten dienen immer noch als Ablenkungsmanöver. Sie offenbaren aber auch eine tiefsitzende Verachtung des politischen Gegners, was wiederum ein Defizit des Demokratieverständnisses anzeigt.

Die Bundesrepublik der Nachkriegszeit konnte nur ein schwacher Staat sein. Nach den Exzessen der Nazis mußten sich die Behörden zurückhalten. Man sehe sich bloß Adenauers Lebens- und Regierungsstil an. Keiner nach ihm war so bescheiden. Man wollte demütig wirken, für die eigenen Bürger, aber auch für die Alliierten. Der deutsche Staat stand unter Generalverdacht. Dieser Generalverdacht reicht bis zur Vereinigung von 1990, als in Berlin-Kreuzberg am 1. Mai Autonome mit dem Transparent »Nie wieder Deutschland!« auftraten.

Schwache Staaten haben oft mehr Gegner als ihre starken Brüder. Mit dem Spruch »Macht kaputt, was euch kaputtmacht« ging der junge Bürger auf Augenhöhe mit dem Gewaltmonopol des Staates. Eine fatale Anmaßung.

Erst nach dem Ende der Bundesrepublik, nach der Vereinigung, begannen die ehemaligen Gegner sich mit ihrem Staat zu versöhnen. Die alte Bundesrepublik war plötzlich Ort der Kindheit, der Sozialisation. Und man merkte es nicht nur, man war bereit zuzugeben: Es gibt Schlimmeres.

Der Höhepunkt der Ablehnung aber wurde in den siebziger Jahren erreicht, durch K-Gruppen und Terrorismus. Als das ideologische Disneyland der Bürgersöhne und Töchter nach scharfer Munition verlangte. Darüber wurde und wird viel geredet, aber wenig aufgeklärt. Die Verbalattentäter von damals haben zumeist bürgerliche Karrieren gemacht, die Leichen, die ihren Weg pflastern, betrachten viele von ihnen als Folgen von Jugendsünden. Mit dem Gestus, mit dem früher der Bürgersohn ins Bordell ging, hatte er sich diesmal in die K-Gruppen begeben.

Die Gewalttätigen aber sind, sofern sie nicht auf der Strecke blieben, mit wenigen Ausnahmen, resozialisiert und therapiert. Treten sie öffentlich auf, sprechen sie mehr von ihrem Ego als von ihren Opfern. Sie wirken wie Leute, die einen Schritt zurückgetreten sind, von der RAF zu Attac.

Und sie versuchen zu vermitteln, es handele sich dabei um den gleichen Kampf, als wollten sie auch jetzt noch ihrer Verirrung einen guten Kern verpassen.

Der Talk-Repräsentant dieser Fraktion ist Peter-Jürgen Boock, der die schrittweise Ausdehnung der Reue so gekonnt praktiziert, daß er Stoff für den Rest seines Lebens hat. Er verschaffte sich in den Achtzigern eine öffentliche Rolle durch den Briefwechsel mit dem Schriftsteller Peter Schneider. Als sich herausstellte, daß seine Unschuldsbehauptung eine Lüge war, richtete er sich eine neue Plattform der Reue ein, indem er diese Lüge fundiert bedauerte. Schneider war sein persönlicher nützlicher Idiot.

Auftritt der Grünen

Der Deutsche Herbst beendet die Hegemonie der linksradikalen Hysterien über die kritische Öffentlichkeit. Die Eskalation ist angesichts der Situation diskursiv nicht mehr legitimierbar.

Die öffentlich sensiblen Themen verschieben sich vom Imperialismus und Klassenkampf zurück zu den scheinbar mit mehr Bodenhaftung versehenen.

Das Schlagwort »Umwelt« setzt unterhalb der politischen Diskurse an. Bauern und andere Naturverbundene schlagen die imaginativen Zelte des neuen Sammelbegriffs auf. Auf diese werden bald die beschäftigungslosen Berufsrevolutionäre der Studentenbewegung aufmerksam. Daß an den Anfängen der Grünen ein Herbert Gruhl (1921–1993), ehemaliger CDU-Politiker und Verfasser des frühen Öko-Bestsellers »Ein Planet wird geplündert« (1975), und ein Baldur Springmann (1912–2003), Pionier der Ökolandwirtschaft, stehen, ist ebenso erfolgreich verdrängt worden wie das pikante Detail, daß vorbereitende Gespräche zur Grünen-Gründung in Vlotho im Collegium Humanum des Werner Georg Haverbeck stattfanden. Haverbeck, im Dritten Reich

Leiter der »Reichsmittelstelle für Volkstumsarbeit«, wandte sich nach 45 der Anthroposophie zu und engagierte sich in den Siebzigern für Umweltfragen. Einer der drei Sprecher der als »Sonstige politische Vereinigung Die Grünen« angetretenen Partei war August Haußleiter (1905–1989), Vorsitzender der »Aktionsgemeinschaft unabhängiger Deutscher«, die sich für die Unabhängigkeit Deutschlands von den USA einsetzte. Ergänzt wurde die seltsame Truppe von der Friedensaktivistin Petra Kelly und dem Künstler Joseph Beuys.

Mit ihren Fähigkeiten der Organisation übernehmen die ehemaligen K-Gruppen-Leute die Bewegung im Handstreich. Als Losung gilt der »Entrismus«. So ruft Thomas Ebermann 1979 im »Arbeiterkampf« die Genossen vom Hamburger Kommunistischen Bund (KB) auf, in die Grüne Partei einzutreten, »um das Überleben der Kommunisten in dieser Situation zu sichern«.

Die Konservativen verlassen die Partei, Herbert Gruhl gründet bereits 1982 die wenig erfolgreiche ÖDP. Es stellt sich heraus, daß die neue Protestbewegung durchaus mit einigen Komponenten der Achtundsechziger kompatibel ist. Transportiert wird dies vor allem über den Friedensbegriff, und auch die Atomthematik der Ostermärsche läßt sich neu integrieren und sogar der Antiamerikanismus, durch die Raketenproblematik und die Reagonomics. Über die Ökologie läßt sich auch der Antikapitalismus als Wachstumskritik neu formulieren und für Jüngere attraktiv machen.

Die Sache funktioniert.

Es war eine beachtliche strategische Leistung, das vagabundierende Ökologiethema an einen politischen Linksbegriff zu koppeln und der Öffentlichkeit bis heute erfolgreich einzureden, Umweltschutz sei zwingend ein linkes Thema.

Demoerfahrung ist neben den Sitzungsstrategien das wichtigste Wissen, das die Achtundsechziger einbringen. Gleichzeitig gewinnen sie die Jüngeren in den Kämpfen um die AKW und gegen die Pershings. Die frühen Achtziger werden zum Massenphänomen Protest gegen Atomkraft und für den Frieden. Sie machen die Grünen zur Partei und bringen sie in den Bundestag. Mit viel Getöse und unter allgemeinem Gelächter.

Die politische Klasse, die zuerst einmal von einem vergänglichen Phänomen ausgeht, sollte sich gewaltig irren. Tatsächlich schien mit der Vereinigung ja auch das Ende der Grünen gekommen, trotz ihres Zusammengehens mit den ostdeutschen Bürgerrechtlern, übrigens auch eine der großen taktischen Leistungen der Kader von 68, bei den wenigen Gemeinsamkeiten, die vorlagen. Die Grünen galten als eine westdeutsche Milieupartei, die schon wegen ihrer Unfähigkeit, das Nationenthema aufzugreifen, erledigt schien. Das parlamentarische Überleben wurde nur durch die Wahlsonderregelung, die die Fünf-Prozent-Klausel für Ostparteien auf das Territorium der ehemaligen DDR beschränkte und damit der Bürgerrechtsbewegung Bündnis 90 den Einzug in den Bundestag erlaubte, für eine Krisenlegislaturperiode gesichert. Dafür waren die Westkader in alter leninistischer Manier sogar bereit, den Parteinamen zu ändern.

Diese Krisenzeit hat bei den grünen Parteifunktionären wohl noch einmal den Sinn für die Machtfrage geschärft. Die Machtfrage ist die zentrale Frage von Revolutionären. Ihr sind alle anderen Fragen untergeordnet. Lenin, Stalin und Mao hatten ihnen klar werden lassen: Inhaltlich ist alles möglich, das Ziel darf bloß nicht aus den Augen verloren werden. Die wahren inhaltlichen Anliegen werde man nach der Machtübernahme angehen. So wurde der Kompromiß zum legitimen Parteiinstrument, zuerst beim internen Umgang zwischen den beiden Flügeln, Realos und Fundis, danach auch auf der allgemeinen politischen Bühne, in der Koalitionsstrategie.

Nur vor diesem Hintergrund ist die schier endlos mäandernde Debatte der neunziger Jahre zwischen Pazifisten und Bellizisten zu verstehen. Und auch die spätere Partizipation am Waffenexport durch die grüne Regierungspartei.

Kommt ein moralischer Vorwurf, heißt es aus der Parteispitze sogleich, man wäre in einer Koalition.

Dies im Schlagabtausch zwischen sogenannter Basis und Parteispitze bedeutet stets eine Erinnerung an die Machtfrage. Wir haben die Macht, will das heißen, alles andere kommt noch, und einiges ist ja auch schon gekommen: eine Parodie der Energieversorgung, die superteure Windkraft und eine Satire der Müllvermeidung, das Dosenpfand. Wir schalten unsere Kraftwerke ab und verbrauchen Atomstrom aus Frankreich. Gleichzeitig werden in Brandenburg ganze historisch gewachsene sorbische Siedlungen zerstört, um im Tagebau Braunkohle zu fördern.

Der lange Marsch führte die Parteispitze in die weichen Sessel der politischen Klasse. Die Grünen sind heute eine Partei wie alle anderen, eine Karrierenorganisation mit Minimalprogramm und zwei Strömungen, die abwechselnd zu Wort kommen, einer bürgerrechtsliberalen und einer ökototalitären. Erstaunlich ist nur noch die Disziplin ihrer Basis, aber auch sie wuchs mit den Jahren in die Privilegien des Korporatismus hinein. Die meisten führen ein Mittelstandsdasein als Angestellte oder in freischwebenden Berufen, sie gehören Milieus an, in denen man Grün wählt, wie man Müll trennt, nach Südfrankreich in Urlaub fährt, für afrikanische Kinder spendet und gegen den Irakkrieg protestiert.

Das Land der Achtundsechziger

Die Frage, warum der schwache Staat Bundesrepublik so viele Gegner in seinem Innern hatte und warum diese Gegner heute zur Hommage an diese Bundesrepublik neigen, trifft in den Kern der heutigen deutschen Problematik.

Wie verhält sich ein Milieu, das Heimat nur als politische Heimat gelten ließ?

Das gebrochene Verhältnis zum »Vaterland Deutschland« ist so schwierig, weil es künstlich ist. Das Wort »Vaterland«

war aus der politisch korrekten Öffentlichkeit verbannt. Wenn man heute »Vaterland« sagt, wird man nach wie vor ausgelacht. Eine Haltung, die Teile des Journalismus geradezu pflegen, das Lächerlichmachen des gegnerischen Lagers, läuft in solchen Fällen zur Höchstform auf.

Akzeptiert war das Wort öffentlich nur einmal. Als der SED-Reformpolitiker Hans Modrow es in der Wendezeit gebrauchte, um das Faktum der anstehenden Vereinigung in den politischen Diskurs des Endmoräne DDR unauffällig einzuführen. Er zitierte den in der DDR jahrzehntelang verbotenen Becher-Text der Hymne des Arbeiter-und-Bauern-Staates: »Deutschland einig Vaterland«.

Um ein Land zu reformieren, muß man es zu schätzen wissen. Damit die Achtundsechziger und die Nachfolgegenerationen dieses lernen, müssen sie aber ihre Vergangenheit aufarbeiten. Die Bereitschaft dazu ist bislang gering. Was man lautstark den Eltern vorwarf, macht man nun zur Maxime des eigenen Handelns. Der neben Koenens »Rotem Jahrzehnt« interessanteste Ansatz, und im Unterschied zu diesem auch allseits gelobte, ist der Dokumentarfilm von Andres Veiel »Black Box BRD«, der den Terroristen und den Manager parallel setzt, Grams und Herrhausen, den Biographien nachspürt. Durch die Parallelsetzung verschafft der Film der Terroristenbiographie eine soziale Legitimation. Der Ansatz verhandelt nicht den Fanatismus, die Verantwortlichkeit des Ideologischen für die biographische Fehlsteuerung, nicht das Fatale der Verführung.

Die kalte Analyse weicht damit einem milieuspezifischen Lernprozeß der radikalen Linken, der Stand der Dinge kommt einer Perestroika gleich. Die Polizei ist immer noch dämonisiert, obwohl man den toten Polizisten jetzt auch wahrnimmt, der Kapitalismus weiterhin böse, auch wenn Herrhausen kein Bösewicht, sondern eine komplexe Figur ist, die sogar eine revolutionäre Idee haben darf, den Schuldenerlaß. Man erkennt einzelne Menschen in den Figuren, welch ein Fortschritt!

Die Wahrheit ist, daß nicht die Verfaßtheit der Bundesrepublik, weder die staatliche noch die gesellschaftliche, der Grund für die Eskalation war, sondern das fanatische Weltbild der linken Akteure. Dem Fanatiker geht es immer ums Ganze, daher seine Energie am Bauzaun von Brokdorf. Es wirkt oft genug wie ein säkular umgeleiteter protestantischer Fundamentalismus.

Zum Opfer wird man, wie Grams, durch das fanatisierte Milieu oder durch die großen Agitatoren aus den eigenen Reihen: Meinhof, Ensslin, Mahler. Kunzelmann, der nach den Recherchen von Wolfgang Kraushaar wohl als Anstifter zum Bombenattentat in der Berliner jüdischen Gemeinde am 9. November 1969 gelten muß, hat die Randfigur Albert Fichter in Gang gesetzt. Rudi Dutschke, der die Gründung der Kommune 1 befürwortete, ist dort selber nie eingezogen.

Auch Veiels Film steht immer noch in der langen Tradition der künstlerischen Auseinandersetzung mit dem Terroristen als Opfer. Man sucht sich stets Figuren aus, die sich dazu eignen, die Sympathien auf sich ziehen, wie die Meinhof, die Ensslin, sogar Baader kam im gleichnamigen Film als Desperado, als Robin Hood an.

Die Achtundsechziger Geschichtsschreibung hält sich gern bei den Kriminalisierungsversuchen seitens des Verfassungsschutzes und seiner V-Männer auf, spielt aber damit auch die Bereitschaft vieler Achtundsechziger zu Gewalt und Kriminalität herunter. Immer, wenn das Gewaltproblem nicht mehr wegzuerklären ist, taucht in den Berliner Achtundsechziger Querelen der ominöse V-Mann Peter Urbach auf. Mal brachte er die Molotow-Cocktails, mal den Sprengstoff, mal die Pistole. Aber jemand hat ihm die Mitbringsel doch bereitwillig abgenommen.

Die Biographie von Horst Mahler, einem der wichtigsten Protagonisten der Protestbewegung der Sechziger, Stipendiat der renommierten Studienstiftung, junger Wirtschaftsanwalt, Mitglied im SDS und später in der RAF, heute eines der Hirne der NPD, würde viel mehr aussagen, aber auch manchen Sympathien für das Phänomen den Boden entziehen. Warum schreibt niemand eine Mahler-Biographie?

Demokratie und Herabwürdigung

Unterhalb der oft beklagten Beliebigkeit der öffentlichen Diskurse findet ein unauffälliges Hauen und Stechen mit Worten statt. Hört man genauer hin, merkt man schnell, daß die Begriffe nicht nur ausgehöhlt, sondern auch diskreditiert sind. Mehr noch, es wird sogar auf ihre Entwertung spekuliert, um den Gegner fertigzumachen. Egal, was man sagt, man ist sofort positioniert und damit desavouiert, ob es um »Ausländer« oder um »Preußen« geht.

Die einzelnen Begriffe ersetzen die Meinung. Es geht darum, wem es am besten gelingt, den Kontrahenten in die Ecke zu stellen. Wer das Wort »Ausländer« sagt, steht bereits unter Verdacht, ein Ausländerfeind zu sein. Fügt er dann noch hinzu, er habe nichts gegen Ausländer, verstärkt sich dieser Verdacht noch. Er sagt es schließlich, um ein negatives Beispiel einzuleiten, in dem ein Ausländer vorkommt. Damit ist er aber schon aufs Glatteis geführt und hat durch seine Formulierungsweise selber dazu beigetragen.

Die starke Konnotationsbindung der Begriffe, im Ergebnis jahrzehntelanger kollektiver Einübung, fordert das Ausweichen in den Euphemismus geradezu heraus. Die freiwillige Selbstkontrolle dieser Art läßt eine Zensur überflüssig erscheinen. Es gibt Milieus, in denen man nicht von »Ausländern« spricht, sondern von »Migranten«, aber nicht von »Immigranten«, also Einwanderern. Mit dem Begriff »Migrant« will man die Konnotation mit der Einwanderung vermeiden, also den rechten Bürger nicht vor den Kopf stoßen. Der Migrant ist ja bloß ein Wanderer, einer, der kommt und geht, früher hätte man gesagt, ein Zigeuner. Das aber gilt heute als Provokation. Dabei ist es nichts weiter als ein uraltes Bild: Wanderzigeuner.

Die Deutschen haben in der Nachkriegszeit eine flächendeckende Verdachtskultur entwickelt. Diese ist zum rhetorischen Kontrollfaktor geworden. Erinnern wir uns nur an die unendlichen Diskussionen, die in den achtziger Jahren über den Begriff »Asylant« stattfanden, mit dem Argument, die Endung auf *ant* sei despektierlich, herabwürdigend, wie in Simulant oder Dilettant. Also schaffte man rhetorische Abhilfe durch den Ausdruck »Asylbewerber«, ein regelrechter Marktwirtschaftsbegriff, der den Eindruck erweckt, man bewerbe sich um den politischen Status wie um einen Job. Das jedoch konnten die moralisch Korrekten nicht hinnehmen, sie antworteten prompt mit dem »Asylsuchenden«. Was aber ändert sich an der Realität der Ausländerfrage in Deutschland, wenn die Ausländerbeauftragte der Bundesregierung »Beauftragte für Migration, Flüchtlinge und Integration« heißt?

An der Wortwahl erkennt man das jeweilige politische Milieu im Lande. Jemand, der sich für eine Terminologie entscheidet, nimmt nicht nur Stellung, er verrät durch die Stellungnahme auch seine Gesinnung. Die Sprachregelung dient dazu, Freund und Feind auseinanderzuhalten, sie bedient die Gesinnungskontrolle. Vor der Vereinigung steckte eine wichtige politische Frage sogar in der Bezeichnung des eigenen Landes: Wer »Deutschland« sagte, stand im Verdacht, Revisionist zu sein, mindestens verdächtigte man ihn, die Einheit einzufordern oder gar die ehemaligen deutschen Ostgebiete. Sagte jemand »Bundesrepublik«, konnte er als Westler durchgehen, aber auch als Wirtschaftsliberaler erscheinen, was von links und rechts gleichermaßen angeprangert wurde. Als dezidierter Linker sagte man damals »BRD«. In diesem Kürzel, dessen Ton die DDR vorgegeben hatte, wurde ein solches Maß an Verachtung für den westdeutschen Staat vermutet, daß es in offiziellen Unterlagen untersagt blieb, das Kürzel zu benutzen. Die gegenseitige Desavouierung während des

Kalten Kriegs ging bekanntlich so weit, daß Springer den nichtanerkannten Oststaat als »DDR« in Anführungszeichen beschrieb. Die Sprache wurde zum Instrument der Beleidigung.

Diese auf die Hallsteindoktrin zurückgehende Regelung der Nichtanerkennung verschaffte sich in allen Lebensbereichen Geltung. Wie soll man sich anders die Hartnäckigkeit erklären, mit der über Jahrzehnte behauptet wurde, die Bundesrepublik sei kein Einwanderungsland? Es ist eine Denkfigur, die bis heute nachwirkt, wenn die endlich festgeschriebene Einwanderungsregelung offiziell »Zuwanderungsgesetz« heißt.

Der Gesinnungscheck ist zum Nationalsport geworden. Man fragt seine politische Haltung ab wie den Fußballclub. Dabei ist alles der politischen Bewertung unterworfen. Wenn man jemanden als »rechts« bezeichnet, ist es eine unauffällige Ausgrenzungsmaßnahme. Dazu paßt der Begriff »rechtslastig«. Also belastet. Eigentlich schon ein Vergehen, jemand, gegen den besser ermittelt werden sollte. »Unbelehrbar« und »ewig gestrig« werden nachgeschoben. Die neueste ultimative Beschimpfung aber ist, zumindest wenn Intellektuelle reden, das Wort »Unterschicht«.

Leute dagegen, die die deutsche Gesellschaft unter Generalverdacht gestellt haben, waschechte Linke, sprechen vom »Rechtsextremismus«, der aus der Mitte der Gesellschaft komme. Was ist das aber, die Mitte der Gesellschaft? Wer ist gemeint? Der Mittelstand natürlich, den die westliche Gesellschaft gerne als ihr Rückgrat betrachtet. Die Desavouierung der Mitte, ist das linke Fundamentalkritik am Westen, am Kapitalismus?

»Kapitalismus«? Auch das nichts als ein Schimpfwort, ein zugegeben abgenutztes. Man setzt gerne noch eins drauf: »Raubtierkapitalismus«. Seine Anhänger haben das Wort, das ja nichts weiter als die auf Kapital beruhende Gesellschaftsform meint, längst aufgegeben, sie sagen »Marktwirtschaft«. Das wiederum hört sich für die Politiker als

Wahlkampfparole zu ökonomisch an, deshalb setzen sie auf »soziale Marktwirtschaft«, will sagen, Raubtier unter Kontrolle. Als ob sie, die Politiker, die Kontrolleure sein könnten!

Selbst das Wort »liberal«, das die Freiheitlichkeit unseres Gesellschaftslebens benennt, wurde zu »neoliberal«, was gemeinhin als menschenfeindlich gilt. Diskreditiert sind auch die Formen der öffentlichen Äußerung, vor allem jene der öffentlichen Kritik. »Protest« gilt als unanständig, man spricht von »gewaltbereiten Demonstranten«. Im Grunde sind die Diskussionsteilnehmer beim Schlagabtausch vermummt, wie die Demonstranten, wie die Sondereinheiten der Polizei.

Die Etikettierung überlagert den Dialog, sie fördert das Lagerdenken. Demokratie aber erfordert Unvoreingenommenheit. Sie kann die Meinungsvielfalt nur erfolgreich verwalten, wenn die Wörter ihren ursprünglichen Sinn transportieren können, frei von Taktik und Ranküne.

Das Ich als Arbeitgeber und Sinnstifter

Als Harald Schmidt im Dezember 2004 aus der Südsee heimkehrte, sah er aus wie Gauguin ohne Bilder. Alle machten sich Gedanken über sein Aussehen, nach den Bildern aber fragte keiner. Sucht man nach einem Grundsatz für den Erfolg in unserer Gesellschaft, so trifft man neuerdings in der unmittelbaren Nachbarschaft des vielbeschworenen Jugendkults auf die Geschäftstüchtigkeit, mit der das Ego sich ins Rampenlicht zu rücken versteht.

Den gesellschaftlichen Mainstream beherrschen, jenseits von behauptetem Generationenbruch und Methusalemmuster, seit einiger Zeit die Dreißig- bis Fünfzigjährigen. Daran ändert auch die scheinbare Diskurshoheit der Achtundsechziger nicht viel. Ihre rhetorische Macht kann nicht darüber hinwegtäuschen, daß es ihr letzter Auftritt ist und daß dieser letzte Auftritt eher einer politischen Selbstexekution gleichkommt. Siehe Harz IV, die inflationäre Männerfreundschaft mit Putin oder die post-wilhelminische Türkei-Politik.

Wer die politische Klasse anführt, gibt in der Gesellschaft längst nicht mehr den Ton an. Er versucht vielmehr, unter weitgehendem Verzicht auf politische Parolen, bei Beckmann aus seinem Privatleben zu erzählen oder sich unauffällig zum Fußballstammtisch zu bekennen. Wenn jetzt die Dreißig- bis Fünfzigjährigen Schritt für Schritt die Mitte der Gesellschaft besetzen, ist diese Mitte trotz aller Gegenbeteuerungen unpolitisch eingerichtet.

In der Wohlfühlgesellschaft, in der Welt der Ich-AG, wird man nach seinen Auftritten beurteilt. Auftritte gelten als Statements. Wie Yoga-Übungen oder Schokoladenmassagen. Sie verschaffen Individualität, indem fortgesetzt Merkmale ausgerufen werden, als gelte es, ad hoc eine Persönlichkeitsskizze anzufertigen. Das betrifft buchstäblich alle: Popmusiker, Politiker, Wissenschaftler, Feministinnen. Bei den Auftritten geht es weniger um ihre jeweilige Fachkompetenz als um die Fähigkeit, sich selbst als exemplarische Alltagsfigur darzustellen. Nicht nur beim Politiker, auch beim Spezialisten für Rückenschmerzen geht es darum, wie er sich ernährt und was er von Haustieren hält.

Daß Klaus Wowereit als Berliner Regierender Bürgermeister politisch einfallslos geblieben ist, stört kaum jemand, auch daß er in der aufgegebenen Föderalismuskommission mit der Hauptstadtklausel scheiterte, ändert daran nichts. Das einzige, was ihm ein Meinungstief bescheren könnte, wäre, wenn sich herausstellen würde, daß er eigentlich heterosexuell ist. Diese Erkenntnis erklärt die öffentliche Aufregung über die Kußszene mit Dschungelkönigin Desirée Nick und seinen eigenen Unmut über die Publizität der Angelegenheit.

Der Mainstream hat alles dem Privaten zugeordnet und damit einer selbstgebastelten Leitkultur die entsprechende Autorität verliehen. Diese Leitkultur gibt sich jung und positiv. Mit ihrem positiven Denken verabschiedet sie sich sichtbar von den Achtundsechzigern. Ihr wichtigstes Diskursinstrument sind, nach der epochalen Blamage des Marxismus, die Kulturwissenschaften. Der Klassenkampfbegriff wird von den Kulturwissenschaften zeitgemäß aus den Lebensgrundlagen weggelasert. Kultur- und Gendermarkierungen lassen die Gesamtproblematik jetzt als verfügbaren Stoff erscheinen, der sich mehr oder weniger originell formen läßt. Das kulturwissenschaftliche Erklärungsmuster übt keine Zwänge aus, es beschreibt die Lage überzeugend, aber auch unterhaltsam. Weil seine Deutungen spielerisch daherkommen, muß niemand den Verzicht vor Augen haben. Die Dreißig- bis Fünfzigjährigen inszenieren sich aufgeklärt, tolerant und lebensfroh. Ihr Grundsatz ist die Machbarkeit. Sie erscheinen so als die idealen Inhaber der permissiven Gesellschaft.

Das aber haben sie ausdrücklich ohne politisches Programm erreicht. Auf jenem Feld hatten sie gegen die Achtundsechziger ohnehin keine Chance. Ihre Machtübernahme ist eine Auftrittsübernahme. Sie haben die Öffentlichkeit entpolitisiert, und auch das nicht programmatisch. Die Denkbilder der Achtundsechziger haben sie sogar beibehalten. Alles, vom Antifaschismus bis zur Ökologie, haben sie jedoch in Lifestylebilder verwandelt. Damit wurde das Waldsterben mit dem Öko-Möbel konterkariert und die Tricontinentale durch Slowfood ersetzt. So konnte auf die Moralistin Petra Kelly eine Claudia Roth folgen, studierte Theaterwissenschaftlerin und zeitweilige Managerin von »Ton, Steine, Scherben«. Heute schwärmt sie für das Popduo »2raumwohnung«. Als Lieblingslinks erscheinen 2005 auf ihrer Homepage: Amnesty International, der Lesben- und Schwulenverband, das Filmfestival Berlinale und der Fußballverein SSV Ulm 1846. Von Politik keine Spur.

An die Stelle des Ausländers trat der Migrant in Gestalt des witzigen Wladimir Kaminer oder des schwäbelnden Cem Özdemir, der spätestens mit seinem Hunzinger-Kredit einer von uns wurde. Multikulti, light.

Aber auch die so entblätterten Diskursdiven brauchen ein Leitbild, einen Schwarm. Das kann bei derartiger Lifestyleerzwingung nur der Jugendkult sein. Die Inanspruchnahme des Jugendbegriffs stellt den entscheidenden Schritt für die Machtausübung in der Lifestylegesellschaft dar. Auffallend ist, daß unsere Berufsjugendlichen allesamt nicht mehr wirklich jung sind: von den Popliteraten oder Plattenauflegern der Lesenation Thomas Meinecke und Rainald Goetz bis zum Verwalter der Spätpubertät Stefan Raab.

Das Geheimnis der von den Dreißig- bis Fünfzigjährigen eingerichteten jungen Mitte ist, daß man zur Zuversicht kein Programm mehr braucht. Das Ich darf sich genügen, es ist Arbeitgeber und Sinnstifter in einem. Das aber stellt den größten Trost dar, den man den lebensfrohen, den geschäftstüchtigen Menschen in Zeiten der allgemeinen Ratlosigkeit spenden kann.

Die Metaphysik des Machtwechsels

Der politische Machtwechsel, den die Umfragen bei Neuwahlen ankündigten, forderte schon weit im Vorfeld, im Frühsommer 2005, in unserer intellektuellen Öffentlichkeit den Willen zur Metaphysik heraus. Sie wittert immer noch die großen Bedeutungen. Daß Deutschland ein ganz normales westliches Land sein könnte, in dem eine Wahl zum schlichten Machtwechsel führt, weil eine Mehrheit der Wahlberechtigten jetzt wieder dem anderen Teil der politischen Klasse mehr zutraut, erscheint uns deutschen Intellektuellen wohl zu banal.

Auf der Suche nach den untrüglichen Zeichen ist man sogar auf die Formel von der geistig-moralischen Wende gestoßen, die den fortschrittlichen Intellektuellen der achtziger Jahre das Feuilleton-Gruseln lehrte. Den angenommenen Machtwechsel in Berlin will man als Rückkehr des Konservativen deuten, als kulturellen Paukenschlag.

Was aber ist heute in Deutschland konservativ? Gibt es tatsächlich noch eine direkte Verbindung zwischen politischen Mitte-Rechts-Kräften und ominösen gesellschaftlichen Werten, wie sie von den Mahnern und Warnern unterstellt wird? Sind jene Großkonservativen, die damals die Wende ausriefen, fundamentalistisch auftretende Damen wie die mittlerweile achtzigjährige Psychotherapeutin Christa Meves, nicht in bemerkenswerterweise machtlos geblieben? Würde die CDU heute noch wegen des Paragraphen 218, der den Schwangerschaftsabbruch regelt, wie seinerzeit vor das Bundesverfassungsgericht ziehen? Hat sich die vollmundig angekündigte Wende nicht spätestens mit der CDU-Spendenaffäre und Kohls Ehrenwortverhalten erledigt?

Das politische Problem besteht doch eher darin, daß sich die beiden Lager, Mitte-Rechts und Mitte-Links, viel zu wenig voneinander unterscheiden. Die Chance, durch einen Machtwechsel die überfälligen Reformen in die Wege zu leiten, erscheint nicht zuletzt wegen der Ähnlichkeit der Regierungs- und Oppositionsvorhaben so gering. Ihre Programme sind allesamt Teil des Sozialkorporatismus, der den Frieden zwischen den Interessengruppen auf Kosten des Staatshaushalts garantiert.

Es ist nun wieder zu beobachten, daß eine weiterhin dominierende linksliberale Meinungsbildung mit längst überholten Begriffen operiert. Die Hauptschwäche ihrer Protagonisten besteht wohl darin, daß sie sich über die eigene Grundversorgung kaum jemals Gedanken machen mußten. Die Söhne und Töchter eines Wohlstandskleinbürgertums eigneten sich mit und nach 68 die sozialen Parolen anhand fremder Erfahrungen an, Stichwort Dritte Welt, Stichwort Nord-Süd-Konflikt. Um so wichtiger wurde es, diese auf Umwegen gewonnenen Erkenntnisse zu hegen und zu hüten. Sie sind wie die Gläubigen, die ständig fürchten, durch Unaufmerksamkeit von der Lehre abfallen zu können.

Die Haupterrungenschaften des Generationenkampfs von 68 aber waren, man weiß es, emanzipatorischer Art. Es war die Freiheit von den Zwängen moralischer Konventionen, die man der Spießerrepublik abgetrotzt hatte. Das ist alles so weit in Ordnung und auch wenig spektakulär, wären nicht als drittes Element die großen Hysterien hinzugekommen, der kapitulative Pazifismus, der die Wehrhaftigkeit des eigenen demokratischen Staatswesens in Frage stellte, und die Ökologie, die man zur Weltuntergangsabwendung aufwertete. Supergau und Klimakatastrophe wurden damit zu säkularisierten Bildern der Apokalypse, für jedermann faßbar. Die neuen Konkretionen der Gefahr forderten den einzelnen nicht nur heraus, sie vermittelten ihm auch ein stringentes Verantwortungsgefühl. Die Aktionen der achtziger Jahre wurden stets von großen Emotionen getragen.

Wenn man sich auch längst nicht mehr vor einer Atomanlage ankettet und auch nicht mehr vor einer amerikanischen Raketenbasis kampiert, die Denkfiguren dieser Jahre wirken munter weiter, die Apokalypse zieht immer noch regelmäßig am geistigen Horizont herauf. Während die politischen Parolen andauernd suggerieren, daß zwei Lager einander gegenüberstehen, das Lager des Fortschritts und das des Rückschritts, haben sich die Wertvorstellungen längst in alle Richtungen begeben. Spätestens eine Debatte wie jene über die Genforschung, speziell die Stammzellenproblematik, zeigt, daß die Ablehnungsfront quer durch die Parteien verläuft. Der christlich-konservativ begründete Widerstand gegen eine liberale, forschungsfreundliche Gesetzgebung fand bei SPD und Grünen nicht weniger Befürworter als in der CDU, wie das restriktive Stammzellengesetz von 2002 beweist. Was aber die individuellen Grundrechte betrifft: War es nicht die rot-grüne Regierung, die das Bankgeheimnis aushöhlte und dabei den Datenschutz buchstäblich ignorierte?

Andererseits ist der Begriff der persönlichen Freiheit allgemein anerkannt. Das läßt sich an der Akzeptanz von Minderheiten feststellen. Das Privatleben schwuler Exponenten des volkstümlichen Entertainments wie Patrick Lindner wird von der Regenbogenpresse in ähnlicher Weise ausgebreitet wie das der heterosexuellen, schwule Politiker sind wahrscheinlich in der CDU sogar häufiger anzutreffen als in der SPD.

Es gibt heute einen weitreichenden, von der Mitte der Gesellschaft getragenen Konsens in der Frage der Pluralität von Lebensformen. Die Urbanisation des Lebensgefühls ist erfreulich weit fortgeschritten. Womit wir mittlerweile mehr zu kämpfen haben, ist die Verinnerlichung des politisch Korrekten auf Kosten der eigenen Interessen. Zu beklagen ist unsere geringe Bereitschaft, uns gegen die Gefahren des von außen kommenden religiösen Fundamentalismus zur Wehr zu setzen.

Wir leben heute in einer postmoralischen Gesellschaft, in der die Diffamierung von Lebenshaltungen gegenstandslos geworden ist. Was hat es noch mit unserer Lebenswirklichkeit zu tun, wenn man konservativ als reaktionär einstuft und progressiv als revolutionär brandmarkt, als umstürzlerisch? An die Stelle der militanten Zuspitzungen des 20. Jahrhunderts ist längst das Spiel von Bewahrung und Veränderung getreten. In seiner öffentlichen Darstellung wechseln die Gesten der Empörung und der Gelassenheit einander ab.

Auch die postmoralische Gesellschaft hat ihre Bühne. Auf ihr herrscht meist der Boulevard, jedenfalls in den Augen einer mit den banalen Erscheinungsformen der offenen Gesellschaft unzufriedenen Partei der Metaphysiker, denen immer noch das raunende Bergwerk der Utopie zu fehlen scheint. Ein auf Steuerschätzungen reduzierter politischer Diskurs und die zahllosen, das Infotainment bedienenden Expertenvorschläge meistzitierter Wirtschaftswissenschaftler wie Hans-Werner Sinn oder Bernd Rürup irritieren diese Partei mehr als nötig.

Es gibt keinen Anlaß zur Dramatisierung, vielmehr sollte die Sorge dem Problem gelten, daß vielleicht keine der künftigen Regierungen in der Lage sein wird, den Haushalt endlich zu sanieren. Und das nicht, weil sie konservativ und zu wenig dem Fortschritt verpflichtet, sondern zu sehr dem Konsensdenken und dem Korporatismusmodell verhaftet wäre, die Deutschland lähmen.

Der verlassene Abenteuerspielplatz

Am Morgen, wenn noch kein Betrieb auf dem Spielplatz ist, springen einem die Gegenstände ins Auge. Alles, die Rutschbahn, die Schaukel, das Baumhaus, sieht wie eine Maschine aus. Wie eine große Maschine, in die sich bald die Kinder stürzen werden, wie in ein schnelles Leben.

Weil so früh am Tag noch kein Lärm auf dem Spielplatz ist, wirken die Spielaggregate wie Kunstinstallationen, die sich der Sinngebung entziehen. Es gibt zu dieser Stunde noch keine Interpreten. Wer jetzt den Spielplatz betritt, trägt einen Blaumann und in der Hand einen Wartungsblock.

Der Mann geht von Monster zu Monster, wirft einen kurzen Blick in das Innenleben, um schließlich auch dieses Objekt abzuhaken. Gelassen schreitet er durch den Sand, der jetzt nicht einmal knirscht, denn es ist ja keiner da, der das Knirschen hören könnte.

Ohne ein einziges Geräusch zu machen, verschwindet der Mann so unauffällig, wie er gekommen ist. Sobald die Kinder an der langen Leine ihrer Mütter und Väter den Spielplatz in Besitz nehmen, gerät alles abrupt in Bewegung. Wenn sie die Treppen hochrennen, die Rutschbahn hinabsausen oder das Auf und Ab der Schaukel probieren, sehen ihre Eltern sie von den Bänken aus, wie sie auf- und absteigen, hinabsausen und doch wieder hochrennen zu den Gipfeln, die wir alle kennen und die sie noch nicht sehen, und der Satz, das Kind soll es einmal besser haben, ist ein Spruch von gestern.

IV.
Russische Puppen: Das lange Leben der DDR

»Lebt der alte Holzmichl noch?« ruft der Sänger in den Saal, und alle heben die Hände hoch, und begeistert schallt es zurück: »Ja, er lebt noch.«

Mit dieser Frage haben »De Randfichten« die DDR in die Spaßgesellschaft eingeführt. Sie haben für ihre Botschaft die Form eines populären westdeutschen Formats verwendet, die sogenannte Volksmusik. Das gab es auch in der DDR, dort führte es aber eher eine Randexistenz. Die DDR hatte nur einen Zipfel folkloristischen Bergsüden, in Thüringen. Nun hat sie sich mit dieser Plattform trotzig und erfolgreich als postumes Kollektiv präsentiert. Die DDR ist tot, das Kollektiv lebt. Das Kollektiv hat sich selbständig gemacht. Niemand will die DDR zurückhaben, weder das »Volk« noch die PDS. Sie zuallerletzt. Regiert und profitiert sie doch im vereinigten Deutschland mit, ohne dabei die Verantwortung für den Staatshaushalt zu tragen und, was noch wichtiger ist, ohne von der Bevölkerung für die ökonomischen und sozialen Schwierigkeiten verantwortlich gemacht zu werden. Bequemer geht's wirklich nicht. Wenn die Bevölkerung 1989 mit dem Gang zur D-Mark drohte, so gehört nun die PDS zu den Nutznießern der wahrgemachten Drohgebärde.

Mythos Deutsche Einheit

Der Kern der deutschen Einheit ist der Schmerz über die deutsche Teilung. Er findet zu immer neuen Ausdrucksformen, ist Erinnerung und Projektion zugleich.

»Ich fühle mich von viel zu vielem, was ich liebe, von Menschen, Landschaften und von Erfahrungen getrennt. An manchen Tagen weiß ich genau, wieviel Kraft mir die Teilung täglich entzieht. Meine Geschichte mit diesem Land beginnt mit meiner Geburt, 1939, die mich gleich in den Krieg schleuderte, und beginnt damit, daß ich seit meiner Geburt zu dem Land gehörte, das den Krieg begann und das Nachbarvolk überfiel. Das war der Anfang.« Die das schrieb, ist Marianne Herzog. Sie schrieb es 1980 in Westberlin, in einem Buch, das von ihrer Untersuchungshaft am Anfang der siebziger Jahre handelte, als Mitglied der RAF. Marianne Herzog stammte aus der DDR, sie ist vor dem Mauerbau, zwei Tage davor, als junge Frau in den Westen gegangen, kurz danach wieder in die DDR zurück und dann nochmals in den Westen. Eine deutsche Verwirrung, wie sie für auffallend viele Protagonisten der achtundsechziger Generation und ihres Umfeldes zutrifft.

Zu fragen ist, wie eine Teilungsproblematik einen so hohen Stellenwert in einem Kulturraum bekommen kann, der im überwiegenden Teil seiner Geschichte politisch zerstückelt war. Wie ein so hoch emotionalisierter Diskurs wie der deutsch-deutsche zustande kam, daß er alles andere immer wieder überlagern kann? Wie der Handlungsspielraum bis heute von Trotzreaktionen und Drohgebärden beherrscht wird? Und daß all das die einfache Feststellung ersticken kann, daß die DDR ein stinknormaler Ostblockstaat war, zudem noch einer der langweiligeren und trüberen.

Die DDR zwischen Deutschland und Osteuropa

»Die Ostdeutschen waren all die Jahre über die Duckmäuser, sie haben de facto kaum etwas getan. Sie hatten es 1953 versucht und danach jahrzehntelang nichts getan, und plötzlich würden sie diejenigen sein, die als erste nach Europa kommen und von dem ganzen Umbruch in Europa am meisten profitieren.« So der polnische Publizist Adam Krzeminski im März 2004 im Gespräch mit Rita Kuczynski.

Jede Generation im Osten Europas hatte ihr Grunderlebnis mit dem Sozialismus, ihren eigenen Generationsschock. Für meine Generation war es der Prager Frühling. 1968 ist das Jahr, das unsere frühen Träume beflügelte und abrupt abstürzen ließ. In der DDR steht für diese Generation ein Jürgen Fuchs. Was uns damals umtrieb, war ein weltweit in Mode gekommener Reformmarxismus, der nach dem Ende der offenen stalinistischen Repression die kritischen Intellektuellen in Ost und West erfaßte und der sich zu vielem eignete. Für manche als Alibi, für andere als Hoffnung, daß die Utopie zu retten wäre. Der Hang meiner Generation zum Neomarxismus ist nur damit zu erklären, daß wir die Verbrechen des Stalinismus nicht mehr bewußt erlebt haben. So konnten uns Althusser und Garaudy faszinieren, die damals in Rumänien, wo ich meine Kindheit und Jugend verbrachte, veröffentlicht wurden.

Wenn ich später darüber sprach, waren oft ältere Menschen dabei, die sich ein müdes Lächeln nicht verkneifen konnten. Sie blickten mich schweigend an, es war wie ein Abwinken. Sie waren 1956 jung, so jung wie ich 1968, und hatten den Ungarn-Aufstand erlebt oder zumindest seine Hoffnungen geteilt. Sie hatten als Studenten in den rumänischen Städten demonstriert und waren verhaftet worden. Der Geheimdienst, die Securitate, hatte ihr Leben zerstört.

1956 und 1968, Ungarn-Aufstand und Prager Frühling, waren in Osteuropa für die meisten ein Begriff. Jedenfalls für die, die sich Gedanken über den Zustand der Gesellschaft machten. Es waren Meilensteine des Widerstands gegen die Diktatur. Ebenso die tschechische Charta 77 und vor allem die polnische Gewerkschaft Solidarność und das Jahr 1980, als die Kommunisten sie vorübergehend offiziell zulassen mußten. Dieser symbolische Rückzieher der Kommunisten war nicht nur ihr Ende, er bedeutete das Ende des Ostblocks und damit auch der DDR.

Wenig bekannt war hingegen der Aufstand vom 17. Juni in der DDR. Obwohl es 1953, kurz nach dem Tod des Völkerbeglückers Stalin, das erste öffentliche Aufbegehren gegen die kommunistische Macht war. Was ließ den 17. Juni in Osteuropa unbekannt bleiben?

Wenn der Ungarn-Aufstand, der Prager Frühling und die Solidarność zu den großen Symbolen des Widerstands gerechnet werden, warum dann nicht auch der 17. Juni? Warum blieb das Datum ein deutsch-deutsches, warum wurde es nicht auch ein osteuropäisches? Lag das an dem durch die Weltkriege gestörten deutsch-osteuropäischen Verhältnis? Oder war es vielmehr seine Darstellung in der DDR selber, der Umgang dort mit dem Aufstand? Haben die Teilung Deutschlands und die propagandistische Auseinandersetzung zwischen Bundesrepublik und DDR während des Kalten Kriegs eine wirkliche Rezeption des Ereignisses verhindert?

Die Diskussion über den 17. Juni wurde von Anfang an in das Links-Rechts-Schema der deutsch-deutschen Konfrontation gepreßt. Die offizielle DDR schwang die Antifaschismus-Keule gegen die protestierenden Arbeiter. In einer raffinierteren Variante versuchte man den Aufstand zu verharmlosen, indem man ihn auf Proteste gegen Normerhöhungen und Arbeitsbedingungen reduzierte, als hätten die Akteure niedere Motive gehabt. Aber ist es nicht immer so gewesen, daß das große Aufbegehren bei den kleinen Fragen und Alltagssorgen anfing? Die Geschichte der Diffamierung des Aufstands ist komplexer als die des Aufstands selber.

Eine beachtliche Rolle in der Diffamierung spielten in der DDR Schriftsteller wie Stephan Hermlin und Stefan Heym. Während Hermlin durch seine Novelle »Die Kommandeuse« (1954) über die Befreiung einer ehemaligen KZ-Wächterin durch die Aufständischen den offiziellen Faschismusvorwurf bediente und damit die öffentliche Fälschung, lieferte Heym ein besonders wirksames Instrument mit seinem Roman

»Fünf Tage im Juni«. Die Ursachen der Krise sah er in der Verknüpfung der Arbeiterunzufriedenheit mit der »Agententätigkeit der Westmächte«.

Das »verführte Denken«, wie Milosz es nannte, verführt.

Dazu Robert Havemann, der Dissident, 1970 in seinem autobiographischen Buch »Fragen Antworten Fragen«: »Ich war damals sehr entschieden für die Veröffentlichung. Inzwischen habe ich meine Meinung geändert. Stefan Heym sollte der Partei dafür dankbar sein, daß ›Der Tag X‹ nie erschienen ist. Heym übernimmt nämlich die grundfalsche offizielle Lesart, wonach der ›17. Juni‹ ein von den westlichen Geheimdiensten organisiertes konterrevolutionäres Unternehmen war. Heym zeichnet zwar ein treffendes Bild der stalinistischen Parteibürokratie und beleuchtet die ökonomischen Hintergründe der Unzufriedenheit der Arbeiter in den volkseigenen Industriewerken. Diese Erscheinungen werden dann aber von einer Gruppe von Spezialisten der CIA in raffinierter Weise für die Vorbereitung der Konterrevolution ausgenutzt.«

Das Buch von Heym gehört zu jener Art Literatur, deren Wirkung im kommunistischen Machtbereich mental wahrscheinlich das meiste Unheil angerichtet hat. Es handelt sich um Bücher, die bewußt Halbwahrheiten verbreiteten. Dieses geschah entweder durch Zugeständnisse an die Zensur oder durch die Unfähigkeit, sich von der eigenen ideologischen Befangenheit freizumachen. Es gab sie in allen osteuropäischen Ländern. Als Beispiel sei hier Jerzy Andrzejewski mit seinem Roman »Asche und Diamant« von 1948 genannt, in dem die Rolle der antikommunistischen polnischen »Heimatarmee« verfälscht wird. Der intellektuelle Opportunismus hat der Diktatur in großem Maße geholfen, vor allem bei der Erhaltung der vermeintlich gutgemeinten Ziele. Mit ihrer Hilfe wurde das untaugliche Sozialismusprojekt als Ideologie am Leben erhalten. Daraus resultierte jene Denkfigur über den Kapitalismus als das Hauptböse, dem nur ein wie auch immer gearteter Sozialismus Paroli bieten könne, der, wenn nichts anderes, dann doch immer noch das kleinere Übel darstellen würde, eine Art Menschheitstraum. Die Denkfigur wirkt bis heute nach. Manche verstiegen sich sogar zur Parole »Sozialismus oder Barbarei«, andere begnügten sich, schlimm genug, mit der Titulierung der DDR als »das bessere Deutschland«.

Durch die Teilung Deutschlands entstand die paradoxe Situation, daß diese ideelle Manipulation sich auch in der Öffentlichkeit der Bundesrepublik ausbreiten konnte. Es gab nur Umwege in der deutsch-deutschen Auseinandersetzung. Die Fronten waren aufgelöst, jenseits der großen Markierung durch den Kalten Krieg besetzten wilde Scharmützel die Debatten. Oft genug blieb unklar, wer wer ist. Das hat damit zu tun, daß von Anfang an auch in der Bundesrepublik die alten antiwestlichen Traditionen lebendig blieben. Weil sie von dem offiziellen Politikkurs nicht mitgetragen wurden, suchten sie sich wie immer schon symbolische Partnerschaften im Schurkenraum. Es ist eine gewisse Tradition des deutschen Sonderwegs, sich gegen das angelsächsische Modell in der Partnerschaft mit dem Totalitarismus zu wehren. Bis heute spielt das eine Rolle. Was aber ist das für eine Gesellschaft, die den Liberalismus mehr fürchtet als die Diktatur, die sich vor der persönlichen Freiheit ängstigt und nicht vor der Vormundschaft? Erst wenn die Werte der individuellen Freiheit über die der vermeintlichen sozialen Sicherheit gestellt werden können, wird die deutsche Gesellschaft die Normalität der westlichen Moderne erreichen.

Da Heyms Roman in der DDR verboten war, weil über den 17. Juni nicht einmal Halbwahrheiten erlaubt waren, konnte er in der Öffentlichkeit der Bundesrepublik, als oppositionelles Werk legitimiert, seine Rolle spielen und die Halbwahrheiten auf diesem Umweg um so besser in die deutsch-deutsche Debatte einbringen. Das war 1974, und damals ging es bereits um den »Wandel durch Annäherung« und ähnliche Höflichkeiten auf Kosten der Menschen. Der

17. Juni aber war im Westen längst als Feiertag entsorgt und diente vor allem als Kranzniederlegungstag und Straßenname.

Die Halbwahrheit läßt letzten Endes alles verdächtig erscheinen. Sie ist die Schwester des Mißtrauens und der Bagatellisierung. Die Halbwahrheit erlaubte es, zu meinen, der Stalinismus sei in der DDR weniger repressiv gewesen als sonstwo im sowjetischen Imperium, er hätte in Deutschland weniger Opfer gefordert.

Es wird Zeit, den 17. Juni als das zu sehen, was er wirklich war: der erste große Aufstand gegen die kommunistische Macht im sowjetischen Block, der erste Versuch, den Bann zu brechen, der erste Schritt in Richtung Solidarność und 1989. Um das zu erreichen, muß Ostdeutschland bereit sein, mindestens post factum sich mit Osteuropa zu vergleichen, sich aus den Zwängen der deutsch-deutschen Problematik hinauszubegeben. Der Widerstand in der Bevölkerung gegen das Modell DDR richtete sich nicht nur gegen die deutsche Teilung, es war auch eine Absage an Stalins Sozialismus. Eine erste große Würdigung erfuhr der 17. Juni erst 2003, aus Anlaß seines fünfzigjährigen Jubiläums. Damit erst war ein wichtiger Schritt getan, um ihn in den Traditionslinien eines vereinigten Deutschland zu verankern. Mit dieser Würdigung wird die Geschichte der DDR geradegebogen.

Darüber hinaus sollte man sich aber auch Gedanken über die Rolle von Literaten machen, deren Halbwahrheiten zur öffentlichen Fälschung und Manipulation des Ereignisses wesentlich beigetragen haben. Wenn es eine Macht der Literatur gibt, dann durch ihre Instrumentalisierung.

Ungarn-Aufstand, Prager Frühling und Solidarność wurden von bedeutenden Intellektuellen und Schriftstellern der betreffenden Länder, wie Julius Hay, Pavel Kohout oder Kazimierz Brandys, mitgetragen und später im öffentlichen Gedächtnis fixiert. Warum war das in der DDR anders?

In meiner Jugend, in den sechziger Jahren, im rumänischen Temeswar, als ich noch der dortigen deutschen Minderheit angehörte, ein Rumäniendeutscher war, gab es in der Hauptbuchhandlung, am Korso, ein Regal mit Büchern aus der DDR, mit DDR-Büchern. Bücher, von denen ich die meisten gelesen habe, weil es sonst in deutscher Sprache nicht viel gab, und an die ich heute noch erinnert werde, sobald ich ein Antiquariat in Potsdam oder Leipzig betrete. Es war alles da, von Becher bis Braun, von Christa Wolf bis Arnold Zweig. Sie haben in meinem jugendlichen Kopf ihre Spuren hinterlassen, in ihrem Angebot hatten sie den platten Antifaschismus und das Bild vom guten Sozialismus. Zwei heilige Kühe, bei denen einem eingeschärft wurde, zum Teil sogar mit Mitteln der Subversion, wie bei Volker Braun, daß sie auf alle Fälle zu verteidigen seien, gegen besseres Wissen und sogar gegen die Nomenklatura. Das Fatale: Man konnte im Ostblock und so auch in der DDR als Marxist subversiv wirken.

Einer stand nicht in diesem Regal: Uwe Johnson. Seinen Namen kannte ich aus West-Zeitschriften und aus Rundfunksendungen. Lange war ich auf Mutmaßungen über seine Literatur angewiesen. Bis ich irgendwann, in einer Privatbibliothek, auf sein erstes Buch stieß. In den sechziger und siebziger Jahren gelangten viele westdeutsche Bücher nach Rumänien. Verwandte brachten sie mit, Siebenbürger Sachsen und Banater Schwaben, Flüchtlinge, die nach dem Krieg nicht mehr nach Rumänien zurückgekehrt waren und nun als Touristen, mit ihren heranwachsenden Kindern, ihren West-Kindern, die Orte ihrer Kindheit und Jugend aufsuchten, den Familienkontakt neu knüpften. So las ich das erste Buch von Uwe Johnson, als ein Suhrkamp-Buch, als ein westdeutsches Buch.

Als ich seinen ersten veröffentlichten Roman »Mutmaßungen über Jakob« las, dachte ich mir, so müßte DDR-

Literatur sein. Aber so kann DDR-Literatur nicht sein, wegen der DDR. Eine solche Literatur konnte die DDR nicht zulassen. Weil die Figuren nicht an der offiziellen Ideologie aufgehängt waren, weil sie als Objekte im Getriebe der Diktatur und des Kalten Kriegs erschienen. Johnson schrieb über die Wirklichkeit der deutschen Teilung 1959, bald darauf unternahm Christa Wolf den Versuch, das Thema in die Künstlichkeit ideologischer Raumordnung zu versetzen, für den allseits akzeptierten »Geteilten Himmel«. Sie verließ beim Schreiben den sicheren Grund nicht, während Johnson mit dem Schreiben anfing, wo dieser sichere Grund aufhörte. Ich sah in ihm einen Heimatlosen zwischen Ost und West, dem die Aufklärung des Dilemmas, in dem er sich befand, wichtiger war als die bequemere Positionierung.

Monika Maron wiederum merkte viel später, 1997, zu den »Mutmaßungen« an: »Liest man das Buch heute, nachdem alles vorbei und Geschichte ist, wir aber noch lebendig und beladen sind mit allen Warums, die unsere Biographien uns aufgeben, ist man verwundert und erschrocken, daß in einem Buch, das zwei Jahre vor dem Bau der Mauer erschien, alles zu lesen ist, was uns, seine damals verhinderte Leserschaft, die folgenden Jahrzehnte bis zum Irrewerden beschäftigte, aufzehrte, was die Literatur der DDR bis zu deren lächerlichem Untergang sowohl prägte als auch verhunzte, ohne daß sie je wieder die nüchterne, ganz und gar unpolemische Wahrheit der frühen Bücher Uwe Johnsons (...) erreichte, vielleicht sogar ohne daß sie sie erreichen wollte.«

Der Vergleich zwischen Johnson und Wolf zeigte mir die Grenzen von Schreiben und Publizieren im Sozialismus auf. Meine Erkenntnisse halfen mir literarisch weiter und nahmen mir gleichzeitig meine Zuversicht über meine schriftstellerischen Möglichkeiten im kommunistischen Rumänien.

1980 wurde in Bukarest ein Goethe-Institut eröffnet. Es war damals das einzige in Osteuropa. Der rumänische Diktator Ceauşescu wollte damit sein Image im Westen bedienen, sein Geheimdienst aber sah es gar nicht gerne, daß dieses Institut sogar funktionierte. Aus der Bibliothek des Bukarester Goethe-Instituts habe ich die Bände der »Jahrestage« ausleihen können. In den »Jahrestagen« fand ich die Fragestellungen vor, die meine Jugend bestimmten. Auf der einen Seite den ideologischen Konflikt zwischen Ost und West, den Abriß des reformkommunistischen Projekts und die Trauer um den Prager Frühling, die meine frühen Jahre geprägt hatten wie kein anderes Ereignis der Zeit. Auf der anderen Seite sah ich mich mit einem literarischen Konzept konfrontiert, in dem der Versuch unternommen wurde, die marginale Provinz Mecklenburg mit dem Zentrum der Welt, New York, zu verbinden, die geschichtsmächtigen Strömungen an ihren skurrilen Rändern zu befragen. Das interessierte mich als Bewohner einer vergessenen Provinz, des rumänischen Banats, und es half mir beim Schreiben weiter, wie mir davor nur Johannes Bobrowski weitergeholfen hatte.

Die Konsequenzen aber ließen nicht lange auf sich warten. Ich hatte mich zu weit vom offiziellen Diskurs weggedacht, zu weit von ihm weggeschrieben. So kam ich 1987 in den Westen und ging nach Westberlin. Ich ging, weil ich nicht mehr bleiben konnte. In einem Antiquariat in Schöneberg erstand ich ein kleines Buch von Uwe Johnson: »Berliner Sachen«. Darin fand ich den Essay »Versuch eine Mentalität zu erklären. Über eine Art DDR-Bürger in der Bundesrepublik Deutschland«. Hier war die Emigration, der dritte Zustand neben Ost und West, angesprochen, aber auch der Erklärungsbegriff, der Emigrant als der, der sich zu erklären hat.

»Seit die DDR sie vor zwanzig Jahren vereinnahmte, sind sie von ihr mit Beschlag belegt«, schrieb Johnson 1970, »sie leben fern von ihr, immer noch haben sie das Tischtuch nicht gänzlich zerschneiden mögen. Hier ist eine Rechnung nicht abgeschlossen.«

Dieser Satz spricht von einer Art DDR-Prägung, die bis heute anhält. Manchmal hat man den Eindruck, es ist eine Tätowierung.

Eine zählebige Legende handelt von der Geburt der DDR aus dem Antifaschismus. Bis heute wird der untergegangene Staat mit seiner Selbstdarstellung verwechselt. Auch nach seinem Ende gilt die offizielle Version. Das konnte man im Sommer 2004 wieder beobachten, als Günter Wallraff plötzlich auf allen Kanälen zu sehen war. Man hätte schon meinen können, er habe endlich ein neues Buch veröffentlicht, hat er aber nicht, und zwar seit vielen Jahren. Ihn hat vielmehr eine Ausgeburt der antifaschistischen Legende, die verblichene Stasi, ins Rampenlicht gezogen. In seinen leidenschaftlich vorgebrachten Statements berief sich der Enthüllungsjournalist wiederholt auf die Thematik, die ihm die zeitweilige Bekanntschaft mit den DDR-Agenten beschert habe, deren wahre Identität Wallraff verborgen blieb. Es war sein Kampf um die Enttarnung von Nazigrößen, die in der Bundesrepublik Karriere machen konnten, der ihn mit den Kundschaftern zusammenbrachte.

Dazu muß man sagen, die Legende, daß in der alten Bundesrepublik die Restauration betrieben wurde und das beste Indiz dafür die Karrieren von Altnazis seien, ist genau so zählebig wie die vom Antifaschismus der DDR. Anders gesagt, die Bundesrepublik war so faschistisch wie die DDR antifaschistisch war.

Natürlich gab es solche Karrieren, aber haben sie jemals den Weg der Bundesrepublik zu einer westlich verankerten Demokratie ernsthaft gefährdet? Die Täter und Würdenträger, die das Dritte Reich unbeschadet überleben konnten, waren meist Leute, die zuerst einmal ihre Haut retten wollten und sich in den Dienst der Besatzungsmächte und danach in die Institutionen der neuen Republik begaben. Der Nationalsozialismus ist, mal abgesehen von einigen Spinnern, bereits mit dem Scheitern der »Sozialistischen Reichspartei« und ihrem Verbot 1952 endgültig aufgegeben worden. Den Diffamierungsbegriff der Restauration brauchten die DDR-Ideologen, um ihre Destabilisierungsaktivitäten im Westen zu legitimieren. Ihre Diskreditierungsstrategie ging vor allem unter kritischen Intellektuellen auf, die Realität aber war anders.

Viele der Nazi-Akteure verhielten sich unauffällig und paßten sich an. Es waren Opportunisten. Andere haben einen tatsächlichen Sinneswandel vorgenommen. Oder war Werner Höfer, als man ihn 1987 mit Mediengetöse enttarnte und ihm seinen »Frühschoppen« wegnahm, vielleicht ein Nazi, der die Demokratie in der Bundesrepublik gefährdete?

Es ging seit dem Ende der fünfziger Jahre vielmehr um die Anbahnung einer sachlichen Aufarbeitung der Vergangenheit, durch exemplarische Verfahren wie den Auschwitz-Prozeß in Frankfurt am Main (1965) und Publikationen über die Verästelungen des Nazisystems in allen Bereichen der deutschen Gesellschaft der dreißiger Jahre. Die Mittäterschaft und der Profit der einzelnen Institutionen und Unternehmen, Eliten und Bevölkerungsschichten sind bis heute Gegenstand einer weitverzweigten Forschungsarbeit. Was wüßten wir über die Mechanismen der Terrorherrschaft und Gleichschaltung der Gesellschaft und auch den Widerstand dagegen, hätten wir nur die DDR-Forschung als Quelle? Herzlich wenig.

Es gab aber seit den frühen sechziger Jahren auch den trivialen Ansatz der Schuldzuweisung. Der schrille Ton der Bezichtigungen setzt, man muß es leider sagen, mit Hochhuths populärem Stück »Der Stellvertreter« von 1963 ein. Dieser Ton steigert sich noch mit der Konfiskation des Antifaschismusbegriffs durch die Studentenbewegung. Sie hat ihn zum Instrument des Generationenkonflikts gemacht.

Es ist nicht uninteressant, zu beobachten, wie die meisten großen Themen der sechziger Jahre diese Instrumentalisierung erfahren, damit verfälscht werden und bis heute in dieser falschen Form in der deutschen Öffentlichkeit wirksam bleiben. Nur durch seine Verkürzung konnte der Begriff des

Antifaschismus mit der DDR verknüpft werden. Wäre er nicht bloß als Kampfbegriff im Generationenkonflikt eingesetzt worden, hätte man schnell die Unvereinbarkeit der DDR-Diktatur mit ihrem Anspruch erkennen müssen.

Diese DDR war eine Erfindung Stalins, dessen Antifaschismus bekanntlich mehr dem Konkurrenzdenken mit Hitler entsprang und seine Wirkung jederzeit einbüßen konnte: Sobald es um die Aufteilung Osteuropas ging, hatte der Pakt den Vorrang. Die DDR aber hat zahlreiche Karrieren aufzuweisen, die, ähnlich wie die in der Bundesrepublik angeprangerten, verlaufen sind. Die NVA wurde genauso von Wehrmachtsoffizieren aufgebaut wie die Bundeswehr. Von wem auch sonst? Beispiel: Wehrmachtsgeneral Vincenz Müller. In den DDR-Medien gab es eine ganze Reihe von ehemaligen Nazis, die zum Teil die antiisraelische, die »antizionistische« Politik des Arbeiter-und-Bauern-Staates in den sechziger Jahren mitformulierten. Das ehemalige SA- und NSDAP-Mitglied Günter Kertzscher brachte es bis zum Stellvertretenden Chefredakteur des Neuen Deutschland. Ebenso gab es Juristen mit fragwürdiger Vergangenheit: Der Generalstaatsanwalt Ernst Melsheimer war im Dritten Reich Kammergerichtsrat. Es gab Mediziner und Wissenschaftler. Sicher ein paar weniger als im Westen, aber als Phänomen war es das gleiche. Kam deswegen jemand auf die Idee, zu sagen, in der DDR gebe es Restauration?

Die realen Gefahren in der DDR entstanden aus dem Totalitarismus Stalinscher Prägung. Der Antifaschismus blieb ein politisches und ideologisches Instrument, um die bürgerliche Opposition zu denunzieren und diffamieren und um sich selber zum besseren Deutschland zu stilisieren. Die Wirklichkeit sah anders aus. Zum Beispiel so: In der Bundesrepublik schleppte sich ein Verfahren gegen einen der Mörder Ernst Thälmanns hin, den ehemaligen SS-Mann Wolfgang Otto, den man aufgespürt hatte. Ein zweiter Tatbeteiligter, SS-Obersturmführer Erich Gust, galt als verschollen. Otto wurde nach einigem Hin und Her in der Revision schließlich freigesprochen. Der Kommentar des Neuen Deutschland zu solchen Verfahren: »Hier wird die Unlust der BRD-Justiz, nazistische Gewaltverbrechen zu sühnen, klar erkennbar.« Nach der Wende fand sich in den Stasi-Archiven ein ausführlicher Vorgang über Gust. Er betrieb bis zu seinem Tod im Jahr 1992 als Franz Giese ein Promi-Restaurant bei Osnabrück. Die Stasi kannte seine Identität und seinen Aufenthaltsort seit 1969.

So trafen sich die militanten Achtundsechziger und die verdeckte Stasi am Tisch der Gegenwart, um den gemeinsamen Feind, den Staat Bundesrepublik, zu bekämpfen. Die DDR lieferte die Dokumente: gegen Springer, gegen Lübke, gegen Oberländer, gegen jeden. Sie wurden in Ostberlin zum Abholpreis übernommen, von den Studentenführern, von Bernt Engelmann, von Günter Wallraff und manch einem Anonymus. Gelegentlich verbreitete die DDR auch gefälschtes Material. Die ehemaligen DDR-Geheimdienstler Günter Bohnsack und Herbert Bremer äußerten sich 1992 so: »Wenn die vorhandenen Akten nicht ausreichten, wurden sie durch ›Zugaben‹ ergänzt. (...) Personalakten aus der NS-Zeit wurden aus den Archiven angefordert und nach belastendem Material durchsucht und je nach Maßgabe ›vervollständigt‹ durch Dokumente aus eigener Fertigung. Manchmal mußten wir Akten auch ›lüften‹, was hieß, entlastendes Material zu beseitigen, so etwa Dokumente, die bewiesen, daß die betreffende Person in Opposition zur Hitler-Diktatur gestanden hatte. Alles wurde so lange getrimmt, bis es sich optimal eignete, das ausgewählte Opfer zu diskreditieren.«

Wallraff, ebenfalls 1992 in der SZ: »Und ohne die DDR – das kann man rückblickend sagen – wäre die NS-Vergangenheit hier noch weniger aufgeklärt worden.«

Aufgeklärt wurde beispielsweise Lübke. Und das gleich doppelt. Einmal als »KZ-Baumeister« und dann als Lachnummer. Sogar eine Schallplatte dokumentierte Lübkes peinliche Rede-Auftritte in der Dritten Welt. Die dabei oft zitierte Anrede »Sehr geehrte Damen und Herren, liebe Neger«, die auch zum Plattentitel avancierte, ist nicht belegt, allerdings anderes ebenso Peinliches. Nur: Lübke hatte auch seine Verdienste. Er reiste als früher Förderer der Entwicklungshilfe, und als vormaliger Landwirtschaftsminister spielte er eine nicht zu unterschätzende Rolle bei der Schaffung des gemeinsamen Agrarmarktes der EWG. Was aber das Schlagwort vom »KZ-Baumeister« betrifft, so stammt dieses wohl aus dem Büro des ZK-Sekretärs der SED Albert Norden. Die Behauptung beruht auf dem Faktum, daß Lübke als Angestellter eines Ingenieurbüros, das während des Krieges der Organisation Todt zugeordnet war und Rüstungsminister Speer zuarbeitete, ab 1944 mit dem Barackenbau für Zwangsarbeiter in Peenemünde zu tun hatte. Man entlarvte einen Bauingenieur, den Mörder Thälmanns aber deckte man.

Die sechziger Jahre markieren den Aufstieg eines neuen Machtfaktors in der Öffentlichkeit der Bundesrepublik, der Boulevardpresse. Ihre Betrachtung ist ein Paradebeispiel für die Fehlanalysen der Achtundsechziger durch die klassenkämpferische Vereinfachung. Seine Ideologen sehen darin das Böse schlechthin, vor allem in den Auftritten der Springer-Publikationen. Gerade dieses Thema führte zur vorübergehenden Konvergenz zwischen APO-Funktionären und der Stasi. Man ließ sich mit Material aus der DDR gegen den Konzern munitionieren und ging sogar mit Gewalt gegen Druckerei und Auslieferung vor. Die Hypertrophie des Privaten, die damals von der Regenbogenpresse kultiviert wurde, ist heute leider ein selbstverständlicher Teil der Öffentlichkeit, und die Springer-Methoden werden bis ins Fernsehen hinein kopiert, zum Teil unter der Federführung ehemaliger Straßenkämpfer von 68.

Was störte die Ideologen von 68 an Springer, was waren die Beweggründe der DDR in dieser Frage? Wallraff sagt heute noch, Springer habe Südafrika unterstützt und Gerhard Löwenthal habe sich für Pinochet ausgesprochen. War es aber nicht so, daß der rechte Löwenthal, der als Sohn eines Juden im KZ Sachsenhausen interniert war, vor allem durch seinen prononcierten Antikommunismus in der linksliberalen Öffentlichkeit störte? Und war es nicht so, daß der konservative Springer wie kein anderer die deutsche Einheit propagierte, und das im Verbund mit dem Westen, daß er proamerikanisch und proisraelisch war? Dem Antikommunisten Löwenthal die Nähe zu Pinochet vorzuwerfen, ohne über den eigenen Widerspruch zwischen Antifaschismus und Akzeptanz der DDR nachzudenken, ist zumindest fragwürdig. Es zeigt die Grenzen des selbstgerechten Weltbilds einer militanten Linken.

Die Kampfansage der DDR aber galt der Westbindung und damit der Demokratisierung Deutschlands. Daß viele der Achtundsechziger dieser Art Kampf das Wort geredet haben, indem sie mit Ho-Chi-Minh-Rufen und dem Mao-Büchlein gegen Amerika antraten und den Vietnamkrieg mit Auschwitz gleichsetzten, sollte endlich zu denken geben. Denn aus solchen Schlagworten ist ein triviales Weltbild entstanden, das bis heute weiterwirkt. An diesem Weltbild hat Wallraff leider mitgestrickt, und er beruft sich auf seine Vereinfachungen bis heute, diesmal, um sich herauszureden.

Die Diskussion über die Kollaboration von West-Intellektuellen mit der DDR sollte sich nicht auf eine vermeintliche IM-Tätigkeit für die Stasi beschränken. Weitaus nützlicher wäre, in Verbindung mit der Auswertung der Rosenholz-Akten, eine weiterführende Debatte über die ideellen Grundlagen eines Denkens, das heute wieder zu antiamerikanischen und antiisraelischen Ressentiments mit unguten Folgen für die deutsche Befindlichkeit führt und fast nebenbei einen erstaunlich populistischen Diskurs mit Schlagworten wie dem von Schröder ausprobierten »Deutschen Weg« hervorbringt, einen Kessel Buntes, in dem sich Links und Rechts mischen, als gelte es Deutschland ein weiteres Mal aus seiner Westbindung herauszulösen und auf den fatalen Sonderweg zurückzuschicken.

Eva-Maria Hagen, gelegentlich als BB des Ostens gehandelt, als gefeierte Schauspielerin beim Filmfestival in Karlovy Vary/Karlsbad. Und Eva-Maria Hagen bei den Grenztruppen zur Zeit des Mauerbaus. Zwei Zeitungsfotos.

Wer die Bühne der Diktatur betritt, macht sich schuldig. Mit diesem Wissen kam ich 1987 in den Westen. Es gründete auf meinen Erfahrungen mit dem Ceauşescu-Regime. Auch ich hatte die Bühne betreten, war den Weg vom geförderten zum geduldeten und schließlich verbotenen Autor gegangen, wie viele andere Schriftsteller aus Osteuropa. Die DDR nahm ich bis 1987 im rumänischen Temesvar anhand ihrer kulturellen Produkte und Manifestationen wahr, aufgrund der Dissidenz und der Subkultur. Zaubersprüche, Zimmerlautstärke. Aber auch: mit Marx- und Engelszungen und Provokation für mich. Nach meiner Ausreise und dem Umzug nach Westberlin wurde sie zur Realität vor der Haustür. Sie blieb für mich ein vielsagendes Emblem der kommunistischen Machtausübung.

Aber: Auch die DDR hatte ihre Trivialmythen. Auch die Diktatur verwaltet einen Lebensalltag. Neben der offiziellen Ikone war Täve Schur schließlich der berühmte Sportler, der Radrennfahrer und Weltmeister.

Die DDR hat viele Gesichter. Man kennt sie als SED-Programm und als Intellektuellenphantasie. Es war der Staat der intellektuellen Kollaborateure und Weggefährten, von Lenins nützlichen Idioten, und gleichzeitig die Zone, das Zwangsregime für die Brüder und Schwestern, aber auch der Lebensraum der Gleichgültigen. Dazu kommt die DDR der Westlinken, mit ihren Täuschungen und Enttäuschungen, das andere Deutschland.

1989 schien die Stunde der Partei-Intellektuellen gekommen zu sein. Endlich konnten sie den Apparatschiks, die sie im Grunde genauso verachteten wie die Apparatschiks die Intellektuellen, die Instrumente der Macht entreißen und ihren Sozialismustraum auf den Weg bringen. Diese Stunde war bekanntlich kurz, ihr Ende wurde von den Massen bestimmt, die wieder einmal das hehre Projekt ihrer selbsternannten Dichter und Denker nicht begriffen haben. Sie wollten ans Geld oder vielmehr an die Banane, wie Stefan Heym verächtlich anmerkte. Ihm allerdings hatte die Banane die ganze Zeit über nicht gefehlt. Dem gesamten Partei-Intellektuellenmilieu hatte sie nicht gefehlt. Die Lebensabschnittskollaborateure, die im Westen eher als regimekritisch eingeschätzt wurden, lebten materiell weitgehend sorgenfrei, sie wollten nur noch den Kommunismus errichten und zwar fürs Volk. Diese Selbstlosigkeit wurde bekanntlich in der Bevölkerung wenig geschätzt. Selbst bei denen, die sich Trost bei den offiziellen Künstlern zu holen pflegten, weil es eben keine anderen Künstler gab.

Mit der Wende aber wandten sie sich von diesen ab, wie sie sich von den DDR-Produkten abwandten. Und sie entdeckten nach ein paar Jahren der Bananenfeier dann doch alles wieder: die Romane von Erwin Strittmatter, die Lieder der Puhdys, die DEFA-Filme und das Sandmännchen.

Die Aufgabe von Gregor Gysi war das Krisenmanagement. Er sollte retten, was zu retten war von der Vergangenheit, am besten die Partei. Die Partei ist und bleibt das Symbol des Überlebens der Utopie. Es ist egal, ob und wie viele Mitglieder sie hat, ob diese in ihrer Mehrzahl Rentner sind oder ehemalige Stasileute, darum geht es nicht. Es kommt auf ihre Präsenz im vereinigten Deutschland an. Gregor Gysi gelang es durch seinen Aufstieg zur Medienikone, dieses Beharrungsmanöver durchzuführen.

Und daß trotz kollektiver Nervosität. Die ersten Jahre nach der Vereinigung brachten viel Aufgeregtheit. Die DDR war plötzlich offiziell entzaubert. Als alles auf dem Tisch war, mußten sich die Schaltstelleninhaber in Ost und West fragen und fragen lassen, wie das alles möglich war. Da hatte sich eine Diktatur vor der Haustür abgespielt, zudem war es nicht nur ein Polizeistaat, sondern sogar ein bankrotter Polizeistaat, an dessen Finanz- und Bilanzzahlenwerk man noch bis vor kurzem geglaubt hatte. Die gesamte Analyse des DDR-Systems, die von Politologen und Soziologen im Westen geleistet wurde, fußte auf Ostzahlen und war nun Makulatur. Nicht nur die DDR war am Ende, auch ganze Bibliotheken über sie waren der Untauglichkeit überführt. Das sogenannte DDR-Handbuch der Westberliner Forschungsstelle rechnete sich noch 1988 als Verdienst an, zur »Entdämonisierung« des »in der DDR errichteten Gesellschaftssystems« beigetragen zu haben. Christian Geyer kommentierte dieses 1993 mit dem Satz: »Der Preis der Entdämonisierung war die Tabuisierung der Dämonen.«

So hatte man 1976 die Aufnahme von Stichworten wie »Privilegien«, »Wandlitz« oder »Regierungskrankenhaus« mit der Begründung abgelehnt, es gebe keine »gesicherten Informationen«.

Das Gehäuse der westlichen DDR-Forschung, die von den Leitlinien der innerdeutschen Politik bestimmt war und sich einer taktischen Sprache bediente, in der der Begriff »Diktatur« längst nicht mehr vorkam, fiel auseinander.

Zahllose Journalisten und Akademiker waren beschämt. Manche von ihnen rächten sich, indem sie die DDR-Intellektuellen attackierten, und zwar vor allem die Grossisten der Utopie, die Schriftsteller, die gerade von ihrem Publikum verlassen worden waren. Das Momentum wurde zum Machtfaktor. Andreas Huyssen spricht von einem »Triumphalismus der Abwicklung«, für den die Christa-Wolf-Debatte zentral geworden sei.

Als man auf Christa Wolf einzuprügeln begann, war wohl mehr der Ärger über die eigene Akzeptanz des Phänomens vor 1989 der Antrieb als die Handlungen der Autorin, die zwar innerhalb des Systems eine ambivalente Rolle gespielt hatte, aber auch die Möglichkeiten des Einparteiensystems für ihre Reformposition nutzte. So wandte sie sich bereits 1965, auf dem berüchtigten 11. ZK-Plenum der SED, als einzige gegen den Kurswechsel, der der Kunst das Minimum an

Freiheit, das ihr nach dem Mauerbau zugestanden worden war, wieder wegnahm. In Büchern aber wie »Der geteilte Himmel« propagierte Christa Wolf die Halbwahrheit und richtete damit Schaden in den Köpfen an: Die auf diese Weise gefestigten Mißverständnisse über die Spezifika eines besseren deutschen Staats und Sozialismusmodells wirken bis heute nach, vor allem in der hartnäckigen Vorstellung, es hätte jemals eine Alternative zur Bundesrepublik gegeben, aber auch bis zur gegenwärtigen Akzeptanz der PDS. Diese bedient sich der Denkbilder und Vorstellungen vom Kapitalismus als dem wahren Übel, vom Sozialismus als Traum und vom großen Weltfrieden, der durch Pazifismus zu erreichen wäre. Zu dieser Art progressiver Weltfremdheit haben die Protagonisten der DDR-Literatur nicht unwesentlich beigetragen.

Das konnte man aber, zumal als Exeget, auch vorher wissen, vor 1989. Hätte man es nur gewollt. Jeder im Westen konnte beispielsweise die Sätze nachlesen, die in der DDR-Ausgabe der Kassandra-Vorlesungen fehlten, Sätze, die auf die Rüstungsspirale zielten und die Raketen beider Seiten als Bedrohung beschrieben. »Die Nachrichten beider Seiten bombardieren uns mit der Notwendigkeit von Kriegsvorbereitungen, die auf beiden Seiten Verteidigungsvorbereitungen heißen. Sich den wirklichen Zustand der Welt vor Augen zu halten, ist psychisch unerträglich«, heißt es in der Luchterhand-Ausgabe, und nur dort.

Vielleicht hatte Christa Wolf aber auch nur den einen unverzeihlichen Fehler gemacht: Ein Buch jetzt zu veröffentlichen, die Erzählung »Was bleibt«, mit der sie sich anscheinend selbst als Observierte darstellte, obwohl sie in ihrer Jugend als IM geführt worden war. Daß sie einst »IM Margarete« war, änderte nichts daran, daß später regalweise Akten über sie angelegt wurden. Ihre Erzählung wurde wohl nicht nur als Geschmacklosigkeit empfunden, sondern mehr noch als Provokation. Es war die Zeit der einfachen Geschichten. Christa Wolf galt jetzt als die Profiteurin, aus dem gleichen Grund, aus dem sie vorher als

Heldin gehandelt wurde. Was kurz davor noch als eine Geste des Muts galt, war plötzlich ein Indiz der Feigheit.

Viel bedeutendere Manipulatoren des Geistes wie Volker Braun und Heiner Müller blieben hingegen ungeschoren. Die Wolf-Debatte ist auch ein Lehrstück über die opportunistischen Fähigkeiten der bundesdeutschen Öffentlichkeit. Sie hat die Umwälzungen von 1989 mit einer umgehenden Transformation der Sprachregelung beantwortet. Mit der Wolf-Debatte wurde schließlich nicht eine Aufarbeitung der intellektuellen Kollaboration und Koketterie mit der DDR eingeleitet, die Sache blieb vielmehr Episode. Sie ist ad acta gelegt. Und das ambivalente Verhalten vieler West-Intellektueller zur DDR ist vom Tisch. Seit einer Weile ist alles vom Tisch. Die Vergangenheit ruht. Sie feixt.

Das Problem, das die intellektuelle Öffentlichkeit in Ost und West plötzlich hatte, war die Entblößung der Sachlage. Ihre Diskurse aus den achtziger Jahren beruhten allesamt auf dem Status quo, im besten Fall waren ihre Positionierungen bezüglich der DDR taktischer Natur. Im schlimmeren Kasus war es so, daß die Salonutopisten der Achtziger gern auf das Modell DDR setzten, weil sie dort die Utopie jenseits aller Defekte irgendwie aufgehoben sahen, auch wenn die Defekte identisch mit dem System waren. Das große Problem, der Urgrund der intellektuellen Dummheit in der Sozialismusfrage, ist, daß über die Wahrheit DDR in der gesamtdeutschen Öffentlichkeit nicht geredet wurde. Wer sich traute, die DDR eine Diktatur zu nennen, war entweder Spielverderber oder reaktionär. Selbst die Forderung nach freien Wahlen in der DDR war unter maßgeblichen Intellektuellen des Westens ein Tabu.

So meldeten sich in der nervösen Debatte um die Verantwortung für das Geschehen bald die Kohorten zur Verteidigung der Ost-Intellektuellen zu Wort.

Beispiel frühe Neunziger: Ich schalte den Fernseher an und bin mitten in einem Gespräch. Der Interviewte, ein bekannter Schriftsteller West, erklärt gerade umständlich und unter heftigem Kopfnicken der Moderatorin West, jung, Designerbrille, auch wir könnten nicht sagen, wie wir uns unter solchen Umständen verhalten hätten. Der angegraute Westler meint die DDR.

Ich sehe den Mann an, und er wird jünger, jünger und jünger, ich sehe ihn wettern, gegen den Vietnam-Krieg und das verbrecherische Schweigen darüber, ich höre ihn »schweigende Mehrheit« sagen, voller Verachtung sagt er es, ich höre ihn auf die Generation der Väter schimpfen, auf die Nazivergangenheit und auf die kollektive Verdrängung, auf den Konsumrausch, mit verächtlicher Stimme höre ich ihn »Wirtschaftswunder« sagen. Dann aber geht die Stimme der Moderatorin dazwischen, und ich höre unseren Autor Partei nehmen für einen bekannten DDR-Schriftsteller. Wer weiß, wie wir uns verhalten hätten. Es ist Gegenwart. Die Utopie zeigt den Intellektuellen ihre Grenzen. Die Realität aber zeigt ihnen einen Vogel.

Zu den oft verteidigten gehört Fritz Rudolf Fries. Meistens wird mit seiner literarischen Leistung argumentiert, vor allem mit dem Roman »Der Weg nach Oobliadooh«, einem der großen Bücher der sechziger Jahre. Niemand bestreitet das. Problematisch wird es erst, wenn seine Stasitätigkeit als »IMB Pedro Hagen« verharmlost wird. Dabei ist erwiesen, daß Fries beispielsweise im internationalen PEN für die Stasi aktiv war. 1983 auf der PEN-Tagung in Caracas hat er in ihrem Auftrag versucht eine Solidaritätserklärung für den russischen Dissidenten und Friedensnobelpreisträger Andrej Sacharow zu verhindern. Sacharow hatten die sowjetischen Behörden einen Zwangsaufenthalt in der Stadt Gorki zugewiesen.

Die Sprachlosen

Unter dem Stichwort »Metaphysik« verzeichnet der DDR-Duden von 1985 folgende Erklärung: »anti-dialektische Denkmethode, die die Welt als zusammenhanglos, unveränderlich und widerspruchsfrei betrachtet, idealistischer Begriff zur Bezeichnung einer jenseits aller Erfahrung angenommenen, transzendentalen Sphäre«. Dieser Text findet sich auch noch in der letzten Auflage des Wörterbuchs, 1990.

Die DDR hatte kaum Philosophie, mit raren Ausnahmen wie dem zurückhaltenden Wolfgang Heise, der zumindest mit seinem »Hölderlin. Schönheit und Geschichte« (1988) die offizielle Terminologie verließ.

Die Lichtblicke beschränken sich auf die fünfziger Jahre, vor der endgültigen Gleichschaltung, die 1958, als Spätfolge des Ungarn-Aufstands, eintrat. Es waren Ernst Bloch in Leipzig, Günther Jacoby in Greifswald.

Auch das philosophische Manko scheint sich letzten Endes aus ihrer staatlichen Künstlichkeit zu ergeben. Während für die Osteuropäer die Volksdemokratie in der Matrix des Nationalstaats installiert wurde, blieb die DDR ohne autochthones Gefüge. Der Nation hatte man abgeschworen. Der Klassenkampf aber brauchte und duldete keine Philosophie.

In Osteuropa sorgten Denker wie Leszek Kolakowski (Polen), Jan Patocka (Tschechoslowakei) und Constantin Noica (Rumänien) oder Radomir Konstantinovic (Jugoslawien) für das Überleben des philosophischen Denkens oder zumindest für die Erneuerung des Marxismus über die Klassiker hinaus, mit dem Versuch, seinen Autoritätskrampf zu lösen: Adam Schaff (Polen) und Agnes Heller (Ungarn). Andere orientierten sich an der Kulturgeschichte wie György Konrad (Ungarn) und Predrag Matvejevic (Jugoslawien) und bauten die Diskursplattform für die Dissidenz.

Was geschah in dieser Zeit in der DDR? Robert Havemann trat mutig gegen den repressiven Staat an, seine Theorie aber blieb ein braver Reformmarxismus: »Dialektik ohne Dogma?« Einige Schritte weiter ging Wolfgang Harich. Der einzige aber, der ein Theoriegebäude dezidiert gegen das DDR-Regime stellte, war Rudolf Bahro mit seiner »Alternative«. Wer einmal einen Blick hineingeworfen hat, ahnt, es ist ein krauses Werk. »Wenn man betrachtet, was aus 40 Jahren DDR-Philosophie heute zitiert wird, muß man erkennen, wie rasch und folgenlos sie aus dem philosophischen Diskurs herausgefallen ist. Und das hat nicht nur politische Gründe«, meint der Philosoph und ehemalige Bahro-Mitarbeiter Guntolf Herzberg.

Wer die illegitime Staatsautorität der DDR in den achtziger Jahren untergraben wollte, hatte nicht viele Instrumente, neben dem Reformmarxismus eigentlich nur noch die kirchliche Friedensstiftung, eine ebenfalls recht biedere Veranstaltung, mit dem bekannten Motto »Schwerter zu Pflugscharen«. Die meisten der Regimekritiker blieben bis zuletzt in der offiziellen Sprachregelung gefangen.

Deshalb gab es auch recht wenig Fundamentalopposition in der DDR. Sie äußerte sich in heroischen und verzweifelten Einzelaktionen, wie der Selbstverbrennung des Pfarrers Brüsewitz. Vereinzelt waren auch Schriftsteller zur großen Abrechnung bereit. So Reiner Kunze. Sein entlarvendes Buch »Die wunderbaren Jahre« kennt heute kaum jemand.

Das Regime pflegte ein neurotisches Verhältnis zu den Schriftstellern des Landes. In einer schon sprichwörtlichen bolschewistischen Überschätzung des Einflusses der schreibenden Zunft schenkte es den Skribenten eine beachtliche Aufmerksamkeit durch Verteilen von Privilegien und lückenlose Observation.

So trug es auch zur ungeheuren Selbstüberschätzung der Schriftsteller bei. Diese glaubten entweder, sie könnten mit der Macht an einem Tisch sitzen und diese beeinflussen, oder sie fühlten sich als machtvolle Opposition. In seinem Nachruf auf Stephan Hermlin vermutet Günter Kunert, dieser habe sich als »Fürstenerzieher« verstanden.

Dabei taten sie real herzlich wenig. Das Regime hatte ein erfolgreich erprobtes Instrument gegen unbequeme Intellektuelle, die Ausbürgerung. Sucht man nach dem größten Konflikt in der poststalinistischen DDR, stellt man bald fest, es war der Protest gegen die Ausbürgerung von Wolf

Biermann. Die Unterschrift unter die entsprechende Petition war die Absage an das Regime und stellte zugleich den Ausreiseantrag dar. Die Drohgebärde des Regimes enthielt also auch ein Angebot. Das Angebot aber verschlechterte den Status. Denn als gesamtdeutscher Schriftsteller konnte man nur so lange agieren, solange man sich in der DDR befand. Nur als vom DDR-Staat anerkannter Autor konnte man sowohl im Osten als auch im Westen veröffentlichen.

Die wichtigste Bewegung gegen die DDR war die Massenflucht, sie brauchte keine Theorie. Und sie wird, mit ihrem stummen Protest, der Abstimmung mit den Füßen, auch selten gewürdigt. Sie hatte nicht nur keine Sprecher, sie hat auch keine Chronisten.

Was aber ist heute übrig vom autonomen Denken in der DDR, das sich selbst durch seinen eigenen Ansatz beschränkte? Für dieses Denken war es schon ein Wagnis, zum jungen Marx zurückzugehen oder sich an der Frankfurter Schule zu messen. Übrig ist praktisch nichts. Außer schillernden Figuren wie dem Wirtschaftswissenschaftler Jürgen Kuczynski, Autor von Mammutwerken, darunter einer vierzigbändigen »Geschichte der Lage der arbeitenden Klasse unter dem Kapitalismus«. Seine Memoiren veröffentlichte er unter dem skurrilen Titel »Ein linientreuer Dissident«. Noch 1997 meinte der Zweiundneunzigjährige im Interview in der Berliner Zeitung: »Soll da draußen Kapitalismus sein, der Sozialismus kommt eines Tages wieder.«

Oder der 1981 in Ungnade gefallene Super-Marxist Peter Ruben, der sich der Arbeitstheorie widmete. Die Ansätze von Havemann sind unbrauchbar. Vergessen sind aber auch die von Jürgen Fuchs an Manes Sperber orientierten Moralmaximen, ebenso wie die Essays von Ulrich Schacht. Fundamentalopposition wurde auch im Westen wenig geschätzt. Sie störte die deutsch-deutsche Geschäftsordnung. Allenfalls literarisch verpackt, war eine willkommene politisch unkorrekte Kritik jenseits der Ost-West-Podien möglich. So kamen die großen Romane von Helga M. Novak (»Die Eisheiligen«; »Vogel federlos«) und Hans Joachim Schädlich (»Tallhover«) ins Gespräch.

Zu Wort kamen nach 89 zuerst einmal die Verteidiger der DDR, mit dem sogenannten Umbaupapier, 1990 im Rotbuch Verlag erschienen. Rainer Land, André Brie, Michael Brie, kurz die Erfinder der Gysi-Partei. Einige wenige, die vorher keine Öffentlichkeit gefunden hatten, jüngere, zeigten vor allem ein politologisches Interesse. Sie ordneten sich weitgehend in die Diskurse der Bundesrepublik ein, als wollten und sollten sie den Westdeutschen die Ostdeutschen erklären. Allen voran Rolf Henrich mit »Der vormundschaftliche Staat« und Hans-Joachim Maaz mit seinem »Gefühlsstau. Ein Psychogramm der DDR«. So bedeutsam sein Buch für die Debatte der frühen Neunziger auch war, es setzte gleichzeitig enge Grenzen der Auslegung und bereitete den Weg für die kollektive Frustrationspflege vor. Durch seine Thesen erschienen die Ostdeutschen mehr als Patienten denn als Bürger. Hinzu kamen noch Sebastian Kleinschmidt, Wolfgang Templin und Wolfgang Engler. Engler vor allem trieb den Ostdeutschen-Begriff immer weiter voran, mit einer Vergleichsstrategie, die den Begriff ins Positive wenden sollte: »Die Ostdeutschen als Avantgarde« lautet der Titel eines seiner neueren Bücher. Die weitgehend ausgebliebene seriöse Analyse der DDR-Verhältnisse, jenseits der Historikerbeschreibung, führte dazu, daß die Publizistik aller Art das Feld besetzte, sowohl das der DDR-Vergangenheit als auch das des DDR-Nachlebens. Es entstand der Erfolgsraum einer Daniela Dahn. Sie repräsentiert eine besondere Art des aufgeregten Publizisten, den die Wende hervorgebracht hat, den Gerechtigkeitsfanatiker, der die Ostinteressen im kalten Vereinigungs-Deutschland beim Namen nennt und en passant zum Opfer seiner Direktheit wird. So handeln ihre Texte stets auch von ihrem persönlichen Leiden. Diese Mischung hat ihr hohe Auflagen und renommierte Preise der Zivilcourage-Fraktion eingebracht. In der Bundesrepublik ist die lautstark behauptete Verfolgung eine gute Voraussetzung für eine Karriere. Der Verfolgungstopos, den die westliche Linke pflegte, geht auf das KPD-Verbot zurück, hat aber seine Basis bei Notstandsgesetzen und Radikalenerlaß, mit dem sich der West-Staat gegen Verfassungsfeinde zu wehren suchte. Deren Aussperrung aus dem öffentlichen Dienst galt lange als höchster Beweis für den repressiven Charakter des Staates Bundesrepublik. Die Betroffenen wurden in den linken und linksliberalen Szenen mit einer wahren Aura umgeben. Selbst Daniela Dahn wurde ein bißchen Restglanz davon zuteil.

Szene DDR

Überlebt hat die DDR als Szene: Der Prenzlauer Berg lieferte vor und nach der Wende die Kulisse für das alternative Leben, mehr symbolisch als real. Er war mit seinem Aussteigerdesign ein Ort der Begegnung von Ost und West, der nicht den politischen Weichenstellungen folgte. In der intellektuellen Imagination galt er als Ort des Querdenkens, wie es der Westen liebt. Er trug das Label des Unangepaßten.

Die Künstlichkeit, aber auch die Fragwürdigkeit der Prenzlauer-Berg-Kultur zeigt sich doppelt. Während der DDR war der Künstlerbezirk massiv von dem Stasi-Informanten-System unterwandert, von der IM-Logorrhöe eines Sascha Anderson vergiftet. Die unter solchen Bedingungen um ihre Konturen bangende Individualität hat Wolfgang Hilbig sehr präzise in seinem Roman »Ich« beschrieben. Nach dem Ende der DDR brach über das Künstlerviertel der Markt herein, seine Akteure waren für eine Saison als Avantgarde Markenartikel.

Bald nach der Ostavantgarde wurden Ostprodukte und dann auch Ostproleten Kult. Rotkäppchensekt und die Puhdys begleiteten ein Lebensgefühl des Countdowns, mehr nicht. Schlußverkaufsdiskurs. Verbilligung. Absturz. Kaum jemand konnte noch einen Unterschied zwischen Volker Braun und Frank Schöbel entdecken. Helga Hahnemann existierte durch Regine Hildebrandt weiter. »Die DDR war kein proletarisierter Staat, er war die vollkommene Kleinbürgerei«, konstatierte Rolf Schneider aus gegebenem Anlaß. Manche stellten sich vor, wie in Wandlitz zu leben, aber auch das war bloß langweilig. Andere lasen Abend für Abend in der jetzt bunten Platte Daniela Dahns zornige Verteidigung des Ostgrundbuchs gegen die Westverfassung.

Nachruf auf die Ostalgie

Warum hat die DDR ein zweites Leben? Erinnern wir uns: Früher, als es die DDR noch gab, bedeutete Big Brother die totale Kontrolle, die negative Utopie, Orwell. Es war das Schreckgespenst, das die Systemkritiker in Ost und West beschworen und die jeweiligen Geheimdienste bedienten. Kaum war der Kalte Krieg zu Ende, wurde Big Brother zu einem Fernsehspiel. Man ließ sich begeistert in einen Container sperren, um sich vor laufender Kamera die Zähne zu putzen. Das »Ich« entblößte sich vor aller Welt, die Null wurde zur Eins. Wenigstens für ein paar Wochen. Wer aber ist dieses »Ich«, das unentwegt in die Öffentlichkeit drängt, um billigen Ruhm, aber auch die Gewißheit der Vergänglichkeit zu erfahren?

Ich sehe ein Mädchen mit einem blauen T-Shirt. Auf dem blauen Grund prangen drei große weiße Buchstaben: DDR. Darunter, im kleinen Kreis, ist als Logo das Wappen des verblichenen Staates zu sehen. Das Mädchen trägt ein Tablett zum Nachbartisch, an dem ihre Freundin auf sie wartet. Die Szene spielt in Berlin, am Bahnhof Zoo, bei McDonald's. Will dieses Mädchen die DDR wiederhaben?

Von einem ehemaligen Herausgeber der FAZ berichtet das Feuilleton mit gewissem Vergnügen, er singe DDR-Arbeiterlieder. Damit angefangen habe er zur allgemeinen Erheiterung in einer Redaktionskonferenz. Der Mann war stets als Kommunistenfresser bekannt, er ist über jeden Verdacht der

Ostalgie erhaben. Evoziert der Antikommunist seinen Gegner, ohne den er selber nichts mehr bedeutet?

Bei Aufführungen des Erfolgsfilms »Goodbye, Lenin«, im Winter 2003, in Berlin, in den Kinos vom Potsdamer Platz, durften Zuschauer ihre DDR-Kultobjekte präsentieren. Sie hielten die mickrigen Gegenstände aus der DDR-Produktion hoch, wie eine alte Schallplatte, deren einziger Wert darin besteht, daß kaum noch Exemplare davon aufzutreiben sind. Es sind Museumsgegenstände. Mit ihnen wird die DDR zum Museum.

Wladimir Kaminer, russischer Immigrant und Kultentertainer der gesamtdeutschen Szene von Berlin-Mitte, wog in einer Ostalgie-Show des ZDF unter großem Beifall die kulturelle Hinterlassenschaft gegen die politische des DDR-Staats auf. Dazu ist zu sagen: Das zweite Leben einer Diktatur ist stets kulturell. War und ist es nicht der Unterhaltungsfilm des Dritten Reiches, der noch Jahrzehnte danach für gute Stimmung sorgte? Von den Liedern der Zarah Leander und dem Steptanz einer Marika Rökk ganz zu schweigen. Nein, es war nicht alles schlecht im Dritten Reich, ist man zu sagen versucht, nur war alles, auch das Gute, und das Gutgemeinte dem Bösen untergeordnet, es diente dem Bösen, auch wenn es zur Ablenkung gedacht war. Setzte das große »Wunschkonzert« der Wehrmacht nicht Maßstäbe für die deutsche Unterhaltungskunst, während die Opfer des Massenmords ohne Stimme waren? Der Massenmord aber muß bis heute bewiesen werden. Jedem Dummkopf.

Das zweite Leben der Diktaturen ist heute ein Leben in den Medien. Diese stiften die Bilder der Reflexion. In Deutschland steht sie unter dem Diktat der Vereinigung. Das Zusammenwirken von ostdeutscher Erinnerung und westdeutscher Öffentlichkeit hat verwirrende Folgen. Das vieldiskutierte Buch von Jana Hensel trägt den Titel »Zonenkinder«. »Zone« war ein zentraler antikommunistischer Begriff des Kalten Kriegs. Er beinhaltete die Aberkennung der staatlichen Existenz im Osten Deutschlands. »Zonenkinder«

spielt mit dem Begriff. Kurios, daß dieser Titel der jungen Ostdeutschen Jana Hensel eingefallen sein soll.

Jana Hensels Ost-Generation hat eine merkwürdige Vorliebe fürs Kinderzimmer. Ihr Horizont scheint sich am Kinderzimmer zu orientieren. Sie zelebriert die Gegenstände ihrer Kindheit wie einen Panzer für das verunsicherte Ego. Auch das hat ihnen ein Wessi vorgemacht: Florian Illies. Nun ist es, als werde das Ost-Kinderzimmer gegen das West-Kinderzimmer in Stellung gebracht. Als sollte die Existenz der DDR mit einer Beschreibung ihrer Normalität postum verteidigt werden. Und das nur, um der eigenen Biographie ein authentisches Gewicht zu geben?

Den Raum für die Vergangenheitsdebatte stellen die Medien zur Verfügung. Sie sind der Ort der Ostalgie-Verhandlung. Der Nürnberger Prozeß als Pop-Veranstaltung. Wenn Walter Ulbricht noch leben würde, könnte er als DJ Ötzi auf der Après-DDR-Party auftreten, mit einer Dancefloor-Variante von »Auferstanden aus Ruinen«. Die Mediengesellschaft hebt den Unterschied zwischen privat und öffentlich auf. Sie erklärt die Debatte zum Spiel. Auf der Website von »Goodbye, Lenin« steht das Online-Game »79 m² DDR« zur Verfügung. Die Konsole ersetzt das Parteibuch.

Auf einer Pressekonferenz zur vierteiligen »DDR-Show«, die der Fernsehsender RTL für September 2003 plante, sagte die DDR-Eislaufprinzessin Katarina Witt, die als Moderatorin vorgesehen war: »Oliver Geissen macht die kritischen Sachen, und ich bin der Spaßfaktor.« Wo die Witt auftaucht, ist bis heute die Stimmung garantiert und die Gefahr des Aufkommens moralischer Fragen gering. Was Ost und West zusammenführt ist das »Erlebnis«. Während die Ossis die Vergangenheit zelebrieren und ihre Biographie gegen die Geschichtsschreibung stemmen, setzen sich die Wessis neugierig dem Fremden aus. Über das Fremde hat man politisch korrekt gelernt, das es anzunehmen ist. Das aber ist die große Fragwürdigkeit der alten Bundesrepublik: das Scheitern der reeducation und der Erfolg der political correctness.

Ostalgie kostet nichts. Beiden, Ostlern wie Westlern, kann nichts passieren. Die DDR ist tot, die Begegnung mit ihr behält ihren virtuellen Charakter. Respektlosigkeit und Wehmut mischen sich, das Objekt der Begierde wird zur gutgehenden Ware. Der Markt freut sich über schlechte Produkte genauso wie über gute. Spätestens seit Guildo Horn. Die Führungen, die es neuerdings in der asbestbefreiten Ruine des symbolischen Machtzentrums der DDR, dem »Palast der Republik«, gibt, haben viel Zulauf, aus Ost und West. Die Neue Nationalgalerie aber, die Kunsthalle des ehemaligen West-Berlin, zeigte im Sommer 2003, in einer umfangreichen Ausstellung: Kunst in der DDR. Nicht DDR-Kunst. So fein können die Unterschiede trotz allem sein: Kultur der DDR und Kultur in der DDR.

Die eigentliche Differenz aber ist immer noch eine politische: Sie besteht zwischen den Opportunisten und den Oppositionellen, den Flüchtlingen und den Dienern der Macht. Dieser Konflikt, das haben alle DDR-Debatten gezeigt, und bis heute auch alle Versuche, das Dritte Reich zu bewältigen, ist nicht auflösbar. Eine demokratische Gesellschaft sollte nicht die seelenlose Harmonie anstreben, sondern sich zu ihrem Konfliktreichtum bekennen.

Die allgemeine Nervosität ist groß. Könnte die ausgebliebene innere Einheit als Pop-Phänomen zur Wirklichkeit werden? Kann uns das Zelebrieren der Gegenstände von der Last der geteilten Geschichte befreien? Die medienbestimmte Diskussion verwischt die Konturen der Problematik, sie boulevardisiert die Erinnerung.

Brigitte Sauzay, Dolmetscherin von Mitterand und später Frankreichberaterin des Kanzlers Schröder, schrieb 1997 in ihrem Tagebuch: »Die Besonderheit Ostdeutschlands besteht darin, daß es von der Dampfwalze des wirtschaftlichen Fortschritts noch nicht eingeebnet worden ist, so daß die einzelnen Schichten der Geschichte noch ganz offen daliegen. Hier umherzulaufen, hat etwas Verwirrendes an sich, es ist, als betrachte man einen Querschnitt durch die Ablagerungen, die die Fluten der Geschichte zurückgelassen haben.«

Der neurotische Reflex des ehemaligen DDR-Bürgers entspringt seinem Verdacht, das vereinigte Deutschland sei darauf aus, ihm seine Identität abzusprechen. Dabei hat er sich seine Identitätskrise nicht erst durch die Vereinigung eingehandelt, er hatte sie von Anfang an. Wenn Tschechen und Polen auch im Kommunismus ganz selbstverständlich Tschechen und Polen waren, so war der DDR-Bürger als Deutscher schon ein Republikflüchtling. Der Staat DDR war ein Kunstgebilde. Pop?

Der Film »Goodbye, Lenin« handelt bekanntlich von einer Frau, der, durch ein vorübergehendes Koma, der Untergang der DDR entgeht und deren Sohn nun der Bettlägerigen das Weiterleben des von ihr geliebten Staates durch diverse Tricks vortäuscht. Es ist ein klassischer Komödienstoff, um nicht zu sagen, eine Klamotte. Der Regisseur aber, Wolfgang Becker, ist ein Wessi.

Mit Jakob Hein, Jana Hensel und Claudia Rusch betritt eine junge Literatengeneration die Bühne, die in der spätsozialistischen DDR-Szenerie ihre Kindheit verbracht hat. Ihre Berichte sind Kindheitserinnerungen, entsprechend reduziert erscheint der untergegangene Staat. Gemeinsam ist den Texten ihre entwaffnende Schlichtheit, sie bedienen sich vor allem der Anekdote, mit der sie die Welt von Heranwachsenden schildern. Das politische System schrumpft zum biographischen Hintergrund.

»Kinder leben einen entscheidenden Millimeter neben den Realitäten der Erwachsenen. Wer mit dem Erwachsenenauge auf seine eigene Kindheit zurückblickt, wird diesen Millimeter nicht überbrücken können, nur das ist einzufangen: eine Farbe, ein Ton, eine soziale Temperatur. Meine Kindheitswelt war so überschaubar wie jene Städte und Landschaften, die wir im Unterricht aus Papierbastelbögen schnitten.« So der 1966 in Dessau geborene Journalist Christian Eger in »Mein kurzer Sommer der Ostalgie«.

Das zweite Leben einer Diktatur ist stets einfacher als ihr erstes. Während das erste von der Führungsclique eingerichtet wird, gestaltet das Volk ihr zweites Leben selbst. Es ist also im Fall DDR nicht nur eine Auflehnung gegen die Ungerechtigkeiten der Vereinigung und der postsozialistischen Gesellschaftstransformation, sondern auch eine Auseinandersetzung mit der Vergangenheit durch ihre Beschwörung. Ein schamanisches Aufbegehren gegen den Verlust fürs eigene Leben.

Durch die Vereinigung und ihre Folgen scheint dem ehemaligen DDR-Bürger die Transformation der Gesellschaft aus der Hand genommen. Die Probleme des Postsozialismus stellen sich, oberflächlich betrachtet, als Vereinigungsprobleme dar. Schon ein flüchtiger Blick auf die Entwicklung in Polen und Tschechien würde die Ostdeutschen eines Besseren belehren. Aber welcher Ostdeutsche vergleicht sich schon mit einem Polen oder Tschechen?

Es gilt nur der deutsch-deutsche Vergleich. Dieser Vergleich aber macht den ehemaligen DDR-Bürger zum frustrierten Ossi, der sich im vereinigten Deutschland unentwegt beweisen muß. Das wiederum fördert den postumen Frieden des Mitläufers mit der DDR, die sich in seinen Augen zum Land des ersten deutschen Kosmonauten und der Bambina-Schokolade mausert.

Das zweite Leben der DDR begann früh in den neunziger Jahren, vielleicht schon mit dem Ostberliner Ampelmännchen als Logo auf den T-Shirts der Studentenszene vom Prenzlauer Berg. Ein erstes Symptom zeigte sich bereits, als Gregor Gysi die Schiebermütze aufsetzte und den SED-Vorsitz übernahm. Spätestens aber mit Thomas Brussigs und Leander Haussmanns Film »Sonnenallee« über eine Jugendclique in den Achtzigern. Und hätte nicht bereits der Erfolg der Fernsehverfilmung von Erwin Strittmatters Romanepos »Der Laden« Anlaß zum Nachdenken geben sollen?

Kaum einer will seine DDR zurückhaben. Die »Erlebnisgesellschaft« verwertet den untergegangenen Staat vielmehr als Party-Stoff. Der repressive Charakter des DDR-Staates wird damit sicherlich verharmlost. Gleichzeitig wird über die unaufgearbeitete Vergangenheit herzlich gelacht. Vielleicht ist es doch nur ein weiterer Versuch, mit einer Last umzugehen, von der man nicht so recht weiß, wie man mit ihr fertigwerden soll.

Vergänglich ist schließlich nur das Ich, nicht die Geschichte.

Sammelsurium

Die Ernst-Thälmann-Insel (Cayo Ernesto Thaelmann) ist eine etwa fünfzehn Kilometer lange und fünfhundert Meter breite Insel in der Schweinebucht vor der kubanischen Südküste. Bei seinem DDR-Besuch im Juni 1972 soll Castro die Insel angeblich der DDR geschenkt haben. Viel ist danach nicht mehr passiert. Der Schlagerstar Frank Schöbel soll dort 1975 ein Lied aufgezeichnet haben. Havanna bestreitet heute die Schenkung. Es habe sich vielmehr um eine symbolische Geste gehandelt.

Was hat die DDR tatsächlich ins vereinigte Deutschland eingebracht, und wie nehmen wir es wahr?

Wie kam das Ampelmännchen aufs T-Shirt?

In der Medienöffentlichkeit setzt man Zeichen, Duftmarken. Auch die deutsche Jugend nahm sich der verblichenen Republik an. Sie hatte zwar keine Erinnerung an diesen Staat, aber sie fand seine Reliquien vor. So gestaltete sich, abseits der tradierten Debatten mit ihren jeweiligen Provokationen und Schuldzuweisungen, die sich in solchen Feinheiten ablagerten wie der Frage, ob nun die DDR eine Diktatur war oder bloß ein autoritärer Staat, eine Abteilung vereinigter deutscher Pop-Kultur. Sie war der gegenständlichen Hinterlassenschaft auf der Spur und ging ihrem mehr oder weniger skurrilen Hang zum Zitieren nach. »2raumwohnung«, der DDR-Ausdruck für Zwei-Zimmer-Wohnung, wurde zum Namen einer Band, deren T-Shirts man bei einer Firma »conzoom« bestellen kann, wohl eine Ableitung vom ostdeutschen Konsum-Laden. Eines der rührigen New-Economy-Unternehmen nannte sich dann auch folgerichtig »Intershop«, wie die Devisenläden der DDR.

So kam das Ampelmännchen aufs T-Shirt und später das Wort OST auf das Dach der Volksbühne in Berlin-Mitte.

Der offizielle Name des Ampelmännchens war in der DDR übrigens »Fußgängersignalgeber«. Ein Komitee von vierzig Künstlern, Geschäftsleuten und Ostalgikern bildete sich 1996. Sein Slogan: »Rettet das Ampelmännchen!« Die Forderung: »Laßt es laufen!«

Ganz auf der Höhe der Zeit hatte man gleich zwei Hauptquartiere, eines in Berlin-Friedrichshain, in einem Scherzartikelladen, das zweite im Internet. Dort entwickelte sich bald eine markige Satiredebatte gegen imperialistische westdeutsche Verkehrsleuchten, mit der obligaten Forderung, die Mauer wieder hochzuziehen, diesmal zur Rettung des Ampelmännchens.

Der Wiederaufbau der Mauer ist wahrscheinlich die meistgeäußerte Forderung seit der Vereinigung, und zwar von beiden Seiten. Es ist die Provokation Nummer eins. Angesichts der realen Unvermeidbarkeit der Vereinigung zieht man sich offenbar auf die Rhetorik zurück.

In einer solchen Situation konnte die Meinungsführerschaft nur eine theatrale sein. Für einige Jahre übernahmen der Intendant der Volksbühne, Frank Castorf, und sein dramaturgisches Politbüro die Führung der hipen deutsch-deutschen Jugend. Verklärung und Denunziation des DDR-Staates fanden damit ihre Bühne. Man lachte sich in Castorfs vom vereinigten Deutschland hochsubventionierten Haus schier kaputt über die FDJ-Lieder, die man begeistert mitsang. Die westdeutschen Youngsters, die im Prenzlauer Berg heimisch wurden, schlüpften in DDR-Rollen. Diese wurden wie angesagte Moden simuliert. Diamat als Schlaghose.

Wenn die DDR postum noch zu allem möglichen herhalten mußte, als wäre ihr Machtzentrum der Friedrichstadtpalast gewesen und nicht die Herrenrunde aus Wandlitz mit ihrem Marxistenskat, so wurde damit eine Tradition des Kalten Kriegs fortgeführt. Schon zu Lebzeiten erfüllte sie vielfältige Projektionen, war für die Bundesrepublik und ihre Grabenkriege eine Art Parallelöffentlichkeit. Wer die Bundesrepublik provozieren wollte, wählte Ostberlin als Bühne. Abtrünnige jeder Art präsentierten sich dort als Überläufer, erinnert sei an den Fall Otto John, eine besonders bizarre Geschichte. John, Randfigur des 20. Juli, Emigrant und Remigrant, frustrierter Präsident des Verfassungsschutzes, verschwand nach einer Feier des Widerstands am 20. Juli 1954, um auf einer Pressekonferenz in Ostberlin wieder aufzutauchen. Als er Jahre später in den Westen zurückkam, behauptete er, Opfer einer Entführung geworden zu sein. Die Sache ließ sich niemals aufklären.

Die allseitige Instrumentalisierung der geteilten Nationendebatten täuscht darüber hinweg, daß der Sozialismus Fakten schuf und Entwicklungen verhinderte. Erfahrungen einer pluralistischen Gesellschaft sind grundsätzlich andere als Erfahrungen mit einem totalitären Staat.

So kommt es, daß die Traditionslinien des DDR-Denkens andere sind als die der Bundesrepublik. Und zwar nicht nur durch ihre sowjetische und russische Kolonisierung, sondern auch durch das Beharren auf deutschen Vorkriegstraditionen. Die wahrscheinlich wichtigste Differenz zwischen der Bundesrepublik und der DDR ist der von der DDR übersprungene Anpassungs- und Nachholprozeß der westdeutschen Öffentlichkeit in Sachen Liberalismus. Der demokratische Individualisierungsprozeß ist in der Bundesrepublik Teil der Biographien, in der DDR sind die Menschen an ihrem Ende durch die Vereinigung mit dem Grundgesetz als gegeben konfrontiert worden. Daraus wiederum leitete man den Gedankengang ab: Wir sind nicht gefragt worden!

Was bedeutet das für die Debatten? Wie können getrennte Erfahrungen, in Lebensläufen verdichtet, im gemeinsamen öffentlichen Raum produktiv gemacht werden, ohne daraus ständig Sonderrechte abzuleiten? Ohne daß ständig der Vorwurf der Sonderrechte im Raum steht?

Das vereinigte Deutschland hat das Problem der Banalisierung eines Mythos der Vereinigung zu bewältigen, es ist ein, angesichts der Kosten, schrumpfender Mythos. Die Begeisterung über den Panoramablick unterbricht ständig der Zahltag.

Die Nerven liegen blank. Eine Demokratie ist nicht nur dem Grundgesetz, sondern auch dem Wahlgesetz unterworfen. Was muß die deutsche Einheit nicht alles rechtfertigen. Blühende Landschaften hat man versprochen und die Gelegenheit genutzt, den Solibeitrag einzuführen, in alle Ewigkeit. Ratlose Regierungen nutzen die deutsche Einheit, um ihren Bankrott zu verschleiern.

Das ständige Vorrechnen der Kosten aber verstellt auch den Blick für das Geleistete.

Drüben steht Norbert Bisky und malt seine fröhlichen FDJler, blond und blauäugig, die DDR ist deutsch. Die Galerien verkaufen.

Wer verdient an der DDR?

Die Schokolade steckt in einer transparenten Plastikfolie. Sie zeigt ein Mauerbild. Darauf steht: »Die Mauer, The Wall. Berlin 1961–1989«. Am rechten Rand der Schokotafel ist das Konterfei von Kennedy zu sehen. Es wird von dem berühmten Satz »Ich bin ein Berliner!« geziert. Ich drehe die Schokolade um und lese auf der Rückseite, auf einem Aufkleber des Herstellers: »Die Mauer schmilzt auf der Zunge!«

Hier sei die postume DDR als Wirtschaftsfaktor betrachtet. Jedesmal, wenn von der ehemaligen DDR die Rede ist, geht es ums Scheitern. Die Investitionszahlen weisen mittlerweile so viele Stellen vor, daß die Phantasie nicht mehr ausreicht, um sich ihre wahre Größenordnung vorzustellen. In den Verlautbarungen erscheint das Ganze als riesige Rentenkasse, die immer weiter bezuschußt wird. Warum alles andauernd schiefgeht, kann schon lange keiner mehr sagen. Statt dessen werden immer neue Papiere produziert, letzten Endes Metaphern in die Welt gesetzt: Erinnern wir uns bloß an die industriellen »Leuchttürme«. Wenn jetzt die gesamte Ost-Förderung auf dem Prüfstein steht, sollte man sich vielleicht auch überlegen, welchen Sinn es noch hat, ständig zu fragen, wo das Geld geblieben ist. Wieviel von unserem Geld durch die Luftnummer New Economy an der Börse verbrannt wurde, wird ja auch nicht laufend vorgerechnet. Vielleicht sollte man besser fragen, wer an der DDR verdient. Ist sie doch inzwischen ein beachtlicher Wirtschaftsfaktor. Der Film »Goodbye, Lenin« hat im deutschen Kino das meiste Geld seit langem eingespielt. Und haben die Ostalgie-Shows nicht das Werbegeschäft der Privatsender belebt?

Gescheitert ist die staatlich gelenkte Anpassung der DDR-Ökonomie an das Wirtschaftssystem der Bundesrepublik. Die Regulierung, die als Deregulierung auftrat. Nichts geworden sind die großen Förderprojekte. Brandenburgs Cargolifter und der Lausitzring. Die gesamte deutsche Einheit wird gelegentlich als Belastung der öffentlichen Kassen wahrgenommen. Das mag seine Begründung darin finden, daß die Weichen für den Lebensstandard der ehemaligen DDR-Bevölkerung 1990 in künstlicher Weise mit dem Umtauschkurs gestellt wurden. Das Kriterium war nicht die noch vorhandene Substanz des zusammengebrochenen Staatsgebildes, sondern die nötige Kaufkraftausstattung im Hinblick auf das vereinigte Deutschland. Selten hat das Wunschdenken so deutlich mitgemischt wie in jenem Augenblick.

Die Leute haben die begehrte D-Mark wie Spielgeld ausgehändigt bekommen. Es war wie der Eintritt ins Panoptikum, und den Ernst der Lage zu erkennen war bestimmt nicht einfach. Indem sie das Geld ausgaben, haben sie sich unter die Konsumenten gemischt und damit die Wirtschaft belebt, könnte man denken. Die Waren, die bestellt wurden, wurden schließlich bezahlt, die Gelder sind, selbst wenn es sich um Steuergelder handelte, in Umlauf gekommen.

Wer also verdiente an der DDR? Es sind viele, zu viele. Angefangen von den hauptamtlichen Mitarbeitern einer Partei wie der PDS, die es ohne die Schwierigkeiten der ökonomischen und ideellen Abwicklung der DDR gar nicht geben würde. Das ist aber ein Nebenschauplatz, bedenkt man, wie viele Arbeitsplätze die DDR den Westdeutschen eingebracht hat. All die Aufbau-Experten in den Institutionen der gewendeten Gesellschaft, der Beamtenimport in allen Bereichen der Öffentlichkeit, die Spezialisten, vom Anwalt bis zum Architekten, die sich im Osten niedergelassen haben, die zahlreichen Akademiker, die an den Ost-Universitäten unterkamen, die Entwicklungshilfe leistenden Politiker.

Das Problem kommt eher daher, daß die investierten Gelder in keinem Verhältnis zu den realen Bedürfnissen stehen. Die kontrollierte Entwicklung um jeden Preis, die das korporatistische deutsche Staatsdenken nach sich zog, führte zu einer folgenreichen Hypertrophie des Subventionierens. Sieht man sich die hochentwickelte Infrastruktur Ostdeutschlands an, wird man das Gefühl nicht los, daß jeder Pflasterstein, den die DDR seinerzeit zur Devisenbeschaffung in den Westen verkauft hat, jetzt zum vielfachen Preis zurückgebracht wurde.

Aber selbst das erklärt noch nichts. Es ist vielmehr so, daß das meiste, was in den Osten transferiert wurde, über den Umweg des Konsums wieder in den Westen zurückgelangte. Die Waren, die im Osten angeboten wurden, sind Westwaren. Nachdem man anfangs, in Symbiose mit der dem neuen Kaufgefühl huldigenden Bevölkerung, munter Ostmarkenvernichtung betrieb, kam es im Gegenzug ein paar Jahre später zu einer Ostproduktmythisierung. Wem aber gehören die aufgepeppten Ostprodukte? Westfirmen, inklusive der populäre Rotkäppchensekt. Das erfolgreiche Unternehmen hat zwar in der Zwischenzeit Westmarken wie Mumm gekauft, es gehört aber mehrheitlich zu Eckes-Chantré.

Wahrscheinlich sind es nur vordergründig Probleme des Aufbaus Ost, die uns als Krisensymptome erscheinen. Bei näherer Betrachtung aber erwartet uns die Konfrontation mit einem größeren deutschen Dilemma, das sich wohl am besten mit den Begriffen Korporatismus und Konsumverhalten beschreiben läßt.

Der Korporatismus verlangt nach protektionistischen Standards für alle. Das begrenzt die Wirkung der Marktwirtschaft bei ihren Auswüchsen, aber auch in ihrer Beweglichkeit. Im Osten schwärmten Manager und Gewerkschafter gleichzeitig aus, um die Weststandards einzuführen. Sie trafen dort auf die ihnen schon bekannten Staatsbürokraten. Diese waren damit beschäftigt, das Steueraufkommen in die Schätzung einzubringen, das es noch gar nicht gab. Die deutschen Verhältnisse mit ihrer rigiden Zunftordnung eignen sich nicht für unorthodoxe Vorgangsweisen. Gerade das aber hätte in einer Situation wie der Vereinigung, für die wir keine vergleichbaren historischen Erfahrungen hatten, hilfreich sein können. Indem man die soziale Frage unter Kontrolle brachte, sorgte man auch für ihren Weiterbestand.

Sonderwirtschaftszonen führen zu nichts. Das haben die diversen Steuervergünstigungen für den Osten bereits in den neunziger Jahren bewiesen. Es sind zwar zahlreiche Firmen hingegangen, aber sie sind genausolange geblieben, solange die Vergünstigung galt und keine Minute länger. Die Vorteile nützten ihrer Gesamtbilanz. Sie konnten vorübergehend von der Vereinigung profitieren. Die Arbeitslosenproblematik aber haben sie genausowenig beeinflußt wie die hilflosen ABM-Maßnahmen.

Das eigentliche Problem ist ein gesamtdeutsches. Unser Land lebt schon lange weit über seine Verhältnisse. Gemeinwesen und Staat geben mehr aus, als man sich bei nüchterner Betrachtung jemals leisten könnte. »Weltmeister« war immer schon ein Lieblingswort der Westdeutschen. Weltmeister im Export, aber auch im Reisen. Könnte es nicht sein, daß die Deutschen zuviel Geld außerhalb des eigenen nationalen Wirtschaftskreislaufs ausgeben, auch außerhalb der EU? Und daß dieses Verhalten selbst durch das hohe

Exportaufkommen nicht mehr ausgeglichen werden kann, weil die Außenhandelsbilanzen ohnehin ziemlich ausgeglichen sind: Man kauft für das aus dem Ausland zurückgewonnene Geld wieder ein, importiert wie die Weltmeister. Hinzu kommt der Größenwahn, der seit den neunziger Jahren große Teile des deutschen Konzernmanagements erfaßt hat. »Weltkonzerne« wollte man schaffen und kaufte sich in Pleite-Unternehmen in aller Welt ein.

Die entscheidende Frage ist nicht, ob die ehemalige DDR endlich ökonomisch mithalten kann, sondern ob es in Deutschland gelingt, von dem kostenreichen Staatssystem herunterzukommen. Das aber ist kein deutsch-deutsches Problem, sondern eines der weltweiten Umschichtungen und neuen Konkurrenzphänome und der damit verbundenen Arbeitsplatzverlagerungen. Solange wir Armut mit Kriterien definieren, die sogar in den östlichen Nachbarländern mit den Kriterien der Definition von Reichtum identisch sind, befinden wir uns in einer ausweglosen Lage. Während Reichtum zur Trägheit verführen kann, zwingt Armut oft zu Kreativität. Daß in Deutschland die höchste Sparquote der Welt existiert, wird stets als positiv verbucht. Kann es aber nicht sein, daß diese Sparquote auch Ausdruck mangelnder Initiative ist? Nicht alles ist wirtschaftswissenschaftlich erklärbar. Vielleicht fehlt unserer Gesellschaft der für einen Aufbruch notwendige Sinn.

Fazit Vereinigung

Fünfzehn Jahre nach der Vereinigung ist die ehemalige DDR komplett neu eingerichtet, aber für wen? Die DDR-Vergangenheit ist trotz aller Diskussionen und Publikationen so gut wie unaufgearbeitet, weil das Aufgearbeitete kaum einen Impetus, kaum Folgen für die Gegenwart hat. Opferverbände der DDR-Repression führen ein Schattenleben, ebenso marginalisiert erscheinen die Gedenkstätten, die zum Teil in einem zähen Ringen durchgesetzt werden mußten. Vor allem die Erinnerung an die sowjetischen Speziallager, die auf dem Gelände der KZ betrieben wurden, hatte viele Gegner. Die Präsentation der zahllosen tabuisierten Themen des DDR-Staats durch Buchpublikationen wie Freya Kliers Dokumentation über deutsche Frauen in sowjetischen Arbeitslagern fand nicht die ausreichende Resonanz in der maßgeblichen Öffentlichkeit. Wenig bekannt sind auch die Projekte der Bürgerrechtler, zum Beispiel das Matthias-Domaschk-Archiv, das nach einem jungen Mann benannt ist, der in Gera, in der Stasi-Haft, zu Tode kam. Daß die bekannteste Figur der Ex-DDR der PDS-Retter Gysi ist und nicht der Dissident Jürgen Fuchs, ist ein gesamtdeutscher Skandal.

Es gibt kein Bewußtsein einer kollektiven Verantwortung für die Verbrechen der DDR, nicht einmal für die Begabung des Kommunismus für den Bankrott. Das neue Gemeinschaftsgefühl Ost fußt vielmehr auf einem Diskurs des kollektiven Leidens und zwar nicht an der DDR, sondern an den Umbrüchen seit 1989. Dazu gehörte schon früh die Treuhand-Beschimpfung. Daß diese noch von der Volkskammer der DDR eingerichtet wurde, weiß heute kaum jemand.

Alles wird der Vereinigung angelastet. Schon ein Blick aber zu den osteuropäischen Nachbarn würde zeigen, daß dort die gleichen Probleme aufgetaucht sind und daß diese also nicht Folgen der Vereinigung, sondern des kommunistischen Bankrotts sind, die sich auch durch die Vereinigung nicht aus der Welt schaffen lassen.

Bei allen Ähnlichkeiten gibt es aber zwei gravierende Unterschiede zwischen der DDR und ihren ehemaligen Bruderstaaten. Die Ex-DDR-Bürger sind durch die Vereinigung zu einem Lebensstandard gekommen, der ohne die von der Bundesrepublik erwirtschafteten Reserven niemals in so kurzer Zeit hätte erreicht werden können. Das »Schnäppchen namens DDR«, von dem Günter Grass im Oktober 1990 pünktlich zur Vereinigung sprach, kommt uns teuer zu stehen.

Die östlichen Nachbarstaaten, die über keinen westlichen Paten und Vormund verfügen, sind viel ärmer, bei 500 Euro liegt das Durchschnittseinkommen in Polen und Tschechien. Sie sind aber auch dynamischer, haben vergleichsweise hohe Wachstumsraten. Sie scheinen heute schon mehr Zukunft zu haben als manches hoch subventionierte Gebiet Ostdeutschlands. Das überregulierte Modell der Bundesrepublik, angewandt auf die DDR, blockiert dort unter Umständen viel Kreativität.

Wer sich aber heute andauernd über die Vereinigung mokiert, der sollte mal darüber nachdenken, was uns die DDR gekostet hat, solange sie existierte, und was sie uns kosten würde, wäre es bei der Trennung geblieben, wie François Mitterand und Maggie Thatcher es gerne gehabt hätten. Für die Thatcher stand noch am 28. 11. 1989 die Wiedervereinigung nicht auf der Tagesordnung, Mitterand reiste am 20. 12. 1989 sogar nach Ostberlin.

Bei einer solchen Entwicklung wäre weder der heutige Integrationsprozeß Europas möglich gewesen noch eine dauerhafte Stabilisierung der Lage in Mitteleuropa. Danken wir George Bush Senior und Mihail Gorbatschow, daß sie in dieser Frage anders dachten als die britischen und französischen Akteure, die offenbar 1989 immer noch nicht begriffen hatten, welches Unheil ihre Eliten mit dem Versailler Frieden angerichtet hatten. Ob Europas Völker jemals darauf verzichten können, ihre Triumphe über die jeweiligen Nachbarn zu zelebrieren?

Am Brandenburger Tor

Auf der Touristenmeile sind die letzten russischen Puppen zu sehen. Wieder einmal die letzten. Wir wissen: In jeder ist eine weitere, kleinere, in der letzten ist nichts. Könnte man meinen. Wir wissen es aber nicht, denn die letzte Puppe, die kleinste, läßt sich nicht öffnen. Wir öffnen eine Puppe nach der anderen mit großer Gelassenheit, bis wir die letzte, die kleinste ratlos in der Hand halten. Was will sie uns sagen? Daß etwas bleibt? Etwas, gegen das wir uns nicht wehren können? Etwas, das die einen als Last betrachten, die anderen als einen Halt ansehen? Solange sie Lebensläufe entlasten soll, kann die DDR nicht zurücksinken in die deutsche Geschichte.

V.

Traudl Junge erinnert sich und stirbt: Das Dritte Reich im Familienalbum

»Um bei den Besuchern aus dem Ausland einen schlechten Eindruck zu verhindern, sollen Schilder mit extremem Inhalt abgenommen werden; es genügen Schilder wie *Juden sind hier unerwünscht.*« Diese Verfügung vom 29. 1. 1936 hängt an einem Strommast im Bayerischen Viertel in Berlin, wo ich wohne. Das Schild ist Teil einer dezentralen Ausstellung über die Deportation der 6000 Juden aus dem Stadtteil und ihre Ermordung.

Am Anfang steht die Schuldfrage, am Ende das Verantwortungsdilemma. Karl Jaspers hat die Schuldfrage auf den Punkt gebracht: »Metaphysische Schuld ist der Mangel an der absoluten Solidarität mit dem Menschen als Menschen.« Über allem schwebt aber eine andere Frage, jene nämlich, ob nicht jede Form der Annäherung an das Thema mittlerweile zum Ritual geworden ist. Wie aber läßt sich unter solchen Umständen Glaubwürdigkeit herstellen?

Über das Dritte Reich sind ganze Bibliotheken geschrieben worden, und das meiste, was zu sagen war, ist auch gesagt. Trotzdem läßt es unsere Gegenwart nicht los. Wenn bei einem Forschungsgegenstand die Materiallage ausgebreitet ist und in alle Winkel ausgeleuchtet wurde, kommt irgendwann die Zeit der steilen Thesen. So auch in bezug auf das Dritte Reich, das weiterhin Tummelplatz der Historiker ist. Ein Beispiel dafür ist das Buch von Götz Aly »Hitlers Volksstaat« von 2005. Es verweist noch einmal und für die heutige Debatte hilfreich auf die Interessenverflechtung zahlloser Deutscher mit dem NS-Staat. Was es aber nie und nimmer erklären kann, ist der Endsiegfanatismus. Die Literatur über das Dritte Reich hatte von Anfang an ein selbstgebautes Hindernis. Es war der Anspruch, den Gegenstand ihrer Forschung, das Dritte Reich, erklären zu wollen, das Unfaßbare des Verbrechens faßbar zu machen. Dieser Anspruch ist nach dem Ende der Materialbeschreibung um so dezidierter geworden. Die neueste Gefahr ist, daß mit dem Material immer mehr gespielt wird. Daß bei den entwickelten Thesen die Plausibilität durch die Originalität abgelöst wird. Bei Aly ist es die »Gefälligkeitsdiktatur«.

Wenn das Material auch wandert und ständiger Revision ausgesetzt ist, so bleiben die ersten Eindrücke doch hartnäckig bestehen. Die Binsenwahrheit, daß das Denkraster in jungen Jahren fixiert wird, greift auch hier. Die kollektive Meinung über das Dritte Reich ist von den Nachkriegsklischees überschwemmt.

Früh schon versuchte man die Schuldfrage zu historisieren, indem man den Skandal, den das Dritte Reich darstellte, aus der deutschen Geschichte erklären wollte. Kollektive Schuld ließ sich mit solider historischer Begründung wohl besser als die individuelle ertragen; man konnte sich mit ihr, indem man sie auf die deutsche Entwicklung, den Sonderweg, schob, herausreden. Ich meine, der Jargon der kollektiven Schuld konnte die individuelle Verdrängung sogar fördern.

Alle Ansätze, Traditionslinien von Luther, Kleist, Wagner und Nietzsche zu Hitler auszumachen, bargen die Gefahr einer Teleologie, die von den Nazis selber zu ihrer Legitimation ersonnen wurde. Sie machten bekanntlich alles, vom Mittelalter bis zur Revolution von 1848, zu ihrem Vorläufer. Das Problem ist, wohin man auch geht, die Nazis waren schon da. Es ist, als hätten sie den gesamten deutschen Horizont in das Wörterbuch des Unmenschen übersetzt.

Nichts zielte in der deutschen Geschichte zwingend auf das Dritte Reich, und nichts machte dieses unabwendbar. Bei aller anzunehmenden Prädisposition in der deutschen Gesellschaft, Geschichte und Kultur, es ergibt sich keine ausreichende Erklärung für die Machtübernahme der Nazis. Die Weimarer Republik hätte durchaus weiter bestehen können, und die Ermächtigungslösung war nicht unausweichlich, sie ist vielmehr der Dummheit von beträchtlichen Teilen der Eliten zuzuschreiben, die glaubten, den Mob des Schwarzen Freitag beherrschen zu können. Nun aber hatte das deutsche Bürgertum kaum Erfahrung mit der Massengesellschaft des 20. Jahrhunderts und der manipulativen Kraft der öffentlichen Rede. Das Kaiserreich hat die Bürger vor der Kenntnis solcher Realitäten bewahrt, indem es den Obrigkeitsstaat am Leben erhielt, unter anderem durch seine Sozialgesetzgebung. So waren alle irgendwie gekauft und in der Loyalität zum Kaiser gefangen. Die einen waren Beamte, die anderen hatten eine Sozialversicherung. Die größte Stütze für die Stabilität eines solchen Staates an der Schwelle zur Moderne waren Arbeitsvertrag und Rentenanspruch.

Beides konnte die Weimarer Republik nicht leisten und zwar nicht wegen ihrer demokratischen Verhältnisse, sondern wegen der Wirtschaftskrise und der Reparationsproblematik. Deutschland versank in dem Augenblick im Abgrund, als der Kaiser ging. Mit seinem Abgang war die Autorität, die als einziges den deutschen Staat zusammenhielt, dahin. Jenseits der Autorität aber wartete ein neues Phänomen, das Kriegs- und Krisenprodukt Nationalsozialismus, auf seine Legitimation durch den Pöbel. Er setzte auf die Verlierer, versetzte sie in einen Rausch des berechtigten Anspruchs. Das Ermächtigungsbürgertum, das nach 1945 eine bedeutende Rolle in der Bundesrepublik spielen sollte, es stellte sogar den ersten Bundespräsidenten Theodor Heuss, nutzte nach Kriegsende die vermeintliche Unabwendbarkeit des Dritten Reiches zu seiner Ausrede vor der Geschichte.

Einige seiner teleologischen Interpreten haben im übrigen später recht Merkwürdiges zur Gegenwart der alten Bundesrepublik geäußert. Sebastian Haffner beispielsweise. Als Kolumnist des Stern sah er in den sechziger und siebziger Jahren aus jedem noch so überschaubaren Anlaß den Faschismus heraufziehen, etwa 1967 in Berlin, mit der Erschießung des Studenten Benno Ohnesorg während der Demo gegen den Schah. Haffner war zum großen, aber auch blinden Skeptiker geworden, er konnte nicht anders. Wer das Dritte Reich zum Mittelpunkt der deutschen Geschichte macht, wird überall und in allem nur Anzeichen für seine Wiederkehr sehen.

Die wahre Geschichte von Coca-Cola

Obwohl das Unternehmen in den ersten Nachkriegsjahren mit dem Slogan »Coca-Cola ist wieder da« warb, gilt das Produkt wie kaum ein anderes als ein Zeichen der in den fünfziger Jahren um sich greifenden Amerikanisierung. Die meisten Deutschen sind davon überzeugt, daß die Cola wie der Jazz und der Kaugummi von den GIs nach Deutschland gebracht wurde.

Die Wahrheit ist eine andere. Coca-Cola eroberte den deutschen Markt bereits in den dreißiger Jahren. Sie war im Dritten Reich ein beliebtes Erfrischungsgetränk und wurde bis in die Kriegsjahre hinein, solange die Rohstoffsituation es erlaubte, produziert. 1939 gab es in Deutschland fünfzig Abfüllbetriebe. Und sogar eine Dauerreklame am Berliner Sportpalast. Für die Olympischen Spiele in Berlin richtete das Unternehmen einen Erfrischungsdienst ein. Die Abfüllkonzession, die Max Schmeling 1957 erhielt, soll auf Kontakte des Boxers aus dieser Zeit zurückgehen.

So gesehen, war Coca-Cola ein Zeichen für die Rolle, die das moderne Amerika für die Gesellschaft des aufstrebenden Dritten Reichs spielte, das durchaus zeitgemäß erscheinen wollte und zum New Deal einen positiven Bezug hatte. Das Dritte Reich bemühte sich auch darum, als Konsumgesellschaft zu erscheinen. Vom »gespaltenen Bewußtsein« spricht bereits 1981 Hans Dieter Schäfer angesichts der Lebenswirklichkeit im Deutschland der Nationalsozialisten. Während die Diktatur die Arbeiterschaft vor allem durch

Sicherheit und Aufstiegschancen überzeugen konnte, habe sie mittlere und gehobene Schichten mit einer breiten Konsumgüterproduktion an sich gebunden.

Im Dritten Reich kam vieles zusammen, was seine Rezeption bis heute interpretatorisch schwierig, aber auch für die späten Exegeten von Jörg Friedrich bis Götz Aly ergiebig macht. Neben den klavierspielenden SS-Mann tritt unauffällig der Cola trinkende Hitlerjunge.

Wir werden mit der Vergangenheit nicht fertig

Jeder deutsche Staat, der auf das Dritte Reich folgen würde, hatte ein Legitimationsproblem. Man mußte sich auf die nationale Katastrophe beziehen, sich zu ihr bekennen, aber auch den Abstand finden. Ein kollektiver Drahtseilakt. Man mußte den internationalen Kontrolleuren, die die Weltöffentlichkeit hinter sich sahen, gerecht werden. Später arrangierte man sich mit ihnen, um gleichzeitig den Deutschen eine wie auch immer geartete neue Zuversicht zu geben, die ein kollektives Überleben, ein positives Gemeinschaftsgefühl wieder erlauben konnte. Die Freundlichkeit der Weltöffentlichkeit erkaufte man sich durch die Unterstützung Israels auf legalem und auch illegalem Wege und allgemein mit einer eingeschränkten Außenpolitik, die mit ihrer Gestik den Verzicht suggerierte.

Gleichzeitig begann man ein Interpretationsraster des Dritten Reichs zu bauen, im Hinblick auf die Bedürfnisse der Nachkriegsmentalität. So wurden Verständnismuster geschaffen, die nach innen das Weiterleben der Nation möglich machen sollten, nach außen aber das Schuldbewußtsein signalisierten. Diese Muster treten uns heute als rhetorisches Wachsfigurenkabinett entgegen. Wir arbeiten uns an unserer eigenen Interpretation ab. Je weniger uns das Dritte Reich sagt, zu sagen hat, desto lauter reden wir darüber.

Eine der hilflosen Gesten war der regelmäßige Bezug auf den Widerstand, für die Bundesrepublik ein unerläßlicher Hinweis, während die DDR sich den Mythen des kommunistisch gelenkten Antifaschismus widmete, auch wenn der Hitler-Stalin-Pakt und das egoistische Wirken der Kapos in Buchenwald nicht gerade Ruhmesblätter waren. Aber wer hört schon gerne von Details, wenn es um die große Geschichte geht.

Ein Beispiel dafür ist der Roman »Nackt unter Wölfen« von Bruno Apitz, die Geschichte der Rettung eines Kindes durch die kommunistischen Kapos in Buchenwald. Nun aber wurde jenes Kind gerettet, indem ein anderes an seiner Stelle auf Transport nach Auschwitz geschickt wurde, ein Zigeunerjunge. Daß dieses von Historikern richtiggestellt und sogar in der Erzählung »Anders« von Hans Joachim Schädlich thematisiert wurde, tat dem Bekanntheitsgrad des Romans von Bruno Apitz keinen Abbruch. Auch seine von der DEFA produzierte Verfilmung wurde und wird weiterhin gezeigt, als sei nichts geschehen. Zuletzt wieder zum sechzigsten Jahrestag der Befreiung des Lagers durch amerikanische Truppen.

In seiner Rede zu diesem Anlaß in Weimar nannte Bundeskanzler Schröder im Frühjahr 2005 unter den Schriftstellern, die den Holocaust literarisch zu bewältigen wußten, neben Eli Wiesel und Imre Kértesz, auch den dilettierenden Apparatschik Bruno Apitz, ein DDR-Bestsellerautor, dessen literarische Qualitäten weit unter denen eines Johannes Mario Simmel liegen, der im übrigen auch bemüht war, antifaschistisch zu wirken. Er hatte damit recht wenig Erfolg im von Vergangenheitsbewältigung verwöhnten Westen.

Den Weg der Vergangenheitsbewältigung »von der Läuterung zur Manipulation« hat der rechte Vordenker Armin Mohler bereits 1968 beschrieben. Damit hat die wenig erfolgreiche intellektuelle Rechte sich ein Thema früh sichern können.

Auf dem Moralmarkt der Überlebenden und Nachgeborenen

Kaum ein historisches Ereignis wurde in Deutschland so oft an seiner Leistung für die Nachwelt gemessen wie der 20. Juli. So hatten seine Protagonisten zunächst einmal viele Gegner.

Die vielzitierte Stunde null signalisiert als Folge der Größenordnung des nationalsozialistischen Verbrechens eine totale Delegitimierung der deutschen Nation und ihrer Staatsidee. Die gesamte deutsche Geschichte wurde in das Dritte Reich wie in ein Schwarzes Loch gesogen. Die Frage, ob Deutschland und das Dritte Reich substantiell auseinanderdividierbar sind, wirkt bekanntlich bis heute nach und äußert sich in trivialer Form sogar noch in den immer wieder auftauchenden Nazivergleichen.

Angesichts des Ausmaßes der Delegitimierung erscheint die Definition des Widerstandes gegen den Nationalsozialismus von um so größerer Bedeutung, vor allem seine Zuordnung. Diese Zuordnung des Widerstandes wurde durch den Kalten Krieg umgehend zum ideologischen Thema. Sie ist es bis heute geblieben, verstärkte sich sogar, anläßlich der Vereinigung, in der Debatte über die Umbenennung von Straßen und Plätzen in Ostdeutschland. So fragte man sich beispielsweise, ob eine Straße den Namen einer von der Gestapo hingerichteten Widerständlerin tragen dürfe, weil sie bekennende Kommunistin war. Die Gnade der späten Geburt tobt sich gerne moralisch aus.

Die Gegner des 20. Juli aber waren in der Nachkriegszeit zunächst einmal in der Bevölkerung zu finden. Sie hatten Hitler zugejubelt, zumindest aber sein Regime hingenommen. Im nachhinein standen sie unter Rechtfertigungsdruck. Moralisch und vor der Entnazifizierungskommission. Was hätte man schon tun können, hieß es gebetsmühlenartig, angesichts der Gewalt? Der 20. Juli war und ist der Beweis des Gegenteils.

Deshalb war man an seiner Diskreditierung interessiert. Diese knüpfte bruchlos an die Nazipropaganda an. Auch in der Nachkriegszeit wurden die am 20. Juli Beteiligten als Verräter bezeichnet. Im Kontext der Werte und Sekundärtugenden, auf die zurückgegriffen wurde, klangen selbst Begriffe wie »Verschwörer« oder »Attentäter« abschätzig. Als könnten Werte und Tugenden mit einer Diktatur kompatibel sein. Der Verratsbegriff ermöglichte die Rechtfertigungssuada der Unbelehrbaren. Entgegen der komplexen Realität der Verschwörung wurden die Akteure als preußische Junker bezeichnet, Offiziere, die den Nationalsozialismus mitgetragen hätten und angesichts der verzweifelten Frontlage in letzter Minute ihre ostelbischen Güter retten wollten.

Neben den Unbelehrbaren und den Altnazis taten sich in der Diffamierung des 20. Juli die Kommunisten hervor. Sie, die den Widerstand für sich zu monopolisieren trachteten, empfanden die Attentäter als Konkurrenten. Darüber hinaus widersprach das Phänomen ihrer Analyse der Begründung des Faschismus durch die reaktionären und kapitalistischen Kräfte des Landes. Es widersprach dem stalinistischen Urteil über das Bürgertum. Die Kommunisten brauchten den Antifaschismus zur Legitimation ihres totalitären Staates DDR.

So geriet nicht nur das Thema zwischen die Fronten des Kalten Kriegs, einer der überlebenden Beteiligten, Otto John, wurde selbst zum Spielball des Ost-West-Konflikts. Der Übertritt des Verfassungsschutzpräsidenten 1954, ausgerechnet am Tag der Zehnjahresfeier des Attentats, in die DDR und seine spätere Rückkehr in den Westen haben bis heute rätselhafte Aspekte. Sicher ist: Der ehemalige Widerständler fühlte sich in seinem Amt, umgeben von ehemaligen Parteigängern und Mitläufern der Nazis, ziemlich einsam.

Gleichzeitig mit diesen Vorgängen ist eine stetig wachsende Zuwendung zum 20. Juli zu beobachten, die zunächst aus dem Kreis der Überlebenden und Angehörigen vorangetrieben wurde, aber bald dem Staat Bundesrepublik höchst gelegen kam. Man griff nach den Attentätern aus den Eliten wie nach einem Strohhalm zur historischen Legitimierung des neuen Staates. Die Verfassungsgrundlagen der Bundesrepublik markierten jedoch mit ihrem ausdrücklich westlichen Selbstverständnis einen so krassen Bruch mit dem Dritten Reich und den meisten bisherigen deutschen Staatsformen, daß jede historische Anbindung nur symbolisch sein konnte.

Anstatt sich damit zufriedenzugeben, versuchte man die Symbole mit Leben zu füllen. So wurde das Programm des 20. Juli, soweit es überhaupt vorhanden war, im demokratischen Interesse überbewertet. Die Protagonisten des Umsturzversuches aber waren Deutsche ihrer Zeit, mit Staats- und Gesellschaftsvorstellungen, die dem Sonderweg noch weitgehend verpflichtet waren. Nicht viel anders als Kurt Schumacher, der Sozialdemokrat, oder Jakob Kaiser, der Zentrumspolitiker und christliche Gewerkschafter. Von ihnen zu verlangen, die Bundesrepublik vorausgedacht zu haben, ist ahistorisch. Die Bundesrepublik ist nicht eine logische Folge deutscher Entwicklung, sondern ein Neuanfang auf den Trümmern dieser Entwicklung. Der Bezug auf den Widerstand ist also weitgehend hilflos, aus der Ratlosigkeit geboren. So auch die Geste der Bundeswehr, die nach der Vereinigung den Berliner Bendler-Block bezogen hat, den Hinrichtungsort Stauffenbergs und seiner Freunde, um sich in eine symbolische Tradition von Märtyrern zu stellen und gleichzeitig den Kommandostandort der Wehrmacht einzunehmen.

Die heutige Gedenkstätte in Schlesien, die sich auf den »Kreisauer Kreis« der Verschwörer beruft, ist als Begegnungsort von deutschen und polnischen Jugendlichen und als Tagungszentrum von Wissenschaftlern der beiden Nachbarländer ein weiteres Beispiel dafür, wie die Symbolik des Widerstands für Themen der Gegenwart eingesetzt wird. Damit wird dem Widerstand ein heutiger Sinn aufgesetzt. Das ist legitim, aber auch verwirrend.

Man kann endlos darüber spekulieren, inwieweit der 20. Juli prodemokratisch war oder antitotalitär. Es sind Fragestellungen der Gegenwart. Damals ging es um Tod oder Leben. Um die Apokalypse oder den Waffenstillstand. Um Hitler oder Goerdeler.

Bei den Opfern vom 20. Juli sollte man zuerst einmal das würdigen, was sehr vielen anderen Deutschen damals gefehlt hat: Der Mut, sich gegen die Diktatur zu stellen. Es ist ein Wert jenseits der politischen Couleur. Etwas, wovon wir auch heute, angesichts des grassierenden Opportunismus in unserer Öffentlichkeit, lernen könnten.

Wahrheitsfindung und Revisionismus

Nach der Vereinigung stand alles zur Disposition. Alle Themen der Nachkriegszeit wollten neu verhandelt sein. Ausgerechnet die Debatte über die Partizipation von DDR-Intellektuellen an der Macht brachte den ersten Schritt zu einer neuen Verharmlosung des Nationalsozialismus. Wenn man Verständnis hatte für das opportunistische Verhalten von Prominenten in der DDR, mußte man früher oder später auch auf eine Neubewertung von Verhaltensweisen im Dritten Reich kommen. Warum auch nicht? Diese Diskussion hätte interessant sein können, wäre sie nicht abrupt abgekürzt worden, mit einer Zuwendung zum Opferproblem. Da die Medien die Ausrichtung der Debatten übernahmen, verwandelten sich diese bald durch Emotionsüberlagerungen in das Referieren von Lebensgeschichten. Schicksale rückten in den Mittelpunkt, deutsches Leben.

Der Holocaust hingegen wurde immer mehr zur Metapher, hinter der die schreckliche Realität des Massenmords verschwand. Die Vorstellungskraft wich dem Begriff, der zum Vergleich gewendet wurde, bis hin zum Transparent der Tierschützer. Wenn die Medien den Diskurstrupp anführen, macht bald der Skandal die Geschichte: Walser in der Paulskirche. Hohmann im Netz. Der Zentralrat der Juden hebt den Zeigefinger. Antisemitismus?

»Eine ausgezeichnete Ansprache (...), wie man sie mit diesem Mut zur Wahrheit und Klarheit in unserem Land nur noch sehr selten hört und liest.« Die Einschätzung der Rede des CDU-Hinterbänklers Hohmann zum Tag der Deutschen Einheit, am 3. Oktober 2003, in der dieser die Juden mit dem Begriff »Tätervolk« konfrontiert, durch den Bundeswehrgeneral Günzel wirft auch diese Fragen auf: Braucht man wirklich Mut, um heute in Deutschland die Wahrheit zu sagen? Und um was für eine Art Wahrheit geht es dabei?

Martin Hohmann hatte u. a. gesagt: »Auf diesem Hintergrund stelle ich die provozierende Frage: Gibt es auch beim jüdischen Volk, das wir ausschließlich in der Opferrolle wahrnehmen, eine dunkle Seite in der neueren Geschichte, oder waren Juden ausschließlich die Opfer, die Leidtragenden?« Danach ergeht er sich in einer Auflistung prominenter Kommunisten jüdischer Herkunft.

Hohmanns Auslassungen und der Zuspruch des Generals Günzel waren Thema einer öffentlichen Debatte, beide hatten berufliche Konsequenzen zu erleiden. Der Fall ist in einem Buch dokumentiert: »Der Fall Hohmann«. Sein Herausgeber ist Fritz Schenk, ein Ex-Kommunist und Nomenklatura-Mann aus der DDR, Büroleiter von Bruno Leuschner, Politbüromitglied. Schenk floh 1957 in den Westen, wo er später eine Fernsehkarriere als Redakteur des »ZDF-Magazins« machte.

Daß seit den neunziger Jahren Bewegung in die öffentliche Diskussion gekommen ist, hat mit der Veränderung der europäischen Rahmenbedingungen zu tun. Das Ende des Kommunismus ermöglichte die deutsche Vereinigung, legte gleichzeitig aber auch die vom Kalten Krieg blockierten Themenfelder frei. Das Ende des sowjetischen Imperiums hat die alten osteuropäischen Fragen neu aufgeworfen, die nationalen wie die sozialen. Durch die jugoslawischen Kriege sind Flüchtlings- und Vertreibungsproblematik wieder aktuell geworden. Der islamische Fundamentalismus schließlich forderte zu neuen Strategien für ein weltweites

Ordnungssystem heraus, zwischen dem Versuch der Beibehaltung der internationalen Institutionen und einem neuen Interventionismus.

Das vereinigte Deutschland wurde zum Teilhaber der tektonischen Bewegungen der Epoche, die meisten Debatten in der deutschen Öffentlichkeit aber hatten etwas mit der Notwendigkeit einer Begründung der Berliner Republik zu tun. Es war eine gefühlte Notwendigkeit, angesichts derer den Soziologen nur das Staunen blieb.

So begann unmerklich eine günstige Zeit für den Revisionismus. Diesen gab es, angetrieben vom Versailler Vertrag, in Deutschland längst, seit dem Ende des Zweiten Weltkriegs aber führte er ein Schattendasein in den Verlagen und Postillen der rechten Szene, wo Halbbildung und Verschwörungstheorien zusammenfanden. Gelegentlich schwappte er auch in den öffentlichen Raum der Bundesrepublik über, etwa mit der Jenninger-Rede, und einmal wurde er sogar diskursmächtig, während des Historikerstreits. Das aber waren die Ausnahmen.

Seit der Vereinigung häufen sich die Fälle. Ein System ist jedoch nicht zu erkennen. Die große Verschwörung gibt es jedenfalls nicht. Von der Heimatfrontrede Hohmanns haben wir womöglich nur dank dem Internet erfahren. Das Internet ist ein Mittler zwischen offizieller Öffentlichkeit und dem vermeintlichen Untergrund jeder Art. Bleibt die Frage: Hat sich die Kommunikation zwischen der maßgeblichen Öffentlichkeit und diesem Untergrund verstärkt? Sind die nervösen Debatten über Luftkrieg, Flucht und Vertreibung Ausdruck einer verstärkten Kommunikation zwischen Rand und Mitte? Zwischen marginalisierten und dominierenden Themen?

Seit der Vereinigung gibt es kein Bewußtsein vom Provisorium mehr. Das Provisorium erlaubte die Vertagung von heiklen Fragen. Daß die ehemaligen Ostgebiete verloren waren, blieb der Öffentlichkeit, ähnlich wie die Teilung Deutschlands, schmerzlich bewußt, und wer es nicht wahrhaben wollte, konnte sich mit der Vorläufigkeit des Staatsgebildes Bundesrepublik trösten. Selbst das Grundgesetz stützte eine solche Verdrängungshaltung. Durch die Vereinigung wurden die Deutschen mit der Endgültigkeit konfrontiert. Damit schwindet die Akzeptanz für die Kriterien der Nachkriegszeit, die von manchen auch als Tabus bezeichnet werden.

Hohmann beruft sich auf ein Buch von Johannes Rogalla von Bieberstein: »Jüdischer Bolschewismus«. Erschienen ist das Werk 2002 mit einem Vorwort von Ernst Nolte in der Edition Antaios, einem revisionistisch agierenden Verlag. Dort wurde, neben Texten von Armin Mohler und Karlheinz Weißmann, auch eine Dutschke-Biographie von Bernd Rabehl veröffentlicht, die den APO-Wortführer zum Nationalrevolutionär umdeutet.

Die von dem ehemaligen Bundeswehroffizier Götz Kubitschek gegründete Edition Antaios residiert seit 2003 auf dem Rittergut Schnellroda bei Albersroda in Sachsen-Anhalt. Unter derselben Adresse sind noch das 2000 ins Leben gerufene Institut für Staatspolitik und die Redaktion der von diesem herausgegebenen Zeitschrift Sezession vorzufinden. Kubitschek wirkt auch als Geschäftsführer des Instituts, dessen Leiter der sich als rechts verstehende Historiker Karlheinz Weißmann ist. Man versucht dort einen legalen rechten Think tank zu etablieren, der Einfluß auf die legitime deutsche Öffentlichkeit nehmen soll, ein Unternehmen, wie es im Nachkriegsdeutschland niemals Fuß fassen konnte, trotz aller Versuche mit dem Studienzentrum Weikersheim, der Zeitschrift Criticon, den Staatsbriefen oder der Jungen Freiheit.

Martin Hohmann ist mit einem Vortrag bereits 2001 im Institut für Staatspolitik in Erscheinung getreten. Inzwischen bietet die Edition Antaios, neben einer Dokumentation des Falls Hohmann, auch ein Interviewbuch mit dem General Günzel an. Beide sind offenbar fest an den Wirkungsraum der Neuen Rechten gebunden.

Gibt es im heutigen Deutschland tatsächlich Tabus?

Generell wohl nicht, aber in Teilen der Öffentlichkeit, bisweilen auch in maßgeblichen, war und ist die Bereitschaft, über bestimmte Themen ernsthaft zu diskutieren, gering. Das ist der Wahrheitsfindung abträglich. Über die Rolle jüdischer Kommunisten im bolschewistischen Rußland hat Sonja Margolina bereits 1992 ein Buch veröffentlicht. Gewiß, es gab sie, die jüdischen Kommunisten, aber sie waren nicht als Juden in der Partei, sondern als Kommunisten. Wie andere auch. War Ernst Reuter nicht Volkskommissar der Wolgadeutschen Republik? Und schmälert das seine spätere Rolle als legendärer Regierender Bürgermeister von Westberlin?

Es gab stets etablierte Themen und nicht etablierte.

Zu den nicht etablierten gehörten tatsächlich seit langem Luftkrieg und Vertreibung. Wie gering die Bereitschaft ist, ein Thema wie die Vergewaltigung deutscher Frauen durch Rotarmisten zu akzeptieren, zeigt auch jetzt wieder die Hartnäckigkeit, mit der die Authentizität des Anonyma-Textes bestritten wurde. Weil er am »Befreiungsmythos« der Roten Armee rüttelt? Gibt es diesen Befreiungsmythos im kollektiven Gedächtnis überhaupt?

»Befreiung« erscheint bis heute als inadäquater Begriff für 1945. Er ist nachträglich in den öffentlichen Diskurs eingefügt worden. Durch die DDR-Ideologie und durch die berühmte Weizsäcker-Rede von 1985. Die Deutschen haben in ihrer absoluten Mehrheit das Kriegsende aber als Zusammenbruch empfunden, als Tiefpunkt der deutschen Geschichte, als Finis Germaniae. Bekennen wir uns doch zu dieser unangenehmen Wahrheit. Sie besagt, daß eine konsequente Abnabelung vom übermächtigen Projekt des Dritten Reichs niemals stattgefunden hat. Es ist unser Dilemma bis heute: Wir werden mit der Vergangenheit nicht fertig.

Das Ausmaß des Völkermords, der Kriegsverbrechen, der Ausplünderung Europas durch das Dritte Reich, das vielfältige Profitieren der deutschen Wirtschaft und Gesellschaft von den Raubzügen der Nazis ist niemals ausreichend ins kollektive Bewußtsein vorgedrungen. Dieses ist durch reeducation und political correctness vielmehr einem Meinungsregister unterworfen worden, das sich durch eine Rhetorik der Entrüstung und diverse Alarmglöckchen manifestiert. Unterhalb dieser Ebene aber wirkt wohl ein kollektives Unbewußtes, das durch die Sehnsucht nach Normalität getragen wird. Nach einem neuen Biedermeier.

Alles, was wir über die Vergangenheit sagen, zielt auf unsere Gegenwart. Um die Normalität zu befestigen, meinen wir neuerlich, uns eine Opfergeschichte zurechtlegen zu müssen. Die Medienöffentlichkeit hat sich des Stoffes Vergangenheit bemächtigt. Fernsehdokumentationen versorgen die letzten Erlebnisgenerationen, die ihre Jugend und Kindheit im Dritten Reich und im Zweiten Weltkrieg verbracht haben, mit Erinnerungsbildern. Na und, könnte man sagen. Auffallend ist aber die Präsenz jener Generation in der Debatte, die in den Kriegsjahren geboren wurde. Erika Steinbach, Jörg Friedrich, der General Reinhard Günzel gehören ihr an.

In der etablierten Öffentlichkeit und in den maßgeblichen Milieus der jüngeren Generationen, die von der Sprachregelung von 68 geprägt sind, gilt bis heute der Begriff »Vertriebener« als Schimpfwort, bis hin zum Unwort »Berufsvertriebener«.

Sind die Vertriebenen aber tatsächlich ausgegrenzt worden? Nein. Ihre staatliche Integration war geradezu vorbildlich. Ohne bei den westdeutschen Einheimischen in der Enge der Nachkriegsverhältnisse willkommen zu sein, haben sie einen wichtigen Beitrag zum Aufbau der Bundesrepublik geleistet. Immerhin wird ihre Geschichte und Kultur an zahlreichen Orten, in Museen und Gedenkstätten, gewürdigt. Weshalb also das ausdrückliche Bedürfnis nach einem Zentrum gegen Vertreibungen? Ist es die stillschweigende Akzeptanz des Unabänderlichen, des Heimatverlusts, die mit einem solchen Zentrum zeichenhaft ausgeglichen werden soll?

Oder ist es doch eine gesamtdeutsche Idee, die den eigenen Schmerz hochrechnet und damit zur Entgegnung auf das Holocaust-Mahnmal in Berlin wird? Die Errichtung des Mahnmals ist aber nicht das Ziel einer jüdischen Initiative, sondern ebenfalls einer deutschen gewesen. Beides wird von den Deutschen selber zelebriert, die Täterrolle und die Opferrolle, und beides droht zum öffentlichen Kitsch veredelt zu werden, zur Arabeske an der Fassade der Berliner Republik. Weder das Zentrum gegen Vertreibungen noch das Holocaust-Mahnmal hätten bei einem Referendum eine Mehrheit in der Bevölkerung.

Wie wir es auch drehen und wenden, um Auschwitz kommen wir nicht herum. Auschwitz ist die Stolperstelle des Revisionisten. Das hat Walser erfahren, und später auch Jörg Friedrich. Auch er vergleicht. Was bei Hohmann die Täterschaft von Juden im Bolschewismus sein soll, das sind bei ihm Feuer und Gas des Luftangriffs. Ein fast Jüngersches Bild, gewendet in eine Westentaschenmetapher, zur deutschen Entlastung.

Trotzdem muß man über alles reden dürfen. Auch über den Luftkrieg und das schreckliche Sterben und die Ängste, die er hervorgerufen hat, die psychischen Schäden, das große Trauma. Um über all das frei reden zu können, müssen wir bereit sein, den Entlastungsgedanken aufzugeben. Er ist so unbrauchbar wie jener andere inzwischen aus der Mode gekommene Begriff: Vergangenheitsbewältigung.

Läßt sich aber die Wahrheitsfindung vom Revisionismus wirklich trennen? Friedrich schreibt: »Das Narbengewebe, das die Brache des Luftkriegs bedeckt, ist auch der Überzug der deutschen Seelenlandschaft. Wer bombt, und sei es, er befreie, hat unrecht.« Wieviel Revisionismus verträgt unser Land, ohne in alte innen- und außenpolitische Verwerfungen zu geraten. Ist die EU ein ausreichender Schutz vor einem nationalen Alleingang? Sind die östlichen Nachbarvölker, in deren öffentlichem Bewußtsein der Zweite Weltkrieg bis heute fest verankert bleibt und sogar Teil der Nationalideologie ist, auf die deutschen Debatten vorbereitet? Viele Wortmeldungen aus Polen und Tschechien lassen das Gegenteil vermuten. Auch sie haben noch einen weiten Diskussionsweg vor sich. Wir riskieren das Wiederaufleben der alten Rivalitätsdiskurse.

Die Ergebnisse der Ursachenforschung, das Wissen über die vielen deutschen Voraussetzungen der europäischen Katastrophe des Zweiten Weltkriegs dürfen nicht der Gefühlsgeschichte weichen. Die Deutschen sind weitgehend Opfer ihrer eigenen Überhebung geworden und nicht irgendeiner weltweiten Verschwörung, auch einer jüdischen nicht. Kurz gesagt, die Nazis waren es. Wir. Die deutsche Gesellschaft. Das Nachdenken darüber läßt uns vielleicht bei der Verantwortung verharren, die wir, wie immer wieder deutlich wird, nur ungern tragen.

Ob nun Antisemitismus oder Antisemitismus light oder Paranoia, der Nationalsozialismus machte in den letzten Jahren eine bis dahin unvorstellbare Fernsehkarriere. Dazu brauchte es die Familiengeschichten, den Luftkrieg und die Vertreibung. Wenn Herr Knopp durch die Archive geht, sucht er als TV-Mann nicht nach Erklärungen für das Verbrechen, sondern nach Bildern. Das Fernsehen übernimmt, und die Thematik erhält die Form einer Fernsehgeschichte. Die Vergangenheitsdebatte ist quotiert, mitreden heißt einschalten. Die Argumente werden aber nicht vom Stoff getragen, sondern vom Schnitt. Nicht nur der Nationalsozialismus lebte von seiner Inszenierung, sondern auch seine Aufarbeitung zehrt neuerdings davon. Wenn Speer und Riefenstahl das Gebäude der Einfühlung errichteten, so sind es Knopp und Eichinger, die die Dekonstruktion als Enttäuschung nachbauen. Selbst Breloers Dokuspiele werden immer aufwendiger.

Indem Guido Knopp die Dramaturgie festlegt, setzt er dem Verstehen seine Grenzen. Es kann ihm nicht um Schlußfolgerungen gehen, er muß beim Quotenerfolg das Prinzip der Serie gegen den Debattenablauf setzen. Die Serie aber erzählt, was die Leute sehen wollen. Er zieht sie in eine Wiederholungsschleife, die das Dramatische zum Wiedererkennungseffekt macht und damit jeden Schreck der Erkenntnis abmildert. Aus dem Geschichtswissen wird ein Geschichtsgefühl gebastelt, das den Eindruck erweckt, es gäbe noch viel zu erzählen. Plötzlich ist von Tabus die Rede, von einem neuen Revisionismus. Zu einem seiner Kernthemen avancierte die Vertreibungsfrage und deren Würdigung in der deutschen Öffentlichkeit.

Logo der Vertreibung

Der 2003 aufgekommene Streit um das vom Bund der Vertriebenen geplante »Zentrum gegen Vertreibungen« in Berlin warf die Frage auf: Welche Botschaft sendet ein solches Zentrum aus? Ist es aber die Frage, um die es wirklich geht?

Die Mediengesellschaft fördert symbolische Handlungen. Auffallend an allen Debatten, die die Einrichtung der Berliner Republik seit den frühen neunziger Jahren begleiten, ist das Hantieren mit starker Symbolik. Seit Berlin Hauptstadt geworden ist, erscheint es als eine Plattform, auf der zahlreiche Interessengruppen ihr Logo plazieren wollen.

Das so geforderte Berlin ist sich aber über seine Berufung weitgehend im unklaren. So kommt es, daß man aus lauter Verlegenheit am Potsdamer Platz, der Leerstelle der Stadt, ein bißchen New York gebaut hat, als wollte man über den Krater der Geschichte nicht weiter nachdenken müssen.

Unweit von diesem Potsdamer Platz, am Ausgangspunkt des verblichenen Boulevards Unter den Linden, befindet sich eine Ruine des öffentlichen Nachdenkens, der Palast der Republik. Daß hier lange keine klare Entscheidung über Nutzung oder Abriß getroffen werden konnte, hat mit der Ambivalenz der öffentlichen Haltung zum untergegangenen Staat DDR zu tun. War es nun eine verbrecherische Diktatur oder bloß ein autoritäres Regime? Eine eindeutige Antwort blieb aus Rücksicht auf die Kollaborateure aus.

Man beugte sich der symbolischen Drohgebärde der PDS, ein Medienprodukt wie kaum ein anderes: Eine Partei ohne Mitglieder, ohne Programm und Anhängerschaft, aber mit lautstarkem Medienauftritt und einem Mann an der Spitze, der sich zur Kultfigur im Fernsehen etablierte und damit die nötigen Wähler fand. In der Mediengesellschaft wird alles zur Chartposition, zum Hitparadentitel, wie man früher sagte.

Während in der vertrackten Debatte um das Holocaust-Mahnmal vor allem von den Mahnmalgegnern nach dem Sinn gefragt wurde, hatte sich die Idee gewissermaßen verselbständigt. Es entstand fast nebenbei das allseits gelobte Jüdische Museum mit dem symbolisch strukturierten Libeskind-Bau, die Gedenkstätte auf dem Gestapogelände aber, die man neu gestalten wollte, ging in einer seltsamen Fehlplanung unter. Der Ort wurde zu einer weiteren Ruine in der Stadtlandschaft.

Währenddessen meldeten sich immer weitere Interessenten an der Plattform Berlin. Nicht zuletzt die Vertriebenen. Ihr Anliegen, ein Zentrum gegen Vertreibungen einzurichten, wirkt wie eine unausgesprochene Entgegnung auf das Holocaust-Mahnmal. Auch sie möchten als Opfer öffentlich anerkannt werden. Vor dem Gesetz sind sie es längst, wurden seinerzeit zu Recht mit Lastenausgleich und anderen Integrationshilfen bedacht.

In den letzten Jahren ist das Bedürfnis, sich als Opfer darzustellen, in der deutschen Öffentlichkeit enorm gestiegen. Es ist, als trage der Historikerstreit der achtziger Jahre seine späten Früchte in der populären Aufbereitung durch die Medien. An die Luftkriegdebatte, die letzten Endes eine Kritik an der alliierten Kriegsführung darstellt und en passant die deutsche Kriegsschuld mindert, schloß sich logisch eine Flüchtlingsdebatte an, von Günter Grass mit seiner literarisch belanglosen Novelle über den Untergang der Gustloff losgetreten.

Die Vertreibung der Ostdeutschen am Kriegsende war die größte, die jemals in Europa stattfand. Sie hat aber auch eine beispiellose Integrationsarbeit zur Folge gehabt, deren Verdienste kaum zu überschätzen sind, wenn man sich zum Vergleich das Flüchtlingselend in anderen Weltgegenden vor Augen führt

Im Rahmen dieser Integration ist in der Bundesrepublik seit der Nachkriegszeit ein wahres Netz von Museen, Kulturhäusern, Bibliotheken, Gedenkstätten und Denkmälern entstanden, die sich, in unterschiedlicher Qualität, der Erinnerung, Aufbewahrung und, wenn auch zaghaft, der Aufarbeitung der verlorengegangenen deutschen Kultur widmen. Sie haben meist längst Partner in den Herkunftsgebieten gefunden und können viel mehr zu folgenreichen Verbindungen im Bereich der zivilen Gesellschaft beitragen als ein Zentrum gegen Vertreibungen, das wahrscheinlich nur ein weiteres knalliges Symbol zur nationalen Bebilderung der Republik beisteuern würde. Es gilt, diese dezentralen Institutionen, deren Existenz seit Jahren durch Einsparungen bedroht ist, ideell und finanziell zu stärken. Durch sie erfahren wir die Problematik der Vertreibung und die Kultur der Vertriebenen in ihrer Vielschichtigkeit, jenseits von medial gesteuerter Symbolik.

Kursbuchränder

Es ist, als ob die Opferdebatte nicht nur eine Enttabuisierung, wie von Grass behauptet, darstellt, sondern auch eine Gemeinsamkeit zwischen Ost- und Westdeutschen. Wer sich nicht über die Gegenwart einigen kann, sucht nach den gemeinsamen Wurzeln. Findet den Luftkrieg, die Vertreibung.

Bei allem, was wir denken und tun, stellt sich stets die Grundfrage. Die Schuldfrage als Verantwortungshorizont enthält die Existenzfrage unseres Staates, sie blockiert ihn aber auch. Es ist, als würden wir immer noch mit Jaspers ängstlich fragen: Wohin treibt die Bundesrepublik?

Jörg Friedrich und Bernd Eichinger haben die Achse der Debatte weit mehr und folgenreicher verschoben, als dies die

NPD jemals hätte tun können oder auch die Junge Freiheit je vermocht hätte. Friedrich zündelt mit den Gefühlen, Eichinger hat den alten Verbündeten des Revisionismus, den Trivialkonsumenten, ins Kino geholt, er hat für eine neue Generation den Landser-Voyeurismus von »So weit die Füße tragen« wieder ins Kino gebracht. Das deutsche Selbstmitleid wird hier schamlos wie nie zelebriert. Im Film »Der Untergang« kommt dem Gegner nicht einmal eine Statistenrolle zu. Die Deutschen sind im Bunker und gehen unter. Nibelungen unter sich. Da kommt es nicht einmal mehr auf die Rotarmisten an, wer sie waren, was sie taten. Auch auf ihre Untaten nicht. Am Ende geht die Sekretärin als strahlende Jungfrau durch die Reihen der verblüfften Siegertruppen ins Freie, einen niedlichen Jungen an der Hand. Auf einem einsamen Waldweg besteigen sie ein Fahrrad. Traudl Junge tritt das Pedal, das Wirtschaftswunder kann beginnen.

Die Geschichtsbebilderung ist im Heftroman angekommen. Tränen sind erlaubt. Es ist wie beim Wunschkonzert der Wehrmacht. Anzumerken ist aber auch, daß keiner das Kino als Nazi verläßt, wenn er es nicht vorher schon war.

Das Paradoxe ist, daß die Revisionsphänomene keine direkte Auswirkung auf das Verhalten der Deutschen haben. Das ist eigentlich beruhigend, aber es bleibt die Frage, worin das Bedürfnis der Opferbetonung besteht, wenn es nicht politisch gemeint ist?

Das Phantom Hitler

In regelmäßigen Abständen kommt in Deutschland das Bedürfnis auf, Hitler zu erklären. Über den Mann aber ist längst alles bekannt, und es ist banal. So banal, daß man die Zurückhaltung von Karl Kraus auch im nachhinein noch verstehen kann. Die wiederkehrenden Deutungen Hitlers erscheinen vielmehr als Erklärungsversuche für das Verhalten der Deutschen Hitler gegenüber, für die fatale Identifikation mit dem lächerlichen Monster, die blinde Gefolgschaft, die zu Größenwahn und Massenmord führte und eine kollektive Verantwortung impliziert, die unserer Nation bis heute und wahrscheinlich für immer anhaftet.

Mit den wiederholten Deutungen ist auch eine Reihe wiederkehrender Deutungsmuster verbunden. Wenn jetzt, anläßlich des Films »Der Untergang«, wieder vom erfolgreichen Hitler die Rede ist, fühlt man sich an die Jenninger-Rede erinnert. Dieser handelte sich 1988 immerhin noch einen Eklat für seinen Standpunkt ein.

Hitler, so ist bisweilen zu hören, habe in den ersten Jahren nach der Machtergreifung eine erfolgreiche Politik betrieben. Er habe die schlimmsten Auswirkungen von Versailles rückgängig gemacht und Arbeitsplätze geschaffen. Auf den ersten Blick mag das alles zutreffen, aber um welchen Preis und zu welchem Zweck geschah es? Dieser Frage sollten wir, die Nachgeborenen, uns schon stellen.

Es ist ein Mißverständnis, zu meinen, Hitler habe Politik gemacht. Er sah sich gar nicht als Politiker. Er ist vielmehr von Anfang an mit der reinen Drohgebärde aufgetreten, wie jeder Gangster. Zuerst hat er die deutsche Gesellschaft mit der Mobilisierung des Mobs unter Druck gesetzt, danach das kriegsmüde Europa vor vollendete Tatsachen gestellt. Er marschierte und besetzte, und keine nennenswerten Kräfte waren in der Lage, sich ihm entgegenzustellen.

Man hat nach den Wurzeln dieser Konstellation gesucht und sie auch gefunden. Im vom Kaiserreich überlieferten Autoritätsglauben, in der Hilflosigkeit der Weimarer Republik und in den harschen Bedingungen des Versailler Vertrags, der die deutsche Gesellschaft für den Revisionismus empfänglich gemacht habe. Das alles hat man vor dem Hintergrund der verspätet agierenden Nation beschrieben, die sich in einem größeren Abwehrmanöver gegenüber der erfolgreichen angelsächsischen Moderne befand und dazu noch die postkarolingische Erbfeindschaft mit Frankreich nicht überwinden konnte. Der romantisch begründete Originalitätswahn der deutschen Geisteseliten habe den Rest besorgt.

Alles soweit logisch, aber gibt es wirklich einen zwangsläufigen Zusammenhang all dieser Faktoren? Muß, wer an Wilhelm II. geglaubt hat, tatsächlich einem österreichischen Gefreiten in den Abgrund folgen? War es wirklich nur der preußische Soldatengeist, der eine Generalität in ihrer großen Mehrheit dem selbsternannten Führer verpflichtet hat?

Der Nationalsozialismus unternahm von Anfang an einen brutalen Angriff auf die demokratischen Institutionen und auf die Bürger- und Menschenrechte. Während die ersten Erfolge durch martialisches Auftreten und mit großformatigen staatlichen Steuerungsprogrammen gefeiert werden konnten, waren die Konzentrationslager bereits eingerichtet, Tausende von Hitlergegnern inhaftiert oder in die Emigration getrieben und die jüdische Bevölkerung in ersten, für alle sichtbaren Schritten aus der Gesellschaft ausgegrenzt. Alles, was von Anfang an beschlossen und durchgeführt wurde, war nicht nur gegen die westliche Demokratie gerichtet, sondern auch gegen die Menschenwürde. Wer sich mit Hitler gemein machte, konnte niemals sagen, er habe das alles nicht gewußt. Er hat die Einrichtung des Totalitarismus vielmehr in Kauf genommen, und schließlich hatte die Nation den Preis für diese Leichtfertigkeit zu bezahlen. Sie bezahlt ihn bis heute.

Die Tatsache, daß durch die Naziherrschaft viele, zu viele profitiert haben, daß sie sich durch Arisierung und Kriegswirtschaft bereichern konnten, wird im nachhinein gerne durch den Gestus der Bezichtigung verschleiert. Bis heute werden bestimmte Gruppen und einzelne Personen, die mit dem System zu tun hatten, an den Pranger gestellt. Mal sind es die Konzerne, die Hitlers Aufstieg finanziert haben, mal die preußischen Generäle, die ihre Niederlage im Ersten Weltkrieg nicht verwinden konnten. Man prangert die IG Farben an, zeigt auf einzelne mit Fingern und entlastet sich damit selbst. Wenn Leni Riefenstahl bis zuletzt von der Medienöffentlichkeit marginalisiert wurde und der als Kunstsammler auftretende Flick jetzt wieder mit dem Zwangsarbeiterthema konfrontiert wird, ist es nicht auch die notwendige Vereinfachung, die unsere Öffentlichkeit seit Jahrzehnten zu brauchen meint, um mit dem Problem fertig zu werden? Der neurotisch gewordene antifaschistische Gestus kulminiert dieser Tage in der Zerstörung von Kunstwerken in den Ausstellungsräumen der Flick Collection. Interessant ist doch, daß der deutsche Antifaschismus erst in der Nachkriegszeit zur Massenbewegung wurde.

In einem totalitären System ist die Kollaboration total. Das kann man auch in der ratlosen Auseinandersetzung mit dem Kommunismus beobachten. Auch sie lehrt, jeder Rechtfertigungsansatz ist falsch. Die totalitären Systeme des zwanzigsten Jahrhunderts haben beide Zuckerbrot und Peitsche eingesetzt. Im Nationalsozialismus allerdings war die Verbindung zwischen Profit und Hysterie besonders ausgeprägt, wahrscheinlich wegen der starken ästhetischen Dimension der Machtausübung. Machtausübung war weitgehend Machtinszenierung. Hitler war Speers Idol, aber auch sein Objekt.

Wenn man jetzt den Menschen Hitler entdeckt, so muß man sagen, es gibt nichts Überflüssigeres als diese Entdeckung. Der Mann ist und bleibt ein Sujet von Lubitsch, eine Figur von Chaplin. Das ist die Rache der Geschichte an diesem außer Kontrolle geratenen Spießer, der seine kriminelle Energie mit dem Schicksal eines ganzen Volkes zu verknüpfen wußte und aus einer mickrigen Operette eines gescheiterten Möchtegernkünstlers die große Oper machen wollte.

In diese Oper mit Traudl Junge zu gehen bringt nichts, Hitler ist nicht tragisch. Halten wir uns besser an das, was Haffner, Syberberg und Fest konstatiert haben. Der Rest aber ist die kollektive Scham, aus der es, auch das sollten wir wissen, keinen Ausweg gibt.

Als Rolf Hochhuth im Winter 2005 in der Jungen Freiheit David Irving lobte, haben wir das nicht aus der Jungen Freiheit erfahren, sondern aus einer Zeitung, die für uns die Junge Freiheit gelesen hat. Das Original kennen wir vom Hörensagen. Es hat eine überschaubare Auflage und residiert in Berlin-Wilmersdorf, am Hohenzollerndamm. Unauffälliger geht's wirklich nicht.

Um die seltene Wochenzeitung rankt sich eine zählebige Legende. Sie sei, heißt es immer noch, die Plattform einer jungen Rechten mit intellektuellem Anspruch. Diese Legende stammt aus den frühen neunziger Jahren, sie gehört zum bunten Strauß der Vereinigungsphantasien, die von einer eher diffusen Sehnsucht nach deutscher Normalität angeschoben wurden.

Es waren die Jahre, in denen man sich über ein Buch, das Heimo Schwilk und Ulrich Schacht herausgaben, erregte, ein Buch, das heute kein Mensch mehr kennt: »Die selbstbewußte Nation«. Die Feuilletonöffentlichkeit erblickte darin eine neue Rechte, ohne wirklich sagen zu können, warum die beiden Herausgeber und ihre Autoren, Historiker wie Rainer Zitelmann und Karlheinz Weißmann, durch dieses Buch rechts wären. Weil sie die Nation thematisierten oder gar den Feminismus zu fürchten schienen? Oder weil einige von ihnen sich selbst demonstrativ das Etikett anklebten? Kernstück der Angelegenheit war ein ephemeres Skandalstück, der »Anschwellende Bocksgesang« des Botho Strauß.

Unter den Autoren der Essaysammlung findet man, neben Klaus Rainer Röhl, der den in Deutschland gelegentlich auffallend kurzen Weg von links nach rechts gegangen ist, oder Ernst Nolte, den Straflagerdatierungsfanatiker, einer der letzten, die Hitler für einen Antikommunisten halten, auch Rüdiger Safranski und Wolfgang Templin. Kein Mensch würde diese einer rechten Phalanx zuordnen.

Als die Junge Freiheit antrat, war unsere Öffentlichkeit von Nachkriegsobsessionen beherrscht, sie ist es heute noch. Von der Angst vor jeder Veränderung. Nicht wenige Schnelldenker befürchteten, das vereinigte Deutschland könne von einem neuen Faschismus eingeholt werden. Nun ist aber mit der Vereinigung nicht der Faschismus zurückgekehrt, sondern der Kommunismus abgetreten. Der Osten Deutschlands wurde demokratisch.

Alles, was in der Jungen Freiheit aufs Tapet kam, von der nationalen Frage über die Feminismushäme, das Achtundsechziger-Bashing bis zur Multikulti-Schelte und der Verdammung des politisch Korrekten, ist auch andernorts reflektiert worden, und zwar ausführlicher, präziser, besser. Die Junge Freiheit blieb ein Randphänomen, das in der deutschen Öffentlichkeit zu keinem Zeitpunkt ernsthaft eine Rolle gespielt hat. Eine Modernisierung der sogenannten rechten Intelligenzja hat es nicht gegeben. Weder ein Jünger noch ein Niekisch wurde uns beschert.

Die einzige Rolle dieser Publikation über ihre Nische hinaus besteht im Skandalisierungseffekt für die Feuilletonöffentlichkeit. Es sind die bösen Buben, die die Anprangerungsvorlage liefern. Große Interviews mit Prominenten zu führen und diese zu bewährten skandalösen Äußerungen zu bewegen, ist das Markenzeichen der Jungen Freiheit.

Bleibt die Frage: Warum gibt man einer Nischenpublikation ohne jeden gesellschaftlichen Einfluß ein Interview, warum stellt man sich ihr und ihrem durchsichtigen Spiel zur Verfügung? Sieht man sich die Liste der Interviewten an, könnte man denken, gerade Liberale und Linksliberale stehen dort Schlange. Langweilen sie sich etwa im weichgespülten Feuilletonbetrieb? Suchen sie das kontroverse Gespräch? Die Polemik? Oder sehnen sie sich nach dem Skandalon, das Aufmerksamkeit verspricht?

Hochhuth hat Irving gelobt. Nun ja, die beiden haben etwas gemeinsam, es sind Hobby-Historiker mit ausgeprägter Neigung zu steilen Thesen. Das Dauerrätsel um Hochhuth ist, daß die Öffentlichkeit diesen Autor für seriös hält. Man könnte sagen, er ist als Schriftsteller Historiker und als Historiker Schriftsteller. Neben seinen laxen Auslassungen über die Vereinigung, die Treuhand oder den Terrorismus, die in ihrer Schlichtheit kaum zu unterbieten sind, hat er auch schon mal Churchill unterstellt, für den Flugzeugabsturz des polnischen Exil-Generals Sikorski gesorgt zu haben. Das in seinem Stück »Soldaten« von 1968, die Recherche basierte auf einer Arbeit David Irvings.

Spricht man das alles an, wird in der Regel mit dem »Stellvertreter« gekontert. Auch das ein fragwürdiges Produkt, nicht viel schlauer als »Wessis in Weimar«, aber zur rechten Zeit erschienen, als alle Welt gegen den Vatikan war. Die westdeutsche Öffentlichkeit, der der rheinische Katholizismus mit der Adenauerära zu mächtig erschien, der Kreml, weil er im Vatikan einen Rivalen sah, einen Störfaktor in der Beherrschung der osteuropäischen Völker, und alle anderen, weil es einen allgemeinen Entlastungsfaktor ergab, wenn selbst der Vatikan nichts gegen die Hitlerei unternommen hatte. Eine Art Globalisierung der Schuld. Das Buch vom Stellvertreter hat seit vierzig Jahren kaum jemand mehr in die Hand genommen. Es ist Hochhuths ungelesenes Markenzeichen.

Die Skandalisierung belebt die Feuilletonöffentlichkeit. Diese Erkenntnis wird vielfach in Anspruch genommen, von Prominenten, die sich übergangen fühlen, bis zu tatsächlichen Extremisten, die den sogenannten Tabubruch zur Provokation nutzen. Damit die Skandalisierung auch funktioniert, braucht es in einer so trägen Öffentlichkeit neben dem Provokateur den Mahner, den, der uns die Leviten liest. Seit dem Paulskirchenvorfall mit Martin Walser übernehmen regelmäßig die Sprecher der jüdischen Gemeinde diese Rolle. Spätestens wenn ein Paul Spiegel uns an unsere Verantwortung angesichts der deutschen Geschichte erinnert, setzt das Empörungsritual ein.

Dabei sind die Anlässe schwer zu gewichten. Wenn die

Unbelehrbaren von der NPD im sächsischen Landtag vom »Bomben-Holocaust« sprechen, empört sich die Öffentlichkeit zu Recht, aber warum sagt keiner was zu den durchaus ähnlich gelagerten Vergleichen eines Jörg Friedrich zwischen Luftkrieg und Vergasung? Die Dresdner Anzugsglatzen, die gerne Salonfaschisten wären, gelten als Parias, Friedrich aber ist geschätzter Bestellerautor.

Interessant sind nicht die plumpen Provokationen, sondern das Ambivalente, das gelegentlich zutage tritt. Die meisten der Provos bekennen sich nicht zum inkriminierten Inhalt ihrer Äußerungen. Das machen nur die Dummen, wie Hohmann und sein Bundeswehrfreund Günzel. Die Beherrscher der Klaviatur neigen weder zum Bekenntnis noch zum Dementi. Was hat Walser mit seiner Paulskirchenrede sagen wollen? Was ist die Botschaft in seinem Roman »Tod eines Kritikers«? Das einzige, was man verbindlich feststellen kann, ist, daß seit seinem Skandalauftritt nicht nur sein Marktwert als Autor gestiegen ist, sondern auch sein Ansehen. Die großen Verlage reißen sich um ihn, seine Anhängerschaft hat deutlich an Zahl zugenommen.

Das hat mit den sogenannten Tabus zu tun, die sich unsere Öffentlichkeit gegen den Willen der Gesellschaft auferlegt hat. Man möchte zwar nicht Tag und Nacht stolz darauf sein, daß man Deutscher ist, aber man will sich das Gefühl auch nicht weiter verbieten lassen. Man ist sich des Verbrechens an den Juden bewußt, aber man möchte nicht in alle Ewigkeit daran erinnert werden. Man weiß um die Kriegstreiberei der Nazis, aber man will nicht andauernd unter Generalverdacht stehen. Man möchte auch die eigenen Opfer beklagen dürfen, schließlich ist Deutschland durch den Krieg zerstört worden. So ist vielleicht auch der Erfolg von Eichingers und Hirschbiegels Film »Der Untergang« zu verstehen. Es geht nicht um den Untergang Hitlers, sondern um den Untergang Deutschlands. Nicht der Führer ist die Identifikationsfigur, aber seine Sekretärin. Das Leid gesellt sich zur Schuld, die Kombination macht alle Beteiligten nervös. Die Deutschen haben für ihren Größenwahn bezahlt, sie fühlen sich um den Ablaßzettel gebracht. Wenn die Geschichtskatastrophe unentwegt zum Maß der Gegenwart erklärt wird, kann diese keinen sicheren Grund bei sich selbst finden. Deutschland ist blockiert, die Provokationen sind Ausdruck der Blockade.

Befreiung und Freiheit

Putins Rußland bietet kaum Gründe zum Feiern. Um so wichtiger erscheint der Kreml-Führung die Erinnerungspflege der deutschen Kapitulation von 1945 in Berlin-Karlshorst. So lud der russische Präsident für den 9. Mai 2005 zur großen Siegesfeier nach Moskau ein. Nach sowjetischer Datierung markiert nicht der 8. Mai das Kriegsende, sondern der 9. Sechzig Jahre sind seit dem letzten großen Triumph des Imperiums vergangen. Zum Fest wurden auch die ehemaligen Vasallen eingeladen. Estland und Litauen sagten ab.

Mit dem Beitritt der ostmitteleuropäischen Staaten zur EU erscheint der 8. Mai nicht mehr nur als ein deutsches Datum, sondern auch als ein europäisches. Das macht ihn komplizierter, aber auch realistischer. Solange der 8. Mai ein deutsches Datum sein konnte, war es für die Beteiligten einfach, besonders aber für die Sieger. Nicht wenige Nachkriegsgesellschaften in Ost und West legitimierten sich durch den Sieg über den Nationalsozialismus, nicht selten wurde die Nachkriegswillkür durch diesen Kampf und Sieg gerechtfertigt.

Niemand aber hat so viel vom 8. Mai profitiert wie die Sowjetunion. Innenpolitisch und außenpolitisch diente er, als Krönung des Großen Vaterländischen Kriegs, zur Legitimation Stalins und seiner Nachfolger, er machte sie, die unentwegt die Keule des Antifaschismus schwangen, auch gegen die eigenen Bürger in mancher Hinsicht unangreifbar und erlaubte ihnen nicht zuletzt die folgenreiche Pflege des sowjetischen Militarismus. Was dieser zu verantworten hat, ist bekannt: die Niederschlagung des Aufstands vom 17. Juni, des Budapester Aufstands, des Prager Frühlings, die Verwüstung Tschetscheniens.

Wer darauf besteht, daß für die Bürger der ostmitteleuropäischen Staaten der 8. Mai Befreiung gewesen sei, der klammert aus dem Begriff »Befreiung« nicht weniger aus als die Freiheit. Man wird von etwas befreit, aber auch zu etwas. Im Osten Europas wurde man von der Grausamkeit und Menschenverachtung des Nationalsozialismus und seiner Verbündeten befreit, um in den Alptraum des Stalinismus gezerrt zu werden. Das gilt auch für viele Juden.

Das Problem beginnt damit, daß die Anti-Hitler-Koalition auf einem Minimalprogramm beruhte, in dem auch ein Stalin zum Bündnispartner werden konnte. Es ging allein um die Niederwerfung des Dritten Reichs, das in Wort und Tat das weitere Bestehen der Weltgemeinschaft, ja der Menschheit bedrohte. Es hat nie einen Hehl daraus gemacht, daß es sich die Völker der Welt unterwerfen, sie versklaven oder sogar vernichten wollte. An dieser Herrenmenschenidee partizipierten in vielfältiger Form viel mehr Deutsche, als man bis heute zugeben möchte.

Die meisten von ihnen haben den 8. Mai kaum als Befreiungstag empfunden. Weder Russen noch Amerikaner erschienen ihnen als Befreier. Die deutsche Gesellschaft sah im Mai 1945 nicht nur keine Zukunft für sich, sie hatte auch keine Konzepte für ein Deutschland ohne Nazis. Die totalitäre Verfaßtheit des Dritten Reichs erlaubte keine über seine Existenz hinausgehenden politischen Debatten. Nicht nur die Nationalsozialisten waren am Ende, auch die anderen modernen Staatsmodelle der deutschen Nation, das Kaiserreich und die Weimarer Republik waren unwiederholbar verloren. Man stand in realen, aber auch in ideellen Ruinen.

So war der Kapitulationstag zunächst einmal das Datum des Zusammenbruchs. Und wenn man aufatmete, war es nicht eine bewußte Befreiung, sondern eher eine Erleichterung darüber, daß der Terror zu Ende war, daß man ohne

Todesangst den Tag beginnen konnte. Die Deutschen lechzten nicht nach Demokratie und schon längst nicht nach Kommunismus. Die meisten von ihnen waren einfach nur Überlebende einer Apokalypse, die sie selbst in Gang gesetzt hatten. Selten sind Täter so unvermittelt und unvorbereitet in den Abgrund des Opferseins gerissen worden.

Im Mai 1945 galten die Deutschen für die Sieger in Ost und West als Barbaren, die einem Erziehungsexperiment zu unterwerfen waren. Die Sieger brachten ihre Gesellschaftsmodelle mit, für die resignierten Deutschen aber waren diese nichts weiter als die Modelle der Sieger. Sie ließen sich bereitwillig internieren, entnazifizieren, demokratisieren oder deportieren und sogar kommunisieren. Die Instrumente der Sieger waren breit gefächert, vom Jazz bis zum Care-Paket, von der Demontage über die Verstaatlichung bis zur Zwangsarbeit in Sibirien. Die Sieger in Ost und West unterschieden sich von Anfang an sichtbar voneinander durch ihre Ziele und Methoden.

Das Kriegsende als Befreiung zu definieren blieb zunächst einmal der Rhetorik des Stalinismus vorbehalten. Für ihn wurden in der DDR, aber auch im gesamten Osteuropa, die Begriffe »Befreiung«, »Antifaschismus« und »Friedenskampf« zu fixen Bestandteilen des propagandistischen Arsenals zwecks Festigung der Sowjetherrschaft. Überall in diesen Ländern war der 8. Mai ein Stichtag der Sowjetisierung. Das aber ist etwas ganz anderes als die Amerikanisierung, und diese Differenz muß vielen im Westen, denen die Okkupation tatsächlich die Freiheit brachte, wohl erst noch klargemacht werden.

1945 waren es fünf Jahre seit der Unterzeichnung des Hitler-Stalin-Pakts, der die Aufteilung Osteuropas vorsah. Nach der Ausschaltung des Anstreichers und seiner Bande konnte der Kreml nicht nur seinen Anteil der Beute wieder in Besitz nehmen, er eignete sich auch den seines zeitweiligen Kumpanen an. Alle von Hitler beanspruchten Gebiete im Osten Europas befanden sich nun unter Stalins Kontrolle. In den baltischen Ländern, in Galizien, der Bukowina und Bessarabien, wo der Repressionsapparat Stalins bereits 1940, im Jahr des Bündnisses mit Hitler, wütete, hatte man eine ausreichende Vorstellung von dem, was eine Befreiung durch Stalins Truppen bedeutete. Aber auch sonst hat die Rote Armee dafür gesorgt, daß kaum einer eine Illusion über ihren wahren Charakter haben mußte. Die Plünderungen und Vergewaltigungen beschränkten sich keineswegs auf das Deutsche Reich und seine Bürger. Hätte es diese Beschränkung gegeben, könnte man denken, es sei um Rache für die von den deutschen Truppen verübten Verbrechen gegangen. Über das Verhalten der Sowjettruppen in Ungarn berichtet das 1996 dort erschienene Buch von Alaine Polcz, »Eine Frau an der Front«, es erzählt von Plünderungen und Vergewaltigungen, wie wir sie von deutschen Zeugen kennen. Beides gehörte wohl zur sowjetischen Kriegsführung. Der ungarische Publizist Jozsef Debreczeni schrieb in der Zeitung »Népszabadsag«, in einem Artikel über die Schlacht um Budapest, die sowjetische Armeeführung habe, um den endlosen Kampf um die Stadt zu erklären, die Zahl der Gegner übertrieben. Nach der Kapitulation der Deutschen und ihrer Verbündeten, als nicht genug Kriegsgefangene greifbar gewesen seien, habe man mehrere tausend Personen aus der Zivilbevölkerung mit verhaftet und deportiert.

Waren diese nun befreit? Und wie verhielt es sich mit den Teilnehmern des Warschauer Aufstands gegen die Nazis, als Stalins Armee an der Weichsel haltmachte und in aller Ruhe abwartete, bis die SS die Aufständischen überwältigt und ermordet hatte? Auch bei ihrem weiteren Vormarsch durch Polen beschäftigten sich Sondereinheiten der Roten Armee mit der Liquidierung von Angehörigen der polnischen Heimatarmee, die gegen die Nazis gekämpft hatten. Wie aber muß die Befreiung den russischen Kriegsgefangenen vorgekommen sein, die man auf Stalins Befehl aus den deutschen Lagern direkt in den Gulag transportierte?

Die Sowjetunion nutzte ihre Okkupationsmacht von

Anfang an zur Gleichschaltung der osteuropäischen Länder. Die Technik der bolschewistischen Machtübernahme bestand in der Entmachtung der traditionellen oder bürgerlichen Eliten, in den Deportationen ethnischer Gruppen oder ganzer Gesellschaftsschichten zur Zwangsarbeit, in der Demontage von Industrieanlagen und Infrastruktur sowie der Ausplünderung der Ressourcen durch ein System von Gemeinschaftsunternehmen, osteuropäisch-sowjetischen Staatsfirmen. Vor diesem Hintergrund erfolgte die Aufhetzung der Unterschichten, die Installierung einheimischer Kommunisten an der Macht und der Ausbau des sowjetisch gelenkten Repressionsapparats.

Wenn Rußland heute den Großen Vaterländischen Krieg feiert, so macht es daraus ein Alibi für seine fragwürdige Gegenwart, die es ihm noch nicht einmal ermöglicht, sich von der Beutekunst zu trennen. Anstatt seine Demokratielücke endlich durch die großzügige Entfaltung einer zivilen Gesellschaft zu schließen, verdeckt es sie mit der sattsam bekannten Vergangenheitsmanipulation. Die Sowjetunion als Befreier zu betrachten heißt, die stalinistischen Verbrechen zu ignorieren. Die Feier des 8. Mai in Moskau ist, so gesehen, eine Verharmlosung der Nachkriegsgeschichte und eine bequeme Legitimation des heutigen russischen Militarismus.

Wem gehört das kollektive Gedächtnis? Und ist es nur ein einziges oder handelt es sich gleich um mehrere Konstitutionsformen, wie Maurice Halbwachs vermutet? Was aber hält uns dann zusammen, was gibt uns die Überzeugung, von derselben, der eigenen Geschichte zu sprechen? Für Halbwachs ist es »das Bild des Raumes, das uns infolge seiner Beständigkeit die Illusion gibt, zu allen Zeiten unverändert zu sein und die Vergangenheit in der Gegenwart wiederzufinden«. Der deutsche Raum aber ist zerbrochen.

Ihn wird die Zeit nicht heilen können. Kann uns dieses Wissen von Nutzen sein?

Die Rechtsextremisten spielen ihre Rolle gut, auch am 8. Mai 2005 war es nicht anders. Sie boten dem Fernsehen die abschreckenden Bilder und den Moderatoren der Sechzig-Jahr-Feier sowie diversen Politikern den willkommenen Empörungsstoff. So konnten sie mit sich zufrieden sein, auch wenn ihr Demonstrationsversuch scheiterte, hatten sie doch wieder einmal, wie keine andere Splittergruppe unserer Gesellschaft, öffentliche Aufmerksamkeit gefunden.

Das Beschwören der Gefahr von rechts ist ein die Geschichte der Bundesrepublik konstant begleitendes Ritual, das Ebbe- und Flutzeiten kennt. Früher wurden die Flutzeiten von der DDR propagandistisch verstärkt. Für sie war das Denunzieren der rechten Gefahren im erfolgreichen westlichen Konkurrenzstaat zum wichtigen ideologischen Instrument des Kalten Kriegs geworden. Das Verdammungsritual war aber auch ein innenpolitisches Kampfmittel der alten Bundesrepublik. Die politische Linke unterstellte den konservativen Parteien regelmäßig einen verantwortungslosen Flirt mit dem Rechtsextremismus, eine Art Demokratieschande.

Auch im Ausland warnte man gerne vor rechtsextremen Tendenzen in Deutschland, einen vorläufig letzten Höhepunkt erreichte die einschlägige Rhetorik in den frühen neunziger Jahren, als sich ein auffälliges rassistisches Gewaltpotential auf meist ostdeutschen Straßen Luft machte. Bei der ausländischen Extremismusschelte ging es aber auch darum, das Unbehagen am wiedervereinigten Deutschland und vor allem an dessen vermeintlichem Machtpotential auszudrücken. Es gibt immer noch europäische Länder, die offensichtlich das Bild des häßlichen Deutschen für ihr inneres Gleichgewicht brauchen, wie das Beispiel Großbritannien zeigt, in dessen Medien alles Deutsche zunächst einmal als Karikatur erscheint.

Ausgeblendet wird dabei, daß das vereinigte Deutschland

heute einer der politisch stabilsten Staaten Europas ist. Kaum ein Vorgang erscheint so wenig wahrscheinlich wie eine Rückkehr des Nationalsozialismus. Der Rechtsextremismus ist primär ein europäisches, nicht ein deutsches Phänomen. Wer einen Blick auf die Nachbarländer wirft, auf Belgien, auf Frankreich, wer Le Pens Präsidentschaftskandidatur oder die Wahlerfolge des Vlaams Blok vor Augen hat, der weiß Bescheid.

Die soziale Verunsicherung in Ostdeutschland hat der NPD in den letzten Jahren allerdings neuen Auftrieb gegeben. Sie konnte in den sächsischen Landtag einziehen. Muß uns deshalb aber gleich Panik ergreifen? Es ist nicht der erste Landtag, in dem die NPD auftaucht, und es wird vielleicht auch nicht der letzte sein. Unsere Demokratie sollte stark genug sein, um so etwas auszuhalten.

Die Macht der NPD besteht vor allem in der Bedeutung, die unsere Öffentlichkeit ihr zumißt. Ihre Chance als Splitterpartei besteht darin, sich durch den Skandal öffentlich interessant zu machen. Der Skandal wiederum ist dazu geeignet, vagabundierendes Protestpotential an sich zu ziehen. Das extremistische Schlagwortprogramm macht es in symbolischer Weise Teilen der Bevölkerung, den Enttäuschten, möglich, es der politischen Klasse zu zeigen, und zwar mit einem Mittel der Demokratie, dem Wahlzettel. Der Spießer bleibt anonym, feixend sieht er die von ihm gewählten Radaubrüder agieren. Je toller sie es treiben, um so zufriedener ist er mit seiner Wahlentscheidung. Schließlich war sie als Racheakt am Establishment geplant und nicht als politische Option.

Die Allianz des Rowdys mit dem Protestwähler ergibt sich aus der von beiden empfundenen Machtlosigkeit, die sie als Unterdrückung bezeichnen. Dabei meint der eine die Steuerlast, der andere die Gewaltausübung, eine erstaunliche Grundlage für den Pakt zwischen dem Kleinbürger und dem Fanatiker. Unsere harmonisierte Gesellschaft bietet weder dem Rowdy noch dem Protestwähler eine größere Reibungsfläche. Die auf Deeskalation spezialisierte Polizei hat die Gewalt aus den öffentlichen Aktionsräumen wie Stadien und Demonstrationszügen verbannen können, nicht einmal der revolutionäre 1. Mai in Berlin-Kreuzberg bietet mehr für zornige junge Männer die Möglichkeit, sich auszutoben.

Das um die NPD gelagerte Rowdytum garantiert den Abgrenzungswert für die Guten. Je spektakulärer der extremistische Rand auftritt, desto einfacher wird es für die Mitte der Gesellschaft, sich der eigenen Schuld zu verweigern. Im politisch korrekten Raum treten die Guten als Lichterkette auf oder als Gegendemonstranten. Es werden aber immer noch die alten Frontverläufe aus der Weimarer Republik zelebriert.

Wenn die NPD nun einen Modernisierungsversuch einleitet, indem sie Themen wie Antiamerikanismus und Ostalgie aufgreift und diese populistisch bedient und gleichzeitig die Intellektualisierung der Hordenführung ausruft, trifft sie auf ein altes angstbesetztes Symbolfeld der Linken. Da diese weitgehend immer noch in der Überschätzung intellektueller Meinungsführerschaft lebt, ist sie für ideelles Konkurrenzempfinden besonders empfänglich. So wie in den frühen Neunzigern die Junge Freiheit eine rechte taz sein wollte, so kündigt uns nun der NPD-Ideologenstammtisch als Antwort auf die Frankfurter Schule eine Dresdner Schule an. Bei nüchterner Betrachtung erweckt das eher den Anschein, als hätte jemand in Görlitz eine Sparkasse aufgemacht, um sich damit zum Herausforderer der Deutschen Bank zu erklären.

Die Erfolge der NPD sind zum großen Teil den offiziellen Diskursräumen zuzuschreiben, ihren Gegnern darin. Es ist wie bei einem offenen Chat, in dem die Extremisten dafür sorgen, daß sie das Thema bleiben, und das ist leider auch im Interesse vieler ihrer Kontrahenten. Gewiß, es gibt Protagonisten, die das Spiel nicht durchschauen, weil sie aus der Nachkriegsrhetorik nicht mehr herausfinden. Sie fühlen sich in ihren Sorgen und Ängsten bestätigt, sie brauchen diese Bestätigung sogar.

Es gibt aber auch Akteure, die die Existenz der NPD bewußt zur Ablenkung von den eigentlichen Fragen nutzen. Sonst müßte man vielleicht über die verbreitete Inkompetenz der politischen Klasse, über die Pfründenwirtschaft im Verwaltungsstaat oder gar über ein räuberisches Wirtschaftsmanagement, über sich selbst, nicht nur gepflegt diskutieren, sondern auch mal handeln, vielleicht sogar gegen sich selbst, gegen die eigenen Gruppeninteressen.

So gesehen, bleibt die Schurkenpartei zwecks Verteufelung auch in Zukunft willkommen.

Sie aber kann sich so viele Themen gutschreiben, wie wir ihr zu überlassen bereit sind.

Drittes-Reich-Industrie

Das Dritte Reich lebt als Drittes-Reich-Industrie. Es wirft immer neue Fragen auf, und die Industrie beantwortet sie mit Büchern und Filmen. Die Historiker verwandeln sich regelmäßig in Drehbuchautoren. Ansichten über Personen und Ereignisse, die Profile werden dramaturgisch effektvoll revidiert. Zuletzt war Speer dran, der Bürger, der sich dem Nazitum zur Verfügung gestellt hatte. Er, Repräsentant des Bürgertums, das in seinen metaphysischen Bedürfnissen sich weder in der Weimarer Republik aufgehoben fühlen konnte noch den Amerikanismus vertrug. Es verachtete die Banalität des Westens und fürchtete sie wie einen drohenden Machtverlust. Dieses schwärmerische oder depressive Bürgertum mit seinem Hang zum Geniekult, seinem Technikfetischismus und seinem Selbstverständnis in der Konkurrenz mit dem Westen war ein gefundenes Fressen für die Nazis.

Daß diese seine Eigenschaften es zum Komplizen des großen Verbrechens machten, beschäftigte seine Repräsentanten die gesamte Nachkriegszeit über. Speers Haltung war für sie symbolisch. Er konnte so für die jüngeren, die ihn zum Sprechen bringen wollten, Siedler und Fest, nur der Verblendete sein, der Irrende, der das, was der moralische Horizont des Bürgertums verbot, den Holocaust, nicht sah.

»Speer verkaufte seine Seele an Hitler«, titelte ein großes Magazin. Speer als Faust? Was sollte denn an ihm faustisch gewesen sein, an dem Mann, der unbeirrt die Größe ins Nazi-Kitsch-Format umsetzte und selbst noch seine »Höllenfahrt« für sich erträglich zu gestalten wußte?

Er mußte den Verteidigern des Bürgertums ein Rätsel bleiben, zumal er offenbar gar nicht verstand, was sie von ihm wollten. In seinem Nicht-Wissen hätte sich das Nicht-Wissen für das gesamte Publikum ergeben. Er taugte nicht zum Alibi für das Bürgertum.

Was Speer mit Hitler verband, war der Größenwahn. Mit den Nazis fielen die Kriterien, Speer konnte sich als Genie fühlen, es war erlaubt. Die Nazis gaben ihm die Möglichkeit, seinen Größenwahn, oder, in seinen Augen, seine großen Vorhaben, umzusetzen. Was für eine Gelegenheit für einen Allerweltsarchitekten. Daß das Wegfallen der Kriterien nicht nur dem Geniekult freien Lauf ließ, sondern auch den Völkermord einleitete, war ihm wohl egal. Er hatte keine Moral. Das aber trifft das gesamte deutsche Bürgertum. Es versagte 1933, weil es unfähig war, kollektiv moralisch zu handeln.

Kann das alles den jungen Menschen des 21. Jahrhunderts vermittelt werden, ohne daß man ihnen die ganze Hitler-Industrie auftischt, bis sie gähnen? Inwieweit taugt Sophie Scholl als Vorbild heute? 2005 ist ihre Geschichte wieder fürs Kino erzählt worden. Diesmal mit Julia Jentsch in der Hauptrolle. Sophie Scholl ist die aufrechte, die moralische, die ihr Leben einsetzt, um der Wahrheit willen, die Rebellin. Sie war die Ausnahme, wir wissen es, und sie ist es geblieben. Die im Saal sitzen, wissen es: Sie alle wären nicht die Scholl, sie wären Traudl Junge. Die Traudl aus dem Familienalbum.

»Nach dem Vögeln reden wir meistens über Auschwitz, das heißt, nicht über Auschwitz direkt, sondern über das, was es in uns anrichtet und im öffentlichen Leben. (...) Wir reden ziemlich lange, dabei lehnen wir uns aneinander, dann fingern wir an uns herum, dann ziehe ich mir wieder aus, was ich mir übergezogen hatte. Dann hören wir wieder auf mit dem Reden und sagen nicht mehr viel, nur noch das, was man beim Vögeln so sagt, da kommt Auschwitz dann nicht mehr vor. Wir vögeln immer gegen Auschwitz.«

In diesem Notat von Iris Hanika aus ihrer Chronik »Das Loch im Brot« spiegelt sich das deutsche Dilemma deutlicher noch als in Walsers vielgescholtener Frankfurter Rede. Es läßt sich leicht vom Schuldbewußtsein zum Verantwortungsgebot übergehen. Die Praxis der Verantwortung aber ist kollektiv nur bedingt lebbar. Die selbstauferlegte Erinnerungspflicht schlägt immer wieder ins Ritual um, und wo sie zum Handlungskriterium für die jeweilige Gegenwart werden soll, erweckt sie schnell den Eindruck eines Kontrollinstruments, dessen sich einzelne Gesellschaftsgruppen zu bemächtigen suchen, wie man sich des Familienalbums bemächtigt. Es ist ein moralisches Dilemma, das uns erhalten bleibt.

Der reisende Hornist

Im Frühsommer 1997, als sich die Deutsche Oper Berlin auf einem Gastspiel in Israel befand, unterschrieb zu nächtlicher Stunde einer der Musiker, ein Hornist, seine Rechnung an der Hotelbar mit »Hitler«. Dem Barmann, der seinen Augen nicht trauen wollte, bestätigte der Künstler auf seine Nachfrage: Hitler werde die Rechnung bezahlen. Der von dem Vorfall in Kenntnis gesetzte Generalintendant suspendierte daraufhin den Hornisten und kündigte in einem Brief an die amtierende Direktorin der Neuen Oper Tel Aviv weitere Maßnahmen an. Er entschuldigte sich im Namen seines gesamten Ensembles für diesen singulären Vorfall, der dem Geist und der Absicht des Gastspiels genau entgegenstehe. Der deutsche Botschafter sprach ebenfalls sein Bedauern über die Entgleisung des Hornisten aus. Die israelische Operndirektorin wiederum erklärte den Musiker zur unerwünschten Person. Mehrere Dutzend Holocaust-Überlebende demonstrierten während der Vorstellung des deutschen Ensembles auf dem Platz vor der Oper in Tel Aviv. Einige Zeitungen berichteten auf ihren ersten Seiten über den Vorfall und veröffentlichten die mit »Hitler« unterzeichnete Rechnung.

VI.

Der hegemoniale Ballermann: Die Landsknechte von Mallorca schwärmen aus

Der Holzschnitt von Urse Graf von 1524 zeigt uns zwei geputzte Landsknechte, den einen mit dem Zweihänder, den anderen mit dem langen Spieß. Sie gehen auf das Ufer eines Sees zu, an dem eine üppige Frau mit einem Äffchen wartet. Eine Allegorie der Weltlust? Höhnisch weist der auf dem Baume über ihnen hängende Tod auf die ablaufende Sanduhr hin und auf den Unglücksraben, der sich auf der Uhr niedergelassen hat.

Parallel zur großen Revision der europäischen Realität wird in den Neunzigern die Spaßgesellschaft eingerichtet. Als hätte der Tanz auf der Mauer begonnen, als man im November 1989 die Grenzöffnung feierte, das große Mißverständnis des Günter Schabowski, der das Ende der Diktatur von einem Zettel vortrug, den man ihm noch schnell vor der Pressekonferenz zugesteckt hatte. War er nicht der erste der Dummen? Und die Mauerspechte, jene, die die Mauer in Andenken verwandelten, in Souvenirs, die kurz danach den Touristen, in Plastik verpackt und mit Echtheitszertifikat versehen, angeboten wurden, waren es nicht frühe Spaßvögel, Vorboten der kommenden Possenreißer Guildo Horn und Stefan Raab?

Hier kommt die Maus.

Ohne die Vereinigung Deutschlands wären die großen Diskotheken in der Berliner Stadtmitte »Tresor« und »Bunker« nie eröffnet worden. Ihre Gebäude waren dunkle Orte, Signaturen der Vergangenheit, Unglücksplätze, ein Banktresor am Brachlandende des Potsdamer Platzes, ein Weltkriegsbunker nahe dem Deutschen Theater, Ewigkeitsbeton, unabreißbar. Unabdingbar.

Wurde diesen Orten der böse Spuk durch den Tanz genommen, durch das Äffchen? War es der arglose Rave, die Weltlust, die sie zu Gegenwartsräumen machte, ihnen den Fluch nahm? Was passierte wirklich, als der Bunker zur Location wurde?

Vom Landsknecht zum König von Mallorca

Der Mann trägt einen roten Umhang. Wie der Märchenkönig im Schülertheater wirbelt er über die Bühne. Es ist der Schlagersänger Jürgen Drews, ein Mann, im Grunde ohne Karriere, der Urheber eines Titels, der seit Jahrzehnten rauf und runter gespielt wird. Wer kennt nicht den Kult-Song »Ein Bett im Kornfeld«? »Ein Bett im Kornfeld / das ist immer frei / denn es ist Sommer / und was ist schon dabei / die Grillen singen / und es duftet nach Heu …«

Der Text aus den emanzipatorischen Siebzigern zeigt wie kein anderer Gegenstand an, was von dieser Emanzipation übrig ist. Die Eloge auf die Promiskuität, das Lied zur Sauforgie, wenn zu vorgerückter Stunde Fremdsprachensekretärinnen das T-Shirt wegwerfen. Es gibt sogar eine HipHop-Variante mit dem Trio Drews, Stefan Raab und Bürger Lars Dietrich.

Die Spaßgesellschaft pflegt den Exzeß wie etwas Selbstverständliches. Indem der Spießer zum Träger der Exzesse wird, annulliert er den Bürgerschreck. Im Unterschied zu den Sechzigern hat er keinerlei Provokationsabsicht. Die Avantgarde ist tot, der Exzeß gezähmt. Die ins Leere gelaufene Gesellschaft wirft auch diesen Begriff auf sich selbst zurück.

Als Drews im April 2005 sechzig wird, erklärt er unverdrossen, er wolle weitermachen als Master of Desaster. Alter schützt vor Torheit nicht, pflegte man früher zu sagen. Torheit aber ist angesagt. »Immer obenauf und immer in den Schlagzeilen«, steht in seiner offiziellen Biographie. Er ist die Widerlegung des Jedermann. Und was er kann, können alle, sie tun es bloß nicht. Denken sie.

In diesem Gedanken ist die Philosophie der Spaßgesellschaft begraben. Es geht um den Egalitarismus als ständige Möglichkeit, als Option. Was seinerzeit Beuys für die Kunst propagierte, scheint nun gesamtgesellschaftlich wirksam zu werden, das ungeschriebene Gesetz vom Unterschied zwischen Dilettantismus und Professionalität ist aufgehoben. Manches von dem, was in den Achtzigern die Neue Deutsche Welle in ihrer heiteren Variante anbot, scheint nun zum späten Kriterium geworden zu sein. Die Spaßgesellschaft lebt von der Trivialisierung der geltenden Regeln, sie macht den Imperativ gemütlich.

Der Ballermann ist kein Jugendphänomen. Nicht einmal die Love Parade, die Messe der Hedonisten, war es. Das Altern der Gesellschaft hat auch die Lebensansichten verschoben. Spaß für alle, scheint die Devise der neunziger Jahre zu sein. Das Versprechen der ewigen Jugend wird zeichenhaft im Jugendkult abgebildet. Je älter die Gesellschaft ist, desto penetranter wird der Jugendkult. Zwischen dem Revival des deutschen Schlagers und dem Rave der Love Parade hat sich ein Geschmack etabliert, der allen gerecht wird, für die das Niveau kein Thema mehr ist. Das ist der prinzipienlose Horizont. Alles, was auf einen zukommt, eignet sich zum Mitsingen.

Es ist nicht ein Jahrzehnt der Sorglosigkeit, sondern eines der Tumbheit. Als wäre der Simplicissimus zur Pop-Figur geworden, nach einem dreißigjährigen Frieden, und »das ganze menschliche Leben«, wie von Erasmus behauptet, »nichts anderes als ein törichtes Spiel«. 1989 ist auch das Jahr, in dem der Gameboy von Nintendo auf den Markt kommt.

Zur gleichen Zeit sind in Europa Veränderungen im Gange wie seit einem halben Jahrhundert nicht mehr. Ein Imperium zerfällt, das sowjetische, die befreiten Völker aus der Nachbarschaft werden kaum wahrgenommen. Ein kollektiver Autismus feiert sich selbst. In dem Maß, in dem die deutsche

Arroganz mit dem Herrenmenschentum in den Abgrund gezogen wurde, scheint die Ignoranz nachgerückt zu sein.

Das frohe Zelebrieren der Dummheit aber entwickelte sich zum allgemein akzeptierten Freizeitgefühl, zur Simpliziade. Deren Träger wurden die neuen Helden, die gleichzeitig Witzfiguren waren. Über diese neuen »Heros« konnte man sich vor Lachen ausschütten und doch wie sie sein wollen. Hossa! Guildo Horn instrumentierte die Angelegenheit, er machte den Imitator zum Star. Horn war der Zuschauer, der plötzlich ans Mikrophon tritt und zu singen beginnt. Er vermittelte dem Publikum aber nicht nur den Satz: Du kannst es auch. Er suggerierte ebenso: Du bist lächerlich, ich bin auch lächerlich, wir alle sind lächerlich. Seine Band trägt den Namen »Die orthopädischen Strümpfe«.

Horn, der zweitberühmteste Mann aus Trier, war der gestikulierende Philosoph. Mit ihm war die Unterscheidung zwischen Bühne und Saal, zwischen Interpret und Fan aufgehoben, und mit ihm war das unterdrückte Volksgemeinschaftsgefühl als sorgloses Falsett zurückgekehrt.

Dazu der Meister: »Auch wir haben ein Recht, ein bißchen entspannter mit unserer Identität umzugehen.«

Der Egalitarismus eroberte den Club Med für alle! »Guildo hat euch lieb«, sang er 1998 beim Grand Prix und schaffte damit, dank der Unterstützung durch seine Fangemeinde, den siebten Platz. Mit der gleichen Botschaft hatte sich Stasi-Chef Mielke zuletzt noch zu retten versucht. Sein Ich-liebe-euch-doch-Alle ging im allgemeinen Endzeitspaß unter.

Guildo Horn etablierte den schlechten Geschmack als augenzwinkernde Ästhetik. Als dann noch die Nußecken zu seinem Markenzeichen wurden, avancierte er zum Gesamtkunstwerk des Dilettantismus.

Damit war der Flokati für Dieter Bohlen ausgelegt. Bohlen präsentierte die exemplarische Vorbildbiographie. Er lieferte den unwiderlegbaren Beweis, daß man unangestrengt nach oben kommen kann. Zu Frauen und Geld. Wie der Spießer es sich erhofft. Mit Bohlen ist der Tausch perfekt. Er ist der

Normalmensch als Promi. Eine Eckkneipen-Traumbiographie. Immer sein Bier bezahlen können, und die Tussi sitzt einem jauchzend auf dem Schoß. Bohlens Gespielinnen, Verona Feldbusch und Naddel Abd El-Farag, durften Erotik-Shows im Fernsehen moderieren. Peep! lautete der Titel. So konnten die virtuellen Buddys unseres Helden an der Sache quasi teilhaben. Damit hatte er ihr Vertrauen, wie sie seines hatten. Noch nie war es mit Hilfe der Medien zu einer so weitreichenden Simulation männlicher Komplizenschaft gekommen. Bohlen wurde zum musizierenden Garanten der Männerherrschaftsimagination. Machtvoll griff das Triviale nach den Formen der Kommunikationsgesellschaft.

Es ist die singende Revolution der Unterschicht. Keiner kann Noten lesen, aber alle warten darauf, entdeckt zu werden. Folgerichtig wurde Bohlen ja auch zu einem der Casting-Juroren bei Veranstaltungen, in denen die Selbstentblößung der Jury mit der der Kandidaten konkurrierte. Kandidat und Juror waren damit austauschbar.

Wenn der Ausdruck der Spaßgesellschaft das zum Event gesteigerte Erlebnis ist, so ist ihre Diskursform die improvisierte Comedy. Diese verfügte bald über die Realität, als handele es sich um Resteverwertung. Ihr Zeremonienmeister wurde Stefan Raab. Die Ausschnitte, die er als Schnipsel in seiner Sendung »TV-Total« entlarvend zeigt, lassen die Realität als Medienmüll erscheinen.

Raab ist der einzige Profi weit und breit. Ein Alleskönner, aber ohne ernsthaftes Ziel. Ein Held des Postfordismus. Was er anpackt, wird zum Jungenstreich. Raab ist ein Extremsportler, der sich mit dem Entertainment begnügt, aber immer wieder auch andeutet, wozu er fähig wäre. Boxkampf mit Regina Halmich, Stock-Car-Rennen. Wir können auch anders.

Der Ballermann, ursprünglich ein Kiosk am Balneario 6, in Playa de Palma, ist zum virtuellen Zentrum der Republik geworden. Dort tobt sich das auf sein Eigentum, auf die Erbschaft, reduzierte Nachkriegskleinbürgertum aus. Die entwaffneten Landser saufen mit meterlangen Strohhalmen Sangria aus dem Putzeimer, die Marketenderinnen lassen die Brüste wippen. Hier kennt einen ja niemand. Die Republik, die nicht mehr weiß, wozu sie da ist, hat Freizeit, sie ist Fit for Fun. Man arbeitet für die Kohle, mit der man die goldene Auszeit finanziert. Was man arbeitet, ist hier kein Thema.

Freizeit ist das Größte, es ist die mutierte Freiheit. Die Utopie des Spießers, der Urlaub. »Reif für die Insel« sein Wahlspruch. Die Freizeit wird so zum Spielfeld der sozialen Träume.

Flugzeug um Flugzeug schafft die sangesfreudige Klientel auf die Freizeitinsel. Es ist wie eine sorglose Luftbrücke. »Insel des zweiten Gesichts«. So wurde sie in ernsthafteren Zeiten genannt. In einem Romantitel von Albert Vigoleis Thelen. Unter den vielen berühmten ungelesenen Romanen des 20. Jahrhunderts ist er wahrscheinlich der berühmteste.

Mallorca wird zur Parodie der Kolonisation. Die Einheimischen verkaufen lachend ihre Grundstücke, die Invasoren bleiben in der erstbesten Kneipe hängen. Ein von vor dem Ersten Weltkrieg überlieferter Dialog zwischen der Schriftstellerin Gertrude Stein und dem Historiker Ranke-Graves geht so. Graves: »Soll ich auf Mallorca leben?« Stein: »Wenn du das Paradies erträgst.«

Paradies heißt heute, nachdem sich die fröhlichen Massen der Thematik angenommen haben, Urlaubsparadies. Entzauberung und Trivialisierung fallen zusammen. Die Masse denkt in Bildern, in Fernsehbildern, ihr Aufstandsgebiet ist der Club.

Party ist angesagt, die große Party der neunziger Jahre, in der Diskothek Oberbayern in El Arenal. Das zweite Gesicht zeigt sich auf ganz andere Art. Der gelangweilte Mensch setzt auf das Event gegen die große Langeweile, die die innere Leere umrahmt. Die Erlebnisgesellschaft ist ausgerufen. Der Ballermann wird spätestens mit dem gleichnamigen Film zum nationalen Netz. Republikweit etablieren sich die Imitate, Rückzugsräume, in denen man sich zum Schlagersingen und Saufen versammelt. Die Party ist der bis zum Umfallen zelebrierte Abschied vom Unterschied. Der Comedian Tom Gerhardt, der im Film den Prolo-Chaoten Tommie gibt, sagt im Focus: »Es ist sehr befreiend, über sich selbst lachen zu können. Außerdem spüren die Leute, daß ich diesen überzeichneten Prolo-Typen immer noch einen Rest Liebenswürdigkeit lasse.«

Die Diskothek der Neunziger ist karnevalistisch, sie wird zum Ort der kollektiv lebbaren Individualität. Hymne des Karnevalistischen aber ist der deutsche Schlager. Das in der Disko eingebettete Individuum will mehr träumen als vergessen.

Die Insel ist nebenan. Ein Malaysier hat im brandenburgischen Spreewald ein Erlebnisbad, die »Tropical Islands«, eingerichtet. Im Januar 2005 beging man dort eine Schweigeminute für die Tsunami-Opfer in Südostasien.

In Günzburg, an der Donau, wurde ein Themenpark Legoland eingerichtet. In den Neunzigern hat man vergeblich versucht mit einem Konzept »Schwäbischer Barockwinkel« den Tourismus anzuschieben. Klaus Gamers, Geschäftsführer der »Deutschen Gesellschaft für Freizeit«, sagt: »Erlebnisparks haben gerade für Familien den Vorteil, daß ihnen vieles abgenommen wird. Die Kinder werden ›bespaßt‹. Wenn die Eltern dagegen zum Beispiel mit dem Nachwuchs wandern, müssen sie sich schon etwas ausdenken, sonst ist der Familienkrach bereits programmiert. Mit seiner bunten Palette an Angeboten nimmt der Freizeitpark den Eltern diese Sorge ab.«

Neue Paradiese?

Zu Beginn der neunziger Jahre hat der Bamberger Soziologe Gerhard Schulze mit seinem Buch »Die Erlebnisgesellschaft« auf den immer deutlicheren Ereignischarakter von Phänomenen der Öffentlichkeit und des Alltags hingewiesen. Nicht die Sorge ums Überleben, sondern um den Lebensgenuß treibe die Menschen um. Man kann hinzufügen: Jene, die es sich leisten können. Wer Geld hat, hat plötzlich nichts mehr außer Geld. Er sehnt sich nach dem Event. Wo alles möglich ist, ist das meiste egal. Beliebig. Wo die Werte nicht mehr zu benennen sind, wird wichtig, was zum Wichtigen erklärt wird, zur Show.

Geld macht nicht gescheit, aber es versetzt einen in die Lage, Entscheidungen treffen zu können, Optionen einzugehen. Geld macht unabhängig, und das, so scheint es, ist ein Problem. In der Fußgängerzone vertreten sich die Sinnsucher ratlos die Beine und fragen: Hast du mal 'ne Idee?

Die Welt tobt bekanntlich um einen herum. Sie ist wie ein Kaufhaus, in dem man Stimmen hört, unsichtbare Frauenstimmen, die einen zu immer neuen Kaufideen animieren. Kaufrausch und Event aber sind Kinder derselben Mutter: der Langeweile. Der Mensch spielt gerne mit Glasperlen. Ihre Wertlosigkeit ist, solange ihn das Spiel fasziniert, kein Thema.

Eine ganze Glücksindustrie hat sich der Langeweile angenommen, den Kampf gegen sie begonnen. Sie setzt dem Gelangweilten pausenlos mit neuen Ereignissen, Events, zu. Macht ihn süchtig nach neuen Stromstößen. Das Glücksgefühl aber ist denkbar kurz. Das Ego wird zwar erschüttert, aber wenig beeindruckt. Als rezensiere es bloß die Realität. Seine Verfassung ist die des Theaterkritikers am Morgen nach der Premiere.

»Nun verringern aber die unaufhörlichen Versuche, Spaß und Vergnügen zu schaffen, die Langeweile beileibe nicht, sondern« – so die These des Soziologen Martin Doehlemann – »vermehren sie und verdecken sie allenfalls notdürftig.«

Die Klienten der Erlebnisgesellschaft wirken merkwürdig leblos. Als müßte man Tote wecken, um ihnen die Kreditkarte abzuverlangen, und habe dazu die ganze Palette von Appetitanregern bereits zum Einsatz gebracht.

In Berlin sucht man seit einigen Jahren diese Toten durch Erlebnisgastronomie der besonderen Art zu wecken: Essen im Dunkeln. In den einschlägigen Restaurants sitzt man in völliger Dunkelheit und ertastet sich seine Mahlzeit. Es gibt offensichtlich Menschen, die das gut finden, um nicht zu sagen spannend. Vielleicht spüren sie ja etwas von dem Gefühl, ein Kind zu sein und alles zum erstenmal zu erleben. Oder nach einem rastlosen Tag auf einfache Gesten zurückgeworfen zu werden und hilflos zu sein. Vielleicht spüren sie nach langer Zeit überhaupt etwas, oder sie haben einfach nur zuviel Geld. Und das dringende Bedürfnis, daß man es ihnen abnimmt. Wer weiß.

Ihr Problem, könnte man sagen. Wäre das alles nur privat und ein simples Angebot der Unterhaltungsindustrie. Es ist aber mehr. Spätestens, wenn man die Inszenierungen der Politik beobachtet, den Eventcharakter von Parteitagen und Regierungserklärungen, ist klar: der Bürger wird zum Publikum, die Politik zum Spiel. Und das geht an die Substanz der Gesellschaft. Westerwelle hatte 2002 sein Wahlkampfziel als Prozentsatz auf der Schuhsohle, und vorgefahren war er mit dem Guidomobil. Das Politkabarett Nummer eins der Spaßtruppe wurde aber die Gerd-Show des WDR-Rundfunks mit dem Stimmenimitator Elmar Brandt. Sein »Steuersong«, eine Parodie auf den Kanzler Schröder und die Verkommenheit der politischen Klasse, die dem Bürger unentwegt in die Taschen greife, wurde ebenfalls 2002 zum Nummer-eins-Hit. »Ich erhöhe eure Steuern / Gewählt ist gewählt / Ihr könnt mich jetzt nicht mehr feuern / Das ist ja das Geile an der Demokratie.«

Langeweile als Lebensform macht kreativ: Vom Risiko

geht's ohne Umweg zum Casting. Casting-Auftritte ersetzen die Realität. Alles ist nur noch Schein und wie ein Fake der Bretter, die die Welt bedeuten. Alles Theater. Aus Erving Goffmans Imagination gezogen. »Die allgemeine Vorstellung, daß wir uns selbst vor anderen darstellen, ist kaum neu«, sagt Goffman, »was (...) betont werden sollte, ist die Tatsache, daß gerade die Struktur unseres Selbst unter dem Gesichtspunkt der Darstellung verstanden werden kann.«

Die Autorität der Jury, in der ein Daniel Küblböck sitzt, kann nur eine augenzwinkernde sein. Man macht die Sprüche der herkömmlichen Jury-Akteure nach. Die Realität ist als Parodie etabliert, und da man selber in dieser Parodie agiert, macht man es mit dem exhibitionistischen Ernst des Komödianten.

Dies spätestens seit Illies' »Generation Golf«, das den eigenen Infantilismus komödiantisch zelebrierte. Die Grenze zwischen Bevölkerung und Intellektuellen ist für eine Episode aufgehoben. Und das in Deutschland! Die Homogenisierung der Gesellschaft findet als Partygag statt. Nie war das Eingeständnis des Bankrotts der sozialen Ideen deutlicher.

Verona Feldbusch, Siegerin in mehreren Misswahlen und mit achtzehn bereits Mitbetreiberin einer Modeboutique in Hamburg, tritt in der Weltenkomödie als Geschäftsfrau auf. Das Startzeichen für ihren öffentlichen Aufstieg sind die vier Wochen Ehe mit Bohlen, vor allem deren mediale Verwertung. Sie hat die Dummheit geschickt als Emblem eingesetzt, als Geschäftsidee. Noch nie war jemand so erfolgreich mit dem Spiel mit der eigenen vermeintlichen Dummheit. Ihr Peep!-Engagement kommentierte sie 1998 so: »Wir haben doch alle eigentlich Glück gehabt, daß ich keine Wirtschaftssendung moderiere.« Warum eigentlich nicht? Warum hat sie nicht eine Wirtschaftssendung moderiert, denkt man unwillkürlich. Ihre gesamte Karriere beruht auf einem einzigen Gag. Noch 2005 ist sie damit Werbeträgerin einer Telefongesellschaft. Im Zenit ihrer Popularität wurde sie sogar am Diskurs beteiligt, 2001 im Streitgespräch mit

Alice Schwarzer. Body versus Brain, wie es damals werbewirksam hieß.

Der Weg der Spaßgesellschaft wurde scheinbar von der New Economy überwölbt: Sie erreichte gewissermaßen die Aufhebung der Realität, zog aber umgehend deren Rache auf sich. Der Krater der Spaßgesellschaft ist der Augenblick. So gesehen war die New Economy ein großer Augenblick. Aber auch ein Pilotenspiel, das sich mit flachen Hierarchien tarnte.

Die New Economy war nichts weiter als die Simulation der alten Wirtschaft. Sie wucherte mit dem Pfund der Jugendlichkeit, als käme es darauf an, die Klischees des Fortschritts, wie das 20. Jahrhundert sie hinterlassen hat, noch einmal durchzuspielen, und zwar als Manga.

Was hier als jung und dynamisch galt und deshalb nicht weiter überprüft wurde, war das skizzenhafte Denken einer mit Comics aufgewachsenen Generation. Sie erklärten alles, was ihnen einfiel, für neu. Vom Start-up zur Afterwork-Party. Dabei war es nichts als Frechheit und Sorglosigkeit, was sie umtrieb. Das zwingendste Abbild des virtuellen Aufbruchs war der Neue Markt. An ihm wurden Millionen gewonnen und wieder verspielt. Letzten Endes kam es auf die eine schlichte Erkenntnis an: Zwischen Comic und Cyberspace sind die Grenzen fließend. Man kann auch mit Unsichtbarem Geld verdienen, aber nur solange das Sichtbare in ausreichendem Maße vorhanden ist, zur Verfügung steht.

Schritt für Schritt setzte sich die Ballermanisierung des Alltagslebens durch. Das Après-Ski wurde zur Schunkeldisko mit DJ Ötzi und seiner Gaudipopnummer »Anton aus Tirol«. Die Granatenstimmung, die dieser aus dem Nichts gekommene junge Mann zu erzeugen weiß, macht jedes Event zum Dorffest im Zeichen des Hitmix. »Ich bin so schön, ich bin so toll / Ich bin der Anton aus Tirol. (...) Wippe ich mit dem Gesäß / Schrein die Hasen SOS.«

Nicht anders verhält es sich mit einer Lesung von Benjamin von Stuckrad-Barre. Er lockte bis zu tausend Leute an wie in der Münchner Muffathalle, indem er an seinen Abenden Lesung, Disko und Comedy bunt mischte. Eines seiner Bücher heißt »Remix«.

Selbst das »Wort zum Sonntag«, bei dem die evangelische Pfarrerin mit Gitarre auftrat, wurde nicht verschont. Es wies den Weg von der Befreiungstheologie zum Entertainment. Es wurde Platz gemacht für die Infantilgesellschaft des Stefan Raab. Die Infantilgesellschaft erfaßt den Ernst der Lage nicht. Sie macht sich einen Jux daraus. Wie soll man eine Reform durchführen, wenn sie als Themenparty zur Debatte steht?

Der totale Spaß

Die Landsknechte von Mallorca sind ausgeschwärmt. Am Ende der Neunziger brüllen sie ihre Lieder bereits in allen Bereichen der Gesellschaft. Im Anfang wird alles zum Event ausgestaltet, danach werden die Vorgänge in ein Spiel verwandelt.

Als würde die Frage »Wetten daß ...?« nicht ein Gesellschaftsspiel, sondern ein Gesellschaftsmodell einleiten. Als riefen es sich die politischen Gegner zu. Gut und Böse treten in den Hintergrund, sie machen Platz für Gewinner und Verlierer. Die Überzeugung weicht dem Einsatz. Vorhang auf, Manege frei.

Wissen wird so zum Quizinhalt und damit beliebig, es wird zur schlichten Information. Das erfolgreiche Hantieren mit Versatzstücken der Hochkultur, ihre Amalgamierung mit Trivialem, soll letztlich die Permeabilität des Unterschichtenhorizonts anzeigen.

Der Aufstiegsgetriebene der Spaßgesellschaft fragt sich: Wer wird Millionär? Er wird es nicht häufiger als sonst im Sozialstaat. Aber indem er sich der Frage stellt, indem er sich um den Titel bewirbt, betritt er die Bühne. Für einen Augenblick kann er den dunklen Zuschauerraum verlassen. Es ist ein Augenblick großer Emotionen.

Es findet eine Plebejisierung des Immateriellen statt, als Ausweitung der Egalitätsangebote der an die Grenzen ihrer Möglichkeiten gekommenen Wohlstandsgesellschaft. »Der Clou von ›Wetten daß …?‹«, stellt Harry Nutt fest, »besteht darin, daß der Stargast bewunderungsvoll den Vorführungen der Kandidaten beiwohnt. Der Zuschauererfolg von ›Wetten daß …?‹ ist nicht unwesentlich auf diese Rollenumkehrung zurückzuführen. Der Saalkandidat, der durch die Originalität seines Wettangebots auf dem Prominentensofa Platz nimmt, markiert seinerseits wieder eine Differenz zwischen professioneller und zufälliger Performanz.«

Thomas Gottschalk und Günther Jauch treten als Medizinmänner der Spaßgesellschaft auf. Sie haben den Kulturauftrag der Juxtruppe, zu der sie sich zeichenhaft bekennen. Gottschalk durch sein schräges Outfit, Jauch durch die Grimassen, die er bei den Antworten seiner Kandidaten schneidet. Das Quizstadel ist bestens positioniert. Selbst die Werbung bedient sich seiner Ausdrucksformen. Wundern Sie sich nicht, wenn auf dem Monitor in der U-Bahn der folgende Text erscheint: »Wie hieß das Parlament der DDR? Volkskammer. Besenkammer. Vorratskammer. Gewinnen Sie heute einen schicken MP3-Player!«

Die abgefahrene Performance, die bei Gottschalk ihre Bühne findet, ist der Ausdruck einer sinnentleerten Gesellschaft. Es geht nur um zweckfreie Leistungen. Eine Gemeinschaft, und damit auch eine Nation, kann sich zu sehr unterschiedlichen Leistungen aufschwingen. Man kann aus dem gleichen Antrieb heraus Notebooks basteln, Tennis spielen oder hundert Weinsorten voneinander unterscheiden. Die größten Innovationsanstrengungen des letzten Jahrzehnts wurden wohl in der Unterhaltungselektronik gemacht und dort bei der Erfindung von Spielen. Nicht allein ob eine Gesellschaft innovativ ist, gilt als ausschlaggebend, sondern worin. Man geht auf diesen Befund sogar so weit ein, daß Bildung und Ausbildung sich des Spiels als Lernvorgang bedienen wollen, eine höchst fragwürdige Angelegenheit, wie sich immer wieder zeigt. Die Spielform hebt nicht nur die Moral auf, sie verkennt auch die Realität, den Ernst der Lage. Das Spiel ist grausam. Teenager töten, weil sie es für ein Spiel halten, Manager ruinieren ihre Firmen, indem sie Bilanztricks spielerisch anwenden.

Für welche Art Betätigung man sich entscheidet, welche Art Fertigkeit man anstrebt, sagt etwas über die Ideale der Gesellschaft aus, aber auch über ihre und damit unsere Zukunft.

Der virtuelle Basar

»Ich will doch nur spielen«, singt Annett Louisan in ihrem Song »Das Spiel«, »ich tu doch nichts«. Es ist die Prämisse des guten Verlierers in der Spaßgesellschaft. Die New Economy hat fast nur Verlierer hinterlassen, aber ihr Hedonismus hat sie offenbar gut gewappnet. So kann das Spiel weitergehen. Der größte Erfolg seit dem Zusammenbruch ist wohl das Internet-Auktionshaus eBay. Fünfzehn Millionen Deutsche sollen dort agieren, mitspielen. Sie treten zwar, wie der Kleinbürger in der Kunst, unter Pseudonym auf, haben aber auch eine im Netz einsehbare Bewertungsliste, aus der immerhin hervorgeht, womit sie handeln, ein sogenanntes Bewertungsprofil.

Das wiederum ist ein Beispiel dafür, wieso das Internet zum Instrument der Spaßgesellschaft werden konnte. Es füttert die Neugier. Das globale Dorf funktioniert nach den gleichen Regeln wie das lokale. Über das Internet läßt sich der Klatsch in nie dagewesenen Ausmaßen transportieren. Man kann sich an immer neuer Nachbarschaft delektieren.

Aber auch eBay hat eine reale Verankerung, seine deutsche Zentrale befindet sich in der Nähe von Berlin, es ist die Offline-Welt, wie sie im hauseigenen Jargon genannt wird. Im Haus befindet sich im übrigen auch eine Polizeietage, die darauf achtet, daß nicht alles virtuell angeboten werden kann, also eine Zensur.

So wird die Spaßgesellschaft immer wieder von der Wirklichkeit eingeholt. Ihre Reaktion besteht darin, sich neue Schlupflöcher aus der realen Welt des brummenden Alltags zu suchen.

Die Macht der Konsole

Spielen war einmal eine fröhliche Sache. Das war in Zeiten, lange bevor das Schweigen zu seiner Begleiterscheinung wurde. Betritt man heute eine Spielhalle, sieht man lauter Einzelkämpfer, mehr noch, es gibt kein Publikum. Jeder kann seinen Sieg nur für sich selbst auskosten. Um so größer scheint die Verbissenheit zu sein, mit der gespielt wird. Der Eremit ist zum Opfer der Stoppuhr geworden.

Die Konsole ist der stumme Aussetzer der Spaßgesellschaft, das Computerspiel die Stunde des Einsamen, könnte man meinen. Plötzlich ist wieder Leistung angesagt. Der Ehrgeiz wird wach. Man spielt. Man spielt gegen einen virtuellen Gegner. Den man besiegen will, besiegen muß. Das ist die Sucht. Wie in »Doom 3«. Die Identifikation des Spielers mit der Spielfigur ist absolut, wie bei einer entfesselten subjektiven Kamera. Der Einzelspieler tritt als Ego-Shooter auf. Die Spielmaxime lautet: »Töte alles, was nicht du selber bist!« Wenn der Terminator die letzte Konsequenz aus 007 durch Verstummen darstellt, so haben wir es bei den Spielen mit einem Terminator ohne Plot zu tun. Wenn in den Filmen mit der Mordlust kokettiert wird, indem die Dialoge sie durch Witz untergraben, so wird sie in den Spielen zur einzig möglichen Option. Hier fragt keiner mehr nach der Tragweite. Hier zählt lediglich die Performance. Gut und Böse sind nur noch vage Schatten, aussagelose Rahmenbedingungen.

So kehrt das Leben als Kampf zurück in die Erlebniswelt, ohne die Regeln des Spaßes tatsächlich aufzuheben. Es ist nur wie eine kleine Unterbrechung. Als ziehe sich jemand für einen Augenblick aus dem Gemeinschaftsraum zurück, aus dem Spaßplenum, um sich seinen kleinen persönlichen Fight zu leisten. Erholt oder zumindest ernüchtert, kehrt er bald darauf in die Runde zurück.

Die Erlebnisgesellschaft erfordert das kollektive Agieren. Folgerichtig hat man auch das Computerspiel vernetzt. Landauf, landab, ob in Brandenburg oder Wetzlar, hielten die LAN-Partys ihren Einzug. Die Verknüpfung der Monitore und Rechner erlaubt ein Spiel in Teams gegeneinander, wobei jeder seinen Bildschirm behält. »Counterstrike« heißt das Spiel mit Vier-Minuten-Takt. Ist man getroffen, bleibt man für ganze vier Minuten tot, danach geht alles weiter.

Die Spielewelt wird meist als Gewaltgenerator wahrgenommen. Sonst führt sie ein Schattendasein in der universalen Normalität, in der sie gleichzeitig vielfach integriert ist. Lebt sie doch im Austausch mit dem Film, ganze Filmwelten werden auf das Spielemedium übertragen, »Blade Runner« oder »Star Wars«. Aber auch der umgekehrte Weg ist gangbar, wie die Verfilmung von Spielemotiven beweist: »Tomb Raider« oder »Doom«. Indem sich das Spielephänomen die Genres der sonstigen Fiction-Kultur wie Action und Abenteuer angeeignet hat, aber auch eigenes hinzufügte, Strategie und Simulation, ist es Teil der Kulturindustrie geworden.

Wie alles in der Kulturindustrie ist es nicht nur der Vermarktung unterworfen, sondern auch der Musealisierung. So wird in Berlin seit 1996 durch den Förderverein für Jugend und Sozialarbeit ein Computerspielemuseum aufgebaut, das allerdings seit Jahren ohne Ausstellungsräume ist, weil der Senat anscheinend die Bedeutung einer solchen Einrichtung nicht versteht.

1997 war es, daß aus Japan das Tamagotchi auf den Computerspielemarkt kam, das wiederbelebbare Cyberküken. Der Clou bestand darin, daß das Cyberbaby auf dem Bildschirm gefüttert werden wollte. Reichten die Pixel nicht mehr aus, starb das virtuelle Wesen. Es kam zu Wettbewerben, wer sein Tamagotchi am längsten am Leben halten konnte. Etwa alle zwei Stunden mußte man sich um das Ding kümmern. Fast wie um ein Haustier. Die Tamagotchis waren zeitweise sogar ausverkauft. Es ist lange her.

Dramaturgie

In der Spaßgesellschaft kann die Realität nur als Trend vorkommen. Alles, was die Welt da draußen Neues zu bieten hat, wird von der Spaßgesellschaft in die eigene Dramaturgie umgesetzt. Dabei geht es nicht nur um den unsterblichen Blondinenwitz, dem die Spaßkultur immerhin zwei Fernsehsendungen längerer Dauer zu verdanken hat, »Blondes Gift« und »Blond am Freitag«, mit den Klatschmatadoren Barbara Schöneberger und Ralph Morgenstern.

Nein, es geht sogar um die vielbeschworenen Werte. Wer nimmt sich der Benimmregeln an? Desirée Nick, Kabarettistin aus der Berliner »Bar jeder Vernunft« und von RTL in der Reality-Show zur Dschungel-Königin gekürt. Sie hatte 2005 eine einschlägige Serie in der Berliner Zeitung.

»Tabus sind längst keine mehr zu brechen, doch aus dramaturgischen Gründen wird die Inszenierung immer noch tabubrecherisch orchestriert. Sie lebt nach wie vor von der Vortäuschung von Wagnissen, obwohl es absolut nichts mehr zu wagen gibt.« So Gerhard Schulze in seinen »Streifzügen durch die Eventkultur«. Dazu gehören die Ekelexperimente in der Reality-Show »Dschungelcamp« oder die Verweigerung der medialen Regeln durch Harald Schmidt gleichermaßen.

Das Entscheidende ist die Schlagfertigkeit. Es kommt in der Spaßgesellschaft nicht auf den Sinn an, sondern auf den Unterhaltungswert. Das macht nicht nur Frau Nick oder Lilo Wanders, sondern auch jemanden wie Gysi populär. So erreicht der Spaß die Mitte der Gesellschaft und findet massenhaft Anhänger. Daß das ein Krisenzeichen ist, muß man erst gar nicht betonen.

Dabei fing alles mit ein paar Skurrilitäten an, bei Beuys, mit der NDW, aber auch mit einem Wiener namens Hermes Phettberg und seiner »Nette Leit Show«. Skurrilitäten können entlarven, aber auch amüsieren. Die Form ist entscheidend. Jedes Spiel setzt eine überzeugende Form voraus. Sie wird so oft durchgespielt, bis sie den meisten langweilig erscheint. Die Langeweile ist Antrieb und Limit zugleich. Sie sagt: Das Spiel ist aus.

Autorität

In ihren Anfängen bezog die Spaßgesellschaft ihre Autorität noch aus den geliehenen Begriffen der klassischen Repression. Als wollte man so kurz nach 89 den Polizeistaat durch Spaß entmachten, seine Instrumente entdämonisieren. Das als Orwell-Begriff bekannte »Big Brother« lieh man sich für die erste große Reality-Show aus einem geschlossenen Haus aus, Raabs Show heißt bis heute »TV-Total«. Wie Krieg, wie Kontrolle. Das Vokabular der Diktatur erweckte so den Anschein, privat beherrschbar zu werden, es erlebte seine fröhliche Übernahme. Der Spaß als Teufelsaustreiber? Es ist nur die Eröffnung. 2005 nannte Claudius Seidl sein Buch über den Jugendkult als Lebensgefühl mit einer Huxley-Anleihe »Schöne junge Welt – warum wir nicht mehr älter werden«. Spaß total? Froher Leerlauf?

Man bedient sich der als real bekannten Welt zu ihrer sinnfreien Abbildung. Stefan Raabs Lied »Hier kommt die Maus«, eine Eloge zum fünfundzwanzigsten Jubiläum der WDR-Sendung mit der Maus, beginnt so: »Ich erzähl' die Geschichte von einer, die Ihr kennt.« Er nimmt am Grand Prix teil und besingt den Ost-Nachbarschaftsstreit um den »Maschen-Draht-Zaun«. Raab ist überall, wo auch die Bild-Zeitung schon war.

Diese stellt das Organ der Erlebnisgesellschaft. Ihre letzten Endes popkulturelle Aufmachung zieht sowohl den Spießer als auch den Kulturwissenschaftler an. Der eine entnimmt ihr sein Weltbild (»Bild dir deine Meinung!«), der andere den Stoff für seine Analysen, das Menschenbild.

Während rundherum die Geschichte aufgeräumt wird, besichtigen die Spaßmacher das Kinderzimmer. Michael Bully Herbig sagt im Interview zu seinem Erfolgsfilm, einer sinnfreien Nummernrevue in Gestalt der Parodie auf die Karl-May-Filme der sechziger Jahre: »Im Prinzip ist der ›Schuh des Manitu‹ so eine Art Vergangenheitsbewältigung.«

Auch die Spaßgesellschaft braucht Autorität. Jedes Gesellschaftsspiel erfordert die Bereitschaft zum Mitmachen. Der Spielraum ist aber, wie immer, begrenzt. Der Trost, den die Spieler haben, besteht darin, daß ihre Teilnahme auf freiwilliger Basis beruht.

Die Freiheit, der große positive Begriff von 89, taucht in der Spaßgesellschaft als zentraler Faktor auf. Nie war das Ego größer, um nicht zu sagen aufgeblasener. Von Harald Schmidt, dem Walter Benjamin der Spaßkultur, stammt schließlich der Satz: »Mein Ego lasse ich mir was kosten.«

Klingeltöne

Alles, was dem Spaß ausgesetzt ist, wird zur Schrumpfform. Die Pop-Musik, die gerne zur Legitimation der Erlebnisgesellschaft dient, ist das vorläufig letzte Opfer der Spaßeskalation geworden. Es ist die Reduktion des Songs auf den Klingelton. Was ursprünglich noch ein Hit-Refrain war, wurde schnell zum Pubertätsgag, zum schlichten Furz zum Downloaden und Versenden. Es ist der alberne Totalitarismus, der am Ende des Minimierungswettbewerbs der Bezahlentwürfe steht. Den Klingelrausch verwaltet zu großen Teilen Jamba!. Jamba! ist New Economy nach ihrem Ende. Es agiert mit seinen Bildschirmen im heute umgebauten, ehemals größten Getreidespeicher Europas, in Berlin-Kreuzberg. Das Unternehmen verkauft Töne, Logos und Spiele an Kids, deren Statussymbol das Handy ist. Bei Jamba! werden die Songs auf die Klingelgröße herunterkomprimiert und in das entsprechende Format für die zahllosen Handymodelle gebracht. Den Rest besorgt die GEMA.

Die Bühne der Spaßgesellschaft ist eine komplett besetzte Bühne nach dem Muster einer normalen Welt. Sie ist allerdings als Ballsaal dekoriert, und der Maskenball findet scheinbar ohne Masken statt. Man braucht sie nicht mehr. Sie wurden durch die Gesichter ersetzt.

Im Spätsommer 2005 beschlossen die Sender MTV und VIVA die Klingeltonwerbung zu begrenzen, weil sie dem Senderimage schaden würde.

Die Trivialisierung der Sinnfrage

Huizingas Homo Ludens hat das Schicksal aller menschlichen Prinzipien erreicht, sobald sie durch das Portal der Konsumgesellschaft gingen. Ihr Passierschein war ihre Reproduzierbarkeit, das aber machte sie gleichzeitig inflationär. Daß jedes Erlebnis ein Wiederholungserlebnis ist, erzeugt ein zwiespältiges Gefühl und auf die Dauer Aggressivität. Wer spielt, wird of genug gewalttätig.

Es vergeht kaum ein Tag, an dem uns nicht unsere schlechte Laune vorgehalten wird. Und zwar als Nation, und auch zu Recht. Aber liegt es tatsächlich an der Stimmung? Wir haben ja nicht nur schlechte Laune, sondern auch schlechte Manieren. Der brandenburgische Innenminister Schönbohm zog den kollektiven Zorn des Wahlvolkes auf sich, als er von der Proletarisierung im Osten sprach, als Ursache für den moralischen Niedergang, dessen Ergebnis die Kindstötungen einer Frau im Lande Brandenburg seien.

Nun kann man diese Art Proletarisierung auch im Westen unserer Republik beobachten. Was dort die DDR oder die Wende, je nach politischem Standpunkt, verursacht oder zumindest begünstigt hat, das wäre im Westen der Ballermann. Wir haben schon lange keine gute Laune mehr, sondern

Spaß. Wer sich ein solches Partytreiben, wie es nun schon seit einem Jahrzehnt Usus ist, mal angeschaut hat, weiß, es ist nicht das reine Vergnügen. Feiern bis in die Puppen kann als Nationalsport auch eine Verzweiflungstat sein.

Nun läßt sich bei allem etwas erkennen, was symptomatisch erscheint, und die Ursachen von vornherein als sozial zu betrachten ist eine seit Jahrzehnten grassierende Einengung des deutschen Horizonts. Dabei setzt soziale Verelendung wohl kaum zwangsläufig perverse Phantasien frei, mit anderen Worten: Weder die Gründung noch die Auflösung einer LPG erklärt die Entsorgung von Babyleichen in Balkonblumentöpfen. Und auch nicht die Ignoranz der Nachbarschaft. Das Monokausale ist wie die Schlagzeile ohne Artikel.

Was wir konstatieren, und das in Ost und West, ist ein Zerfall der kleinbürgerlichen Biederkeit, die beim Grundmuster der alten Bundesrepublik mitgewirkt hat. Sie hatte sich auf den Trümmern der Reichsgesellschaft und ihrer zusammengebrochenen Hierarchien gebildet, in einem vielbelächelten Egalitarismus der Davongekommenen, wobei sich aber gerade darauf auch die Solidarität bauen ließ. Sie hatten sich von der alten Substanz ausreichende Reste bewahrt. Die Bildung war zwar zur Halbbildung mutiert, und die Italiensehnsucht wurde nicht mehr von Goethe, sondern von Caterina Valente verwaltet, aber es war immer noch eine Italiensehnsucht.

Aufgekündigt wurde dieser Konsens des Biederen von der achtundsechziger Revolte unter tatkräftiger Unterstützung durch die kritischen Intellektuellen, die sich von Anfang an dem Provinziellen als Staatsräson verweigerten. Was aus dieser Verweigerung und ihrem Andocken an die Generationenfrage neben den kurzzeitigen Gewaltausbrüchen auf lange Sicht zustande kam, ist paradox zu nennen. Während auf der einen Seite die Verrechtlichung der individuellen Ansprüche besonders in der Arbeitswelt immer weiter voranschritt, setzte sich der Erosionsprozeß dieser Ansprüche weiter fort. Kurz gesagt, das Niveau sank. Eine Bildungsreform jagte zwar die andere, aber das Bildungsideal war in einer Gesellschaft, die das Wissen der Kommunikation geopfert hatte, längst nicht mehr verbindlich. Das überhandnehmende Duzen galt sogar als kulturelle Errungenschaft. Plastikbegriffe wie »soziale Kompetenz« füllen seither die Leerstelle der Bildung.

Nachdem die Wohlstandsgesellschaft eingerichtet war, wurde sie zu einem Ort der Langeweile. Erst die neuen individuellen Möglichkeiten machten die Tragweite der allgemeinen Entwertung deutlich. Jede erfolgreiche Gesellschaft lebt von einer inneren Spannung, die durch fortgesetzte Differenzierungstrends erhalten wird. Die Art dieser Differenzierung hängt vom Niveau der verbindlichen Ziele ab. Die Freiheit der Option ist ein Ergebnis dieses Niveaus. Allein die Ziele entscheiden über die Fähigkeit zur sozialen Selbstkontrolle.

Eine Gesellschaft, in der Freiheit mit Freizeit verwechselt wird, ist schon lange nicht mehr im Lot. Jemand, der Events zu seiner inneren Belebung braucht, hat in Wirklichkeit ein tiefer sitzendes Problem, er stellt sich nicht mehr der Sinnfrage. Proletarisierung ist, so gesehen, die Trivialisierung der Lebensinhalte, es ist die Zelebrierung der Geschmacklosigkeit in allen Lebenslagen. Sei es nun die Party oder der Papstbesuch. Man will Spaß haben, und die Aufgabe der Politik ist es, für gute Unterhaltung zu sorgen. Man ist besoffen von Ereignissen, die die Medien uns unentwegt aufdrängen. Und wer besoffen ist, hat auch bald einen Kater. Der Kater aber ist auch das Signum einer inneren Leere, die zwischen den Events zum Ausdruck kommt.

Deutschland ist ratlos und deshalb träge und schlechtgelaunt. Diese Laune läßt sich aber nicht durch das Instrument des Entertainments, das sich in allen Bereichen eingenistet hat und alles zur Spielshow und zur Quizsendung macht, beheben. Eine Entproletarisierung wäre dringend nötig, in Ost und West. Eine neue Verspießerung ist aber schlecht möglich, jedenfalls nicht mehr flächendeckend und damit gesellschaftsrelevant. Mehr noch als die Wohlstandsgesellschaft hat ihre Krise zu einem neuen Bewußtsein der selbsternannten Eliten der Republik geführt. Eine neue Ausdifferenzierung durch soziale Verachtung findet schon seit einer Weile statt. Man spricht wieder von den Unterschichten und sogar von einer Unterschichtenkultur. Aus einem solchen Denken kommen auch so fragwürdige Regelungen wie Hartz IV, die weitgehend als Ausgrenzung funktionieren und auch als solche wahrgenommen werden, wie die Umfrageerfolge der Linkspartei vom Sommer 2005 zeigen. Auf die Verlegenheitslösungen des Establishments antworten die Betroffenen in der gleichen Schlichtheit, mit Sozialneid.

Der Punkt, an dem wir angelangt sind, ist der der gegenseitigen Schuldzuweisung. Wir haben zwar keine Klassen im traditionellen Sinn mehr, keine scharf genug abgesetzten, aber es gibt ausreichend Interessengruppen und Gesellschaftsschichten, die meinen, um den Verzicht herumkommen zu können, indem sie andere Gruppen damit belasten. Daß das so nicht geht, jedenfalls nicht auf Dauer, wissen alle. Vielleicht sind sie deshalb so schlechtgelaunt. Denen, die Arbeit haben, macht die Arbeit, die sie haben, keinen Spaß, und denen, die keine Arbeit haben, macht es keinen Spaß, keine Arbeit zu haben. Dieser Zustand aber ist nichts als das Abbild einer Gesellschaft, der der Sinn abhanden gekommen ist und die eine Zeitlang annahm, man könne den fehlenden Sinn durch eine funktionierende Verwaltung ersetzen. Während hier über Zumutbarkeit geredet wird, packen die Menschen in ärmeren Ländern längst zu.

Wo kein Wille ist, hilft auch kein Gesetz. Bezeichnend ist die Gleichzeitigkeit des Erfolgs von Büchern, die mit dem Zustand abrechnen, und solchen, die die Armut mit den Mitteln des Lifestyle dekorieren oder einfach nur das Lob des Nichtstuns betreiben. So stehen Peter Hahnes »Schluß mit lustig«, Alexander von Schönburgs »Die Kunst des stilvollen Verarmens« und Corinne Maiers »Die Entdeckung der Faulheit« im August 2005 gleichzeitig auf den Bestsellerlisten. Während Hahne das Ende der Spaßgesellschaft ausruft und die Rückkehr der christlichen Werte zur gesellschaftlichen Erneuerung anmahnt, hat Schönburg, ein Bruder von Gloria von Thurn und Taxis, einen Leitfaden darüber geschrieben, wie man ohne Geld »reich« werden kann, und Corinne Maier referiert einfach über die Kunst des Nichtstuns im Büro.

Das Gesellschaftsspiel folgt vielen Regeln. Daß diese einander widersprechen, scheint die Spieler eher zu faszinieren, als abzuschrecken. Der Ego-Shooter geht um.

Cyberwalk

Die Spaßgesellschaft liebt das Wortspiel. Dazu gehört der Feldbusch-Versprecher (»Hier werden sie geholfen!«) ebenso wie der Doppelsinn in »Wa(h)re Liebe«, der abgesetzten Erotiksendung von Lilo Wanders. Wahr und Ware zugleich zu sein ist fröhliches Schicksal, nicht mehr skeptische Erkenntnis. Die Wanders ist ein eingetragenes Warenzeichen beim Münchner Patentamt.

Das Spiel ist nicht nur Zeitvertreib, es ist auch Illusion. Das kritische Denken wurde in der Comedy entsorgt, die Herstellung von Zeitlosigkeit, dem Wasserstoff der alterslosen Gesellschaft, verlangt geradezu nach der Illusion. Ihr dient sogar die Wissenschaft. Ihr neuestes Projekt heißt Cyberwalk.

Es zielt auf die Herstellung des virtuellen Raums, in dem man sich selbst gesamtkörperlich bewegt, jedenfalls in der eigenen Wahrnehmung, in Wirklichkeit aber nur auf der Stelle tritt.

VII.

Tauziehen: Unsterblicher Korporatismus

Das Foto zeigt die Fassade eines Eckgebäudes mit gähnenden Fensterlöchern, daneben ein Hochhaus in Trümmern. In der Mitte des leeren Platzes sitzt eine Frau auf einem Stein. Ein Pferdefuhrwerk fährt vorbei. Es ist ein Foto von Robert Capa vom Sommer 1945. Bei dem Platz handelt es sich um den späteren Ernst-Reuter-Platz in Berlin, bei den Gebäuden um die Technische Hochschule und die Kunsthochschule.

1945 gab es keine Vorstellung von der Zukunft, aber man wußte, was zu tun war.

Heute gilt der Ernst-Reuter-Platz als eine der großen Bausünden Westberlins. Zwischen der Trümmerlandschaft und der Bausünde liegt ein weiter Weg, aber auch eine Philosophie der Leistung und Verdrängung.

»Die ›Motorisierung‹ dieser Gesellschaft hat sich mit einem Wagen durchgesetzt, der auf den Namen seiner Benutzer getauft wurde. Im Urteil über den Volkswagen beurteilt sich das Volk seither wie eine Errungenschaft des Volkes«, schrieb der Schriftsteller Wolf Wondratschek 1971.

In den Paradoxien dieser Feststellungen spiegelt sich der Volkskapitalismus, der aus den Kriegsruinen in der Bundesrepublik gewachsen ist. Auf die zerstörten Eliten und Milieus reagierte das Volk mit sich selbst. Die Gesellschaft nahm das Format der Eckkneipe an. Die unauffälligen Führungsfiguren der Deutschen wurden die, die sich durchgemogelt hatten, Heinz Rühmann und Hans Albers. Man überließ zwar die Entscheidungen den Großformaten Adenauer und Erhard, aber im Grunde duckte man sich weg, man wollte kein Projekt. Das große Problem der Intellektuellen in der Bundesrepublik, und wahrscheinlich der Urgrund ihres Dissenses mit der Macht und dem Volk gleichermaßen, ist ihre Überzeugung, daß ein Nachkriegsprojekt in der Bundesrepublik gegen das Dritte Reich zu formulieren sei. Dieses Vergangenheitsprojekt ließ Begriffe wie »Wiederbewaffnung«, »Neutralität« und »Atomkriegsgefahr« ungeheuer anschwellen und die Zukunft apokalyptisch erscheinen, zumindest aber voller Gefahren. Während die Intellektuellen sich von Visionen plagen ließen, gab sich die Bevölkerung einem biedermeierhaften Pragmatismus hin.

Was aber ist mit der Errungenschaft des Volkes 2005? Korruptionsskandal im legendären Wolfsburg. Vorwürfe wegen Schmiergeldforderungen von Managern an Zulieferer, Reiseprivilegien für Betriebsräte. Das Erfolgsmodell zeigt seine Kehrseite. Aus Volkswagen wurde das »System Volkswagen«. Dazu gehören die höchsten Arbeitskosten bei niedrigsten Arbeitszeiten, ein »Haustarif«, der deutlich über dem Flächentarif der Branche liegt, und die steigende Anzahl der Qualitätsmängel.

Deutsche Firmen sind weder besser noch anders. Auch diese Art Normalität will gelernt sein. VW ist aber auch der Ausdruck und vielleicht sogar das Symbol deutscher Fusion von Marktwirtschaft und Staatsbürokratie. Das Land Niedersachsen ist am Konzern relevant beteiligt.

Der Corporate-Governance-Experte Theodor Baums im Handelsblatt: »Bei VW haben sie wie bei allen paritätisch mitbestimmten Unternehmen dieser Größenordnung einen zwanzigköpfigen Aufsichtsrat. Die Hälfte dieses Gremiums bilden Arbeitnehmervertreter, wobei drei davon nicht frei von den Beschäftigten gewählt, sondern von Gewerkschaftsseite entsandt werden. Für die Wahl und Wiederwahl des Vorstands ist eine Zweidrittelmehrheit erforderlich. Das heißt, daß die Karriere des Vorstands vom Wohlwollen der Gewerkschafts- und Betriebsratsmitglieder abhängig ist. Das kann natürlich dazu führen, daß etwa der Personalvorstand versucht ist, den Betriebsratsmitgliedern einen Gefallen zu tun oder ihnen – wie offenbar bei VW – eine nicht kontrollierte Kostenstelle einräumt. Das ist eine ungute Struktur, um es vorsichtig auszudrücken.«

Bismarcks Sozialstaat

»Nicht mit dem rechten Zeh den Mond kitzeln«, ruft Paul Scheerbarts General von Bax aus, sobald er den Exerzierplatz betritt.

Die deutsche Wirtschaft ist seit der Industrialisierung eine kontrollierte Wirtschaft. Ihr originellster Theoretiker war wohl der Zollinterpret Friedrich List, der Erfinder der Schutzzölle. Das Schutzzolldenken ist bis heute in Deutschland fest verankert. Man kann es an den Abschottungsforderungen von Gewerkschaften und Handwerk angesichts der EU-Erweiterung beobachten. Die Entsendegesetz-Philosophie zeigt es: Der Protektionismus bleibt ein Schlüsselbegriff deutscher Wirtschaftspolitik.

Der Korporatismus zeichnet sich auch durch die staatliche Fürsorge für die Unternehmen aus. Kaum eine Industrie ist so gut im Welthandel gegen die eigene Dummheit geschützt wie die deutsche. Durch die Hermesbürgschaften, die das Investitionsrisiko erheblich mindern, wird das ausgegebene Geld in Risikostaaten, die oft auch als »schwierige Märkte« bezeichnet werden, abgesichert. Das meiste, was in China von deutschen Firmen investiert wurde, kann so bei Verlust aus der Staatskasse, genauer aus der Steuerkasse ersetzt werden. Nie hatte der Gott des Handels eine bequemere Botschaft zu überbringen. Die Deutschen zahlen ihren Export selber. Bis 1999 konnten sogar die in korrupten Ländern ausgegebenen Schmiergelder ganz legal beim heimischen Fiskus von der Steuer abgesetzt werden. Bestechung war damit zum Wettbewerbsmerkmal geworden.

Als eines der wichtigsten staatlichen Kontrollinstrumente hat sich das Sozialstaatskonzept erwiesen. Es reglementiert die sozialen und damit auch die ökonomischen Beziehungen. Die Mitbestimmung ist das Nonplusultra der Konsensrepublik. Sie sieht sich in einer langen Tradition. Von Bismarcks Sozialgesetzgebung wird gerne eine aufsteigende Linie hin zur Ausformulierung der heutigen Betriebsgesetzgebung durch die sozialliberale Koalition in den siebziger Jahren gezogen. Allerdings wird deren Fortschreibung während des Dritten Reichs regelmäßig ausgeklammert. Erst Götz Aly hat uns dieses Detail wieder in Erinnerung gerufen.

Erstaunlich bleibt auch, daß eine liberale Partei, und als solche versteht sich die FDP ja, diese Art Gremienknebelung der unternehmerischen Freiheit mittragen konnte. Auch das hat Gründe. Deutsche Gründe. Sie ergeben sich aus den liberalen Blackouts seit dem Kaiserreich, aus willfähriger Koalitionsbereitschaft und den fragwürdigen Postulaten des Nationalliberalismus.

Wenn die Konflikttradition fehlt

Was Deutschland vom genuinen Westen unterscheidet, ist die fehlende Konflikttradition. Arrangements gehen den Entscheidungen voraus, ein bißchen wie in einer archaischen Dorfgemeinschaft. Es ist das Land mit der wohl geringsten Streikzahl, ein gutes Land. Man hat sogar ein Wort dafür: sozialer Frieden. Als ginge es um den Haussegen.

Die Kosten dieses Friedens aber werden kaum angesprochen. Sie sind hoch und werden immer höher, weil das Konsenssystem im Lauf der Zeit eine eigene Dynamik der allgemeinen Verteilung und Belohnung entwickelt hat. Es handelt sich um einen »Dritten Weg«, der dem Prinzip der Weihnachtsbescherung folgt. Dazu gehören Berufe wie Steuerschätzer und Wirtschaftsweiser.

Die Friedenskosten haben sich längst von der konvulsivischen Realität entfernt. Sie bilden parasitäre Milieus. Es gibt mehr Arbeitsforschung als Arbeitsvermittlung. Vor allem aber verursacht die Konsensgestaltung eine vielfache Abhängigkeit der Gremien und Institutionen. Jeder steht jedem irgendwie nahe. Das spiegelt sich sogar in den Meinungsforschungsergebnissen. Je mehr Personal mit der öffentlichen Sprachregelung beauftragt ist, desto undurchsichtiger wird diese. Mit der Wertschöpfung hat das alles nur noch wenig zu tun. Die Kungelei aber, wie man es früher nannte, führt jetzt einen netten Namen: Netzwerk.

Das System ist eines für die guten Zeiten, Zeiten, in denen es etwas zu verteilen gibt. Es setzt mit inzwischen fahrlässiger Selbstverständlichkeit ein kontinuierliches Wachstum voraus, was betriebswirtschaftlich und volkswirtschaftlich gleichermaßen Unsinn ist. Wer Geld ausgeben will, muß sich sein Konto schönreden.

Der abstrakte Verteilungsmodus hat auf Dauer einen immer größeren Anteil des Konsums in den Bilanzen zur Folge. Ob sich nun Management oder Gewerkschaften bedienen, am Ende geht es in jedem Fall auf Kosten des Investitionsanteils. Seit sich die früheren Gegner Tarifparteien nennen, sind sie sich beim Nehmen einig. Sie bedienen sich, und der Gestus des allgemeinen Bedienens ist Komplizenschaft und Alibi.

Wo es keine Meinungsverschiedenheiten gibt, gibt es auch keine Meinung. Es sei denn, man hält das ständige Gerede, die Begleitmusik des sogenannten Reformstaus, für einen Meinungsaustausch.

Wo nicht der Konflikt zur Plattform wird, sondern der Konsens, fehlt es nicht nur an Meinungsvielfalt, sondern auch an Ideen und nicht zuletzt an der Akzeptanzbereitschaft von Ideen. Bei jeder Idee, die auftaucht, erklären uns umgehend ganze Kohorten von Experten und Legionen von Politikern, warum diese Idee undurchführbar sei. Aus Anlaß von Paul Kirchhofs Steuervorschlägen im Wahlkampf 2005 meinte der Ministerpräsident von Niedersachsen, Christian

Wulff (CDU), sogar, eine Einheitssteuer widerspreche »dem deutschen Gerechtigkeitsgefühl«. Es sind Schatten gesellschaftlicher Autorität, nicht mehr, nicht weniger. Gestaltungswille aber und Gestaltungsrahmen bedingen einander.

Die auffallende Abwehr des Konflikthaften mag mit der deutschen Geschichte zu tun haben, mit der Angst vor den Weimarer Zuständen, als ein einziges Mal der Konsens aufgekündigt war. Er war aber durch einen trotzigen Dissens aufgekündigt, der heute so nicht gegeben ist, nachdem selbst die Protagonisten der ehemaligen APO in ihrer großen Mehrheit ihren Frieden mit der Bundesrepublik gemacht haben. Weimar hatte nur Gegner, es war ein allseits ungeliebter Staat. Die meisten identifizierten ihn mit Versailles, und als sie ihn aufgaben, dachten sie, sich damit an den Siegermächten zu rächen. Ein schilda-typischer, ein deutscher Irrtum.

Der verwaltete Mensch

Es mag seltsam klingen, aber die Bundesrepublik riskiert, ökonomisch an ähnlichen Problemen zu scheitern wie die DDR. Mit einem Kurzwort benannt: an den zu hohen Staatsausgaben. Dabei gilt unser Staat eher als ein schwacher Staat. Was seine Autorität betrifft, ist er immer noch dem Reflex auf den starken Staat der Nazis ausgesetzt, dem Gespenst der Totalität.

Das hat, sozusagen als Nebeneffekt, eine Verlagerung der klassischen Staatsaktivitäten nach sich gezogen. Dezentralisierung und Föderalisierung haben nicht weniger, sondern mehr Staat eingebracht. Daß der Staat schwach ist, vermuten wir in nicht geringem Maße wegen des billigen Theaters seiner Akteure aus der politischen Klasse, in den Augen des Staatsbühnenpublikums, das wir sind, gescheiterte Lehrer, Winkeladvokaten.

Alles andere an institutionalisierter Macht hält sich vornehm zurück, kultiviert geradezu die Anonymität. Das

Autoritätsproblem ist eines der größten Probleme unseres Gemeinwesens, es hat sich durch die neuen Rahmenbedingungen von Medien- und Erlebnisgesellschaft weiter verschärft.

Sind jene Beamtenkohorten im Hintergrund, die von ihnen bevölkerten stummen Apparate der Macht, nicht bedrohlicher, gerade in ihrer Unfaßbarkeit? Sie positionieren sich mit zahllosen Gesetzen, einem wahren Dickicht, das die Wirklichkeit verstellt. Der schwache Staat wartet mit immer neuen Regelungen auf, seine Macht übt er durch die von ihm geschlagenen Pfade aus.

So wird der Staatsapparat zum Organisator eines Metatextes, einer Matrix, deren wenige Eingangs- und Ausgangsportale, wie das Finanzamt und die Arbeitsagentur, von ihm fleißig kontrolliert werden. Die höchsten Vorwürfe des Staats an seine Bürger sind Steuerhinterziehung und Sozialmißbrauch. Diese Vorwürfe sind Drohung und Mahnung zugleich. Sie suggerieren, daß das Bürgerverhalten die Krise der öffentlichen Ausgaben zu verantworten habe. Dabei wird kaum etwas beim Namen genannt. Die Krise selbst heißt Reformstau.

Während die Öffentlichkeit seit Jahren vollgestopft ist mit dem Reformgerede, werden die Ruheräume der Macht weiter ausgebaut. Ämter, Behörden, Institute, Kommissionen. Wer dieses wuchernde Phänomen unangetastet läßt, der soll nicht von Reformen reden.

Eine weitere Feststellung, die sich seltsam anhören mag, ist die, daß Deutschland eine nur bedingt freie Marktwirtschaft hat. Will man ein Unternehmen in diesem Land gründen, muß man dafür zahlreiche Fachvoraussetzungen mitbringen und darüber hinaus hartnäckig sein. Die Fachvoraussetzungen, die meistens mit dem Verbraucherschutz begründet werden, sind in Wirklichkeit das Machtinstrument der verschiedenen Berufsverbände, zum Beispiel der Handwerksinnungen. Tausende von Regelungen sagen einem, was man nicht tun darf, was verboten ist. Nicht wenige sind widersprüchlich oder unvollständig, manche auch absurd. Dazu kommen die langen Genehmigungsfristen, die einen von der Gnade der zuständigen Beamten abhängig machen, auf Gedeih und Verderb. Wer sich selbständig macht, ist schließlich selber schuld. Es sei denn, er gründet eine Ich-AG, die staatlich kontrollierte Form der Selbständigkeit. In keinem Land der Welt wäre solch ein Wortungeheuer möglich!

Befreiungsschläge der Betroffenen beleidigen den Apparatschik persönlich. Anstatt daß der Mann oder die Frau sich schön einreiht unter die Antragsteller bei der Arbeitsagentur, die besser Arbeitslosenagentur heißen sollte, will er oder sie sich selbständig machen, sich aus der Obhut des zuständigen Beamten entfernen. Es muß diesem wie ein Verrat vorkommen.

Der Adressat des schwachen Staates ist der verwaltete Mensch. Von der Wiege bis zur Bahre ist alles geregelt, alles, was ihm zusteht, festgelegt, schließlich sind wir ein Sozialstaat und keine menschenverachtende Diktatur. Durch den Verwaltungsakt verwandeln sich aber die Rechte unversehens in Privilegien, über die die politische Klasse jeweils aufgrund der Situation urteilt. Die Forderungen der Bürgerseite werden wortschöpferisch abgeschmettert. Beispiele: Vollkaskomentalität, Sozialhängematte. Die Medienöffentlichkeit geht entsprechend auf die Stimmungen ein. Die denunziatorische Verbalisierung der Themen transferiert diese auf weiche, emotionale Ebenen, mit ihnen verliert die Thematik ihre Substanz. Die Transparenz schrumpft zur Telenovela.

Beim genaueren Hinsehen stellt man bald fest, es ist ein Ständestaat, in dem die Entscheidungen in einem mühsamen Tauziehen zwischen den Interessengruppen, den Zünften, Gilden, Industrieverbänden und Gewerkschaften getroffen werden. Alles, was dabei herauskommt, trägt das Stigma des faulen Kompromisses. Nie war es langweiliger, Politik zu machen, als in diesen Zeiten. Wenn Betroffene oder Experten ein Problem beschreiben, nickt der Politiker zunächst einmal zustimmend, bevor er sagt: Klar ist das so, aber ich bin Politiker und muß mich auf das beschränken, was machbar, was durchsetzbar ist. Entsprechend gering ist das Interesse der kreativen Menschen an der Sache: Kaum jemals war das Niveau der politischen Klasse so gering wie heute. Einen Finanzminister zu haben, wie unlängst noch, der die Vergleiche aus dem Schneiderhandwerk liebt und den knapp berechneten Haushalt mit der Redewendung »auf Kante genäht« beschreibt, rächt sich auf Dauer, wie die Haushaltslage zeigt. Bei seinem Abschied allerdings ruhten die Kameras auf den Tränen in seinen Augen, und die menschliche Rührung verdeckte wieder einmal die Folgen des menschlichen Handelns.

Was aber verbindet die verschiedenen gesellschaftlichen Gruppen, was ist der Konsens im heutigen Deutschland? Es ist, könnte man annehmen, der Realitätsverlust. Sowohl die Eliten als auch die kleinen Leute haben weitgehend den Bezug zur Wirklichkeit eingebüßt. Während hier über Tarifangleichungen zwischen Ost und West und über ein Klonverbot debattiert wird, ist andernorts längst die Umsetzung der dringenden Fragen zu beobachten. Wachstum ist in Osteuropa, die Armen von heute könnten die Reichen von morgen sein, die Dummen, die Unwissenden sind sie jetzt schon nicht mehr. Und während wir noch den Stand der Forschung mit dem Bibelinhalt abklären, als wären wir ein Hort des Fundamentalismus und der sogenannte Ethikrat eine modernisierte Einrichtung der heiligen Inquisition, unser Prager Frühling sozusagen, findet die weichenstellende zukunftsweisende Forschung woanders längst statt. In Finnland, in Südkorea.

Aus Deutschland wird abgewandert wie aus einem Entwicklungsland. Tausende Wissenschaftler verlassen das Land jährlich, die meisten gehen in die vielgeschmähten Vereinigten Staaten. Dorthin, wo der Raubtierkapitalismus herrscht, wo man aber merkwürdigerweise mehr Geld für die Forschung und bessere Bedingungen zu bieten hat.

Vielleicht ist das Problem ja ein ganz einfaches, vielleicht geben wir zu viel Geld aus und investieren zu wenig. Wo haben Mitbestimmung und Gewerkschaftsmacht hingeführt, wenn nicht zum großen Geldverteilen? So kann Weihnachtsgeld zur Pflichtausgabe werden. Wir erleben eine fortgesetzte Aushöhlung der Begriffe. Die Entfernung von der Realität ist es, die dazu führt, daß Gehälter angehoben werden, obwohl ein Unternehmen minus macht. Begriffe wie »Minuswachstum« und »Gewinnwarnung« umstellen uns.

Die Beschreibung der Wirklichkeit findet in der politischen Öffentlichkeit immer seltener statt. Diese ist der Sprachregelung unterworfen. Die meinungsbildenden Eliten entwerfen immer neue Begriffe, sie designen nicht nur die Verlautbarungen, sondern auch die Debatten. Die Politik führt seit vielen Jahren einen Beschwichtigungskurs, die Opposition einen Warndiskurs. Damit verschwinden die Probleme aber nicht, sie werden nur überdeckt, und die Politiker gewinnen in der Zwischenzeit ihre mickrigen Landtagswahlen.

Im Mittelpunkt unseres Staatswesens steht nicht der Bürger, sondern der verwaltete Mensch.

In der Kantine der Gleichen

Wenn alle an einem Tisch sitzen, reden alle mit. Das ist der Kern der Mitbestimmung. Was aber sagen sie, wenn sie an einem Tisch sitzen? Die Konsensdemokratie ist teuer, unter Umständen teurer als der Konflikt. Das Konfliktmanagement ist episodisch, der Konsens institutionalisiert sich, schafft immer neue Pöstchen. Privilegien auf Kosten der Gemeinschaft, wie die VW-Affäre gezeigt hat.

Der Wilhelminismus erscheint als eine zeitlose Hülse. Wer ist wer, wenn die Gewerkschaft im Aufsichtsrat sitzt? Es hat sich immer wieder gezeigt, daß auch Gewerkschaftsfunktionäre den Gehaltserhöhungen des Managements zugestimmt haben und die finanzielle Situation der Firmen mit verharmlosten. Das bekannteste Beispiel der letzten

Zeit war der Mannesmann-Prozeß um die Abfindungen und anderen Ungereimtheiten der Übernahme durch Vodafone. Legendär schon das Victory-Zeichen des Deutsche-Bank-Chefs Ackermann im Gerichtssaal. Ein Zeichen gleichermaßen an das Gericht und an das Publikum.

Es führte allerdings dazu, daß sich das Empörungspotential über die Managerbezüge und die Finanzpraktiken in der Chefetage vorübergehend verstärkte. Der Wanderzirkus der Schuldzuweisungen hatte einen Haltebahnhof erreicht. Im Konsensstaat ist es das Privileg des kleinen Mannes, sich über die Selbstbedienungsmentalität der Eliten zu empören. Dazu steht ihm die Billigpresse zur Verfügung.

Das große Tauziehen zwischen Management und Gewerkschaft, das die öffentlichen Angelegenheiten weitgehend regelt oder zumindest in Atem hält, gebiert Winziges. Mal verschaffen sich die einen einen Vorteil, mal die anderen. Zahlen wird es aber in jedem Fall die Gemeinschaft über die Steuern.

Die Sozialregelungen der siebziger Jahre haben der Gesellschaft die Flexibilität genommen, sie haben den Angestelltenstatus, in bekannter wilhelminischer Tradition, zum höchsten Gut gemacht. »Deutschland hat sich in einer institutionellen Verflechtungsfalle verfangen, aus der es sich aus eigener Kraft nur schwer befreien kann«, meint der Würzburger Volkswirtschaftler Norbert Berthold.

Das Arbeitsgericht wurde zum Alibi der Nichtstuer. Das Dilemma des Kündigungsschutzes ist ein schlichtes: Es setzt den guten Menschen voraus.

Die rigide Arbeitsgesetzgebung hat uns nicht nur die immer wieder beklagte Einstellungsskepsis des Managements beschert, sondern auch eine konsensfähige Schlitzohrigkeit der Tarifpartner. Die überbetrieblichen Regelungen verleiten fast automatisch zum Mißbrauch. Indem man gezielt auf Nachtschicht und Sonntagsarbeit setzt, werden Steuerprivilegien im Einvernehmen zwischen Firmenleitung und Betriebsrat genutzt. Denn, man höre und staune, diese Art

Arbeit bleibt nicht nur unversteuert, sie ist auch von den Sozialabgaben ausgenommen. Der Mißbrauch dieses Privilegs geschieht auf Kosten des Gemeinwesens. Die Verschwörung aber hat keine Verschwörer. Sie sehen sich ja nur in der Betriebskantine.

Das Dilemma der Eliten

Bismarcks Sozialgesetzgebung, auf der unser Sozialstaat fußt, hatte von Anfang an Züge eines Ersatzsozialismus. Es war das Angebot an die damalige Arbeiterschaft, am Reichskorporatismus zu partizipieren, die Zähmung der Sozialdemokratie durch den Obrigkeitsstaat. Der Korporatismus war die Antwort der Eliten auf die Herausforderungen der aufkommenden Massengesellschaft. Er wurde zur folgenreichen Inszenierung der sozialen Idee für die Massen.

Der Sozialversicherungshandschlag ist durch Ludwig Erhard in der Nachkriegszeit mit der »sozialen Marktwirtschaft« und der Parole »Wohlstand für alle«, angesichts deutscher Trümmerlandschaften und des Kalten Kriegs, erneuert worden. Irgendwie gilt er immer noch, zumindest mental. Auch wenn der Kommunismus tot ist, wir konkurrieren immer noch mit ihm. Siehe das Phantom DDR und seine Endlosauftritte in der Soap-Oper namens Ostalgie.

Sozialstaat hieß in Erhards mißverständlicher Nachfolge in den letzten Jahrzehnten nicht mehr Existenzsicherung, sondern die Teilnahmeberechtigung am Konsum für alle, genauer für alle oberhalb der Sozialhilfe. Dieses Gesetz, das die Basis des gesellschaftlichen Konsenses der Bundesrepublik ausmachte, wurde von der politischen Klasse mit Hartz IV gebrochen. Die Zusammenlegung von Arbeitslosen- und Sozialhilfe bedeutet praktisch den Ausschluß der Betroffenen, sofern sie nicht schwarz arbeiten, vom Konsumkarussell und den damit verbundenen Standards. Kein neues Handy, Mallorca ade. Das ganze schöne Leben, wie es in der Wohlstandsgesellschaft propagiert wird, in einer nie dagewesenen Ausweitung der Grundversorgungsansprüche. Robert Misik entdeckte sogar einen hedonistischen Strang linken Denkens. Die Gewißheit, alle Menschen könnten ein volles Leben verwirklichen, einen nicht näher bestimmten »inneren Reichtum« entfalten, sei immer Antrieb von Marx' Praxis gewesen. So verleibte Misik, unter Berufung auf Diedrichsens Wort von der »existentialistischen Wende«, Begriffe wie »Autonomie«, »Authentizität« und »schönes Leben« der linken Terminologie ein und schrieb den Umverteilungsforderungen eine neue Protestplattform zu.

Doch der Widerstand war kurz: Die Wiederbelebung der Montagsdemos hat sich als Scharmützel erwiesen, die Aktivitäten zur Gründung einer Linkspartei trafen einen populistischen Nerv, der Apparat der PDS sah nun seine Chance, gesamtdeutsch zu reüssieren, er übernahm das Projekt. Vergleichsweise populär sind die aufgekommenen Neiddiskussionen. Sie richteten sich zunächst gegen die Managergehälter, bald danach aber auch gegen die Politikernebentätigkeiten.

Die Veröffentlichung einschlägiger Gehaltssummen durch Boulevardmedien führte erwartungsgemäß zur Empörung der Zukurzgekommenen, zu viel mehr nicht. Mit Statistik läßt sich schlecht argumentieren, gegen sie gibt es jedoch auch wenig einzuwenden. Statistik, mit der alle gut munitioniert sind, erzeugt in den Auseinandersetzungen vielmehr eine Pattsituation. Es gibt keine Vergleichsbasis zwischen der Supermarktkassiererin und dem Manager eines Autokonzerns, und früher wäre auch kaum einer auf die Idee gekommen, solche Vergleiche anzustellen.

Zum Zug kam wieder einmal eine in der Bevölkerung beliebte, gewissermaßen traditionelle Denkfigur, jene vom kleinen Mann, der stets die Zeche zu bezahlen habe. Will man aber wissen, wer nun dieser kleine Mann ist, so hat man große Schwierigkeiten, ihn in Deutschland zu finden. Das stellt sich spätestens beim Blick auf die recht üppigen

Lohnauszüge von Facharbeitern oder Handwerkern heraus. Was nun?

Wo die tatsächliche Problematik anfängt, entpuppte sich erst mit der Diskussion über die sogenannten Nebentätigkeiten von Politikern. Vordergründig führte auch sie nicht weit. Die rhetorisch geschulten Angeprangerten wußten sich wortreich zu verteidigen. Will man ihnen glauben, so ist der Verbleib im Berufsleben ihr Hauptantrieb. Dagegen ist in einer dem Mythos Beruf verschriebenen Gesellschaft kaum etwas einzuwenden. Würden sie nicht seit Jahren ihren Anspruch auf hohe Volksvertreterbezüge ausgerechnet mit der zeit- und energieaufwendigen Politikertätigkeit begründen, die auch einen weitgehenden Verzicht auf das Privatleben beinhalte. Wann also üben sie ihre Nebentätigkeit aus?

Diese Frage bringt uns der Sache, um die es wirklich geht, schon etwas näher. Die Unternehmen, die den Politikern die Zusatzgehälter auszahlen, müssen sich schließlich etwas davon versprechen. Vorteile, bei Gesetzesänderungen etwa, Möglichkeiten der Einflußnahme, könnte man auf den ersten Blick meinen. Ob tatsächlich ein dermaßen direkter, geradezu leninistischer Zusammenhang wirksam ist, läßt sich genausogut bezweifeln. Es gibt Indizien genug, die besagen, daß das Management nicht zwingend das Wohl eines Unternehmens im Auge hat, zumal uns die Börse lehrt, daß die Interessen des Managements und jene des Unternehmens nicht immer deckungsgleich sind.

Im Grunde geht es um eine Privilegienwirtschaft, die längst eine Eigendynamik entwickelt hat, sozusagen kulturell verankert ist und durch den Korporatismus begünstigt wird. Wir haben nicht nur ein Sozialnetz, sondern auch eines der Vorteile. Das beginnt schon mit den Journalisten und ihren diversen Rabattansprüchen bei Waren oder Reisen. Je höher man in die Etagen der Unternehmen, Verbände oder Ämter vordringt, desto mehr häufen sich die Privilegien, vom Dienstwagen über die nicht näher definierte Aufwandsentschädigung bis zur ermäßigten Stromrechnung. Von den zahllosen Aufsichtsräten, ihren Sitzungsmarathons und den damit verbundenen informellen Vorteilen, vom Herrschaftswissen, von der Insiderinformation gar nicht zu reden. Mit anderen Worten, in unserer Gesellschaft gibt es ein ausgeklügeltes System der Privilegien und Pfründe, dessen sich ganze Schichten stillschweigend bedienen, seien es Manager, Beamte, Politiker, Experten oder Gewerkschaftsfunktionäre. Das ist kein Geheimnis, und es war auch kein Problem, solange alle irgendwie partizipieren durften, mit Weihnachtsgeld und dreizehntem Gehalt oder eben der Arbeitslosenhilfe. Auf diese Weise wurde schließlich der Mythos der sozialen Gerechtigkeit am Leben erhalten.

Wenn man diesen fragwürdigen Konsens nun aufgekündigt hat, muß man sich auch nach den eigenen Privilegien fragen lassen. Das gilt für die politische Klasse wie für die Eliten aus Wirtschaft und Verwaltung. Wer die leeren Kassen als Argument benutzt, sieht sich der banalen Aufforderung ausgesetzt, auch selber zu sparen. Es ist eine Binsenwahrheit, die man sich mit der Reformdebatte eingehandelt hat: Gibt man den Bismarckschen Sozialstaat auf, stehen auch die Privilegien der Eliten zur Disposition.

Der Weinkenner

Der Weinkenner ist in der Regel zwischen fünfzig und sechzig, manchmal auch ein bißchen jünger, dann aber ein Anfänger. Seine Gesten sind bedächtig, was man dem Alter zuschreiben möchte, es ist aber der Ausdruck seines Umgangs mit dem Wein. Nebenbei: Der Weinkenner befindet sich in einer gesicherten sozialen Position. Darüber aber spricht er genausowenig wie über den Preis des Weins. Unter Eingeweihten ist das nicht nur nicht nötig, es wäre peinlich, mindestens so schlimm, als würde man den Preis der Zigarre verraten oder den Einsatz beim Golfspiel.

Der Weinkenner führt auffallend gerne seinen Wein dem Nichtkenner vor. Die Gelegenheit bildet das Abendessen, und die Rolle des Nichtkenners ist die des Gasts. Während der Weinkenner umständlich die Flasche öffnet, redet er über die Weinsorte, die sie enthält. Die Flasche sieht meist recht unauffällig aus, ein knalliges Etikett, wie wir es aus dem Supermarkt kennen, wäre ein Sakrileg. Gerne beschreibt der Weinkenner den Wein, seinen Wein, als einen unauffälligen Wein, mit allerdings überraschenden Eigenschaften. Er beschreibt ihn als einen bislang unentdeckten Wein, als seine persönliche Entdeckung.

Von einem winzigen Anbaugebiet käme dieser Wein, heißt es, und als Laie stellt man sich vor, wie man achtlos an diesem unscheinbaren Weingut vorbeifährt, ohne seine wahre Bedeutung erkennen zu können. Alles, was der Weinkenner sagt, läßt den Nichtkenner kapitulieren. Man wird hier nie und nimmer mitreden können. Nicht einmal über die Korken weiß man ausreichend Bescheid. Dabei gibt es ein Korkenproblem, das nicht weniger verschärft erscheint als für uns Laien die Ölfrage.

Der Vortrag des Weinkenners hat seinen Höhepunkt in der Weinprobe nach dem Öffnen der Flasche. Der Weinkenner verstummt feierlich, greift nach dem Glas, schwenkt es eventuell und nimmt den obligaten Schluck. Während sein Blick ausdruckslos in die Ferne geht, jedenfalls über uns Unwissende hinweg, macht seine Mundpartie die einzige obszöne Geste des Abends, indem seine Zunge den Wein im Mund herumwälzt, um sich den Geschmack in den Gaumen zu jagen.

Es sind plötzlich Gesten eines Bauern, und mit einemmal wird der weite soziale Weg des Weinkenners deutlich. Plötzlich ist uns klar, es geht ihm nicht nur gut, auch seine Karriere hat noch lange nicht ihren Höhepunkt überschritten. Während wir dieses denken, nickt er, und er meint den Wein, als er sich uns wieder zuwendet, entspannt und für jedes Thema offen.

Die Macht der Diener

Das Beamtentum funktioniert nur bei einem starken Staat. Nur die Macht bindet den Diener. In Deutschland aber ist der Glanz des Zentralismus mit dem Dritten Reich untergegangen. Der jeweilige Bundeskanzler sitzt in einem neuerrichteten banalen Kanzleramt, der Bundespräsident hat ein Stadtschloß und ohnehin nichts zu sagen. Es ist ein quasi repräsentationsloser Staat.

Der schwache Staat läßt den Beamten verrückt spielen. Er kommt sich wie ein unkündbarer Angestellter vor, der Rechte hat, aber keine Pflichten. Der deutsche Beamte hat den Staat in der Hand, wie der klassische Subalterne weiß er jedoch nichts mit ihm anzufangen.

Was der Revolutionär zum Umsturz nutzen würde, gerät dem Beamten zum Schlendrian. In der Stunde der Macht hält er sein Nickerchen, den Schlüsselbund auf dem Tisch.

Wer ihn dabei stört, dem ist die Rache des Beamten sicher. Papiere gehen verloren, tauchen in den Medien wieder auf, Gesetze werden fehlerhaft formuliert. Das Instrument des Beamten ist der stille Boykott. Der Dienst nach Vorschrift.

Die Rückkehr der sozialen Frage

In den neunziger Jahren kehrte für die öffentliche Wahrnehmung die soziale Frage zurück.

Sichtbarstes Zeichen war der Auftritt von Attac.

Deutschland hat ein Protest-Wanderpotential, das gesamtgesellschaftlich kaum ins Gewicht fällt. Eigentlich sind es alles Versprengte, Grüppchen, die irgendeine große Zeit in den Siebzigern überlebt haben. Sie pflegen ihre Mythen, vom Ostermarsch bis zum Trotzkismus.

Allein sind sie nichts. Nur durch die Verwendung anderer Auftrittsformen erreichen sie die Öffentlichkeit. Ihnen fallen die neuen Aufmerksamkeitsformen des Protests regelmäßig zum Opfer. Zuletzt war es Attac, die rabiate, aus Frankreich kommende Antiglobalisierungsbewegung, die Protestform einer neuen Generation gegen die Subsumierung des Lebens unter das Prinzip Ware, wie es anfangs schien. Bald schon profilierte sich die Organisation mit einer typischen Vereinfachungsideologie gegen internationale Konzerne, die Global Player, und mit dem Allheilmittel der Tobin-Steuer auf internationale Finanztransaktionen.

Die Organisation sieht sich selbst zwischen Netzwerk, NGO und Bewegung. In Deutschland wurde sie umgehend von den existierenden Grüppchen unterwandert und so zielsicher der Bedeutungslosigkeit zugeführt. In der Attac-Grundsatzerklärung vom Mai 2002 findet man das gesamte Schlagwortregister linksradikaler und alternativer Ansätze der letzten Jahrzehnte. Sowohl für den Nord-Süd-Konflikt, als auch für die Gewalt gegen Frauen und die Umweltprobleme ist irgendwie die Globalisierung verantwortlich. Früher hätte manengesagt, der amerikanische Imperialismus, und noch früher, das jüdische Kapital.

Heute ist Attac Deutschland politisch ein Appendix der Linkspartei und ähnlicher konjunktureller Phänomene.

Jede Bewegung, die linkes Potential bindet, wird seit Jahrzehnten zum Opfer eines frei schwebenden Netzwerks von Aktivisten marxistischer Sekten, die sich überall einnisten und mit den Instrumenten ihrer Kadererfahrung den neuen Ansatz schnell banalisieren, indem sie ihre Ideologie daraufsetzen. Es ist, als wäre die soziale Frage bloß als Diskussionsthema in die Öffentlichkeit zurückgekehrt.

So wird sie zerredet. Die Folgen aber werden uns nicht erspart bleiben.

Kampf der Generationen

Der erfolgreichste Ordnungsbegriff in der deutschen Gesellschaft ist seit 68 der Generationenbegriff. Seither definiert sich jeder programmatische Ansatz als Generationenanliegen.

Das erweckt für die Gesellschaft den Anschein, als ginge es stetig voran und als ginge es immer so weiter. Die Generation ist, soziologisch betrachtet, einer der eher unscharfen Begriffe. Sie erklärt eine Altersgruppe zum bestimmenden Faktor. Die ersten, die verstanden haben, daß in dem Wort Macht steckt, waren die Achtundsechziger. Mit der Generation als Plattform haben sie ihren hegemonialen Diskurs durchgesetzt. Alle Nachrückenden versuchten sich entweder daran anzuhängen oder den Gestus zu kopieren. Aber alles, was man sich einfallen ließ, war bei den großen Vorgängern längst Methode. Auf den achtundsechziger Diskurs konnten lange Zeit nur Kopien folgen. Erst mit der Vereinigung schien eine Neupositionierung machbar. Prompt tauchten überall die Generationenbegriffsdesigner auf: Es wurde die Generation 89 aus der Taufe gehoben und die Generation Berlin. Es waren vor allem publizistische Einfälle, aber auch Soziologen benutzten den Ansatz, so Heinz Bude. Während Roland Bubik, Redakteur der »Jungen Freiheit«, mit seinem Buch »Wir 89er. Was wir sind und was wir wollen« (1995) die freie Stelle von rechts zu besetzen suchte, ging Claus Leggewie in »Die 89er« (1995) eher in die Breite der Gesellschaft. Er machte eine Generation aus, die geprägt sei von gefährdeter Umwelt, sinkendem Wohlstand und multikulturell bestimmter Gesellschaft. Nach den Flakhelfern und den Achtundsechzigern sah er die Generation kommen, die in zehn Jahren das politische Klima in Deutschland bestimmen werde. Die zehn Jahre sind vergangen, das Sagen aber haben immer noch die Achtundsechziger.

Erfolgreich wurde ein ganz anderer Anlauf. Ein eher lustiger, die Generation Golf. Es waren die ersten, die sich nicht mehr mit der achtundsechziger Meßlatte prüfen ließen. Sie sagten nicht, wir sind die Guten, sie sagten, wir sind die Kindlichen.

An dieser Stelle nun war es möglich, den Kampf der Generationen zu plazieren. Ihn hatte es tatsächlich seit 68 nicht mehr gegeben, seit dem Streit der Studenten mit ihren

Nazivätern. Jetzt aber sollte es um etwas ganz anderes gehen. Um die Jungen und die Alten. Um den Sozialstaat, den Generationenvertrag. Um das Weiterbestehen der Konsensrepublik unter dem demographischen Aspekt. Marx wurde durch Darwin abgelöst. Mit der Thematisierung einer demographischen Wende, wie Miegel oder Schirrmacher sie betonen, erhält das Pop-Thema Generation einen apokalyptischen Zug, es erwirbt damit seine Zulassung in die Walhalla des deutschen Horizonts.

Der aufgebrochene Geldkreislauf

An einem Schönwettersonntag im August des Jahres 2005 veranstaltete der neue Airbus einen Schauflug über der Stadt Hamburg. Zahllose Schaulustige fanden sich ein. Es war das Zeppelin-Gefühl, das die Menschen bewegte. Ein historischer Augenblick?

Deutschland ist Exportweltmeister, hören wir unentwegt, mal von Politikern, mal von Experten, mal vom Stammtisch. Wo aber ist das Geld? In den Neunzigern, als die soziale Frage sichtbar wurde, ging auch das Wahnprojekt Weltkonzern um. Überall verkündeten Manager und Analysten, es sei unumgänglich, zum Global Player zu werden. Riesensummen wurden in hektische Firmenaufkäufe investiert. Man sollte mal ermitteln, wie viele Pleiteunternehmen vor allem in den USA eingekauft wurden und was es bedeutete, auf dem amerikanischen Markt Fuß zu fassen. Von den Zuständigen ist keiner jemals zur Verantwortung gezogen worden, sie haben ja nach der Gesetzeslage keine Straftat begangen. Sie haben bloß ein in Jahrzehnten erwirtschaftetes Firmenvermögen in kürzester Zeit vernichtet. Ihnen fehlte es an Kompetenz, aber auch an Ethos.

Soviel ist sicher: Keine Gesellschaft kommt ohne Ethos aus. »Der Kapitalismus hat immer ein gewisses Interesse an ethischen Fragen gehabt«, behauptet Amartya Sen. »Werteorientiert geführte Unternehmen performen auch finanziell besser«, meint Klaus-Peter Gushurst, Deutschlandchef der Beratungsfirma Booz Allen Hamilton.

Zahlungsmoral und Produktverantwortung lassen sich nicht durch die Wettbewerbsregeln garantieren. Der Wirtschaftskreislauf tendiert nicht automatisch zur Harmonie, vielmehr zeigt er deutliche Fliehkräfte, neigt zu Asymmetrien. Wie das Beispiel Mieten beweist. Sie stellen den höchsten Anteil an den Ausgaben der Haushalte dar. Dabei geht es nur ums Wohnen. Die Mietkosten sind in hohem Maße unangemessen, trotzdem werden sie bezahlt. Allerdings führt das Auseinanderfallen von Preis und Leistung auch zu einem laxen Verhalten von Mietern. Die Zahlungsmoral nimmt ab. Das aber führt zu einem generell gestörten Verhältnis von Mietern und Vermietern. Sie tragen immer öfter ihre Meinungsverschiedenheiten gerichtlich aus. Der Staat wiederum versucht Sicherheit in dem Bereich zu schaffen, indem er immer neue Gesetze herausgibt. Die einen stärken die Rechte der Mieter, die anderen die der Vermieter. Jedes neue Gesetz zieht ein weiteres nach sich. Faustregel: Wo das ungeschriebene Gesetz einer Gemeinschaft nicht mehr gilt, läßt es sich durch geschriebene Gesetze nur schlecht ersetzen.

So wird der Wohnungsmarkt zum anschaulichen Beispiel vom Abbröckeln des Ethos einer Gesellschaft. Ganze Wirtschaftszweige sind bereits davon betroffen, zum Beispiel das Handwerk. Daß ein Handwerker den Termin nicht einhält, wird mittlerweile nicht nur in Kauf genommen, sondern bereits in die Kalkulation mit einbezogen.

All diese gerne als Kleinigkeiten betrachteten Vorkommnisse sind Bausteine des Verlusts von Wettbewerbsfähigkeit, aber auch von Lebensqualität. Die Zunftinteressen hebeln den Gemeinsinn aus.

Die Ponderosa ist bedroht. Durch uns selbst.

Der schwache Staat antwortet

Arbeitsagentur und Finanzamt sind die Säulen des schwachen Staates. Über sie übt er seine repressive Kontrolle aus. Die Polizei hat eine immer geringere Rolle. Sie wird von der Gesellschaft über die Justiz ausgehebelt. Die Dialektik von Haftbefehl und Freispruch wird als eine Errungenschaft der zivilen Gesellschaft betrachtet.

Der schwache Staat geriert sich mit Vorliebe als Steuereintreiber: Er betreibt Promijagd und Schröpfung des Mittelstands. Wobei die Promijagd beim Mittelstand gut ankommt. Man könnte meinen, es falle dem Spießer leichter, sein eigenes Geld loszuwerden, wenn er weiß, daß dem Reichen noch viel mehr abgenommen wird. Die säkulare Gesellschaft handhabt den Neid wie einen wandernden Faktor des Egalitarismus.

Wer seine Steuererklärung selber ausfüllt, ist suspekt. Der Angestellte urteilt über den Selbständigen, den er für eine Art Betrüger oder zumindest Profiteur hält. Der Ratlose macht den Steuerberater zu seinem Agenten und vermehrt damit die sekundären Berufe, die er sonst kritisiert. Der Steuerberater tritt als Experte auf. Mit seiner symbolischen Hilfe verschafft sich der Selbständige seitens des Finanzbeamten Respekt. Der Steuerberater stellt die Pattsituation zwischen dem Amt, dem Staat und dem Selbständigen her.

Die Haltung des Finanzamts gegenüber dem Selbständigen ist ein Indiz für die herrschenden Vorstellungen in unserer Gesellschaft über den freien Wettbewerb, über die unternehmerische Freiheit. Sie haben in der öffentlichen Meinung und an den Stammtischen eine Spur von Diebstahl und Raub. Von dem, was Brecht meinte, als er dieses publizierte:

»Was ist ein Dietrich gegen eine Aktie? Was ist ein Einbruch in eine Bank gegen die Gründung einer Bank? Was ist die Ermordung eines Mannes gegen die Anstellung eines Mannes?« Im übrigen stammt die Textstelle des Mackie Messer ursprünglich aus dem Stück »Happy End« (1929) von Elisabeth Hauptmann. Sie ist geklaut. Allerdings mit Zustimmung der Mitarbeiterin, oder sollen wir sagen: Angestellten?

Die begrenzte Marktwirtschaft

Wie läßt sich, jenseits von Angestelltenmentalität und Tarifgespräch, der Arbeit ein neuer Sinn geben? Wie ließe sie sich befreien?

Zuerst einmal ist Arbeit aus ihrer Verknüpfung mit dem Angestelltenvertrag zu lösen. Arbeit ist nicht nur Ergebnis eines Auftrags, sondern auch eines Angebots. Man hat Arbeit abhängig gemacht, das ist falsch. Nicht zuletzt, weil es die Eigeninitiative erstickt. »Das Problem ist nicht die Existenz von Lohnarbeit«, sagt der amerikanische Arbeitsforscher Frithjof Bergmann, »sondern die Monomanie, mit der sie behandelt wird.« Bergmann zufolge geht es jetzt darum, »zusätzliche Arten der Arbeit zu entwickeln, die den Wunsch der Menschen nach sinnvoller Beschäftigung erfüllen«.

Alle Arbeitsregelungen seit den siebziger Jahren wurden, wie es hieß, zum Schutz des Arbeitenden vorgenommen. Dadurch erhielt der Begriff Arbeit eine negative Konnotation, als würde er einen Zwang ausdrücken. Der weitverbreitete Vulgärmarxismus jener Jahre ließ gar nichts anderes zu. Dieser mit den Denkspielen der Entfremdung und Verdinglichung entführte Arbeitsbegriff macht uns bis heute zu schaffen. Wo Bürger zu Arbeitgebern und Arbeitnehmern erklärt werden, geht der Bürgersinn verloren. Arbeit ist älter als der Kapitalismus, Arbeit ist auch älter als das Geld, sie ist nicht bloßes Tauschobjekt, sondern ein Angelpunkt des selbstbestimmten Individuums.

Das Menschenbild, jedenfalls in den kreativen Gesellschaften, wird von der Relation zwischen Umtriebigkeit und Müßiggang geprägt. Leistung ist ein Ergebnis des richtigen Verhältnisses von beiden Faktoren. Diesen Leistungseffekt kann man aber nicht durch die Reglementierung der Balance automatisch optimieren. Indem der moderne Staat sich darauf eingelassen hat, Freizeit und Arbeitszeit zu definieren, hat er sie auch voneinander getrennt. Im Ergebnis, und dieses Ergebnis ist im heutigen Deutschland zu inspizieren, reden die Angestellten immer nur vom Urlaub, vom Ende der Arbeitszeit. Sie träumen vom Nichtstun, und ihre Leistung wird immer schlechter. Je mehr Urlaubszeit sie haben, desto öfter träumen sie davon und um so lästiger wird ihnen die Arbeitszeit.

Wir haben einen luxuriösen Arbeitsbegriff. Schon die Tatsache, daß man hierzulande vorrangig von »Arbeitsplätzen« statt von »Arbeit« spricht, sagt etwas über die bequeme Arbeitsvorstellung aus. Sie bezeugt ein weiteres Mal die folgenschwere Verknüpfung von Arbeit und Sicherheit, die zu Faulheit und Trägheit verleitet. Die Inkompetenz nimmt zu, die Unternehmen und Ämter sind schlecht organisiert. Wer Initiative zeigt, wird von der Phalanx des Büroschlafs rasch abgewürgt. Selbst ein einfallsreicher Unternehmer ist bald vom Betriebsrat und seiner Gefolgschaft mürbe gemacht. So verfolgt er mit seiner Firma bald nur noch ein Minimalprogramm, expandiert ungern, bildet nicht mehr aus, spart Kosten, wo er kann. Es ist, als ob sogar der Mittelstandsbetrieb niemandem mehr gehöre.

Sobald man die Arbeit in Arbeitsplätze aufteilt, und zwar in gesetzlich abgesicherte, wird das Problem der Arbeitslosigkeit immer größer. Die Schlauesten unter den ratlosen Experten sprechen folgerichtig vom Mythos der Vollbeschäftigung, der sich ohnehin nur auf eine bestimmte Epoche beziehen lasse, gemeint sind Zeiten des klassischen Industriezeitalters. Das Wirtschaftsmagazin »brand eins« ging noch weiter. Es titelte im September 2005: »Nie wieder Vollbeschäftigung.

Wir haben Besseres zu tun.« Besseres? Sind wir darauf eingestellt? Andere Länder haben durchaus Vollbeschäftigung, Australien suchte im Sommer 2005 sogar händeringend nach Arbeitskräften und forderte seine im Ausland arbeitenden Landsleute zur Rückkehr auf.

Die Idee der Vollbeschäftigung aufzugeben ist prekär, weil an die Arbeit der Broterwerb und damit die individuelle Freiheit gebunden ist. Deshalb muß das Recht auf Arbeit bestehen bleiben. Was aber dringend ansteht, ist die Flexibilisierung des Arbeitsbegriffs. Die Angestelltenmentalität ist zu überwinden. Das geht nur, wenn Sicherheit und Arbeit getrennt werden. Die Löhne müssen fallen dürfen. Die Existenzsicherung sollte von der geleisteten Arbeit abhängen und nicht vom Arbeitsplatz garantiert sein. Mobilität sollte selbstverständlich sein. Doch in der öffentlichen Wahrnehmung werden Arbeitsplätze eingerichtet wie Wohnraum.

»Deutschlands Wirtschaftskultur und Wirtschaftstugenden sind traditionell stark industriell und weniger dienstleistungsgeprägt«, schreibt der österreichische Professor für Wirtschaftspolitik Helmut Kramer, »Arbeit schafft heute zu den Standortkosten Westeuropas aber nur, wer Bedürfnisse und Probleme erkennt und diese bedürfnisspezifisch löst, wer Fachkompetenz mit Sozialkompetenz, Technologie mit Dienstleistungen verbindet. Und da die Probleme, die nicht primär mit Industriedenken zu meistern sind, eher zunehmen, sollte uns eigentlich die Arbeit nicht ausgehen.«

In boomenden Gesellschaften gehen die Menschen zur Arbeit, bei uns wird die Arbeit von der Politik zu den Menschen getragen, als handle es sich um eine Trophäe. Den Preis aber zahlt die Gesellschaft mit hohen Organisationskosten, mit ihrer Zukunft.

Diese Frage hatte ihren Sinn in der Umverteilungsgesellschaft. Sie aber funktioniert nur in guten Zeiten, in den fetten Jahren. Die mageren Jahre spalten die Bevölkerung um so mehr. Wenn die Interessengruppen bisher entspannt miteinander umgehen konnten, war das gewährleistet, weil der Tisch für alle gedeckt war. Man stritt sich mehr um die Sitzordnung und um das Menü.

Der Mangel läßt das große Mißtrauen aufkommen. Alle fühlen sich übervorteilt. Jeder durch jeden. Jedes Gespräch wird zur Auseinandersetzung. Schuldzuweisungen beherrschen die Runde.

Zeit, den Konflikt zu benennen.

In den schlechten Zeiten ist das, was für den Sozialstaat Deutschland gut ist, nicht mehr für alle gut. Jedenfalls erscheint dies immer mehr Menschen so. Die meisten sind unzufrieden mit dem, was sie bekommen, und die wenigsten sehen ein, daß sie was abzugeben hätten.

Weil das Gesellschaftsganze als Ganzes nur ungenau definiert ist, sind bald nur noch Partikularinteressen zu erkennen. Nicht nur der Staat residiert im Niemandsland, auch die Gemeinschaft. Unser Korporatismus ist ohne ethischen Grund verloren.

Die Kombi-Existenz

Wo der Staat den Bürgern fremd erscheint, schwindet das Loyalitätsbewußtsein. Das äußert sich im Verfall von Steuer- und Zahlungsmoral. Und vor allem in der Bereitschaft zur Schwarzarbeit. Die Ideallösung für den einzelnen ergibt sich heute aus der Kombination von Sozialhilfe und Schwarzarbeit. Die Grundversorgung kommt vom Amt, die Extras werden selbst erwirtschaftet. Diesem Phänomen ist unter den gegebenen Umständen kaum beizukommen. Schwarzarbeit kann man ebensowenig polizeilich mit Erfolg bekämpfen wie den Drogenhandel. Schwarzarbeit verschwindet nur, wenn sie sich nicht mehr lohnt. Sowohl für die Schwarzarbeitgeber als auch für die Schwarzarbeitnehmer.

Eines der gewerkschaftlichen Ziele war, die Verrohung auf dem Arbeitsmarkt zu verhindern, die hemmungslose Ausbeutung, wie man früher sagte. Die lückenlose Verrechtlichung, die zu diesem Zweck erfolgte, hat den deutschen Arbeitsbegriff aber realitätsblind und lebensfremd gemacht.

Es gibt kaum noch Loyalität zu unserem Gemeinwesen. Jeder pocht auf sein eigenes Interesse. Jeder fühlt sich von der Gegenseite betrogen. Und dafür findet er auch haufenweise Argumente und Beweise. Die entsprechenden Schlagworte lauten: überzogene Lohnforderungen beziehungsweise profitgierige Aktionäre und geldgieriges Management.

Alle wollen recht haben, und irgendwie haben auch alle recht. Nur - unter diesen Bedingungen ist unsere vielbeschworene Solidargemeinschaft nicht mehr finanzierbar. Es wird zuviel konsumiert und zuwenig investiert. Es gibt kaum ein Bewußtsein für die Beteiligung an den öffentlichen Ausgaben, für deren Sinn. Ein Beispiel dafür ist der anhaltende Protest gegen die Einführung von Studiengebühren. Das Geld verbraucht man eher für den Urlaub als für Studienkosten. Die Mehrheit denkt, Studienfinanzierung sei Sache des Staates und basta.

Viel zuviel gilt als Staatsaufgabe in Deutschland. Diese Mentalität ist eine Begleiterscheinung der staatlichen Monopole und Teilmonopole in den sozialen Angelegenheiten. Renten- und Krankenkassen haben nicht nur mächtige Institutionen geschaffen und eine gewisse soziale Sicherheit für die meisten ermöglicht, sie haben auch eine ausufernde Institutionenbürokratie auf den Plan gerufen. Diese lebt von den Einrichtungen, die sie zu verwalten hat.

Ihr laxer Umgang mit dem Budget hat dazu geführt, daß die Kassen-Mitglieder, also die Bürger, es mit den Beiträgen nicht mehr so genau nehmen, auf der anderen Seite aber auch mehr Leistungen abzuzocken suchen. So setzt sich das Tauziehen vom Arbeitsmarkt auf den Sozialämtern und in den Arztpraxen fort. Der Deutschlandchef des amerikanischen Pharmakonzerns Merck bezeichnete 2004 in einem Interview für die FAS das deutsche Gesundheitswesen als einen vordemokratischen Bereich. Er sprach von obrigkeitsstaatlichen, ja fast autoritären Strukturen. Weiter heißt es in dem Interview: »Früher war Deutschland ein Land, in dem besonders viele neue Medikamente erfunden wurden, heute sind wir eine Nation der Importeure und Nachahmer.«

In unserem Land findet seit langem ein unerklärter Krieg aller gegen alle um die Finanzen und Vorteile statt. Wenn das so weitergeht, wird der Sozialstaat kollabieren. Das ist keine Neuigkeit, es ist aber auch keine Neuigkeit, daß man sehenden Auges auf den Abgrund zusteuern kann.

Die Mehrheit führt mittlerweile eine Art Kombi-Existenz. Irgendwas ist immer bezuschußt. Der Staat selber hat sich die Methode zu eigen gemacht. Ein Beispiel sind die Ich-AGs, die seit Januar 2003 gezielt gefördert wurden. Existenzgründer verschwinden durch Subvention vom Arbeitsmarkt und damit aus der Arbeitslosenstatistik, die in Deutschland ja zum großen Politikbarometer geworden ist. Eine Analyse des Instituts für Arbeitsmarkt- und Berufsforschung der Bundesagentur für Arbeit hat herausgefunden, daß nach einem Jahr 18 Prozent das Programm abgebrochen hätten. Die Idee der Selbständigkeit ist in Deutschland vergleichsweise gering verankert. Laut einer Umfrage der europäischen Kommission vom April 2004 bevorzugen 39 Prozent der Deutschen die Selbständigkeit und 56 Prozent eine Tätigkeit als Arbeitnehmer. In den USA ist das Verhältnis 61 zu 34.

Im Juli 2005 wurde das Strafverfahren gegen den früheren Müllunternehmer Hellmut Trienekens im Zusammenhang mit dem Kölner Müllskandal eingestellt. Er habe die verhängte Geldauflage von fünf Millionen Euro fristgerecht an die Justizkasse gezahlt.

Trienekens wurde Beihilfe zur Untreue vorgeworfen. Nach Gerichtsangaben ergibt sich aus der Aktenlage, daß der Unternehmer selbst beim Bau der Kölner Müllverbrennungsanlage eine Million Euro Schmiergeld erhalten hat.

Günstig wirkte sich laut Gericht aus, daß er ein Geständnis abgelegt und in weiteren Verfahren »maßgebliche Aufklärungshilfe« geleistet habe. Außerdem habe er fünf Millionen Euro Schadenersatz an die Betreiberfirma der Müllverbrennungsanlage gezahlt. Trienekens war im Herbst 2004 bereits wegen Steuerhinterziehung im Müllskandal zu einer Freiheitsstrafe von zwei Jahren auf Bewährung verurteilt worden.

Auf Bewährung. Der Mann ist also frei. Fragt sich, wieviel Geld er nach den Abgaben an die Betreiberfirma und die Justizkasse noch zur Verfügung hat. Ein Unternehmerleben in Deutschland. Auch eins.

Auffallend ist das geringe Bewußtsein vom Ausmaß der Korruption und der Wirtschaftskriminalität in Deutschland. Spricht man von solchen Plagen, meint man meistens andere Länder. »Im Bauwesen existiert in vielen deutschen Großstädten ein Grad an Korruption, der jahrelangen Bestand hat. Preisabsprachen und manipulierte Ausschreibungen gehören dazu. Schmiergelder werden mit Aufschlag in die Preise eingerechnet. Die Auswirkungen dieser Praktiken blieben wegen der Verzerrung des freien Wettbewerbs vermutlich nicht ohne Folgen für die Wirtschaftsordnung und Wirtschaftsmoral. Wo geschmiert wird, ist der seriöse Unternehmer nicht mehr überlebensfähig«, schreibt Hans-Ludwig Zachert, gewesener BKA-Präsident.

Gerade bei diesen Fragen zeigt sich das falsche Bild, das große Teile der deutschen Öffentlichkeit von Deutschland haben oder auch pflegen.

Es ist aber auch Ausdruck der Konsensidee, daß man davon nur wenig spricht. Sonst müßte man ja nicht nur über das Ethos unserer Gesellschaft nachdenken, sondern auch über die Verquickung von politischer Klasse und Wirtschaftsinteressen, und auch über die Lage der Justiz. Wie unabhängig ist sie wirklich? Nur wenige Staatsanwälte sind durch ihren Kampf gegen die Korruption bekannt geworden. Einer von ihnen ist der Frankfurter Oberstaatsanwalt Wolfgang Schaupensteiner. Er sagt: »Die Korruption kennt kein Limit, sie zieht sich durch die gesamte Hierarchie. Je höher sie kommen, desto schlechter ist die Verquickung freilich nachweisbar. Wegen der Arbeitsteiligkeit. Von der Spitze finden Sie in der Regel keine Unterschriften, die die Spur der Korruption belegen könnten.«

Auffällig ist in diesem Zusammenhang auch die Rarität des investigativen Journalismus. Über die Verfahren wird zwar groß berichtet, aber nur, solange sie Aktualitätswert haben, Nachrichtenwert. Man verläßt sich gerne auf Agenturberichte. Um die Skandale herum wird wenig recherchiert, und auf Langzeit wird ein Thema höchst selten unter die Lupe genommen und schon gar nicht in seinen Tiefenwirkungen ausgeleuchtet. Zu den wenigen Investigativen gehören Hans Leyendecker, Jürgen Roth, Werner Rügemer.

Die Ideologie des Guten

Mit dem allgemeinen Niedergang von Innovation und Wettbewerbsfähigkeit tritt immer deutlicher auch eine Ideologie der Überheblichkeit auf. Nichts bringt uns aus der Ruhe, weder Elchtest noch Rückrufaktionen, Pfusch oder Toll Collect. Es ist die Ideologie der Besserwisser. Man ist weitgehend überzeugt, das beste System zu haben, man übt scharfe Kritik an den Sozialkassen, Bildungssystemen, am Arbeitsrecht in anderen Ländern. Vor allem in den Vereinigten Staaten und immer wieder auch in Großbritannien. Thatcherismus und Reagonomics sind in Deutschland Schimpfwörter, ohne daß man sich die Mühe macht, zu fragen, was genau sich dahinter verbirgt.

Es ist noch nicht einmal ein Thema, daß Tausende Wissenschaftler aus Deutschland in einem kontinuierlichen Strom seit vielen Jahren in die USA auswandern. Wenn sie, nach ihren Auswanderungsgründen gefragt, regelmäßig die weitaus besseren Forschungsbedingungen und Lehrmöglichkeiten nennen, ist das nicht ein indirektes Urteil über unsere Bildungs- und Wissenschaftspolitik?

Daß in den geschmähten Ländern, die aus der Sicht des deutschen Korporatismus den bösen Neoliberalismus propagieren, hohe Wachstumsraten herrschen, die Arbeitsproduktivität höher ist als bei uns und die Arbeitslosigkeit nur halb so hoch, fällt in der Einschätzung der Lage kaum ins Gewicht. Wir wollen nichts daraus lernen. Statt dessen pflegen wir das Phantom der Reform, die niemand schmerzen und alles zum Guten wenden soll, ohne daß sich etwas ändert. Deutschland ist das Perpetuum mobile der Weltwirtschaft.

Die Milchmädchen sind da

Immer wieder stellen sich uns die Vereinfacher in den Weg. Flugs greifen sie sich die Bilanzen eines Konzerns, am liebsten der Banken. Schlichterwegs der Deutschen Bank. 1,1 Milliarden Euro Reingewinn im ersten Quartal 2005. Die zitierte Schlagzeile spricht von einem Gewinnsprung. Das Plastikwort bläht die Realität auf. Nun sagt der Vereinfacher, die Bank möge den Stellenabbau rückgängig machen. Der Vereinfacher ist Politiker.

Aber: Die Mitteilung der Bank war nicht eine Nachricht an ihre Angestellten, sondern an ihre Aktionäre. Und die

Mitteilung des Politikers auch nicht eine an die Bank, der er ja auch einen Dreck vorzuschreiben hat, sondern an seine Wähler.

Die Bank beschränkt sich auf ihr Renditeziel. Die Diskussionen jedoch, die in der Öffentlichkeit darüber entstanden, die verbreitete Empörung, hat etwas mit den korporatistischen Erwartungen zu tun. Als gehörte das Geld der Deutschen Bank irgendwie der gesamten Gesellschaft, als könnten die diversen Sozialstaatsfaktoren darüber verfügen. Solche Augenblicke des Mißverständnisses sind Augenblicke der Wahrheit über den deutschen Zustand.

Sie verdeutlichen die Lächerlichkeit einer politischen Klasse, die aus einer Konsenserwartung heraus handelt. Wir senken die Steuern, und ihr schafft Arbeitsplätze. Zwischen Steuersenkung und Arbeitsplatz gibt es keinen direkten Zusammenhang. Die politische Klasse kann durch Reglementierung nicht mehr viel erzwingen. Die Zeit der schlichten Nationalökonomie ist verabschiedet.

Auch der Mindestlohn, der als Heilmittel immer wieder angepriesen wird, kann die Problematik nicht abwenden. Wir befinden uns in der direkten Konkurrenz mit Billiglohnländern und Niedrigsteuergebieten, sowohl in der Nachbarschaft als auch weltweit. Wir konkurrieren mit China und Polen. Das erfordert auch von uns einen Anpassungsprozeß.

Stellen wir uns aber doch auch die Frage: Warum sind wir im Wettbewerb mit China und Polen nicht konkurrenzfähig? Schließlich waren wir in früheren Zeiten durchaus konkurrenzfähig, auch gegen ganz andere Länder und Industrien. Ist es nicht so, daß unser Hauptproblem darin besteht, im Unterschied zu früher nicht mehr innovativ zu sein?

Das aber hat viele Gründe. Unser Bildungssystem, unsere forschungsfeindliche Gesetzgebung, die Bürokratie. Deutsche Erfinder sehen sich mit einer teuren Patentanmeldung konfrontiert. Der Staat will wohl Geld mit den Anmeldungen verdienen, statt, wie es logisch wäre, von den Anwendungen der Patente zu profitieren.

Hinzu kommt die allgemeine Trägheit. Das fehlende Bewußtsein dafür, daß wir den Arsch hochkriegen müssen, wenn wir unsere Standards einigermaßen halten wollen. Auch das wäre Verteidigung des Eigenen, in der wir nicht geübt sind.

Vierzig Prozent der Deutschen sind im März 2005 offline, also ohne Internetzugang. Die Medienforscherin Maria Gerhards nennt neben allerlei mehr oder weniger banalen Gründen auch einen wohl ziemlich deutschen, die Internet-Verweigerung.

Das allgemeine Moralprogramm

Die Akzeptanz der Sozialpartnerschaft führte dazu, daß alle Beteiligten meinen, sich moralisch präsentieren zu müssen. Es hindert die Protagonisten daran, zur Sache zu kommen, mehr noch, es fördert die gegenseitigen Schuldzuweisungen der Sozialpartner. Kaum einer leugnet die Existenz der Krisenproblematik. Aber der Schuldige ist stets der andere. Man erweckt dabei den Anschein, als handle man gar nicht aus eigenem Interesse, sondern aus Fürsorge für das Gemeinwesen.

So ist der Debattenbeitrag vor allem einer der Imagepflege, sei es von Unternehmen, politischen Parteien oder Institutionen und Behörden. Es gibt sogar einzelne, die sich auf Kosten der eigenen Branche gegen diese profilieren, wie der Dauerfernsehgast, der Trigema-Chef Wolfgang Grupp, der mit seinem Nischenkonzept als größter T-Shirt- und Tennis-Bekleidungshersteller, unangefochten vom Weltmarkt, in Deutschland produziert, von den Medien aber gerne in Stellung gebracht wird gegen Konzerne, die Billigstandorte im Ausland nutzen.

Mit den Auftritten von Wolfgang Grupp werden falsche Vergleiche gezogen. Sie werden erst gar nicht überprüft, Hauptsache, man kann jemand vorzeigen, der anders handelt. Mit ihm hat man einen Guten, den man gegen die Bösen stellen kann. Die Geschäftsidee des Familienunternehmens Trigema aus Burladingen erweist sich als telegen, mehr aber auch nicht.

Beliebt ist ohnehin die Lobpreisung des Mittelstands. Das ist eine Kategorie, die recht ungenau definiert ist, aber für alles herhalten muß. Mal ist er das Rückgrat der Gesellschaft, mal schafft er die meisten Arbeitsplätze, mal zahlt er die höchsten Steuern.

Konzerne hingegen gelten als windig. Man kann sie nicht mit Personen identifizieren.

Was wir laufend erleben, ist eine Entwertung des Arbeitsbegriffs, und zwar von zwei Seiten. Das Management betrachtet die Sache nur noch unter dem Gewinnaspekt. Wir konstatieren eine Verschiebung vom Produktwert zum Börsenwert. Es ist ein Abheben in die Abstraktion, durch Wertrelativierung entsteht Spielcharakter. Das Börsenziel lädt zum Schönreden der Bilanzen geradezu ein. Verbale Kreativität verschleiert den realen Zustand. Sprache wird immer wichtiger. Wörter werden erfunden: Gewinnwarnung.

Von der anderen Seite wird der Angriff auf die Arbeit von den Gewerkschaften organisiert. Die interessiert nicht das Arbeitsprodukt, sondern die Arbeitszeit. Arbeitsmoral ist dem Arbeitsvertrag und seinen Klauseln unterworfen. Der deutsche Arbeiter hört auf die Minute auf. Pause und Feierabend sind seine heiligen Kühe.

Von meinen nach Deutschland eingewanderten Landsleuten aus Siebenbürgen und dem Banat hörte ich wiederholt jene komische Geschichte ihres Anfangskonflikts bei ihren ersten Jobs. Sie wollten die Arbeit zu Ende bringen, ihre traditionellen Vorstellungen hatten sie sich nicht einmal vom Balkankommunismus in Rumänien ruinieren lassen, und ausgerechnet im gelobten Land, in Deutschland, sollte ihr Arbeitsethos nicht mehr gelten. Daß sie gerade hier als Spielverderber angesehen wurden, ließ sie die Welt nicht mehr verstehen.

Zahlreiche Debatten, die geführt werden, zeichnen sich durch Irrationalität aus. Zum Beispiel die Steuerdebatte, speziell die Frage des Spitzensteuersatzes. Dieser wird gleichzeitig als zu hoch und als zu niedrig beschrieben. Es gibt Leute, die behaupten sogar, wir hätten niedrigere Steuersätze als viele andere Staaten. Hält man bei einer solchen akademischen Lachnummer dagegen, heißt es, nicht die Steuern, sondern die Lohnkosten seien es, genauer die Lohnnebenkosten, also die Beiträge für Kranken- und Rentenkassen und die Arbeitslosenversicherung. Diese müßten gesenkt werden.

Eines der griffigen Plastikwörter, die an einer solchen Stelle in der Diskussion auftauchen, heißt »Gegenfinanzierung«. Gegenfinanzierung besagt, man finanziert Steuersenkungen durch Steueranhebung an anderer Stelle. Zum Beispiel die Erhöhung der Mehrwertsteuer, um den Beitragssatz zur Arbeitslosenversicherung zu senken. Eine andere beliebte Rede ist die von »Steuerschlupflöchern«, die geschlossen werden sollten. Kein Konzern und kein Superreicher würden die offiziellen Steuersätze zahlen. Es kann einem passieren, daß in derselben Diskussionsrunde zuerst von der hohen Steuerbelastung der Unternehmen geredet wird und plötzlich mittendrin das Problem der Steuerschlupflöcher angesprochen wird, als hätte das Wetter plötzlich umgeschlagen. Als Zuhörer fragt man sich, was ist der Zweck einer solchen Diskussion. Aber dann sind die Disputanten schon bei einem dritten beliebten Plastikwort angelangt, nämlich »Steuervereinfachung«.

Alles eigentlich nur Geldbeschaffung, an keiner Stelle die Aufforderung an die Eliten, zu sparen, mit weniger Geld auszukommen. Haushaltssanierung ist der am wenigsten diskutierte Terminus. Es ist ein undankbarer Begriff, er beinhaltet kein Versprechungspotential.

Der mit Abstand beliebteste Gestus ist der des Zerredens. Mittlerweile halten sich Wirtschafts- und Fußballexperten die

Waage. Es gibt nicht weniger Wirtschaftsminister als Bundestrainer. Heute hätten Erhards Konzepte null Chancen, sein Vordenker Müller-Armack würde auf den Marktplätzen der Republik tausendfach des Irrglaubens überführt werden. Das allgemeine Gerede bewegt sich mittlerweile jenseits aller Logik. Dabei stehen sich zwei Lager gegenüber, die sich gerne auf die ökonomischen Theorieschulen des vorigen Jahrhunderts berufen. Es geht eigentlich nur um die Frage, wie man die Binnenwirtschaft beleben könnte. Was aber ist die Binnenwirtschaft heute? Gibt es überhaupt noch einen nationalen Geldkreislauf? Die einen reden von Steuersenkungen, die anderen von Lohnerhöhungen. Beide Thesen gehen davon aus, daß der Staat den Geldkreislauf kontrolliert, er kontrolliert aber nur die Geldmenge, und auch die nur über die Europäische Zentralbank. Daß die Kaufkraft wenig über das Kaufverhalten aussagt, müßte doch angesichts der hohen Spareinlagen in Deutschland klar sein. Eines der auffallendsten Produkte unserer Krisensituation ist die Expertendummheit. Sie ist eine Ausgeburt der Mediengesellschaft. Diese reduziert den Experten auf seinen Auftritt. Damit ist er zum prägnanten Kurzstatement gezwungen. Die Ideen, die er eventuell vorzutragen hat, werden so in der Info-Rotation verschlissen, bevor man ihre Bedeutung einschätzen kann. Sie geben aber allen Schwachköpfen aus den Funktionseliten die Möglichkeit der ebenso desolaten Erwiderung durch die Pressesprecher, die Idioten des öffentlichen Raums. Die Rolle des Experten ist eine rein dramaturgisch begründete.

Business Lunch

Mittags, beim Vietnamesen, sitzen die jungen Männer in ihren Anzügen und reden übers Geschäft. Sie reden zwar nur in halben Sätzen, aber laut genug, daß man am Nachbartisch erkennt, daß sie übers Geschäft reden. Es ist, als wollten sie ihre Anwesenheit beim Vietnamesen, ihr Mittagessen, rechtfertigen. Die Wortwahl und die Gestik der jungen Männer ist auf Bedeutung aus. Wer sie beobachtet, muß den Eindruck haben, er beobachte sie bei etwas Wichtigem. Dem Außenstehenden ist es egal, wovon sie reden. Sie könnten über ein Video sprechen, über Fußball oder über Frauen. Keinen würde dies ernsthaft erstaunen. Sie tun es aber nicht, sie würden es auch nie tun. Sie befinden sich zwar in der Mittagspause, aber die Mittagspause ist nur eine fragile Brücke zwischen Vormittag und Nachmittag. Da heißt es durchhalten. Man ist seinen Job schneller los, als man denkt. So wägen sie ihre Worte vorsichtig ab, und als sie die leeren Teller nun von sich schieben, sehen ihre Gesichter beinahe wie bei einem Vertragsabschluß aus. Sie zahlen. Gehen eilig davon. Die Hände in den Hosentaschen, im Gehen noch ins Gespräch vertieft. Wer weiß schon, was morgen ist.

VIII.

Die Autorität des Clowns: Stille Tage im Café Größenwahn

Alle schreiben. Überall, wo man hinkommt, sind Leute, die schreiben. Aber es sind keine Schriftsteller. Selbst auf den Buchmessen in Frankfurt oder Leipzig nicht. Es sind Prominente, die schreiben. Sie beziehen ihre Autorität nicht aus dem Schreiben, sondern aus ihrer Prominenz. Der Text, den sie anbieten, ist weniger durch sich selbst legitimiert als durch den Bekanntheitsgrad seines Autors oder auch nur Namensgebers.

Oft genug schreibt die Prominenz nicht selber, und das nicht nur, weil sie es nicht könnte, sondern weil ihr einfach keine Zeit zum Schreiben bleibt. Prominente sind umtriebig, sie sind wandelnde Labels. Dazu gehört auch das Buch, das sie begleitet, ob es sich nun um Politiker handelt, um Fernsehmoderatoren, Schauspieler oder Leitfiguren der Spaßgesellschaft. Das größte Poster, das ich vor Jahren auf der Frankfurter Buchmesse, auf dem Höhepunkt von Spaßgesellschaft und New Economy sah, zeigte die TV-Moderatorin Amelie Fried, bekannt durch ihre Frauenromane (»Traumfrau mit Nebenwirkungen« und »Am Anfang war der Seitensprung«), und als eine der bestbesuchten Veranstaltungen galt jene, bei der Verona Feldbusch ihr Kochbuch »Kochen mit dem Blubb« vorstellte.

Diese Art Bücher ist in der Regel wenig haltbar, könnte man meinen, aber darauf komme es auch nicht an. Es kommt vielmehr darauf an, mehr davon schneller zu verkaufen, denn in ein paar Monaten erinnert sich sowieso keiner mehr an den Schmarren. Falsch! Auch nach sechs Jahren sind die erwähnten Bücher immer noch lieferbar, inklusive das Kochbuch.

Ist es allein der Beweggrund, auch noch mit Büchern Geld zu machen, der die Prominenz zum Schreiben und mindestens zum Veröffentlichen treibt? Ich vermute, so einfach ist es nicht. Schreibt Mario Adorf fürs Geld? Das Geldmachen mag eine Rolle spielen, aber es muß noch etwas anderes sein, etwas, das darüber hinausgeht.

Eine der Seltsamkeiten unseres durch Konsum in Atem gehaltenen Lebens und der durch diesen Konsum getriebenen und belebten Gesellschaft ist die Sehnsucht nach dem Haltbaren, nach dem Bleibenden, nach dem Wert. Diese Sehnsucht, letztendlich nach Wahrheit in der Warenwelt, greift auf die Autorität der Literatur zurück und begrenzt sie sofort durch die Verkaufsstrategien.

Mythos Schreiben

Schreiben gilt auch in unserer Gesellschaft als Ausdruck von Erkenntnis, es macht den Schauspieler zum Philosophen. Ist es doch ein bedeutungsvolles Denken, was scheinbar durch das Schreiben fixiert und aufs Papier gebracht wird, Dauer versprechend oder mindestens beschwörend. Auch für den Autor, dem seine sonstigen Beschäftigungen im Zeichen der Schnellebigkeit keine ausreichenden Garantien zu bieten scheinen.

Den Schriftsteller umgibt in der europäischen Kultur, wahrscheinlich mehr noch in der osteuropäischen als in der westeuropäischen, aber trotzdem unübersehbar auch da, seit jeher eine gewisse Aura, die kaum zu beschreiben ist und schon längst nicht zu erklären, jedenfalls nicht ausreichend.

Für alles zuständig? Für nichts zuständig?

Die Bilder, die beim Begriff Schriftsteller assoziiert werden, reichen vom Seher bis zum politischen Ankläger des »J'accuse«. Daraus bezieht sich bis heute seine Autorität. Eine eher emblematische Angelegenheit, denn die Komplexität der heutigen Gesellschaft und der heutigen Lebensumstände läßt wohl schwerlich einen Überblick zu, der die althergebrachte Generaleinschätzung erlauben würde. Unsere Gesellschaft hat viele, zu viele Schubladen, und ihr Ausdruck, bisweilen ihre Ausgeburt, sind die Experten, die zu allem möglichen, zu dem, was gerade ansteht, vom Rinderwahn bis zum Islam, der Medienöffentlichkeit zur Verfügung stehen. Neben diesen Experten sitzen in den Diskussionsrunden oft genug Schriftsteller, die bei all den vertrackten Geschichten, die wir so gerne verstehen möchten, aufgeregt oder gelassen, je nachdem, mitreden. Grass über die soziale Gerechtigkeit, Herburger über den Marathon, Schätzing über den Tsunami und Kaminer über die Deutschen.

Weiß der Schriftsteller tatsächlich mehr als alle anderen? Ist seine Urteilskraft ausgeprägter, oder schleppt seine Erscheinung immer noch, wenn auch unausgesprochen, den Mythos vom Seher mit sich rum? Befähigt ihn etwas zum Lehrer Deutschlands wie weiland Rabanus oder Melanchthon?

Literatur und politische Autorität

In der Diktatur, in jeder, erhält der Schriftsteller mannigfaltige Aufgaben der reduzierten oder gänzlich fehlenden Öffentlichkeit. Er ist Journalist, Historiker und Oppositionspolitiker und nicht zuletzt Therapeut. Was werden die Leser der dreißiger Jahre bei Werner Bergengruens »Der Großtyrann und das Gericht« (1935), bei Ernst Jüngers »Auf den Marmorklippen« (1939) oder bei Stefan Andres' »Wir sind Utopia« (1943) nicht alles heraus- und hineininterpretiert haben?

Wie aber ist es in der offenen Gesellschaft, in der die Medien unentwegt Meinungen zu allem und jedem produzieren und reproduzieren? Gibt es hier auch Johannes Bobrowskis Mahner und Christa Wolfs Kassandra? Oder gar Czeslaw Milosz mit seinem Ketman?

Hier und jetzt, halb Klerus, halb Clerc. Erwartet man die Weissagung vom Mann, von der Frau am Computer?

Einer, der unentwegt mit dem öffentlichen Engagement im Gepäck herumzieht, ist bekanntlich Günter Grass. Es gibt kein Thema, zu dem er nicht etwas gesagt hätte. Darin ist er ein bißchen wie Goethe, aber nur im Gestus.

Die häufigsten Formen der schriftstellerischen Intervention sind in der Mediengesellschaft: das Statement, das Interview, die Erklärung. Zwei Beispiele vom Anfang des Jahrzehnts sind, im Fall Grass, sein Vorschlag für ein Beutekunst-Museum und seine Warnung an die Amerikaner wegen des Afghanistan-Kriegs. Diese Nachricht trug die Überschrift: »Grass warnt USA vor zweitem Vietnam«.

Wer ist Grass, könnte man fragen, um die Weltmacht USA zu warnen? Was legitimiert ihn dazu, woher bezieht er die Autorität? Ist es die Autorschaft der »Blechtrommel« oder der Nobelpreis? Niemandem würde einfallen, sich zu fragen, ob Grass die Geschichte oder die Verhältnisse in Vietnam kennt oder gar die in Afghanistan? Bis zum 11. September hat Grass sich jedenfalls nicht zu Afghanistan geäußert, auch zu der Lage der Frauen dort nicht. Er spricht aber oft und gerne über die Folgen der Globalisierung und über die Ungerechtigkeit in der Welt. Das ist allgemein und auch simpel genug, um von vielen verstanden und abgenickt zu werden. Zumal es alle Signale der achtundsechziger Ursachenforschung beinhaltet.

Der Mann kann aber auch konkret werden. Wie mit seinem Vorschlag, ein Beutekunstmuseum an der Odergrenze zu errichten. Dazu meinte Waldemar Ritter, bis 1997 Koordinator der internationalen Rückführungsverhandlungen des Bundes, ein solches Vorhaben wäre »ein groteskes Sammelsurium sinnlos zusammengewürfelter Kunstwerke, Bücher und Dokumente, ein schlimmes Andenken an den Krieg, geeignet, auf beiden Seiten die falschen Emotionen zu erzeugen«. Das falsche Signal würde auch gegenüber den jüdischen Familien gesetzt, die nach den Nationalsozialisten und den Kriegsmächten dadurch »zum drittenmal enteignet werden«.

In den Einzelheiten ist der Schriftsteller nicht so gut. Aber kommt es auf die Einzelheiten an? Wer erinnert sich heute noch an die Details von Grass' Forderungen in der Vereinigungsdebatte nach einer Konföderation der beiden deutschen Staaten? Denkt jemand darüber nach, wieviel Instabilität in Mitteleuropa dieses abenteuerliche Konstrukt hervorgerufen hätte? Übrig blieb von jener Diskussion, daß Grass vom allgemeinen Konsens abgewichen sei, und das allein, diese Geste, die man auch als Pose bezeichnen könnte, macht ihn zu einer Art Helden, sie gibt ihm die Aura des Querdenkers und nicht zuletzt den Titel eines Praeceptor Germaniae. Unsere theatralisch organisierte Öffentlichkeit merkt sich nur den Gestus, unsere Wertschätzung geht vom Abstrahierten aus.

Der Vollständigkeit halber sei erwähnt, daß Grass 1993 in einem Interview in der taz Regine Hildebrandt für das Bundespräsidentenamt vorgeschlagen hat. Wahrscheinlich hätten wir, wäre die Sache ernst genommen worden, viel Spaß gehabt, taugte die Dame doch mehr zur Kabarettistin als zum Staatsoberhaupt.

So verwandelt sich das politische Statement in der Mediengesellschaft zum Akt der Selbstdarstellung des Autors. Ein Schriftsteller wie Grass erscheint mit seinem Buch allein unvollständig, er braucht für die öffentliche Präsenz zum Buch das Statement. Dieses gewinnt jetzt noch an Autorität durch den Namenszusatz Nobelpreisträger.

Der intellektuelle Clown sagt der Gesellschaft, wo's langgeht. Das gilt nicht nur für Grass. Ohne den Skandal um die Paulskirchenrede, mit der bekannten Auschwitz-Anmerkung, wäre die Wirkung von Martin Walser und die seiner Bücher in den letzten Jahren bestimmt geringer ausgefallen. Walser ist, in Teilen der Gesellschaft, in bekannter deutscher Nachkriegsmanier abgestraft worden, in anderen Teilen gewann er allerdings an Autorität. An die Stelle der Metaphysik tritt der Größenwahn. Der Star löst das Genie ab.

Das Buch ist schon seit einer Weile nicht mehr alles. Berge von Büchern starren einem in den Buchhandlungen entgegen. Das einzelne Buch will aus dem Berg herausgehoben sein. Das verlangt nach dem Ereignis. Mein im September 2004 erschienener Roman »Habseligkeiten« profitierte von der kurz danach erfolgten Kür des Wortes »Habseligkeiten« zum schönsten deutschen Wort. Mein Romantitel erhielt dadurch gewissermaßen Nachrichtenwert. Das Buch wurde das Buch zum schönsten deutschen Wort, was mehrere Rezensionen als Aufhänger nutzten, und als es dann noch von Elke Heidenreich in ihrer TV-Sendung »Lesen!« besprochen wurde, stieg auch der Verkauf beachtlich an. Ohne die eher zufällige ereignisreiche Verknüpfung, die ich als Autor akzeptierte, hätte es den Erfolg des Buches nicht gegeben.

In der Mediengesellschaft wartet man nicht mehr, bis sich das Ereignis einstellt, man stellt es vielmehr her. Verlage, Veranstalter und Autoren sind daran gleichermaßen beteiligt, bringen ihre Autorität ins Spiel.

Überall lesen Schauspieler aus den Büchern, Politiker stellen Romane vor, und Musiker begleiten die Buchpremieren. Als wäre das Ganze ein Salon und bekäme auf diese Weise ein bißchen Autorität aus einer vergangenen Zeit. Und das unter dem ewigen Auge der Kamera. Das Licht des Fernsehens lastet auf der Welt der Bücher. Besitzt das Fernsehen literarische Autorität?

Die wichtigste literarische Sendung des vergangenen Jahrzehnts, jedenfalls die einflußreichste, war bekanntlich das »Literarische Quartett«. Drei Literaturkritiker saßen dort regelmäßig beisammen und sprachen gemeinsam mit einem vierten, einem wechselnden Gast, über literarische Neuerscheinungen. Die Bücher wurden mit einer Mischung aus Kriterien der Literaturkritik und des Entertainments besprochen und bewertet. Die Stimmung war meist eine launige, und die Auswahl und Beurteilung der Bücher folgte weniger dem literaturkritischen Urteil als der guten Fernsehstimmung, wobei wichtige Bücher und unwichtige gleichermaßen zum Zuge kamen und so die Kriterienverwischung zum Programm wurde. Damit wurde die Konsumierung von Bildung institutionalisiert.

Woher bezog das »Literarische Quartett« seine Autorität? Es war wie eine traditionelle abendliche Tischgesellschaft organisiert. Als Patriarch präsidierte Marcel Reich-Ranicki, der sonst gerne als Literaturpapst bezeichnet wird, seine beiden Partner waren zeitweise Sigrid Löffler, dann Iris Radisch und Hellmuth Karasek. Sie waren die Kinder, die frei von der Leber weg reden, frech ist schließlich ein Attribut der Spaßgesellschaft, aber vom Oberhaupt der Runde auch in die Schranken gewiesen wurden. Belehrungen der beiden fanden stets zum Gaudium des Publikums statt, es war, wie alles Wichtige im Fernsehen, eine Live-Sendung. Mitreden durfte auch der jeweilige Gast, ihm gegenüber blieb man höflich, aber er sollte die Grenzen, die ihm diese Höflichkeit gebot, auch beachten.

Eines der Verdienste, die dem »Literarischen Quartett« zugesprochen werden, ist, es habe gut geschriebene Literatur an ein größeres Publikum vermittelt. Jedenfalls hat sein Bekanntheitsgrad dazu geführt, daß in den Buchhandlungen die im Quartett besprochenen Bücher, bessere und leichtgewichtige, herausgehoben angeboten wurden und das Quartett letzten Endes auf Kosten der herkömmlichen Literaturkritik punkten konnte.

Diese verliert nicht nur an herkömmlicher Autorität, sie verliert unter dem Druck der Medienöffentlichkeit immer mehr auch ihren tradierten Sinn. Denn der neue Literaturkritiker, der in den Medien installierte, begreift sich immer öfter selbst als Mittelpunkt der Öffentlichkeit. Bücher sind nicht mehr da, um als solche bekanntgemacht zu werden, sie sind vielmehr da, um den Literaturkritiker bekanntzumachen. So ist die finanzielle Lage der Kritiker oft viel besser als die der Autoren. Sie verdienen mehr an den Büchern der Autoren als diese selber. Und man kennt sie besser als die Autoren, über die sie schreiben und sprechen.

Im Feuilleton begegnet der Kritiker dem Redakteur, wobei die Rollen sich überlappen. Oft genug wird der Kritiker zum Redakteur und der Redakteur zum Kritiker. Daraus ergibt sich die Aura des Feuilletons, seine alltägliche Autorität. Immer noch gilt die veröffentlichte Meinung im Feuilleton als literarisch verbindlich. Sie verkündet jedenfalls ihre literarische Verbindlichkeit angesichts des Bücherbergs. Die Kontrolle beruft sich auf den Kanon, den sie laufend untergräbt.

Das Feuilleton lebt aber nicht vom Buch, sondern von der Debatte. Und diese Debatte braucht immer neue Anlässe. Ob es nun um die umstrittene Rechtschreibreform, Walsers Auslassungen in der Paulskirche oder die Gentechnik geht. Das Feuilleton läßt die Schriftsteller und Publizisten zu Wort kommen. Es versteht sich als intellektueller Ort. Und das Feuilleton sortiert. Es wählt die Autoren aus, die im Feuilleton zu Wort kommen dürfen, die ins Rennen gehen. Dabei geht es weniger um die Kompetenz der Auserwählten als um die Konnotationsmöglichkeiten ihres Namens. Wer will schon wirklich wissen, was der Dichter und Büchnerpreisträger Durs Grünbein über die Gentechnik denkt oder Thomas Hettche über das Konservative?

Die Autoren werden zu Kandidaten, zu Rennpferden des Feuilletons, auch wenn sie sich selbst als Jockeys betrachten.

Werk und Ruf bedingen sich gegenseitig. In der Auswahl der Namen besteht nicht nur die Politik des Feuilletons, sondern auch seine Macht. Diese Macht verleiht ihm die eigentliche Autorität, die sich automatisch auf den Feuilletonredakteur überträgt. Er aber wird, mit dieser Ausstattung, oft selber zum Autor, zum Verfasser von Büchern, zum Pferd. Auch er ist einer, der schreibt.

Der Bücherberg verlangt nach einem Wegweiser. Wie die Bücher zu sortieren wären, ist schon lange nicht mehr nur eine Frage des Buchhändlers. Früher sprach man von literarischen Strömungen, wo aber sind die? Unsere Gesellschaft ist ein Panoptikum, das die Form eines Kaufhauses angenommen hat. Jeder wird etwas darin finden. Es ist unübersichtlich und beliebig zugleich. Die Idealform des Kaufhauses ist das Labyrinth. In die Unübersichtlichkeit müssen Pfade geschlagen werden. Denkpfade. Um dem Sinn auf der Spur zu bleiben.

Davor liegt der scheinbar einfachere Weg, der des Trends. Neben dem nur schwer zu erkennenden Pfad ist es der Trampelpfad. Er markiert die Strömung. So wurden zwecks Sortierens die beiden großen Trends des letzten Jahrzehnts ausgerufen: das »Fräuleinwunder« und die »Popliteratur«. In der Abteilung »Fräuleinwunder« faßte der Spiegel vor ein paar Jahren all die jungen Autorinnen zusammen, die letztendlich nicht viel mehr gemeinsam haben als das ungefähre Alter und den unverkennbaren Willen zum Schreiben. Daß der Begriff aber auf Susanne Erichsen zurückgeht, die erste Miss Germany nach dem Krieg, 1950 gekürt, spielt keine Rolle. Und auch nicht, daß sie in New York als Model auftrat und das Magazin Life damals den Begriff »Fräuleinwunder« kreierte. Was aber konnte ein Fräuleinwunder über literarische Bücher und deren Autorinnen aussagen?

Nicht viel anders verhält es sich mit dem Begriff »Popliteratur«, mit dem vor allem die mehr oder weniger neuen Männer wie Christian Kracht oder Benjamin von Stuckrad-Barre beschrieben wurden. Zwar meint Popliteratur eine Strömung, aber eine aus der Vergangenheit, eine amerikanische, die seinerzeit durchaus subversive Züge trug und auch in Deutschland ihre Ableger erhielt, vor allem in den späten Sechzigern, durch den heute fast wirkungslosen Rolf Dieter Brinkmann. Es sei denn, Stuckrad-Barre würde öffentlich aus seinem Werk vorlesen, wie es dem armen Jörg Fauser ergangen ist.

Die Trendsache der letzten Jahre in Deutschland hat mit der guten alten Subversion so gut wie nichts zu tun. Sie ist wie das Fräuleinwunder Teil einer von den Medien eingerichteten Lifestyle-Landschaft. Einige der Popliteraten wie Stuckrad-Barre, Thomas Meinecke oder Rainald Goetz legen ja sogar Platten auf. Wenn man sonst von der Verwischung der Grenzen zwischen Schriftsteller und Journalist oder Publizist spricht, muß man hier von einer Verschmelzung des Autors mit dem DJ ausgehen. Es ist auch eine Form der neuen Autorität, wenn der Text schweigt und sein Autor die Plattenauswahl des Abends bestimmt, bevor er die Sitzkissen der Teenies signiert. Die Leserinnen verweilen mit dem Arsch auf der Handschrift ihres Idols. Das ist die Situation der literarischen Autorität zwischen Kulturbetrieb und Egotrip.

Aber auch die Lifestyle-Welt hat ihre Textsorte. Es ist die Kolumne, in der jede Botschaft zum Anlaß des Entertainments wird. Der Meister dieser aktuellen literarischen Kleinform ist, neben dem schon erwähnten Stuckrad-Barre, der hauptsächlich Texte über seine Lesereisen verfaßte, der ehemalige FAZ- Redakteur Florian Illies, der die Kolumne zum Buch ausgeweitet hat, mit seinem Bestseller »Generation Golf«, dem er ein weiteres einschlägiges Werk folgen ließ: »Anleitung zum Unschuldigsein«. Was er mitteilt, ist unanfechtbar, ist banal, man könnte sagen, nicht der Rede wert, aber erkennbar für die vielen in der Provinz Bundesrepublik in den beiden letzten Jahrzehnten autistisch großgewordenen Kids, die von Waren umstellt waren, aber auch von all den Gutmenschen der Familie Bundesrepublik. Die infantilen Beschäftigungen der provinziellen Sattheit von hochintellektuellen, aber mit einer auf nichts ausgerichteten Intelligenz ausgestatteten Jugend finden bei Illies ihren Ausdruck. Er sagt, wie es gewesen ist, und er versichert seinem Publikum, daß es sich nicht alleine schämt. Wir schämen uns alle für unser peinliches Leben, sagt er zur Spaßgeneration und ist damit ihre höchste Autorität, gleich neben Stefan Raab, dem TV-Entertainer, der sein Ego durch öffentliches Selbstschinden zum Glänzen bringt.

Die Autorität des Themas

Es hat sich alles verändert, und das meiste ist geblieben, wie es war. Wir sind eine Gesellschaft ohne Gedächtnis. Unser Gedächtnis wurde durch Rituale ersetzt. Alles gilt auch weiterhin, und die Last der Geschichte verschafft den Biographien die Autorität. Es gibt weiterhin die Themen, die Autorität beinhalten: Krieg, Auschwitz, DDR, 68. Sie legitimieren den Autor. Es sind die Hauptstädte der deutschen Literatur.

So sind die Symbole, die seine Autorität bebildern, weiterhin lebendig, aber sie wandern durch die verschiedenen Kontexte des politisch Korrekten, durch die Event-Kultur und über die Monitore der Spaßgesellschaft, und ihre Ausstrahlung bleibt kalt. Wir simulieren und meinen es zugleich bitterernst. Der Schriftsteller ist ein Clown, der seine Wahrheit wie ein Staatsschauspieler vorträgt.

Es gibt in der Mediengesellschaft weiterhin die tradierte Ernsthaftigkeit der Weltbetrachtung und der literarischen Reflexion, kurz, das Seriöse. Man denke nur an den Sonntag der Frankfurter Buchmesse, an dessen Vormittag regelmäßig der Friedenspreis des Deutschen Buchhandels verliehen wird. Auf der Bühne stehen die großen Geister wie eh und je, Jürgen Habermas oder Jorge Semprún, und sie verhandeln mit der gleichen Ernsthaftigkeit, wie immer schon, die großen Fragen der Zeit, während das Publikum, das die Eliten des Landes repräsentiert, im Lichte des Fernsehens die Rolle des dankbar lauschenden Publikums wahrnimmt. Am Montag darauf berichten auch die Feuilletons, und für alle ist der Preisträger eine unbestrittene Autorität. Das ist der Augenblick, in dem alles wieder gut wird, und dann ist auch schon der Dienstag da.

Niemals hat man sich so fröhlich von der Bildung verabschiedet wie 68. Seither lebt man im Informationszeitalter. Zeuge des grundlegenden Mißverständnisses, das sich daraus ergibt, sind die zahllosen Unterrichtsreformen im Zeichen der Modernisierung. Die Häufigkeit von Bildungsreformen ist ein sicheres Indiz für eine Bildungskrise.

Das Bewußtsein des Zeitgemäßen zog eine Arroganz nach sich, die mittlerweile aller Ratio unzugänglich geworden ist. Dabei zeigt jede Bilanz, nicht nur das vielzitierte Pisa, daß das Ergebnis der deutschen Bildungsreformen den Tatbestand eines Desasters erfüllt. Wie man's auch interpretiert, die jungen Menschen sind heute insgesamt schlechter für die Anforderungen des Lebens vorbereitet.

Das aber ficht die Modernisierer wie alle Ideologen nicht im geringsten an. Sie haben jedes Leistungsprinzip in der Schule mit ihren Demokratisierungsmaßnahmen im Bewertungsbereich verbannt. Bis heute sind sie stolz darauf, das Autoritätsprinzip ausgehebelt zu haben. Wo der Lehrer aber nicht mehr Leitfigur, sondern bestenfalls Kumpel ist, wird auch das Wissen und der Bildungsinhalt, den er vermitteln soll, entsprechend beliebig. Er wird zum Entertainer seiner Schüler. Ohne Autorität keine Leistung.

Letzten Endes haben alle Reformen die Ego-Massage der Heranwachsenden zum Zweck. Mit ihnen ist der uralte spießige Elternstolz auf den Nachwuchs ministrabel geworden. Was aber eine solche fortgesetzte Anbiederung an die zartbesaiteten Lümmel und Zicken bedeutet, kann man allenthalben beobachten. Wenig Initiative, Naivität und eine Mentalität des sturen Forderns. So wird ein verhängnisvolles Verhaltensmuster schon früh eingeübt, dessen Horizont von dem, was dem einzelnen zusteht, und dem, was ihm zugemutet werden könne, limitiert wird. Wer trotzdem an seine Grenzen will, dem bleibt nur der Extremsport. Der Ernst des Lebens überhaupt verwandelt sich in

Sport. Es ist die folgenreichste Entwicklung für die Erlebnisgesellschaft.

Eine Gesellschaft, die sich den Launen ihrer mißratenen Jugend unterwirft, ist schlecht beraten. Weist man darauf hin, wird man schnell als Reaktionär etikettiert. Man wolle zurück in die fünfziger Jahre, heißt es dann. Aber: Vielleicht wußten die Schüler in den fünfziger Jahren mehr als die von heute, wahrscheinlich war ihr Wissen von größerer Brauchbarkeit. Im Lehrplan versteckt sich die Zukunft der Gesellschaft.

Der unter Hohn und Spott vollzogene Abschied von der Bildung wird bis heute von einem leeren Wissenskult begleitet. Unsere Jugend gilt als unglaublich informiert. Eltern erklären einem unentwegt mit kuhdummem Blick, wie schnell die Kids am Computer wären, und noch besser, wie versiert sie das Handy bedienen. Kein Youngster, der nicht schon mal seinem Vater lässig ein paar einschlägige Handgriffe beigebracht hat. Entgangen scheint diesen stolzen Erzeugern zu sein, was der vernetzte Nachwuchs an seinen Geräten so treibt, nämlich Spiele spielen. Die Konsole bedienen, als wäre er Sisyphos im Cyberspace.

Die Experten aber, die das Problem verstanden haben, erklären den Notstand regelmäßig zur Tugend. So wird das Spiel zur Gesellschaftsnorm erhoben. Alles wird spielerisch gemacht. Was dabei im Nebeneffekt verlorengeht, ist der Ernst des Lebens. Generationen wachsen heran, die nichts anderes vorzuweisen haben als ihr Kinderzimmer.

Es gibt kein größeres Mißverständnis, als zu meinen, die Weltlage sei durch das Spiel zu bewältigen. Nie waren unsere jungen Menschen so wenig für die Gefahren gewappnet wie heute.

Die Kulturnation, auf die wir uns gelegentlich berufen, ist unter den Bedingungen des Spiels zur Quiznation geworden. Die Wissenssendungen gehören im Fernsehen zu den beliebtesten. Daß es regelmäßig eine Gelegenheit ist, den einschlägigen geistigen Bankrott der Kandidaten zu besichtigen, bleibt nebensächlich. Es geht schließlich um den Unterhaltungswert. Und der kommt aus dem Nichtwissen noch mehr als aus dem Wissen. Dieses Faktum macht einen Günter Jauch zum Zeremonienmeister.

Wer keine Bildung hat, kann auch mit Information nichts anfangen. Information ist kein Wert an sich. Bildung ist nicht die Summa des Lexikonwissens. Man muß Informationsmerkmale erkennen und kombinieren können. »Gebildet ist erst der«, meint Dietrich Schwanitz, »der sein eigenes Wissen einordnen kann.« Das verlangt weiterhin eine gewisse Ausbildung des Hirns.

Information braucht die Verbindlichkeit des Kanons, um sinnvoll zu werden. Ohne ihn wird alles zur Performance, zum Kuriosum. Zum »Wetten daß ...?«. Alles, was dort, in einer der beliebtesten Sendungen des öffentlich-rechtlichen Fernsehens vorgeführt wird, ist vergeudetes Talent, Zirkus. Es ist der Zirkus, den der Clown übernommen hat.

Das Labor ist leer, die Deutschen hängen am Trapez.

Provokation

Knigge hat seinen Abschied genommen. Verrohung und Sittenverfall werden uns anschaulich zur Kenntnis gebracht. Man informiert uns sachlich und dramaturgisch professionell. Den Täter präsentiert man uns als Freigänger. Nur die Yellow Press regt sich noch auf. Aber für sie ist die Empörung Geschäftsgrundlage. Sie appelliert an den Anstand wie an einen niederen Instinkt.

Die achtundsechziger Emanzipation war nicht zuletzt ein Angriff auf das bürgerliche Leben, auf seine Regeln und Umgangsformen. Die Feier der Respektlosigkeit hat auch eine Mißachtung der Menschenwürde zur Folge, eine Geringschätzung des anderen.

Wir leben jenseits der guten Manieren. Die Kommunikation wurde zum Maßstab aller Dinge erhoben, sie ist ohne

Ethos und deshalb ohne Diskretion. Intrige, Mobbing, Herabwürdigung, Heuchelei sind zum Regelfall in der Arbeitswelt geworden. »Die Kunst der Arschkriecherei« (Alphons Silbermann) beherrscht das Betriebsklima. Noch nie wurden in Deutschland so viele Energien mit dem Hauen und Stechen am Arbeitsplatz verschleudert. Dabei stellt das Institutionengeflecht der sozialen Mitbestimmung die Rahmenbedingungen der Posse. Ihre dramaturgischen Regeln werden durch Betriebsrat und Kündigungsschutz garantiert. Der lange Marsch der kritischen Intellektuellen in die Institutionen hat eine Kombination von Bürokratisierung und Jargon hervorgerufen, so als wollten sich die Protagonisten verstärkt an ihre historische Ursprungslage als »clercs« erinnern, ganz so, wie Julien Benda sie in seinem Klassiker beschrieben hat, als »Verräter«.

Ergänzt wurde die achtundsechziger Demontage der Werte durch die Spaßgesellschaft mit deren komödiantischer Inszenierung. Damit wurde der Kanon endgültig zur Parodie. Die Provokation zum Unterhaltungsfaktor. Der Nachfolger von Fassbinder konnte nur Schlingensief sein. Dessen Gang zum Gral der Hochkultur, nach Bayreuth, war zwangsläufig.

Das Humboldtmanöver

Als wäre es zu beweisen: Humboldt kann auch unterhaltsam sein. Niemals war unsere Öffentlichkeit mit kulturellen Gedenktagen in einer solchen Ausführlichkeit beschäftigt wie in den letzten Jahren. Als wollten uns Fernsehmoderatoren davon überzeugen, daß alle angestaubten Klischees über die Deutschen dennoch zutreffen, so auch jenes vom Volk der Dichter und Denker. Nicht Schiller trieb uns um, sondern das Schillerjahr. Den Vogel aber schoß Günter Jauch ab mit seinem Bonmot: »Alexander von Humboldt – Europas erster Kosmonaut.« Das Manifest zum Bonmot aber stammt von keinem geringeren als Hans

Magnus Enzensberger. Er ist seit eh und je unter den deutschen Propheten der Champion. Ob es um die Verwirklichung der Utopie ging oder um ihren Bankrott, um das Ende der Literatur, um Kuba als Chiffre der Revolution oder die Rettung der Rechtschreibung, Enzensberger war stets der erste unter den Ausrufern. Er wurde im letzten Jahrzehnt zum Volkspädagogen. »Deutschland«, so Enzensberger, »ist auf Alexander von Humboldt angewiesen, wenn es die Herausforderungen des einundzwanzigsten Jahrhunderts bestehen will.« Er nennt sieben Gründe, die allesamt den Kitsch gegenwärtiger Halbbildung bedienen und aus dem Handbuch eines Bestsellerverlegers stammen könnten. Zum Beleg seien die folgenden Sätze zitiert: »In Deutschland war Humboldt der erste, der die Wissenschaft als globalisiertes Projekt verstanden hat.« »Seine Prosa ist lebendig, spannend und allgemein verständlich, ohne in der Sache Konzessionen zu machen.« »Humboldt hat dieses Wort (die Rede ist von Ökologie) nicht gekannt, doch war er der erste Wissenschaftler, dessen Verständnis der Natur nicht instrumental, sondern ökologisch geprägt war.« »Humboldts weltweiter Erfolg verdankt sich auch seiner Risikobereitschaft.«

Wir informieren uns über Leben und Werk. Mit Google geht das ganz schnell. Dann auf in die Show, mindestens telefonisch, kostet ja nicht viel. Der Preis eines Anrufs ist mit der Telefonnummer eingeblendet. Die ZDF-Frage lautete: Wer sind die größten Deutschen? Auf die Plätze. Am Ende sagen die Charts: Konrad Adenauer, Martin Luther und Karl Marx. Wow, denkt man, als sitze man in einer amerikanischen Vorabendserie mit eingespielten Publikumslachern. Auf Platz16 nämlich schaffte es Daniel Küblböck. Joschka Fischer kam bis Platz 52 und damit noch vor Karl May, und Alexander von Humboldt belegte Platz 61. Hitler war übrigens vom Wettbewerb ausgeschlossen. Fürchtete man beim ZDF, er könne es mit Küblböck, dem RTL-Castingprodukt, aufnehmen? Waren es die Einschaltquoten von Herrn

Knopp, die zur Vorsicht rieten? Hitler ist zwar nicht der größte, aber der weltweit wohl bekannteste Deutsche.

1,5 Millionen Stimmen wurden gezählt. Das Popcorn-Volk der Dichter und Denker hat gewählt.

Aufwendige Serien erzählen uns das Leben der Familie Mann. Sie werden zum großen Erfolg. Das Leben der Manns interessiert uns wie das der Royals. Kein bißchen weniger. Die Bücher von Thomas und Heinrich, von Klaus und Erika sind jetzt die Bücher zum Film. Mindestens die von Thomas und Heinrich. Vor allem jedoch die von Thomas.

Das aber war immer schon so.

Bildung wäre, aus dem Buch, das man selbstverständlich gelesen hat, das man kennt, en passant und passend zu zitieren. Wissen ist, über das Buch zu reden, anhand dessen, was man darüber in Erfahrung gebracht hat.

»Ich habe ihn gegoogelt.«

Benimmbuch

Wissen ist nichts ohne Bildung und Bildung nichts ohne Ethos. »›Bildung‹ und ›Kultur‹ sind zerredete, mißbrauchte, geschundene Wörter«, sagt Manfred Fuhrmann. Die öffentliche Moral ist längst fragmentiert, Heuchelei und political correctness bestimmen die Rhetorik. An die Stelle der Ethik tritt der Ethikrat. Alles wird zum Mehrheitsbeschluß und der Mehrheitsbeschluß zum Instrument der Guten.

Ein Äthiopier, Asfa Wossen Asserate, Großneffe des letzten äthiopischen Kaisers und Unternehmensberater, veröffentlichte mit »Manieren« das Benimmbuch des Jahrzehnts. Eine postkoloniale Komödie oder doch nur der neue Papalagi? Jedenfalls wurde er mit dem Knigge und der Schönfeldt verglichen. Der Superlativ unserer Jahre ist leer, sein Modus aleatorisch.

Ob jemand was aus dem Bestseller gelernt hat, ist die falsche Frage. Wahrscheinlich hat man es als Geschenkbuch betrachtet, wie »Schotts Sammelsurium«. Mit oder ohne Manieren, man amüsiert sich köstlich. Einfallsreiche Anthologisten weisen uns den Weg. Das Geschenkbuch ist der Almanach der Spaßgesellschaft. Es ist die Form, die jeden Inhalt gefällig macht.

Wo man auch hinblickt, nette Menschen. Aber die Hand in der Hosentasche.

Neun Figuren des öffentlichen Raums

Es gab eine Zeit, da wurden in den Talkshows Tische umgeworfen, und die Gäste schütteten einander den Wein ins Gesicht, während ausgeflippte junge Damen Anleitungen zur Masturbation gaben. Diese Zeit ist lange schon vorbei. Heute sitzen nur noch brave Leute in der Runde. Sie sind unter der kundigen Gesprächsführung bemüht, den Plauderton zu treffen. Die Talkshow analysiert unsere Gesellschaft nicht, sie führt sie auch nicht vor. Sie illustriert sie, mehr noch, sie animiert sie. Im folgenden stellen wir einige der bewährten Akteure vor:

Daß *die Moderatorin* die wichtigste Person im öffentlichen Raum geworden ist, kann man als Zeichen der Krise deuten. Sie ist die Leerstelle der öffentlichen Fragen. Durch sie behält, was längst anarchisch durch den Raum hallt, seine Form. Die Moderatorin ist der Garant, daß nichts ausufert, daß nichts passiert. Sie ist die Präsidentin der Konsensgesellschaft.

Der häufigste Repräsentant in der Talkrunde ist *der Politiker*. Er ist zwar auch der, dem man die geringste Glaubwürdigkeit zuerkennt, aber der am meisten Gefragte. Ihn versucht die Moderatorin aufs Glatteis zu führen. Er soll dazu gebracht werden, etwas zu sagen, was er nicht sagen möchte. Er soll auf etwas festgelegt werden. Der Politiker ist bemüht, sich keine Blöße zu geben, also nichts zu sagen. Indem er nichts sagt, aber unentwegt spricht, ist er ein guter Politiker.

Der immer gefragtere Typ ist *der Manager*. Das hat mit der wachsenden Bedeutung von Wirtschaft für unser Leben zu tun. Der Manager ist aber nie der Star einer Runde. Er ist mehr der Zeuge eines Problems. Man stellt ihm gerne Fragen über das Dilemma der Wirtschaft, die er alle unbeantwortet läßt. Der Manager ist wenig sexy. Die Moderatorin spricht ihn nur nebenbei an. Er sitzt meistens auch weiter weg von ihr.

Der Künstler, meist Schauspieler oder Musiker, erfüllt den Promibedarf der Runde. Ihn kennen alle, wollen ihn auch sehen. Er sorgt für die Quote. Was er sagt, ist unwichtig. Er redet aber gerne mit, schon um zu zeigen, daß auch er, obwohl man es ihm gar nicht zutraut, eine eigene Meinung hat, die sich von der des Normalbürgers kaum unterscheidet. Der Künstler erhält regelmäßig Beifall aus dem Studiopublikum.

In einem Einspieler wird zunächst einmal die Biographie *der Karrierefrau* ausführlich präsentiert. Danach spricht ihr die Moderatorin ihre Bewunderung aus. Die gesamte Runde staunt über ihren Lebensweg. Die Karrierefrau ist eine Rarität. Sie lebt von ihrer bloßen Existenz. Gefragt wird sie nicht nach ihrer Arbeit, sondern nach dem Privaten. Alles, was man von ihr letztlich wissen will, ist, ob sie nicht einsam sei. Mehr noch, man will sogar hören, daß sie einsam ist. Als sei der Lebenslauf der Karrierefrau nicht nur ungewöhnlich, sondern sogar bedrohlich. Und klingt nicht der Ausdruck »Karrierefrau« etwas verächtlich, ist es nicht schon ein halbes Schimpfwort?

Ganz anders *das Opfer*. Auch das Opfer ist in der Regel eine Frau. Das Opfer wird knapp vorgestellt, danach darf es ausführlich seine Geschichte erzählen. Die Moderatorin aber stellt regelmäßig Zwischenfragen. Diese sollen die Gefühle herauskehren. Das Opfer muß bei allem, was es erzählt, weil es das alles ja erlebt hat, auch die dazugehörenden Gefühle beschreiben. Das Opfer spricht, und wir, die Zuschauer sind den Tränen nahe.

Der Experte kommentiert die Stichworte der Politiker. Bewertet sie. Er bewertet sie zum Teil auf der Grundlage derselben Unterlagen, auf die sich auch die Politiker berufen. Aber er muß keinen Optimismus herauskehren. Im Unterschied zum Politiker macht der Experte keine Stimmung. Er sagt nüchtern, was nicht geht, und auch wenn er sagt, was geht, so ist dies meistens kein Grund zum Jubel. Im Unterschied zum Politiker erweckt der Experte den Eindruck, frei zu sein. Die Sachlichkeit, mit der er im Gespräch vorgeht, kehrt seine Professionalität hervor. Wenn der Politiker der Kellner ist, der gerne Ober wäre, so ist der Experte der Mann, der gerade aus der Küche kommt, obwohl er nicht der Koch ist.

Die Ausländerin blickt von außen auf unsere Gesellschaft. Ihr bescheinigt die Moderatorin, sie habe den fremden Blick. Ob sie nun Musikerin ist oder Schauspielerin, Schriftstellerin oder Türkin, sie wird gefragt, wie sie sich in Deutschland fühle. Ihre Antwort darauf besteht aus zwei Teilen. Sie ist kritisch und witzig. Sie spricht von den Deutschen. Ihre Einschätzung wird aufmerksam zur Kenntnis genommen, wie eine ethnologische Erkenntnis. Zweitens wird sie nach ihrem Verhältnis zu Schuhen gefragt. Sie nennt meist eine kultige Marke, die man in der Runde insgeheim kennt, man nickt, es ist etwas Teures und Abgefahrenes, und damit gehört die Ausländerin irgendwie dazu. Sie ist akzeptiert. Man ist bereit, ihr alle weiteren Geheimnisse zu lassen.

Der Journalist konkurriert mit dem Experten. Seine Ansichten gelten aber nur als Vermutungen, als Spekulationen. Der Journalist ist entweder Printjournalist oder Auslandskorrespondent. Als Printjournalist kommentiert er die Innenpolitik, und während er spricht, eine Meinung äußert, wird seine Zeitung regelmäßig eingeblendet, schon um ihn für das Publikum politisch zuzuordnen. Der Printjournalist spricht gelassen, aber nicht ohne Anteilnahme. Seine Gelassenheit soll ihn vom Eifer des Politikers in der Runde unterscheiden. Der Auslandskorrespondent wiederum ist der Mann vor Ort. Er berichtet aus dem Krisengebiet, und in die Talkshow wird er eingeladen, um über seine Arbeit aus dem Krisengebiet zu berichten. Mit dem Auslandskorrespondenten wird uns ein Mann, der sich in Gefahr begibt, präsentiert. Er hat etwas von einem Extremsportler.

»Im Regelfall sind Talkshows störungsfrei und deshalb ziemlich ereignisarm. Wer sie trotzdem gerne sieht, wartet insgeheim darauf, daß etwas nicht gelingt. Die Talkshow ist ein Drahtseilakt. Die Möglichkeit des Scheiterns ist ihr eigentliches Unterhaltungsversprechen«, schreibt Klaudia Brunst in ihrem Buch »Je später der Abend ...«. Dieses Versprechen wird im heutigen Deutschland schon lange nicht mehr eingelöst. Es stellt sich mittlerweile sogar die Frage, ob die Zuschauer überhaupt noch auf einen solchen Augenblick warten.

Der einzelne und sein Archiv

Die zweite Hälfte des 20. Jahrhunderts wird bereits archiviert. Es werden Bücher über Songs von Bob Dylan verfaßt. Auch uns schaut bald unsere vergangene Lebenswelt als Archiv an.

Wer schreibt, erinnert sich, aber was erinnern wir, wenn wir schreiben?

»Damals, als er über den Damm ging, in seinem schwarzen Gehrock, den Stock durch die Luft schwingend, schwankend wie ein Mastbaum, mit seinem bereits vergilbten Kautschukkragen, seiner eisengefaßten Brille, ins Leere starrend – damals trat mein Vater in die Landschaft hinein wie in einen Bilderrahmen, vollkommen entmythologisiert«, schreibt Danilo Kiš in »Garten, Asche«.

Stehen wir bereits im Bilderrahmen und denken über Deutschland nach wie Heine, Börne oder Saphir?

Erinnerung gibt vor, die Vergangenheit zu beschreiben, sie beschwört sie aber nur. Erinnerung ist Anrufung. Luftkrieg und Reichskristallnacht.

Immer wieder erzählen Menschen, wie erstaunlich sie es finden, daß sie sich an dieselbe Situation ganz verschieden erinnern. So daß man meinen könnte, es sei gar nicht dieselbe Situation gewesen. Es war aber dieselbe Situation, versichern sie. Die Diktaturen, in denen man tanzte und verhört wurde. Zwei Diktaturen auf deutschem Boden, verdammt und verharmlost.

Die Erinnerung ist als Erzählung der Selbstzensur unterworfen. Man erinnert sich in den Koordinaten des kollektiven Gedächtnisses, aber zwischen diesen Koordinaten scheint Raum genug zu sein, um sich selbst ins rechte Licht zu rükken. Auch als Opfer, wie die roten Kapos von Buchenwald. Die Erinnerung ist rechthaberisch.

»Die Folge der Erinnerungen, selbst der allerpersönlichsten, erklärt sich immer aus den Veränderungen, die in unseren Beziehungen zu den verschiedenen kollektiven Milieus entstehen, das heißt, letztlich aus den Veränderungen jedes einzelnen dieser Milieus und ihrer Gesamtheit«, sagt Maurice Halbwachs.

Ist das Rechthaberische damit nur ein Gestus, ein Aufbegehren gegen die Determination? Wo man steht und geht, wo man hinsieht, konstituiert sich eine Gruppe. Wer will schon allein sein? fragt der Schlager in die Menge. Der Schlager fragt es von der Bühne, und der Saal spendet kollektiv Applaus. Wir sind immer auch Publikum.

Das Schreiben erweckt den Eindruck des Alleinseins. Das Schreiben vermittelt die Illusion, daß man sich dem Geschehenen ohne Zeugenschaft, also unbehelligt, nochmals zuwenden könnte. Aber man denkt die anderen, auch wenn sie abwesend sind, mit.

Sich schreibend erinnern heißt, sich mit Menschen aus einer Vergangenheit umgeben. Für den Augenblick des Schreibens erscheint diese Vergangenheit plötzlich veränderbar. Der wahrscheinliche Hauptgrund für das Heraufbeschwören des Vergangenen ist: Man will ihm das offene Ende nehmen.

Schreiben wird so zum Protest gegen die Vergänglichkeit. Schreiben stellt sich gegen den Zeitbegriff. »Scheinbar wird die Zeit vor allem in der Narration ausgesagt«, vermutet Umberto Eco.

Wer schreibend erzählt, glaubt, die Vergangenheit festzuhalten, indem er aber in sie eingreift und ihm dieser Eingriff bewußt wird, verliert er seinen Glauben Satz für Satz. Ihm wird klar, daß er beim Schreiben nicht dem Verlauf der Ereignisse folgt, sondern den Gesetzen seiner Erzählung.

Über die Vergangenheit entstehen so viele verschiedene Meinungen, wie Erzählarten möglich sind. Diese Meinungen lassen sich nicht mit einer Stimme referieren, und wenn doch, dann ist diese Stimme auf Widerspruch angewiesen.

Über die Vergangenheit gibt es regelmäßig Streit, und dieser Streit wird schnell politisch. Schließlich wird er in der Gegenwart ausgetragen. Jeder Roman über die Vergangenheit ist ein Roman über die Gegenwart. Wenn die Erinnerung trügt, dann nicht wegen des schlechten Gedächtnisses, sondern aus den Bedürfnissen der Gegenwart heraus.

Wer sich erinnert, sagt ebensowenig die Wahrheit, wie er lügt. Er faßt vielmehr zusammen, was heute sinnvoll erscheint. Schreiben ist Sinngebung für das kollektive Gedächtnis, sofern dieses Geschichte herstellt.

Das kollektive Gedächtnis behauptet, die Wahrheit zu verwalten, es bedient aber die gegenwärtige Verfassung der Nation. So wird die Familiengeschichte Teil der Nationenrhetorik und die Nationenrhetorik Teil der Familiengeschichte. An der Wahrheitsbettstatt wartet die Identität.

Die Familie ist das Abbild der Vergänglichkeit, schon durch die Generationenabfolge, sie stellt aber auch das Ordnungssystem des Vergänglichen. Gerhard Richters »Onkel Rudi« lächelt uns an.

Ist eine Gesellschaft wirklich verurteilt, wenn sie nicht mehr die Kraft hat, borniert zu sein, wie Cioran meint?

Daß das Vergessen eine Form der Erinnerung ist, weiß nur die Literatur, sie sollte es wissen. Im Nachkriegsdeutschland hat man das Vergessen politisiert. Die Vergangenheitsbewältigung ist an die Stelle des Erinnerns getreten. Das kollektive

Gedächtnis wurde zur Folie der Gesellschaftskritik, der Gedächtnisort zur Tribüne.

Das Archiv ist, wie Pierre Nora es ausdrückt, »das Gedächtnis des Staates«. Es ist aber auch das Gedächtnis der Familie. Zwischen ihnen brummt die Geschichte, der Roman.

Die Rückkehr der Sinngebung in die Pop-Kultur

Als Charlotte Roche in einer Talkshow den Staubsauger der siebziger Jahre vorführte, mit dem sich laut einer Urologen-Dissertation zahlreiche Männer in Deutschland Penisverletzungen zugefügt haben sollen, konnte man denken, die schrille Underground-Parodie habe das öffentlich-rechtliche Entertainment erreicht und damit eine Plattform der bürgerlich besetzten Spaßgesellschaft. Charlotte Roche ist im Dezember 2004 beim in Geschäftspanik begriffenen Pubertätssender Viva rausgeflogen, wo sie die popintellektuelle Kultsendung »Fast Forward« moderierte. Die arbeitslose Roche tourte danach gemeinsam mit dem Schauspieler Christoph Maria Herbst mit einem Programm durch die Republik, das sich »Penisverletzungen bei Masturbation mit Staubsaugern« nennt.

Um ihr Thema vorzustellen, holt Frau Roche weit aus, sowohl in der Talkrunde als auch im Interview, beispielsweise im Magazin *Blond*. Ein Fazit mimend, sagt sie: »Wir sind die Milli Vanilli der Wissenschaft.« Zur Erinnerung: Milli Vanilli war jenes Duo, das vor vielen Jahren aufflog, weil es nicht selber gesungen hat. Damals war das noch ein Skandal.

Charlotte Roches Auftritte sind auffallend narrativ. Das aber ist ein Kennzeichen der Neo-Pop-Bewegung der letzten Jahre. Während der ursprüngliche Pop der Sechziger einen furiosen Protest pflegte, bei dem das serielle Zitieren die Coda darstellte, ergeht sich sein später deutscher Nachfolger in vielfältigen Geschichten. Das Geschichtenerzählen ist fester Bestandteil der Musikreportage im Popkulturorgan

Spex, aber auch des Unternehmerporträts im Wirtschaftsmagazin brand eins, eine der wenigen haltbaren Gründungen, die den Start-up-Mythos der New Economy überlebten.

In beiden Fällen aber wird – man beachte die Veränderung – ganz ohne den Milli-Vanilli-Effekt erzählt. Vielmehr legt man, sowohl in der Musikzeitschrift als auch im Wirtschaftsmagazin, Wert auf die ernsthafte Absicht, auf die Fusion zwischen Pop-Aufmachung und intellektuellem Ansatz. Es werden zunehmend Texte publiziert, wie sie im renommierten Feuilleton oder im Wochenendmagazin der großen Zeitungen stehen könnten.

Der Verweigerungsgestus, den Charlotte Roche noch ganz im Sinne der Spaßgesellschaft zelebriert, weicht der Sinngebung. Wenn das »Label und Künstlerkollektiv« R.O.T (respectortolerate) mit dem Projekt »angefangen« eine Wertediskussion beginnt, in der es nicht zuletzt um Deutschland geht, nimmt sich die Pop-Fraktion allen Ernstes einer Zeitdebatte an. »angefangen«, heißt es dort, »gibt keine Antworten, sondern stellt Fragen und löst Diskussion aus.« Originalton Mieze, der Frontfrau der Berliner Band Mia, im R.O.T-Statement: »Ich lebe in Deutschland, ich spreche deutsch, ich träume in dieser Sprache und liebe es, mit ihr zu texten.«

Die Thematisierungsstrategien gehen quer durch die Pop-Welten. Dazu gehören die Nationalfarbenzitate in Eva Gronbachs Modekollektion, die provokativ Zeichen setzt. Sie sagt: »Kleidung ist mehr als ein interessanter Schnitt. Für mich ist Modemachen Auseinandersetzung mit mir selbst und der Gesellschaft.« Dazu gehört auch das programmatische Spiel mit Romantik-Anklängen auf dem neuen Tocotronic-Album »Pure Vernunft darf niemals siegen«. »Im Blick zurück entstehen Dinge / Die dazu führen, daß wir uns finden / Die uns mit unserem Wunsch verbinden / Und die dann sanft ins All verschwinden«, heißt es dort. So mischt die neueste Pop-Kultur mit zeichenhaften Rückrufen in die Geschichte und dem Zitieren der einschlägigen Embleme in der Gegenwartsdebatte um unser Land mit.

Was aber bedeutet die jüngste Verknüpfung der Zeitfragen mit den Narrationen der Pop-Fraktion? Ist es nach dem gefühlten Ende der fetten Jahre der Versuch der unideologischen Nachrückergenerationen, die Krise zu beschreiben, sich sogar einzumischen? Möglich, bedenkt man, daß die Pop-Zeitschrift Testcard eines ihrer Themenhefte den »Linken Mythen« widmete.

Oder ist es nur die Ratlosigkeit eben dieser Generationen angesichts des Zusammenbruchs der seit eh und je fröhlich expandierenden Pop-Industrie, deren Hauptmerkmal die deklarierte Selbstzuversicht war? Gerade die Kapitulation der Musikkonzerne, die die Download-Revolution verschlafen haben und folgerichtig an ihrer arroganten Geschäftspolitik gescheitert sind, hat das herrenlos vagabundierende Bewußtseinspotential verstärkt. Die neue Akzentuierung des deutschsprachigen Textes ist ein Indiz für die wachsende Bedeutung der Sinngebung, dazu gehört auch die Wertschätzung deutsch singender Bands wie Wir sind Helden oder Mia. Als fast schon logisch erscheint die Wiederbelebung des Chansons durch Annett Louisan.

Die Signaturen des Gesellschaftlichen kehren in die diversen neu abgerufenen Erzählformen – Reportage, Portrait, Interview, Zitat, Song, Anekdote, Roman, Essay – zurück. Der Mantel des Pop wird um die Gesellschaftskritik geschlagen, als wäre es ihre einzig mögliche zeitgemäße Verpackung. So, wenn sich die linke Zeitschrift Jungle World ein Pop-Outfit verordnet, das zumindest Teile der Texte in ihrer Deskriptivität mitbestimmt. Merkwürdig, aber die selbst ratlos um Authentizität ringende Pop-Kultur expandiert.

Die bisweilen forsche Literarisierung der Diskurse mit den Mitteln, die sich die Pop-Kultur aneignen konnte, ist unverkennbar. Sie ist wohl das Ergebnis der Akzeptanz der Unschärfe. Diese wiederum resultiert aus der Gleichzeitigkeit von Krise und fehlender ideologischer Marschroute. Die Narration ersetzt das Manifest, versucht es zumindest. Unter dem Titel »Being Jean Paul Sartre« wies die Financial

Times Deutschland auf den bevorstehenden hundertsten Geburtstag des Philosophen hin. Slipper, Pfeife, Montblanc und Citroën, wie von Sartre bevorzugt, wurden zur Nachahmung empfohlen, zur Hommage freigegeben. Die einzelnen Abschnitte des Artikels hatten durchaus subversive Überschriften: »Tragt Schwarz!«, »Hört mit dem Nichtrauchen auf!«, »Geht mehr fremd!«, »Trinkt!«. Alles durch Anekdoten aus dem Leben des Denkers abgesichert.

Der Berliner Verlag Matthes und Seitz kündigte in seinem Frühjahrsprogramm 2005 unter dem Titel »Versbrecher« eine Anthologie von Popmusiktexten an. Dabei sind: Dirk von Lowtzow (Tocotronic), Jochen Distelmeyer (Blumfeld) oder Inga Humpe (2raumwohnung).

Selbst der Aufbruch in die literarische Großform wurde erfolgreich gestartet. Der Element-of-Crime-Sänger Sven Regener hat im Herbst seinen zweiten autobiographischen Roman »Neue Vahr Süd« veröffentlicht, der weit ausholend die Geschichte der Bundesrepublik in den frühen achtziger Jahren zu erzählen versucht und Bremen als literarischen Ort fixiert. Eine narrative Introspektion der Gegenwart probiert hingegen die Musikjournalistin und ehemalige Spex-Mitarbeiterin Kerstin Grether mit ihrem Casting-Roman »Zuckerbabys«.

Die Fragen sind zum Greifen nah, Antworten aber nicht in Sicht. Der Wille zur Authentizität wird in Partizipation umgemünzt. Indem die neueste Pop-Kultur sich der vielfältigen Realitäten deskriptiv annimmt, wächst sie hinein in die allgemeine Diskursproduktion und geht in ihr, das ist der Preis, Stück um Stück auf. Kerstin Grether beschreibt es so: »Credibility im Pop ist eigentlich ein Widerspruch in sich. Denn Credibility schreit nach wahrhaftigem Ausdruck und Pop nach künstlicher Inszenierung. Ein Gegensatzpaar, das sich magnetisch anzieht und gerade deshalb nicht voneinander lassen kann.«

Als Tony Blair sich für eine Volksabstimmung über die zukünftige europäische Verfassung aussprach, bezog er sich auf die gelegentlich auftauchende europäische Denkfigur, wichtige Entscheidungen sollten durch das direkte Bürgervotum legitimiert werden. »Laßt das Volk das letzte Wort haben«, sagte er im britischen Unterhaus. Damit war der klassische Mythos der Partizipation angesprochen. Seine Spuren finden wir in allen Bereichen unserer Gesellschaft. Gib deine Stimme ab, schallt es einem fordernd auf dem Musiksender Viva entgegen. Welchen Clip möchtest du am Ende der Sendung sehen? Welche Verfassung möchten Sie haben?

In der Mediengesellschaft stoßen wir ständig auf Formen des Plebiszitären. Die häufigste ist die Umfrage. Siebzig Prozent aller Deutschen, heißt es, hatten schon mal Sex auf einer Parkbank. Sechzig Prozent sind für Windenergie und zwanzig Prozent wissen nicht, wer Bundeskanzler ist. Solche Erkenntnisse wird sich kaum jemand merken. Trotzdem sind Presse und Rundfunk voll davon. Es ist plebiszitäres Entertainment, Unterhaltungsstatistik.

Dank dem Fernsehen wissen wir, wer die größten Deutschen sind und wer Millionär wurde. Und: Es ist alles nicht ohne unser Zutun über die Bühne gegangen. Wir konnten anrufen und abstimmen. So wurde im ZDF Adenauer zum größten Deutschen, vor Luther und Marx. Selbst bei Quotenkönig Jauch hatten wir die Möglichkeit, der Joker zu sein, den Kandidaten mit unserem Wissen auszuhelfen. Anschließend haben wir mit ganz Deutschland den Superstar gesucht.

Die mediengesteuerte Öffentlichkeit verlangt nach Partizipation. Sie reduziert die Meinungsbildung auf das Abstimmungsergebnis. Der Abstimmungsvorgang wird zur medialen Inszenierung, zum Demokratietheater. Den einschlägigen Gipfel bildet weiterhin das immer noch unerreichte »twelve points« des Eurovision Song Contest.

Wir sind dabei. Wir wählen, stimmen ab. Wir kandidieren, gehen zum Casting

Gerade die Castings beweisen, daß es nicht um Art und Niveau der Musik geht, nicht um Inhalte, sondern um das, was mehrheitsfähig ist. Um die mehrheitsfähige Unterhaltungskunst. Zur Beurteilung der Performance des »Star Duells« kündigte der ausrichtende Sender eine prominent besetzte Jury an, doch die Frage, wer in der Sendung bleibt, hieß es ausdrücklich, werde vom Zuschauer entschieden. Die Demokratie als Griff zum Handy. Schnelle Abstimmung, Ted-Beherrschung.

Eine frühe Form des Plebiszitären war die Sendung »Aktenzeichen XY«. Dort konnte der Zuschauer, indem er sich per Anruf live an der Aufklärung des Verbrechens beteiligte, durch seine Tips zum Verlauf des Geschehens beitragen. Spannende Frage des Eduard Zimmermann: Wer war der letzte Gast des alten Mannes? Das interaktive Fernsehen war geboren.

Sind Sie für die Todesstrafe? Sind Sie gegen das Kopftuch? Alles wird über Umfragen thematisiert. Fragebogen zum Service liegen im Hotel aus, werden einem im Flugzeug in die Hand gedrückt. Füllt man sie aus, trägt man unauffällig und vielleicht auch unabsichtlich zur Realitätskonstruktion bei. Bei solchen Gedanken blickt man auf den Fragebogen und hat sofort das Bedürfnis, alles falsch zu beantworten. Aus dieser Haltung spricht der Umfragenanarchist. Er versucht durch Verweigerung Einfluß zu nehmen. Die Realität als Summe aller falschen Antworten?

Trends werden durch Meinungsumfragen festgestellt, Produkte getestet. Marktforschung, schallt es uns entgegen, als sei jeder von uns in allem kompetent. Man ist nirgends mehr sicher. Auch in der eigenen Wohnung nicht. Telefonanrufer melden sich, fragen, was man von diesem und jenem hält. Ihre Meinung ist uns wichtig! brüllen sie in den Hörer.

Comedy-Shows verfügen über feste Programmpunkte, in denen diese Umfragen parodiert werden. Sie veranstalten

Straßenaktionen mit Blödelfragen und senden anschließend die Ulksituationen. Die genarrten Angesprochenen werden dem öffentlichen Gelächter preisgegeben. Wer kann noch eine ernst gemeinte Umfrage von einem Fake unterscheiden?

Die Fußgängerzone ist an die Stelle der Polis getreten. In der Fußgängerzone ist man geschäftlich unterwegs, man läßt sich beiläufig auf eine Umfrage ein. Das Plebiszitäre erweckt den Anschein, daß man sich für die Meinung des einzelnen interessiert, daß diese berücksichtigt wird. Umfragen sollen legitimieren. Was aber legitimieren sie noch?

Die Umfrage wurde zur Grundlage von Politikerentscheidungen, weil die politische Klasse sich weitgehend aus der Realität verabschiedet hat. Ihr Berufsalltag tangiert die Lebenswelt der Bevölkerung kaum. Anstatt mal U-Bahn zu fahren, lassen Politiker aufwendige Stimmungsbilder anfertigen. Auf der Suche nach der verlorenen Realität bleibt ihnen in der Regel nur das Gespräch mit dem Taxifahrer, auf den sie sich in der Talkshow regelmäßig berufen.

Die Realität ist wie eine Drehtür. Indem wir durch sie gehen, drehen wir die Tür mit, aber sie dreht sich im Kreis. Das Hauptkriterium für die Themen des Fernsehens, einschließlich der vielbeachteten Drittes-Reich-Serien, sind die Einschaltquoten. Fünftausend Haushalte sind von der Gesellschaft für Konsumforschung mit einer Quotenbox ausgestattet worden. Ihre TV-Gewohnheiten entscheiden über die Programmgestaltung des deutschen Fernsehens. Sie sind anonym: Kennen Sie jemanden, der eine Quotenbox besitzt?

Alle plebiszitären Formen täuschen Realität vor. So wie die fünftausend Haushalte nur als Konvention gelten können, so vermitteln auch die Bestsellerlisten bei genauerem Hinsehen nichts als künstlich geschaffene Autorität. Erstaunlich ist, wie viele Menschen meinen, daß diese den realen Verkauf widerspiegeln. Die Wahrheit ist, es handelt sich nur um ausgewählte Buchhandlungen.

Durch das Plebiszit wird der Anschein des Sortierens einer ungeordneten Wirklichkeit erweckt. Gleichzeitig wird uns eine Hierarchie der Werte versprochen. Kompetenz wird so zur Konsumorientierung, der Bürger zur Testperson. Das Plebiszitäre schafft Instanzen. Instanzen, die wiederum das Plebiszitäre auslösen, wie das Beispiel Elke Heidenreich zeigt. Sie kritisiert nicht Bücher, sie empfiehlt sie.

All das vermittelt den Eindruck, man setze auf die Mündigkeit des Bürgers. Der aber ist Passagier auf dem Narrenschiff. Zu allem bereit, zum Voting. Seine Entscheidungsfreiheit besteht im Multiple-choice. Die richtige Antwort läßt sich zur Not auch erraten. Aber bringt sie uns wirklich weiter? Vielleicht ist es ja doch nur ein Duden-Spiel und die Party bald zu Ende.

IX.
Das Land der dritten Strophe: Die abgerüstete Nation

Was ist das für ein Land, in dem ein großes Reiseunternehmen mit dem Slogan erfolgreich wirbt: Nix wie weg! Besser: Was ist das für ein Volk?

Dabei leidet man nicht mehr an Deutschland. Das war ein Phänomen der Nachkriegszeit, und insbesondere eines der Intellektuellen. Allerlei Leute beriefen sich damals auf Heine oder zumindest auf Tucholsky. Ihren Höhepunkt erreichte die Kampagne in den achtziger Jahren mit dem Schlagwort »Ausländer, laßt uns nicht mit den Deutschen allein!«. All diese Sprüche hatten einen gewissen Unterhaltungswert, sie waren aber wenig hilfreich.

Heute findet man Deutschland ätzend, sozusagen uncool.

Die Deutschlanddebatte war weitgehend, von der Nachkriegszeit bis heute, von Schriftstellern beherrscht. Sie lieferten für lange Zeit den Gebetsmühlen der Öffentlichkeit den Sermon. Die Deutschen hatten Buße zu tun und ihre Schriftsteller den Bußtext zu verfassen. Wer sich ein Bild von den Denkmustern der neuen »Lehrer Deutschlands« machen möchte, dem sei die Anthologie »Vaterland, Muttersprache. Deutsche Schriftsteller und ihr Staat von 1945 bis heute« empfohlen. Für den Verfasser des Vorworts, Peter Rühmkorf, »legt dieses Längsschnittdokument einen geheimen roten Faden bloß, der als ein demokratischer Leitfaden die gesamte Nachkriegsliteratur durchzieht«.

Wir waren eine Bewährungsnation, für manche sind wir es immer noch.

Cees Nooteboom konstatiert in einem Spiegel-Interview 1993: »Es ist merkwürdig, aber man erwartet von mir als Ausländer, daß ich bestimmte Dinge in Deutschland grundsätzlich schrecklich finde. Bei meinen Lesungen kommen junge Menschen und fragen: Finden Sie uns Deutsche nicht gefährlich? Das ist so gefragt, daß ich eigentlich sagen muß: ja, natürlich. Die Enttäuschung ist groß, wenn ich nein sage.«

Später kam die Provokation dazu. Sie mußte kommen, weil die Bußformel auf Dauer nervte. Indem man in einem posthistorischen Antifaschismus schwelgte, verstellte man sich jeden Horizont. Man konnte nur Verbote aussprechen und damit Tabus einrichten, die wiederum später gebrochen werden konnten. Zum Teil von den Leuten, die sie errichtet hatten. Wie im Fall Grass. Mit seiner Novelle »Im Krebsgang«, zum Thema Flucht, schließt er spät, aber rechtzeitig zu den Deutschen als Opfer auf.

Solange die Deutschen sich mit der Täterfrage konfrontiert sehen, werden sie nach der Opferrolle schielen. Es ist ein Nullsummenspiel. Die Deutschen machen sich verdächtig, wenn sie sich mit der Vergangenheit beschäftigen. Sie wirken aber genauso suspekt, wenn sie sich nicht mit ihr beschäftigen.

Walsers Deutschland

Alles, was man den Deutschen gelegentlich vorwirft und was ihnen die eigene Moralfraktion vorhält, ist in vertrackter Weise auch Teil der deutschen Normalität.

Walsers Auftritt in der Paulskirche wurde zum Skandalon. Unerhörtes meinte man zu vernehmen. Ein Blick auf Leben und Werk des Autors aber besagen anderes.

Die Anfänge des Schriftstellers weisen ihn als unerbittlichen Gesellschaftskritiker aus. Seine Anselm-Kristlein-Trilogie ist einer der bedeutendsten literarischen Entwürfe des Lebens in der frühen Bundesrepublik. Jeder literarische Entwurf einer Gesellschaft stößt irgendwann, sofern er sich ernst genug nimmt, auf die Grundlagen dieser Gesellschaft. Auf die Frage nach den Grundlagen.

Gesellschaftskritik hat nicht von vornherein einen politischen Ausgangspunkt, sie politisiert aber in fortschreitendem Maß nicht nur das Publikum, sondern auch den Autor. Die Frage nach dem Zustand der Gesellschaft beantwortet der Roman mit der Schilderung von Familie, Ehe, Liebe und Karriere, aber gerade die Schilderung der Lebensverhältnisse in der Bundesrepublik verführt zum Gang an die Wurzeln. Schilderung wird im Handumdrehen zur Aufarbeitung.

Die Bundesrepublik ist nicht denkbar ohne Vergangenheitsbewältigung und deutsche Teilung. Ohne Nationalsozialismus und deutsche Frage kein neues Staatsverständnis. Die Voraussetzungen der Bundesrepublik erwuchsen aus diesen negativen Grundlagen. Ihrer Öffentlichkeit aber blieb als Denkrahmen die Negation nicht erspart. An dieser Negation reibt sich Walser wie kein anderer Schriftsteller dieses Landes. Bis zum Paradoxon hin: »Schlimm genug, daß wir nur durch Schlimmstes, durch die Auschwitz-Schuld auf unsere Gemeinsamkeit hingewiesen werden können.« (»Auschwitz und kein Ende«) Und: »Am besten verliefe ein Deutschland-Gespräch, wenn man dabei auskäme ohne Verneinung.« (»Über Deutschland reden«)

Die Politisierung führt den Autor zuerst einmal zum Theater und damit, in den sechziger Jahren, zu den Fragen der Vergangenheit. Mit der Aufarbeitung der nationalsozialistischen Diktatur ist Walser auf der Bühne jener Jahre keine Ausnahme. Er verkörpert vielmehr, zusammen mit vielen anderen (von Hochhuth bis Kipphardt und Weiss), einen herrschenden literarischen Trend, der viel geleistet hat für die öffentliche Debatte der Nachkriegszeit. Es wurde damit eine nicht mehr unterschreitbare Schwelle der Aufarbeitung errichtet, und das Theater erwies sich dabei in einer klassischen Rolle als Ort der Verhandlung der zentralen Fragen der Öffentlichkeit.

»Deutsche Chronik« heißen im Untertitel die einschlägigen Stücke Walsers: »Eiche und Angora« und »Der schwarze Schwan«. Walser greift das Thema niemals plakativ auf. Sein

Theater ist, im Unterschied zu dem anderer Autoren der Zeit, politisch durch die Offenlegung der Verhaltensweisen der Figuren. Es ist eine Art Geschichte von unten. Das Ungeheuerliche aber bannt Walser mit den Mitteln der Groteske.

Bald jedoch wird seine Nachdenklichkeit angesichts der Vergangenheit und ihrer folgenreichen Nachgeschichte eine direkte Form finden und damit im Essay »Unser Auschwitz« münden. Das Wort »unser«, vor Auschwitz gestellt, präzisiert den Standort des Schriftstellers. Wir Täter und Deutsche, scheint die Prämisse des Schreibens zu lauten.

Walser, dem es von Anfang an um die Beschreibung der Lage der Nachkriegsdeutschen geht, spricht früh seinen Verdacht darüber aus, daß der Auschwitz-Prozeß und die Auschwitz-Debatte gleichzeitig auch eine Entlastungsfunktion haben könnten. Er fragt sich: »Wenn in Auschwitz etwas Deutsches zum Ausbruch kam, was ist dann in mir das Deutsche, das dort zum Ausbruch kam?« Und er konstatiert: »Wir wollen heraus sein aus dieser Geschichte. Und die Justiz soll uns dazu verhelfen.«

Diese Nachdenklichkeit erklärt vielleicht seine späteren Bedenken gegen das Holocaust-Mahnmal-Konzept, sie ist aber auch die Voraussetzung für die geschichtsphilosophische Präzision angesichts des NS-Themas, wie es beispielsweise im Roman »Ein springender Brunnen« aufscheint.

«Solange etwas ist, ist es nicht das, was es gewesen sein wird. (...) Wenn etwas vorbei ist, ist man nicht mehr der, dem es passierte. (...) Jetzt sagen wir, daß es so und so gewesen sei, obwohl wir damals, als es war, nichts von dem wußten, was wir jetzt sagen«, heißt es am Anfang des Buches, womit der Kern des Themas Vergangenheitsbewältigung getroffen ist. »Die Vergangenheit als solche gibt es nicht. Es gibt sie nur als etwas, das in der Gegenwart enthalten ist, ausschlaggebend oder unterdrückt, dann als unterdrückte ausschlaggebend.« Und: »Man erfährt nur zu genau, welche Art Vergangenheit man gehabt haben soll, wenn man in der gerade herrschenden Gegenwart gut wegkommen will.« Genauer ist das Dilemma eines deutschen Schriftstellers der Nachkriegszeit wohl kaum beschrieben worden.

Die Bundesrepublik wurde als Provisorium angesehen. Das war sie bis in ihre Selbstdarstellung hinein, nicht zuletzt durch die Festschreibung der Vorläufigkeit ihrer Hauptstadt Bonn. Die Feststellung des Provisoriums aber beruhte auf dem Offenhalten der deutschen Frage. Die deutsche Frage wiederum, die ihre Zuspitzung und Unlösbarkeit durch und nach der Katastrophe des Dritten Reichs erfuhr, hatte eine immerwährende stumme Präsenz. Einerseits den Kern der Präambel des Grundgesetzes, andererseits das Tabu der Ostpolitik.

Ein Gesellschaftskritiker mußte zwangsläufig auf diese Frage stoßen. Dazu kommt: Man kann den Nationalsozialismus und seine Folgen nicht verhandeln, ohne die deutsche Teilung zu thematisieren.

Walser beschäftigt sich seit Mitte der siebziger Jahre mit der Deutschlandfrage. Interessant ist, daß das Thema zu einem Zeitpunkt angesetzt wird, an dem die Logik der konventionellen Politisierung des Autors durch seine Annäherung an die DKP ihren Endpunkt erreicht hat. Ideell war sie zur Sackgasse geworden. Wo die Ideologie ihm den Weg verstellt, setzt er auf Deutschland, als sähe er dort den tieferen Grund für die Sackgasse. Walser war kurz davor, das Repertoire des linken Zeitgeistes zu bedienen. Das fiel bereits im Essay »Unser Auschwitz« auf: »Was sich in Auschwitz austobte, stammt schließlich auch aus alter Schule, ist von schlechten Eltern. Juden und Slawen, darauf waren wir gedrillt seit langem. Zur Zeit schulen wir um auf Kommunisten.« Die Kommunisten als Opfer und Chiffre der Harmlosigkeit begleiten Walsers Denken bis heute. So ist seine Novelle »Dorle und Wolf« mit dem an Deutschland leidenden DDR-Spion zu erklären, und auch sein Plädoyer für die Freilassung des Spions Rainer Rupp in der Paulskirchen-Rede zum Friedenspreis des Deutschen Buchhandels 1998.

Gleichzeitig scheint er an eine andere Grenze gestoßen zu sein. Walser, der Schriftsteller vom Bodensee, kennt auch die andere Komponente des deutschen Trostes angesichts des nationalen Desasters, des Regionalismus. Er sieht den Unterschied zwischen dem Heimatbegriff und Deutschland und hat damit einen wichtigen deutschen Widerspruch entdeckt. »Heimat scheint es vor allem in Süddeutschland zu geben« (»Heimatkunde«). Noch in seinem Schlageter-Text von 1981 zieht er das Heimatliche zu Rate, indem er Heidegger zur Person des hingerichteten Heimatfrontkämpfers und späteren Nazi-Symbols zitiert: »Heidegger sagt, Schlageter sei ›den schwersten und größten Tod gestorben‹. Weil wehrlos und allein. Er fragt, woher Schlageter die ›Härte des Willens‹ und die ›Klarheit des Herzens‹ gehabt habe, für dieses Schwerste und dieses Größte. Er führt die Willenshärte auf das Urgestein der Schwarzwaldberge, den Granit, zurück. Die ›Klarheit des Herzens‹ werde von der ›Herbstsonne des Schwarzwaldes‹ genährt.« Nach allem, was gewesen ist, erscheint die Nation so abstrakt, daß man die Lebensläufe mit dem Regionalen füttern muß.

Die Nachkriegszeit hat mit gutem Grund die Angst der Deutschen vor den großen Fragen ihrer Nation immens vergrößert. Der Nationalsozialismus wirkt bis heute nicht nur als Last des Verbrechens, sondern auch als große Warnung vor der nationalen Initiative. Als solche Warnung ist er früh von den Stalinisten bis zu den heutigen Gutmenschen instrumentalisiert worden. Sie haben mit ihrem Warndiskurs vom immer noch fruchtbaren Schoß jede Normalisierung des Nationenbegriffs blockiert. Die aus Sorge um die Gegenwart gepflegten Rituale der kollektiven Schande haben letzten Endes die nötigen Antriebe der heutigen deutschen Gesellschaft untergraben. Dieser Vorgang läßt Walser hilflos räsonieren: »Man erwartet von mir geradezu, daß ich mein Deutschsein mit einer Fassung trage, wie man ein Leiden erträgt, für das man nichts kann, das man aber auch nicht mehr loswerden kann.« (»Händedruck mit Gespenstern«)

Es läßt ihn zu einer illusorischen Sentenz greifen: »Wenn wir Auschwitz bewältigen könnten, könnten wir uns wieder nationalen Aufgaben zuwenden.«

Daß ihm der Staat Bundesrepublik als Provisorium erschienen sein mag, verschafft seinen Erkenntnissen einen fragwürdigen Boden.

Vor diesem Hintergrund wird der Heimatbegriff leicht zum Alibi, der Regionalismus zum Provinzialismus. Walser aber, der sich zum Regionalismus nicht nur bekennt, sondern sich in der Bodensee-Konstellation auch erkennt, treibt die bohrenden Fragen voran. Gerade der Regionalist braucht die Nation, weil er die Unvollständigkeit der Region spürt. Walser ist ein Meister der Kontinuität im Fragen nach den Grundlagen. Einer, der mit der Gesellschaftskritik begonnen hat und dabei die Frage der Nation entdeckte, der er sich konsequent stellt.

Es fängt mit einer Passage aus der »Gallistl'schen Krankheit« an: »Andererseits reicht meine Empfindung tief nach Pommern hinein. Sachsen ist mir vertraut, ohne daß ich je dort war. Wie oft denke ich an Magdeburg! Ich will die DDR nicht erobern. Ich will mir aber nicht verbieten lassen, daß mein Gefühl einreist und ausreist, wie es ihm paßt.« Die Überlegung findet sich in geringer Abwandlung mehrfach in den Essays der folgenden Jahre.

«Aber ich spüre ein elementares Bedürfnis, nach Sachsen und Thüringen reisen zu dürfen unter ganz anderen Umständen als denen, die jetzt herrschen. (...) Sachsen und Thüringen sind für mich weit zurück und tief hinunter hallende Namen, die ich nicht unter ›Verlust‹ buchen kann. Nietzsche ist kein Ausländer. Leipzig ist vielleicht momentan nicht unser. Aber Leipzig ist mein. Und ich war noch nie in meinem Leben in Leipzig. Aus meinem historischen Bewußtsein ist Deutschland nicht zu tilgen. Sie können neue Landkarten drucken, aber sie können mein Bewußtsein nicht neu herstellen.« (»Eine aktuelle Aufgabe«) Und: »Wenn die Geschichte gutgegangen wäre, würde ich heute abend in

Leipzig ins Theater gehen, und morgen wäre ich in Dresden, und daß ich dabei in Deutschland wäre, wäre das Unwichtigste. Aber weil es fehlt, hält Thüringen mich besetzt mit Heiligen und Handwerkern, mit Spielzeug und Eßzeug, mit Köhlern und Wäldern, mit einer bis ins Erdinnere reichenden Gliederungsvielfalt. Wenn ich heute mit dem Zug an Magdeburg vorbeifahre, weiß ich vor Verlegenheit und Bedauern nicht, wo ich hinschauen soll. Und wenn mir Königsberg einfällt, gerate ich in einen Geschichtswirbel, der mich dreht und hinunterschlingt.« (»Über Deutschland reden«)

Walser ist Schriftsteller und öffentliche Person. Er mischt sich ein, indem er die Formen des öffentlichen Redens nutzt. Wenn er, in den sechziger Jahren, das Theater als öffentliche Anstalt einzusetzen wußte, so wurden es später publizistische und rhetorische Formen, die seine Gedankengänge transportierten. Er weiß den Essay mit der öffentlichen Rede zu verbinden. So haben seine Attacken oft öffentliche Anlässe, die er zu nutzen weiß. Beispiel Paulskirche. Er kennt die Macht der Provokation in unserer mediengeprägten Öffentlichkeit und verwendet sie geschickt als rhetorische Figur.

Walser geht es um die Frage der Nation unter dem Aspekt der Rekonstruktion des Deutschen nach der Katastrophe des Dritten Reichs. »Ich halte es für unerträglich, die deutsche Geschichte – so schlimm sie zuletzt verlief – in einem Katastrophenprodukt enden zu lassen.« (»Eine aktuelle Aufgabe«)

Der Nachkriegszustand ist für ihn nicht nur provisorisch, sondern auch veränderbar. Von beiden Nachkriegsstaaten hält er wenig. Seine Ansichten sind vom Besatzungsbegriff geprägt: »Russen und Amerikaner saßen, mit Unverständnis gepanzert, schon wieder wochenlang an einem Tisch und erzeugten das Weltklima des Kalten Krieges, in dem nur Angst gedieh.« (»Die Verteidigung der Kindheit«) Daraus folgt eine merkwürdige Symmetrie der beiden deutschen Nachkriegsstaaten als Fremdprodukte, unter dem Stern einer falschen Zeitkonstellation. Rainer Rupp ist dann Schlageter, denn was wäre aus Schlageter geworden, wäre nicht das Unrecht von Versailles gewesen und die französische Okkupation im Ruhrgebiet?

Im Ergebnis seiner Gesellschaftskritik ist die Diagnose für die Bundesrepublik vernichtend. »In Parteien sah er nur noch Machtfirmen. Die gibt es, daß einzelne ihr Bedürfnis, Macht über andere auszuüben, befriedigen können. Das Programmgesums der Parteien soll die Illusion erzeugen, Macht werde zum besten der Allgemeinheit ausgeübt.« So denkt sein Romanheld Alfred Dorn. Wenn der Autor seine Stimme im Essay zu diesem Thema erhebt, hört sich das so an: »Ich weigere mich, an der Liquidierung von Geschichte teilzunehmen. In mir hat ein anderes Deutschland immer noch eine Chance. Eines nämlich, das seinen Sozialismus nicht von einer Siegermacht draufgestülpt bekommt, sondern ihn ganz und gar selber entwickeln darf; und eines, das seine Entwicklung zur Demokratie nicht ausschließlich nach dem kapitalistischen Krisenrhythmus stolpern muß.« (»Eine aktuelle Aufgabe«)

Und so kann einer der Kernsätze in »Händedruck mit Gespenstern« lauten: »Ich habe ein Bedürfnis nach geschichtlicher Überwindung des Zustands Bundesrepublik. Von Grund auf sollten wir weiter.«

Von Grund auf. Also zurück. Vor 45 und hinter das Dritte Reich. Deutschland ist nicht die DDR und auch nicht die Bundesrepublik. »Daß uns etwas fehlt, sieht jeder. Vielleicht ist es das, was wir unterdrückt haben. Internationalismus ist in Ost- und in Westdeutschland ein gleichermaßen forcierter Wert. (...) Ich glaube, wir und die DDR kämen zwangsläufig an eine gemeinsame Grenze: In jedem der Teile fehlte es dann an Tiefe.« (»Händedruck mit Gespenstern«) Deutschland ist für Walser etwas Drittes.

«Was ist die Spitze des Eisbergs gegen die Spitze der Zeit! Die Nation ist im Menschenmaß das mächtigste geschichtliche Vorkommen, bis jetzt. Mächtig im geologischen, nicht im politischen Sinn.« (»Über Deutschland reden«) Walsers Insistieren mag mit seiner Generationenzugehörigkeit zu tun haben. Es ist eine Generation auf der Grenze. Gerade noch Flakhelfer und schon Bundesrepublikaner. Auf der einen Seite Deutschland, auf der anderen die Okkupation. Es wird eine starke Ahnung vom Zerstörungsgrad des Deutschen in dieser Generation sein.

Nicht daß Walser die große Frage nach der Nation stellt, ist fragwürdig. Die Entwicklungen seit 1989 haben ihm zum Teil recht gegeben, die Frage der Nation stellt sich seit der Vereinigung in neuer Form, ob wir das wahrhaben wollen oder nicht. Zu hinterfragen bleiben die Grundlagen des Walserschen Nationenbegriffs.

Walser spricht von »Tiefe«, von »Geschichtsgefühl«. Und er sagt: »Um das Unmögliche meiner Einstellung noch deutlicher zu machen: Mir scheint, die deutsche Frage sei nicht von ›rechts‹ oder von ›links‹ aufzufassen.« Und weiter: »Und für uns im Westen wären die DDR-Deutschen, wenn wir eine Verantwortungsgemeinschaft wären, wirklich erwünscht. Das erlebt man in der DDR: Dort ist nicht jeder in sich selbst gefangen wie bei uns. Wir könnten bei unseren Landsleuten Solidarität lernen.« (»Deutsche Sorgen«) Walser versucht einen gesamtdeutschen Raum zu finden. Was mit seiner Jugend zerbrochen ist, soll wieder ganz werden. Die Schauplätze der Lebensläufe im Roman »Die Verteidigung der Kindheit« sind Dresden und Leipzig, Berlin und Wiesbaden.

Das alles aber führt zur Crux des Problems. Wir haben es mit einem recht verschwommenen Kulturhorizont zu tun, in dem das Nationale vor allem gefühlsmäßig verankert ist und sich in einer Solidargemeinschaft ausdrückt, deren Grundlagen ethnisch und regional sind, während die Werte der Demokratie, nicht zuletzt die individuellen Rechte und Freiheiten, undefiniert bleiben. Walser, der 1998 einen Text über Friedrich Hecker veröffentlichte, agiert wie ein Sohn gescheiterter 1848er, der aus dem Kaiserreich einen Vorzeigestaat basteln will, ohne über die Verfassung zu reden. Ihm erscheint die sich der Geschichte stellende Gemeinschaft als eine Voraussetzung für eine friedliche deutsche Normalität. Als die ausreichende Voraussetzung.

Das antisemitische Dreieck

Zahlreiche Trugschlüsse über Deutschland, und noch mehr über die Deutschen, ergeben sich daraus, daß wir unsere Analysen auf eine deutsche Besonderheit gründen, statt auf die europäische Norm. Die Deutschen sind trotz aller Sonderwege Teil der europäischen Kultur, im Guten wie im Schlechten, und manches von dem, was uns als deutsch erscheinen mag, ist ebenso nachhaltig europäisch.

Wenn es ein kollektives Gefühl gibt, das die Geschichte der europäischen Kultur begleitet, dann ist es die Angst. Nicht daß andere Kulturen nicht um das Prekäre der Existenz wüßten, sie gleichen dieses Wissen aber durch einen gekonnten Fatalismus aus, der den Europäern ganz und gar abgeht. Es ist das europäische Selbstbewußtsein, das sich gegen Gott gestellt und dafür die Innovation erwirkt hat, aber auch deren Kehrseite, das Heraustreten aus der großen Harmonie und den Eingriff in den natürlichen Kreislauf, in das, was man früher die Schöpfung zu nennen pflegte.

Diese »Kultur der Gotteslästerung«, wie Jean Delumeau sie bezeichnete, hat bei den Europäern zum Höhenflug geführt, aber auch zu einer Verunsicherung über die Legitimität des eigenen Handelns, die im 20. Jahrhundert zuletzt in den ökologischen Bewegungen, aber auch in diversen Hysterien zum Ausdruck kam. Das gelegentliche Aufflammen dieser Hysterien läßt sich gut an der hektischen Wahrnehmung von Seuchen und Kriegen in den Medien beobachten. In den Augen der Europäer wird alles zur Epidemie.

Die frühe Ursache dieser Ängste geht wahrscheinlich auf das besondere Verhältnis des Europäers zu seiner Religion, dem Christentum, zurück. Für den Europäer ist es während des ersten Jahrtausends eine angenommene Religion, in der er nicht ganz heimisch wird. Deshalb bleiben ihre finsteren Prognosen, in der Apokalypse zusammengefaßt, für ihn eine Drohung. Von der Sarazenenherrschaft in Spanien über die Mongolenstürme des Ostens und bis zu den Türken vor Wien – ein Leporello des bevorstehenden Weltendes. Der Europäer ist aus Angst religiös, aber er glaubt nicht bedingungslos. Er lebt in seiner Religion und steht gleichzeitig neben ihr. Das macht sein Unbehagen aus.

Schuldzuweisungen

Der moderne Europäer hat eine schwindelerregende Gratwanderung hinter sich. Das weiß er eher unbewußt als bewußt, und es steigert sein Unbehagen. Dieses Unbehagen wiederum wird unter Kontrolle gehalten durch ständig wechselnde Schuldzuweisungen. Zu deren Plattform ist vor allem der Protestantismus geworden, eine genuin europäische Erfindung. Mit dem Protestantismus versuchte man sich das Christentum doch noch zu unterwerfen, es für die weltlichen Angelegenheiten des Nordens zu instrumentalisieren.

Die Schuldzuweisungen, die am Anfang in Form von Mahnungen das eigene Handeln betrafen, haben sich mit den Jahrhunderten immer mehr auf das Fremde und die Fremden verlagert. Wenn man noch bis zur Kolonialidee die eigene Verantwortung ventilierte, so wurden gerade im 20. Jahrhundert zunehmend Objekte der Schuldzuweisung außerhalb des europäischen Kulturkreises gesucht und gefunden. Die Fremdbeschuldigung trat an die Seite der Selbstbezichtigung.

Die Denkfigur, die dem Vorgang zugrunde lag, geht allerdings weit zurück. Es ist die christliche Anschuldigung den Juden gegenüber, Jesus geopfert zu haben. Nun waren es aber, um im Bild zu bleiben, Europäer, die Handlanger des römischen Statthalters Pilatus, die den Jesusmord zu verantworten haben. Die jüdischen Händler haben den Mann bloß denunziert, wollte er sie doch aus dem Tempel jagen, nachdem er die Doppelmoral der Priester und Schriftgelehrten verflucht hatte. Ein Störenfried.

Der Widerspruch zwischen Tempel und Handel, Sakralem und Profanem, die Verknüpfung von Denunziation und Mord, von Rhetorik und Urteil grundieren das europäische Kulturverständnis. Dieses geriet mit der Übernahme des Christentums in ein Dilemma, das unendlich produktiv wurde für die Herausbildung des Individualismus und den technischen Fortschritt, aber immer wieder auch die kollektiven Ängste schürte, spätestens mit dem apokalyptischen Millenniumsverständnis am Ende des ersten Jahrtausends. Als seien sie Voraussetzungen der Magna Charta von 1215. Diese aber liegt zwischen den Kreuzzügen und ihren antisemitischen Ausschreitungen und der Entdeckung der Meere und Kontinente, was mit Chaos und Verunsicherung einherging, aber auch den neuen Horizont herausforderte.

Die Beschuldigungsstrategien haben ihre Begründung im hysterischen Verhalten, aber auch in realen Herausforderungen, denen sich die Europäer nicht gewachsen fühlten. Der Druck auf das Individuum war durch die europäische Entwicklung zu stark. Es sind die von Goethe beschriebenen Geister, die man rief und die den Europäer zum Zauberlehrling werden ließen.

Sei es im Streben, sich selber zum Schöpfer zu machen, von der Maschine bis zur Selbsterfindung als Homunkulus und Klon, sei es in der Gestalt des Revolutionärs von 1789 oder gar 1917. Der Bolschewik ist der durch den Spiegel gestürzte Aufklärer.

Rückkehr der antisemitischen Diskurse

Die Denkfigur der Beschuldigung des Fremden hat ihre staatlich sanktionierte Rolle nicht zufällig im 20. Jahrhundert wiedergefunden, im Zeitalter der großen europäischen Gewalteskalation. Die Phänomene, die die Europäer nicht mehr im Griff haben, werden regelmäßig zum Gegenstand der Schuldzuweisung. Kapitalismus und Kommunismus, die sie extrem verunsichern, werden umgehend den Juden zugeordnet. Treitschkes 1879 geäußerter Satz von den Juden, die unser Unglück seien, findet in Goebbels sein zeitgeistiges Sprachrohr und einen fulminanten gesamteuropäischen Beifall. Die Erklärungsformel ist simpel und süffig zugleich. Sie leuchtet dem Taschendieb wie dem Unternehmer ein. Es ist fast der einzige Satz, auf den sich Intellektuelle und Politiker sofort einigen konnten. So wurde ein schier unausrottbares Denkschema in die Moderne eingefügt, das, wie man schon wieder beobachten kann, selbst den Holocaust überdauert hat. Dabei spielt die Auschwitz-Lüge so gut wie keine Rolle mehr, statt dessen erscheint der Völkermord historisiert zu sein, gegen die Emotionen immun.

Seit Jahren ist eine zunehmend schamlose Rückkehr der antisemitischen Diskurse zu verzeichnen. Man kann das mit Staunen zur Kenntnis nehmen, muß sich aber auch fragen, woher das Problem kommt und warum es diese Aktualität gewinnen konnte.

Antisemitismus multikulturell

Eine der Hauptquellen des neuen Antisemitismus ist von außen nach Europa gebracht worden, als Teil der nicht gelösten islamischen Migrationsproblematik. Die Europäer sind mit ihrer Integrationsidee bei den moslemischen Einwanderern gescheitert. Sichtbare Beweise dafür sind die Ghettobildung, am deutlichsten wohl in den französischen Banlieus, und der Rückgriff in der zweiten und dritten Generation auf die Symbole der islamischen Religion und Tradition, siehe Kopftuch. Es ist ein Vorgang, der sich letzten Endes gegen den säkularen Charakter der europäischen Gesellschaft richtet und eine künstliche Identitätsbildung im Rahmen einer Parallelgesellschaft darstellt.

Der islamische Antisemitismus erscheint auf den ersten Blick dem christlichen verwandt, er hat aber eine besondere aktuelle Komponente, die der großen arabischen Frustration, deren Ursachen man nicht im eigenen Unvermögen zur Bildung einer prosperierenden modernen Gesellschaft sehen will, sondern im Imperialismus der USA und speziell im Zionismus Israels. Was aber ist der wahrscheinlichste aktuelle Grund für den Haß auf Israel? Dieser Kleinstaat stellt eine Herausforderung dar, weil er in der unmittelbaren Nachbarschaft den arabischen Massen und Eliten vor Augen hält, daß Demokratie und Wohlstand sich im Nahen Osten durchaus verwirklichen lassen.

Was nun die Vereinigten Staaten und ihre strategischen und energetischen Interessen betrifft, so muß man sagen, daß kaum ein Teil der Welt von den Ressourcenbedürfnissen des Westens mehr profitiert hat als Arabien. Nirgends sind so große Geldströme hingeleitet worden, und nirgends hat man mit einem solchen Geldsegen so wenig angefangen wie in der arabischen Welt. Man nehme zum Vergleich die Tigerstaaten Südostasiens, und es wird schnell klar, daß der Grundantrieb für die Modernisierung die auf Religion und Arbeitsethos begründete Mentalität ist. Die wahre Ursache für das Unglück der arabischen Welt ist nicht der Zionismus, sondern die Immobilität des Islam als Instrument in der Hand des in seinen traditionellen Allmachtsphantasien und damit verbundenen Kränkungen lebenden arabischen Mannes. Seine Hysterien sind hausgemacht und nicht ein Ergebnis imperialistischer Machenschaften oder gar ein Dritte-Welt-Problem.

Eine solche Analyse scheint jedoch im heutigen Europa wenig Chancen zu haben. Die Europäer widmen sich lieber den Idiosynkrasien, die auf ihren Kriegsängsten beruhen. Die von zwei Weltkriegen traumatisierten nationalen Gemeinschaften wollen und können keinen rationalen Blick auf den Begriff »Krieg« werfen. So kommt es, daß Israel und die Vereinigten Staaten in der Golfkriegsdebatte und zuletzt in der Irakfrage allgemein als die Kriegstreiber angesehen werden, der Zionismus sogar ganz offen für die unterschiedlichsten politischen Positionen als Ursache für den Nahostkonflikt herhalten muß.

Die Israel- und Amerikakritiker treten in der Regel auch als Verharmloser der islamistischen Gefahr auf. Es gibt in der deutschen Öffentlichkeit kaum eine Sensibilität für die Thematisierung der Verbrechen des Islamismus. Man bedenke bloß den geringen Stellenwert, den in der deutschen Öffentlichkeit Attentate auf eigene Landsleute, wie 2002 im tunesischen Djerba und auf Bali, hatten und haben.

Antisemitismus und Antiamerikanismus erscheinen als Zwillinge. Wir konstatieren, was die beiden Denkbilder betrifft, eine Gemengelage. In der Frage des Islamismus duckt man sich kollektiv weg. Völlig ausgeblendet werden dabei die ominösen historischen Verbindungen zwischen dem deutschen Sonderweg und der arabischen Welt, die sich gegen den kolonial agierenden Westen stellte. So begann mit dem Kaiserreich eine Interessenverbindung, die im Zweiten Weltkrieg zur Waffenbrüderschaft wurde. Gegen den Westen und gegen das Judentum. Der sogenannte Großmufti von Jerusalem, Amin al-Husseini (1893–1974), residierte bekanntlich im Berliner Exil, wo er sich als Kumpan der Nazigrößen, vor allem aus der SS, hervortat. Mit seiner Hilfe wurden die Moslems vom Balkan, Bosnier und Kosovo-Albaner, der Waffen-SS zugeführt. Der Mann hat nach dem Krieg in Ägypten gelebt, wo er zum Mentor Arafats wurde. Nach Ägypten strebten auch zahlreiche Nazis, die auf der Flucht waren. Es war das zweitgrößte Kontingent, neben Lateinamerika. Sie wurden im Staat des Nationalisten Nasser zu Experten in Armee und Polizei. Diese Kumpanei und ihre Folgen für die Nahostproblematik sind bis heute wenig erörtert. Ohne das Wissen darüber versteht man aber die Denkbilder islamischer Immigranten, die einer nationalistisch-fundamentalistischen Weltsicht verpflichtet sind, falsch oder gar nicht. Diese Leute haben kein klassisches Immigrantenverhalten, sie wollen sich nicht individuell in die neue Gesellschaft einpassen, um Karriere zu machen, sondern ihre ideologische Botschaft auch im Land ihrer Ankunft durchsetzen. Sie treten nicht als Tellerwäscher auf, sondern als Agenten Allahs.

Das ist die häßliche Kehrseite des multikulturellen Wunschbegriffs. Sie stellt den Kulturrelativismus, dem Teile der europäischen Öffentlichkeit, nette Menschen, wie die Bundesbeauftragte der rot-grünen Regierung für Migration, Marie Luise Beck, gerne das Wort reden, weitgehend in Frage.

Der vagabundierende Antisemitismus

Es gibt heute, neben den sattsam bekannten Rechtsextremisten, die nach den Gewaltorgien der frühen neunziger Jahre in Deutschland weitgehend in ihr Nischendasein zurückgefunden haben, auch linke Intellektuelle, die von zionistischem Einfluß in der amerikanischen Regierung sprechen, Ted Honderich oder Mikis Theodorakis. Honderich rechtfertigt in seinem Buch »Nach dem Terror« die palästinensischen Selbstmordattentate. Theodorakis wurde vorgeworfen, er habe 2003 bei einer Buchvorstellung in Athen die Juden als »Quelle des Bösen« bezeichnet. Er dementierte dieses und präzisierte, er habe Israels Annäherung an die »Wurzeln des Bösen«, die in den USA zu verorten seien, kritisiert. Vergleichbare Äußerungen gibt es auch von Noam Chomsky.

Mal abgesehen davon, daß die These der Verbindung von amerikanischer Politik und jüdischem Einfluß bereits von Goebbels formuliert wurde, erscheint der Vorgang bei genauerem Hinsehen keineswegs überraschend. Der Antisemitismus hatte einen festen Platz im Stalinismus und in der Sowjetideologie allgemein. Die Kommunisten haben bekanntlich Stimmungen aus der Bevölkerung oft und gerne manipuliert und auch integriert, so den Fremdenhaß und den Nationalismus. Beides nutzte den Kommunisten bei ihrem Machtanspruch, so konnten sie die Gesellschaft besser isolieren.

Der sowjetische Antisemitismus hat aber auch einen handfesten Grund im Kontext der Interessenlage des Kalten Kriegs. Während die Sowjetunion 1948 noch die Gründung des Staates Israel in der UNO mittrug und durch Auswanderungsgenehmigungen aus dem Ostblock in den Anfangsjahren zu seiner Stärkung beitrug, wechselte sie später die Fronten. Und zwar aufgrund der Konfliktlage zwischen dem Westen und dem arabischen Nationalismus, dem Nasserismus, die in der Suezkanalkrise von 1956 gipfelte. Die Sowjetunion sah für sich die Chance, im Kampf ums Öl mitzupokern. So wurde der kommunistische Antizionismus geboren, auf den sich auch viele linksradikale Gruppen in Westeuropa beriefen, bis hin zu den Terroristen der RAF. Der Antizionismus war von Anfang an eine Komponente des Denkens und Handelns der deutschen Terrorszene und ihrer Sympathisanten. Diese Form des Antisemitismus, die 1976 in der Selektion jüdischer Passagiere durch deutsche Terroristen der »Revolutionären Zellen« bei der Flugzeugentführung in Entebbe kulminierte, lebte nach dem 11. September in Deutschland in Teilen der linken Szene wieder auf. Bezeichnend sind auch die Wanderbewegungen linksradikaler Figuren nach rechts, die spektakulärste ist wohl die von Horst Mahler, der von der RAF zur NPD fand.

Eine weitere Quelle des neuen Antisemitismus ist in Osteuropa zu verorten. Sie hat mit dem Debakel des Kommunismus zu tun und mit der Ratlosigkeit bei der Aufarbeitung der totalitären Vergangenheit. Quer durch ganz Osteuropa war nach dem Aufheben der Zensur in den neunziger Jahren die Rückkehr des Antisemitismus in die Öffentlichkeit zu beobachten. Man versuchte sich, aus Gründen der Selbstentlastung, den Kommunismus als jüdische Erfindung zu erklären.

Die osteuropäischen Kleinstaaten, die im 20. Jahrhundert vielfach durch Kollaboration, sowohl mit dem Nationalsozialismus als auch mit dem Bolschewismus, überlebten, haben die Neigung, sich selbst zu entlasten, indem sie sich in der Zwangslage sehen, als Überlebenskünstler. Sie wollen sich aber nicht zu ihrer Schlitzohrigkeit bekennen, weil das offensichtlich der romantischen nationalen Selbstverklärung widerspricht. Deshalb sehen sie sich gerne in der Rolle der Genötigten. Die Rolle des Verbrechers kommt so den Fremden zu, mit Vorliebe den Juden. Diese Form des antistalinistischen Antisemitismus reiht sich ins gesamteuropäische Instrumentarium ein, sie strahlt gelegentlich auch auf den Westen aus, wie es zuletzt der Fall Hohmann deutlich machte.

Phantome und Realitäten

Die Jagd nach den Phantomen des amerikanischen Imperialismus und des israelischen Zionismus und deren vermeintlicher gegenseitiger Zuordnung macht die Europäer wieder einmal für diverse Verschwörungstheorien empfänglich. Europa sollte sich mehr mit den realen Bedrohungen der westlichen Welt auseinandersetzen. Mit dem islamischen Fundamentalismus und dessen Instrument des Terrorismus, dem die ganze Richtung der Säkularisierung, Individualisierung und Modernisierung nicht paßt. Man kann dabei zwar schnell ratlos werden, aber vielleicht ist es doch besser, gar keinen Rat zu wissen, als den Juden des Mordes zu bezichtigen.

Der europäische Antisemitismus, und damit sage ich gewiß nichts Neues, ist nicht aus der Welt zu schaffen. Er stellt eine Denkschublade dar, die bei jeder passenden Gelegenheit aufgezogen wird. So wird er immer wieder zum Teil des öffentlichen Diskurses, der politisierten Rhetorik. Das hat Walsers Paulskirchen-Gestus gezeigt, aber auch sein zeichenreicher Roman »Tod eines Kritikers«.

Wenig hilfreich ist die Tabuisierung des Antisemitismus. Riskant sogar erscheint das zunehmend als Warnpositur auszumachende Verhalten des Zentralrates der Juden in Deutschland, vor allem durch seinen Vizepräsidenten Salomon Korn, der gerne belehrend durch die deutsche Öffentlichkeit schreitet. Das bringt den Zentralrat in eine ungute öffentliche Rolle als ein Kontrollorgan der deutschen Öffentlichkeit. Diese hätte sich selber zu kontrollieren. Eine Gesellschaft kann nur soviel Normalität für sich beanspruchen, wie sie durch ihre freiwillige Selbstkontrolle zu vermitteln vermag. Es kann nicht die Aufgabe des Zentralrates sein, dafür zu sorgen, daß die Deutschen gute Deutsche bleiben. Diese Problematik nahm bereits 1985 ihren Anfang mit den jüdischen Protesten gegen die Aufführung von Fassbinders Stück »Die Stadt, der Müll und der Tod«. Die fragwürdige Botschaft eines Stückes vom namenlosen »reichen Juden«, der als Immobilienspekulant von den Tabus nach dem Holocaust profitiert, hätte der deutschen Öffentlichkeit auch ohne die jüdische Mahnung auffallen müssen.

Eine Weiterung des Problems stellt der inflationäre Gebrauch des Begriffs »Antisemitismus« dar. Der Antisemitismusvorwurf wird gelegentlich zum Schlagwort wie auf der anderen Seite der Nazivergleich.

Solange sich das französisch-deutsch geführte Europa nicht unmißverständlich als Teil der westlichen Welt positioniert und den verkrampften Unterscheidungskurs von den Vereinigten Staaten nicht aufgibt, wird der Antisemitismus quer durch die politischen Lager manifest bleiben. Was uns zu tun bleibt, ist, ihn zu benennen – egal, in welcher Form oder Tarnung und an welcher Stelle er auftritt –, aber vor allem die Krisenphänomene, zu deren Verschleierung er dient, in ihren wahren Zusammenhängen zu diskutieren, aufzuklären. Es kann nicht sein, daß man aus populistischen Wahlkampfüberlegungen den Antiamerikanismus benutzt, wie Gerhard Schröder es getan hat, und gleichzeitig jede ernsthafte Antwort auf das Problem des islamischen Terrorismus schuldig bleibt. Sich sogar immer noch in der obsoleten sozial bestimmten Befreiungsterminologie bewegt, anstatt endlich zu begreifen, daß es sich um einen mörderischen Angriff auf die Moderne als solche handelt, einen Angriff, zu dessen Begleitprogramm alle Register des Bösen gehören, auch der diffuse Antisemitismus.

Jenseits der Gegenwart

»Jenseits des Tales standen ihre Zelte, / Zum hohen Abendhimmel quoll der Rauch / Das war ein Singen in dem ganzen Heere / Und ihre Reiterbuben sangen auch.« Das, könnte man sagen, ist eine verlorengegangene Ballade. Börries von Münchhausen ist ihr Autor, und ihre Bilder evozieren wohl das Pfadfinder- und Aussteigerleben der Jahrhundertwende um 1900, ihr Lebensgefühl. Die Ballade ist, wie ihr Autor, im Propagandaschutt des Dritten Reichs versunken.

Bis 1965. Da singt sie ein junger, noch unbekannter Sänger: Heino. Es ist seine erste Platte.

Er sang wieder Volkslieder. Mit ihm kam das deutsche Volkslied ins bundesdeutsche Fernsehen.

Von etlichen belächelt, von anderen verdammt.

Das Deutsche führt bis heute eine Paria-Existenz. Erst 2004 wagte es wieder jemand, ein Buch mit dem Thema »Das Deutsche in der deutschen Kunst« zu veröffentlichen. Volker Gebhardt geht darin der Frage nach den Besonderheiten deutscher Kunst nach. Er widmet sich dem Bamberger Reiter, der Figur der Uta von Naumburg oder der Entdeckung der gotischen Skulptur im 19. Jahrhundert.

Was ist deutsch? Wer ist Deutscher? Es sind unbeantwortete Fragen. Während der Ausländerbegriff seit Jahrzehnten strapaziert wird, ist der Inländer bis heute nicht klar genug definiert worden.

Deutschland war bis 2004 ein Einwanderungsland ohne Einwanderungsgesetz und ohne Einwanderungsbegriff. Allerdings heißt das Gesetz, das seither gilt, euphemistisch

»Zuwanderungsgesetz«. Eine gesetzliche Regelung hielt eine politische Mehrheit bis 1998 sogar für überflüssig. Noch 1996 schrieb der damalige Innenminister Manfred Kanther (CDU) in der FAZ: »Es ist nicht zulässig, ein Land als Einwanderungsland zu definieren, weil viele Menschen versuchen, ihren Zutritt unter unberechtigter Berufung auf politische Verfolgung zu erzwingen. Einwanderung setzt das Einverständnis des aufnehmenden Staats voraus. Dies verkennen diejenigen, die sogar Asylbewerber als Einwanderer qualifizieren. Deutschland ist kein Einwanderungsland, will und soll auch keines werden.«

Die Lehrjahre des Immigranten

Als ich 1987 in die Bundesrepublik kam, kam ich in den Westen. Ich kam als Spätaussiedler. Als Spätaussiedler galten Einwanderer deutscher Herkunft aus den ehemaligen Ostgebieten, aus Osteuropa. Sie wurden nach den Regelungen des Bundesvertriebenengesetzes eingestuft. 1987 war ich offiziell kein Einwanderer, ich konnte es gar nicht sein, weil die Bundesrepublik sich nicht als ein Einwanderungsland betrachtete. Ich galt vielmehr als Heimkehrer, Spätheimkehrer, der ins Land seiner Vorfahren, anders gesagt, ins Mutterland zurückkehrte. Jedenfalls für den zuständigen Beamten.

Laut Gesetzesgrundlage und Ansicht der Zuständigen, die auf der Gesetzesgrundlage beruhte, war ich zurückgekehrt, weil ich als Deutscher unter Deutschen leben wollte. Wegen meiner deutschen Herkunft, meiner Deutschstämmigkeit, die ich mit verschiedenen Dokumenten, darunter einem Ahnenpaß aus den dreißiger Jahren, nachweisen konnte, hatte ich den Anspruch auf die deutsche Staatsangehörigkeit. Das war meine privilegierte Einwanderungslage im Jahre 1987.

Als ich das Aufnahmelager in Nürnberg-Langwasser, das nicht »Lager« hieß, sondern »Durchgangsstelle für Aussiedler«, betrat, überreichte man mir außer dem Begrüßungsgeld eine Tüte mit Lebensmitteln und Utensilien. Darunter befand sich auch ein kleines deutsch-rumänisches Wörterbuch. Man nahm also an, ich spreche nicht deutsch. Deutsch aber ist meine Muttersprache.

Mit diesem Wörterbuch, das ich als Kränkung empfand, aber immer noch besitze, fing meine Karriere als Rumäne an, was ich damals noch nicht ahnte. 1987 konnte man sich das Bundesland, in das man als verwalteter Mensch weitergereicht wurde, frei wählen. Meine damalige Frau und ich entschieden uns für Berlin. Darüber war man in Nürnberg erstaunt. Das sei doch ein Agentennest, entfuhr es einem der bayerischen Beamten. Wir reisten auf der Transitstrecke nach Berlin, Berlin war damals Westberlin, und vor der Tür lag eine abschreckende DDR, nach der sich noch keiner sehnte.

Ich lebte als Aussiedler in Westberlin. Das war ungewöhnlich für einen Banater Schwaben. Die Banater Schwaben leben im Süden und im Südwesten, im Grüßgottland, da, wo sie abgehauen sind, im 18. Jahrhundert, genauer ihre Vorfahren, auf den Schiffen, den Ulmer Schachteln, die Donau runter. Das durfte ich bei meinen Lesungen immer wieder erzählen.

Ich hatte ein Manuskript aus Rumänien mitgebracht, über die Grenze geschmuggelt. Es handelte vom Leben zweier Menschen in den achtziger Jahren, den schrecklichen Jahren der nationalkommunistischen Diktatur. Die Erzählung erschien 1988 unter dem Titel »Ausreiseantrag«. Damit war ich Dissident, aber auch Rumäne, wie es mir bald zu dämmern begann. Ich besaß zwar einen deutschen Personalausweis, da ich als Deutschstämmiger den Deutschen gleichgestellt war, und das noch vor Erledigung meines Staatsangehörigkeitsantrags, aber unter Vorbehalt. Mein eigentlicher Ausweis war, ohne daß ich es jemals wahrhaben wollte, das kleine Wörterbuch, das man mir bei meiner Ankunft in Nürnberg kommentarlos überreichte.

Jeder Einwanderer ist auch ein Auswanderer. Als ich Rumänien verließ, war ich dort ein Ausreisender. Ein Deutscher, der zwecks Familienzusammenführung ausreisen durfte. Ich hatte zwar keine Familie, die zusammengeführt werden mußte, aber das war die offizielle Version. Es herrschte der Kalte Krieg, und die rumänische Führung brauchte Devisen. Sie kassierte Kopfgelder, die sie mit der Bundesregierung ausgehandelt hatte. Ich habe Rumänien damals aus politischen Gründen verlassen, als Gegner der Ceauşescu-Diktatur, bin aber im Rahmen einer fingierten Familienzusammenführung ausgereist. Entscheidend war die Sprachregelung. Schließlich wurde der Kalte Krieg ja auch nicht Kalter Krieg genannt, sondern »friedliche Koexistenz«. Manche sprachen sogar von der »Konvergenz der Systeme«.

Wenn ich in Rumänien als Deutscher galt, und es als Banater Schwabe in meinen eigenen Augen auch war, so wurde ich in Berlin ständig eines Besseren belehrt. Mal war ich Deutschrumäne, mal Rumäne, manchmal sogar rumänischer Schriftsteller. Gelegentlich wurde ich sogar nach meinem Übersetzer gefragt. Ab und zu versicherte man mir, daß es erstaunlich wäre, daß ich in so kurzer Zeit so gut Deutsch gelernt hätte. Es waren die Jahre, in denen die Bundesrepublik mit den ersten großen Aussiedlerströmen aus Osteuropa und der damals noch bestehenden Sowjetunion Gorbatschows konfrontiert wurde. Ein Land, das seinen Nationenbegriff verschämt versteckte, statt ihn endlich zu diskutieren, war plötzlich mit einer ethnisch begründeten Einwanderung konfrontiert.

Wenn ich überlege, was der zentrale Beweggrund für mein Tun und Lassen seit meiner frühen Jugend war, so komme ich schnell zum Freiheitsbegriff. Ich war 1987 froh, der Diktatur entkommen zu sein, ich war froh, im Westen zu leben, und der Bundesrepublik dankbar, daß sie mich aufgenommen hatte und mir, als Aussiedler, die rechtlichen Voraussetzungen bot, die auch ein Einheimischer hatte. Ich war, jenseits meines kulturellen Selbstverständnisses, ein Flüchtling, ein Immigrant. Damit war ich in der Situation der großen Mehrheit meiner Landsleute, die sich als klassische

Einwanderer fühlten und, im Zeichen der Traumdevise jedes Immigranten, vom Tellerwäscher zum Millionär, zupackten. Der Erfolg dieser Maxime besteht wohl darin, daß, obwohl es kaum einer zum Millionär bringt, auch keiner Tellerwäscher bleibt.

Als ich 1987 nach Berlin kam, nach Westberlin, gab es das Trendwort »Identität« noch lange nicht. Auch »Integration« war noch kein Zauberwort. Damals sprach man von »Ausländern«, und als Ausländer galten alle, die nicht einheimische ethnische Deutsche waren, »Reichsdeutsche«, wie man im Banat sagte. Alle, außer den Reichsdeutschen, galten als Ausländer. War ein Ausländer Schriftsteller, so hatte er ein besonderes Privileg vor sich, die Rolle des Exoten. Ausländer als Schriftsteller sind wie Pop-Musiker. Roberto Blanco konnte jederzeit Schlagersänger sein, aber niemals Tagesthemensprecher werden.

Ich aber wollte nicht Roberto Blanco sein. Ich verstand mich als deutscher Schriftsteller, schließlich schrieb ich ja deutsch. Ich wollte nicht für alle Zeiten die Auskunftsperson über die rumänischen Zustände bleiben, der Ostgruselfaktor. Also machte ich mich auf, die deutsche Wirklichkeit zu erkunden. Das Ziel war unausgesprochen die Integration.

Als Banater Schwabe wußte ich ziemlich viel über Deutschland, schließlich hatten wir es aus dem fernen Banat sehnsuchtsvoll über die geschlossenen Grenzen hinweg beobachtet. Bücher und Zeitschriften, aber vor allem das Radio suggerierten und ersetzten die Erfahrung des bundesdeutschen Lebensalltags. Daß Informationen nicht alles sind, mußte ich nach meiner Ankunft in Deutschland bald erfahren. Diese Erfahrung führte zu einer großen Verunsicherung. Als Einwanderer hat man nicht nur den Eindruck, sondern auch die Angst, alles falsch zu machen, sich als Einwanderer zu verraten. Indem man Angst hat, alles falsch zu machen, macht man auch alles falsch. Der klassische Immigrant wird schnell zum Affen, und als Affe wird er auch wahrgenommen.

Wenn ich nun aber nicht als Schriftsteller im Exil gelten wollte, sondern aus der deutschen Gegenwart heraus zu schreiben beabsichtigte, mußte ich durch dieses Affensein gehen. Ich war ein paar Jahre lang der Affe, bis ich mich mit den Einheimischen als Bürger messen konnte.

Der klassische Immigrant gibt nicht auf. Er meidet seine Landsleute, klumpt nicht mit ihnen zusammen, da er das Empfinden hat, er grenze sich selber aus, komme nicht voran auf seinem Millionärspfad. Der klassische Immigrant ist ein Einzelgänger, der sein Einzelgängertum produktiv zu machen versteht. Wer Inseln der Herkunft im Einwanderungsland bildet, der arbeitet an seinem eigenen Scheitern. Warum wandert jemand aus, der am Auswanderungsort die Verhältnisse seines Herkunftslandes konservieren will?

Es wird oft von der Überheblichkeit des Einheimischen gegenüber dem Einwanderer gesprochen. Der Einheimische fühlt sich in der Mehrheit und deshalb legitimiert. Er tritt als Hausbesitzer auf. Es gibt aber auch eine Überheblichkeit des Einwanderers. Nichts ist schlimmer, als wenn Einwanderer zusammensitzen und über die Einheimischen lästern. Aus jedem Wort, das sie sagen, spricht der Frust, den sie nicht aussprechen können, ohne an sich selbst zweifeln zu müssen.

Ich lebe seit neunzehn Jahren in Deutschland. Es ist mein Land, auch wenn ich manchmal bei Lesungen arglos gefragt werde, ob ich nicht nach Rumänien zurückkehren wolle, in dieses wunderschöne Land, in dem noch der Ochse den Pflug zieht und die Milch aus der unverdorbenen Kuh kommt. Links von mir stehen die Tellerwäscher, und rechts hocken die Millionäre. Ich weiche mit meiner Meinung oft von der der Einheimischen ab. Ich habe Verständnis für die Vereinigten Staaten, ich warne vor den Gefahren des Fundamentalismus, ich hasse die Ostalgie. Darin, sagen meine Freunde, sei ich Osteuropäer geblieben, wahrscheinlich meinen sie: unverbesserlich. Sie sagen es mit immer milder werdendem Lächeln. Ich nehme dieses Lächeln ungern wahr, sage mir aber, auch ein Einwanderer sollte sich bemühen, den Einheimischen zu verstehen. Damit fängt es an. Ein Einwanderer sollte dazugehören wollen, sein Arbeitsethos einbringen und nicht die mitgebrachte Schrift zücken, auch wenn diese heilig zu sein scheint.

Einwanderung und Loyalität

Der in Europa um sich greifende islamische Fundamentalismus zwingt uns, über die Grundlagen der westlichen Welt neu nachzudenken. Die von ihm ausgehende terroristische Gewalt, der Angriff auf die Gleichstellung der Geschlechter und auf den säkularen Charakter der Gesellschaft sollte uns dazu bringen, die Prinzipien Europas deutlicher zu benennen.

Udo di Fabio stellt fest: »Im Innern der offenen Verfassungsstaaten werden wir lernen müssen, mit verschiedenen Kulturen und ihren Herausforderungen umzugehen, und zwar ohne alles gut zu finden, was anders ist. Wir werden lernen müssen, eine Toleranz zu üben, die gerade mit der begründeten Setzung von Grenzen und dem Festhalten an eigenen Institutionen den anderen und sich selbst ernst nimmt.«

Angesichts unserer heterogener werdenden Gesellschaft, die, besonders durch die zweite Generation der Immigranten und Aussiedler, immer mehr ein Mosaik der Einwanderung abbildet, stellt sich die Frage nach ihrem ideellen Zentrum. Woran glauben wir noch? Eine neurotisch geprägte Öffentlichkeit hat in den letzten Jahrzehnten das kollektive Denken beherrscht und normative Begriffe wie »Nation« und »Kultur« systematisch ins Aus manövriert. Wir trauen uns nicht einmal, auf einen unserer Bevölkerungszahl angemessenen Stellenwert für die deutsche Sprache in den Institutionen der EU zu bestehen. Schämen wir uns etwa für unser Deutsch?

Das einzige, was die Philosophie der Selbstbezichtigung zuließ, war der sogenannte »Verfassungspatriotismus«. Nehmen wir die Denkfigur für einen Augenblick ernst. Jetzt, wo der Fundamentalismus die Demokratie offen angreift, ist zu konstatieren, daß viele sich als liberal verstehende Intellektuelle nicht das Grundgesetz verteidigen, sondern mit Vorliebe auf die Menschenrechte der Täter verweisen. Im Ergebnis beschäftigt man sich mehr mit den vermeintlichen Gefahren, die dem Kalifen von Köln in der Türkei drohen, als mit der Loyalitätsfrage. Es brauchte ein wahres Tauziehen zwischen Innenministerium und Justiz, um den Mann endlich außer Landes zu schaffen. Er bezog im übrigen für seine gesamte Familie bis zuletzt Sozialhilfe von der Stadt Köln. Bei der Durchsuchung des Geländes seiner Kalifat-Sekte fand die Polizei eine Millionensumme. Seine Abschiebung ist wahrscheinlich nur Otto Schilys Hartnäckigkeit und juristischer Sachkenntnis zu verdanken. Werden doch solche Leute in der Regel von einer bunten Truppe aus profitierenden oder naiven Anwälten verteidigt, denen das Wohl unserer Gesellschaft egal ist.

Bei der Einschätzung des Terrorismus kommt man um die Frage nach dem eigenen Selbstverständnis, nach unserem Selbstbewußtsein als Deutsche und Europäer, nicht herum. Wie weit kann uns die »Kraft der Vernunft« tragen, von der Oriana Fallaci in ihrem gleichnamigen wütenden Pamphlet ohne jede Rücksichtnahme spricht?

Zu den Prämissen des Mißverständnisses um den islamischen Terrorismus und der damit verbundenen Ursachenforschung gehört die Idee des Verstehens, die uns seit Jahrzehnten umtreibt. Statt uns auf unsere Grundsätze zu berufen, versuchen wir, uns die Fanatiker und ihre Mordtaten zu erklären. Dazu gehört, daß ihre Wut in unseren Augen legitim erscheint, weil sie, wie wir meinen, soziale Ursachen habe. Die Reduktion des Terrorismus auf soziale Wurzeln verhindert seine Bekämpfung. Sollte es soziale Gründe geben, so sind diese nicht bei uns und auch nicht in der vielgeschmähten Globalisierung, sondern in den islamischen Ländern zu suchen, aus denen diese verwirrten Männer kommen.

Das Grunddilemma aber bleibt die kulturelle Differenz. Wo Frauen der Zugang zum öffentlichen Leben versagt bleibt, findet auch eine künstliche Trennung der Geschlechter statt. Das führt nicht zuletzt zu einer neurotischen Prägung der Männer. Man sehe sich mal das »Jungfrauenproblem« dieser Wirrköpfe genauer an. Eine Männergesellschaft richtet sich schließlich gegen die Männer selbst. Auch die Beziehungen zwischen den Männern werden zu reinen Machtbeziehungen. Ohne das Prinzip der individuellen Freiheit ist der Mensch nicht mehr mündig, sondern Diener. Er bleibt den Zwängen des Clans ausgesetzt

Kulturen treten nicht nur in einen mehr oder weniger produktiven Konflikt miteinander, sie sind unter Umständen inkompatibel. Die meisten Forderungen der Islamisten widersprechen dem Grundgesetz. Damit ist der vielbeschworene Dialog praktisch außer Kraft gesetzt. Worüber will man mit Leuten, die die Grundsätze der säkularen Gesellschaft, das Prinzip der individuellen Freiheit oder die Gleichstellung der Geschlechter, ablehnen, ins Gespräch kommen?

In einer solchen Situation hilft nur eines: Besinnen wir uns auf unsere europäischen Werte. Wagen wir es endlich, uns offen zu diesen Werten zu bekennen, sie zu verteidigen. Ein Selbstbewußtsein der Demokraten ist, wie die Paulskirchen-Erfahrung von 1848 zeigt, nicht von vornherein nationenfern. Deutscher zu sein sollte bedeuten, die Grundsätze der Verfassung genauso zu verteidigen wie die deutsche Sprache und Kultur. Und zwar gegen Fundamentalismus, Rassismus, Antisemitismus, Antiamerikanismus und Totalitarismus. In diesen Fragen ist immer wieder ein laxer Umgang festzustellen, die skandalöse Bereitschaft, ein Auge zuzudrücken. Als Beispiel sei hier ein Zitat von Daniel Bax aus der Berliner taz vom 18. 10. 04 angeführt: »Sicher gibt es im arabischen Diskurs eine fatale Fixierung auf Israel, die zuweilen antisemitische Formen annimmt. Aber sich allein für diese Auswüchse zu interessieren, trägt alle Züge einer deutschen Obsession.« Bax schrieb dies aus Anlaß der Proteste gegen Hetzschriften, die von arabischen Verlegern beim Schwerpunkt Arabien auf der Frankfurter Buchmesse ausgestellt wurden.

An die Einwanderer sind klare Forderungen zu stellen. Dazu gehört neben der Kenntnis der deutschen Sprache und dem Interesse an der deutschen Kultur auch der Bezug zur Verfassung. Es ist hierzulande Usus geworden, für die Rechte der Einwanderer zu streiten, ohne ihnen Pflichten abzuverlangen, und zwar genau die Pflichten, die die Einheimischen längst haben. Zur Loyalität gehören nicht nur die Akzeptanz und das Interesse an den demokratischen Institutionen, sondern auch die Zahlungs- und Steuermoral.

Gerade in den Skandalen um die Fundamentalisten in Deutschland zeigt sich immer wieder, daß diese Leute die Demokratie und den Sozialstaat mißbrauchen und unsere Gutgläubigkeit verhöhnen. Damit haben sie in der EU nichts zu suchen. Weisen wir sie aus. Es kann doch nicht sein, daß Leute, die in afghanischen Ausbildungslagern waren, hier weiter geduldet werden, nur weil ihnen im Augenblick keine Straftat nachzuweisen ist. Wem nützt ein abstraktes Rechtsverständnis, das erst das Eintreten der Straftat abwarten will, also den Tod unschuldiger Menschen in Kauf nimmt?

Ein Einwanderungsgesetz ergibt nur einen Sinn, wenn wir darin klare Kriterien festschreiben. Dazu gehört die Loyalität zum Grundgesetz. Europa ist ein Projekt. Willkommen kann nur sein, wer die Grundlagen des Projekts mitträgt.

Die abgerüstete Nation

Es gab eine Zeit, da hatten Gedichtbände den Titel: »100 Gedichte ohne Vaterland«. In diesem Fall von Erich Fried. Die Propagierung der Vaterlandslosigkeit erfüllte den linksliberalen Intellektuellen, dessen Denkmodelle die Öffentlichkeit weitgehend bestimmten, mit Stolz.

Sie wirken bis heute.

Der Bundespräsident Horst Köhler sagte nach seiner Wahl: »Ich liebe unser Land«, und Angela Merkel kündigte ihre Kanzlerkandidatur mit dem Satz an: »Ich will Deutschland dienen.« Beide wurden in den Medien für diese Aussagen heftig gescholten.

Wer aber sind wir jenseits der Tabus der Nachkriegszeit? Was bedeuten uns trotz allem Heimat und Vaterland? Im Kaufhaus liegen die Fußball-WM-T-Shirts für 2006 aus. Sie tragen selbstverständlich die Nationalfarben, das Schwarz-Rot-Gold von 1848. Kennen wir die Wurzeln unserer Nationalfarben?

Die Notwendigkeit der Klärung des Nationenbegriffs ist aktueller denn je. Alle anderen Fragen hängen von dieser Klärung ab, auch diese: Was macht Deutschlands Zugehörigkeit zur westlichen Welt aus?

Nach dem Ende des Heimatfilms

Will man wissen, was Heimat ist, sieht man sich am besten die einschlägigen Filme der fünfziger Jahre an. Dort ist alles, was der Begriff in einem letzten Sich-Aufbäumen noch zu bieten hatte, versammelt. Schaut man genauer hin, wird man bald erkennen, worum es in der Heimatfrage wirklich geht. Landschaften und Naturgewalten, die Liebe und andere große Gefühle, schicksalhafte Wendungen, soziale Zwänge und unheilbare Krankheiten schreiben ein Drehbuch des Lebens, das mal einen tragischen, mal einen glücklichen Ausgang findet. Als hätte es, wie in der Spielbank, seine Permanenz.

Die Geschichten, die der Heimatfilm erzählt, sind voraussehbar, sie haben einen Anfang und ein Ende. Es ist, als hätte man sie alle schon einmal gehört. Damit vermitteln sie eine Gewißheit über die Existenz, die das Déjà-vu zum Kriterium werden läßt. Der Heimatfilm ist eine Fälschung, aber eine gern hingenommene.

Im Grunde ist er ein Untergangsgenre, aber seine apokalyptische Botschaft wird durch die Methode kleingeredet und verkehrt sich so in ihr Gegenteil. Daran hat der Dialekt, der im Heimatfilm unumgänglich ist, einen beträchtlichen Anteil. Das Schicksal läßt zwar nicht mit sich reden, aber man darf ihm gelegentlich in die Karten gucken.

Im Heimatfilm ist alles Kulisse. Die Landschaften erwecken selbst dort, wo sie echt sind, den Eindruck eines Ölgemäldes. Die Musik ist entweder von einer Lieblichkeit, die einem von vornherein ein Lächeln aufzwingt, oder sie wirkt buchstäblich rasend. Als müßte dem Zuschauer die Stimmung diktiert werden. Der Heimatfilm hat seinen Fan fest im Griff.

Seine Wirkung besteht in seiner Zeichenhaftigkeit, die aber als solche von seinen Anhängern nicht wahrgenommen wird. Sie fühlen sich vielmehr vom vermeintlichen Realismus des Heimatfilms angezogen.

Das wichtigste aber: Als der Heimatfilm seine großen Erfolge feierte, war die Heimat bereits verloren. Die fünfziger Jahre waren für die Bevölkerung der Bundesrepublik eine Zeit des großen Abschieds. Nie war die allgemeine Schrumpfung größer. Vom Staatsterritorium, das um ein Drittel kleiner wurde, bis zum provisorischen Wohnen als Einquartierte.

Indem man den Grund des Heimatverlusts als »Luftkrieg« und »Vertreibung« chiffrierte, konnte man sich umgehend im Wirtschaftswunder einrichten. Daß die vielgeschmähte Amerikanisierung nicht eine Folge der Besatzung, sondern des Modernisierungsschubs der Gesellschaft war, ließ sich auf diese Weise nahezu perfekt ausblenden.

Bis heute ist das Ausmaß der Abrißarbeiten in den Städten der fünfziger Jahre nicht ins öffentliche Bewußtsein gerückt. Kaum einer geht der Frage nach, warum nicht rekonstruiert, sondern vor allem neu gebaut wurde. War es Teil eines unbewußten kollektiven Abschieds von der Vergangenheit, die aus dem Ruder gelaufen war?

Die verordnete Geschichtslosigkeit unserer Städte bildet

den Raum ab, in dem wir uns bewegen. Was aber kennzeichnet unser Verhalten als Stadtbewohner? Unterscheidet uns etwas Berichtenswertes vom Bergbauern des Heimatfilms?

Anders gefragt: Was ist Heimat unter den Bedingungen des urbanen Raums? Braucht das Heimatgefühl nicht die Landschaft und ihre Jahreszeiten in einer Unmittelbarkeit, wie der urbane Raum sie nicht mehr bereithält? Wo der Himmel verstellt ist, wird die Naturgewalt zum banalen Gegenstand des Wetterberichts. Der Sturm, der früher über Berg und Tal raste, verwandelt sich in den Straßenschluchten der Städte in sinnlose Windböen. Von der Lächerlichkeit des Schnees am städtischen Straßenrand nicht zu reden. Wenn wir den Heimatfilm zurückholen wollen, müssen wir verreisen.

Wie aber verhält es sich mit unseren Städten als Lebensraum? Je größer die Stadt, so lautet eine Binsenwahrheit, desto wichtiger der Stadtteil. Stets wird der Stadtteil als Zuhause bezeichnet, nicht die Stadt als Ganzes. Spricht man von seiner Stadt, kommt man bald auf seinen Stadtteil, nennt dessen Vorzüge. Es gibt kaum eine schärfere Konkurrenz als die zwischen Stadtteilen. Stadtteile haben überdeutlich einen Ruf zu verlieren. Es ist, als hätte der Stadtteil das Dorf ersetzt, ohne einem die Sicherheit des Dorfes zu vermitteln.

Das Dorf war früher eine Metapher der Ewigkeit. In seinem Raum offenbarte sich den Menschen die Existenz als zyklische, wie von dem Religionsphilosophen Mircea Eliade erfunden. Das traut dem Stadtteil wohl keiner zu. Trotzdem wird er mit den Merkmalen der Heimat ausgestattet. Die Ausdrücke »mein Bäcker«, »mein Zeitungskiosk«, »mein Blumenhändler« erscheinen als Partikel des Heimatgefühls. Schreitet man den Stadtteil genauer ab, wird man feststellen, man kann alles erledigen, ohne sein Gebiet verlassen zu müssen. Man ist, wie in einem Dorf, von der Wiege bis zur Bahre versorgt. Und trotzdem ist es nicht dasselbe. Die Eckkneipe kann die Gartenbank nicht ersetzen.

Während das Dorf an allen Enden an die natürliche Welt grenzt, geht ein Stadtteil bloß in den nächsten über. Die

Grenzen eines Stadtteils nehmen nur die Einheimischen wahr. Sie sind die Eingeweihten. Während für die Gartenbank der Ausblick das wesentliche darstellt, ist die Kneipe wie das sprichwörtliche Kellerloch. Die Eckkneipe hat auffallend kleine Fenster. Sie ist der Ersatz für das fehlende Grüßgott auf der Straße. Die Vertrautheit aber, die sie durch Verbunkerung herstellt, ist eine denkbar künstliche. Die Gartenbank ist Teil des Ganzen, die Eckkneipe ein Ort für Gleichgesinnte, die sich eine Duzwelt schaffen, in der sich Geborgenheit vortäuschen läßt. Es ist eine Geborgenheit des Augenblicks.

Wenn der Blick von der Gartenbank die wahrgenommenen Verwandlungen als ewige Wiederkehr versteht, so ist der Abend in der Kneipe nichts als ein weiteres Beispiel der Vergänglichkeit. Wer auf der Gartenbank sitzt, hört die Kirchenglocken läuten, und es ist ihm, als messe Gott selber ihm die Zeit zu. Es ist die maximale Legitimation. In der Eckkneipe hingegen ist es der flüchtige Blick auf die Armbanduhr, der das Erlebnis zwingend begrenzt, weil morgen wieder ein Arbeitstag anbricht.

Die Stadt ist einer unkontrollierten Vergänglichkeit ausgesetzt. Das Leben in der Beschleunigung erzeugt Nervosität, erweckt Hysterien. Das Zuhause gibt keinen ausreichenden Schutz mehr. Wo das meiste gefährdet erscheint, steht das Heimatgefühl zur Disposition.

Imaginäre Territorien

Je weniger Sicherheit die Stadt bietet, je schneller und unberechenbarer sie wird, desto größer wird die Angst ihrer Bewohner, sie könnte ihnen entgleiten. Wachstum und Schrumpfung wirken in der gleichen Weise. Beides zieht eine Beschädigung des vertrauten Raums nach sich. Die Veränderungen, zu denen es kommt, bereiten dem Einheimischen Sorgen. Er fürchtet um seine Welt. Neben dem Abschied von

Industrie und Arbeitsplatz werden als Grund von Verwerfungen im urbanen Raum auch die sich verstärkenden Migrationsbewegungen betrachtet.

Die letzten Jahre haben ein grelles Licht auf die Migrationsfrage geworfen. Abwanderung und Zuwanderung werden gleichermaßen beklagt. Dies aufgrund der Erkenntnis, daß beides die Stadt verändert. In beiden Fällen erscheint das Weiterbestehen des Urbanen in seiner bisherigen Form in Frage gestellt.

Die Folgen der Zuwanderung werden zunächst als Auseinanderfallen von Staatsangehörigkeit und Identität manifest. Es ist nicht nur so, daß viele Deutsche sich plötzlich einer Perspektive der Majorisierung durch die Ausländer ausgesetzt sehen, darüber ließe sich zur Not ja reden, vielmehr scheint für die Betroffenen alles in Bewegung geraten zu sein und nichts mehr gesichert.

Plötzlich stehen ganz neue Fragen an: Wer ist ein Einheimischer und wodurch? Die Frage der Identität stellt sich gleichermaßen für Einheimische und Fremde. Beide haben jeweils ihr Territorium in der Stadt, in der sie leben. Die jeweiligen Territorien erscheinen imaginär. Ihre Grenzen werden nicht durch die Stadtplanung und schon längst nicht von der Stadtverwaltung, sondern kulturell und mental abgezirkelt. Als Ethnoscape.

Der Einheimische fühlt sich belagert, der Fremde diskriminiert. Wo der Stadthaushalt schrumpft, reduziert sich die Debatte bald auf gegenseitige Schuldzuweisungen.

Der Mythos der Integration

Lange, zu lange hat man sich die Umbruchsituation schöngeredet. Man rührte zwar keinen Finger, erwartete aber, daß sich all die Ignorierten unauffällig anpassen und in der deutschen Gesellschaft verschwinden. Wie es die Vertriebenen in der Nachkriegszeit gemacht haben.

Die Vertriebenen von damals aber waren Deutsche. Sie unterschieden sich von den Einheimischen nur durch eine mehr oder weniger sichtbare Regionalidentität, die sie mitbrachten. Sie waren grundsätzlich bereit, in der Bundesrepublik aufzugehen.

Ein bemerkenswertes Beispiel für diese lautlose Assimilation stellt ihre zweite Generation dar, deren Angehörige sich selber nur noch als Einheimische fühlen und kaum Vorstellungen von der Herkunft der Eltern haben, auch nie etwas davon wissen wollten. Die alte Bundesrepublik lebte in einem weitgehend geschichtslosen Raum. Sie mißachtete die Ursachenforschung. Ein wichtiger Posten ist in ihrem Nachlaß die unerledigte Vergangenheit.

Eine Integration ohne auffallende Nebenerscheinungen war auch später noch möglich, bei den meisten Aussiedlern, und auch im Fall der Gastarbeiter südeuropäischer Herkunft. Gescheitert hingegen ist sie bislang bei zwei großen Einwanderungsgruppen in Deutschland: bei Spätaussiedlern aus Rußland und vor allem bei islamisch geprägten Gruppen türkischer, kurdischer und arabischer Herkunft. Während die Jugendlichen unter den Einwanderern aus Rußland in ihrer Orientierungslosigkeit vor allem den Verlockungen der organisierten Kriminalität ausgesetzt sind, wird in den islamischen Gruppen Jahr für Jahr die Bereitschaft zur Militanz deutlicher. In beiden Beispielen führte die Ansiedlung in Deutschland zu einer Schrumpfung des Horizonts. Ihre neue Seßhaftigkeit gilt als zweifelhaft.

Heute muß man sich, angesichts der Situation, Gedanken über eine Integration jenseits der Assimilation machen. Wie aber könnte diese aussehen? Schon der Alltag des Stadtteils ist ein aufschlußreicher Spiegel. Darin erscheint immer häufiger das Problem der dritten Generation der Einwanderer. Auch sie gelten in der alltäglichen Sprachregelung als »Ausländer«. Zu beobachten ist, daß sie sich viel stärker mit der Identitätsfrage beschäftigen als ihre Eltern. Die Identitätsfrage führt sie aber zurück in die ethnische

Identifikation. In ihren eigenen Augen handeln sie aus der Defensive heraus. Je klarer ihnen der eigene Blick erscheint, desto fragwürdiger wird ihre Positionierung.

Die Installierung des Ethnischen in der Stadtlandschaft unter dem Namen »Multikulturalität« ist viel folgenreicher, als der flotte Ausdruck es erahnen läßt. Jedenfalls sagt das Programm eines Radiosenders wie »multikulti« in Berlin nur bedingt etwas über die angesprochene Realität aus. Er wurde ja auch nicht gegründet, um die Einwanderer der Kritik zu unterziehen, sondern um sie zu verstehen. Mit einem solchen Gestus aber verschafft man von vornherein einer Bevölkerungsgruppe nicht nur einen Sonderstatus, sondern gesteht ihr auch noch mildernde Umstände zu. Es ist schließlich nichts anderes als eine Form der sanften Ausgrenzung.

Das Multikulturelle erscheint bisweilen sogar als Regressionsfaktor des Urbanen: Wenn der Kiez zum anatolischen Marktflecken wird, verliert er nicht nur an Vertrautheit für den Einheimischen, sondern auch an zeitgemäßer Substanz. Man vergißt, daß sich hinter der folkloristischen Fassade solcher Stadtbildveränderungen Weichenstellungen verbergen, die in ihren weitreichenden Verästelungen zuerst die Alltagskultur und später die Gesellschaft verändern. Vereinfacht gesagt: Die Freiheit, das Kopftuch zu tragen, geht der Pflicht, es zu tragen, voraus.

Was aber macht einen Stadtteil zum Teil Deutschlands? Die Beantwortung einer solchen Frage sollte nicht weiter tabuisiert sein. Mit den Zwängen der politischen Korrektheit kommen wir in der Sache keinen Schritt weiter. Ein Einwanderungsgesetz erfordert auch eine eindeutige Definition des Projekts der Einheimischen. Worin kann die Permanenz ausgedrückt werden, die der Bürgerschaft Sicherheit und Zuversicht vermittelt? Über die Traufhöhe hinauszudenken muß nicht von vornherein falsch sein.

Vom Karneval der Kulturen zur Inkompatibilität von Kulturen ist es leider nicht weit, wie man seit dem 11. September und seinen diversen Folgeereignissen wissen kann. Was ist inkompatibel und warum? Angesichts der Auflösungserscheinungen der gewachsenen Stadtkultur konstatieren wir, daß sie ihr historisches Fundament zu verlieren droht: Der Vormarsch der Hybrid-Kulturen schränkt die Faßbarkeit der Vorgänge ein und läßt wichtige Eigenschaften und Merkmale einer Gesellschaft verkümmern. Das Überdauern der europäischen Stadt mit ihren antiken und mittelalterlichen Grundlagen erfordert eine Akzeptanz, die nur mit den kulturhistorischen Erkenntnissen und Errungenschaften des Abendlandes zu leisten ist. Wer sich nicht in den gewachsenen Kulturkreis einschreiben kann, verweigert sich nicht bloß, er bildet vielmehr in der Folge eine Kollektivität, die den bisherigen Konsens boykottiert.

Das Internationale der Großstadt weicht der ethnischen Pluralität und verliert damit seinen Sinn. Ghettobildung und Werterelativierung bedingen sich gegenseitig. Es bilden sich Kräfte aus, die das Urbane zurückdrängen. Zuerst unauffällig und beinahe unbewußt in der Rekonstruktion ländlicher Strukturen der Herkunftsgebiete. Es ist wie ein Reflex, mit dem Ziel der Einwanderer, sich die neue Umwelt heimisch zu machen. Später, wenn das Ghetto gefestigt genug ist und gegen den Einfluß des Gastlandes weitgehend abgeschottet, bilden sich Ideologien der Abgrenzung und Verweigerung sozialer Partizipation. Am deutlichsten ist dies an den Auswirkungen des islamischen Fundamentalismus in den städtischen Quartieren zu beobachten. Von der klammheimlichen Sympathie für den Terror des 11. September bis zur Propagierung des Kopftuchs als kulturellem und politischem Symbol. Und schließlich zum widerlichen Hatespeach gegen Juden und Homosexuelle.

Jenseits aller anderen Sinnaufladung steht gerade das

Kopftuch gegen die Urbanität. Wenn man bisher zumindest von einer doppelten Loyalitätsfrage ausgehen konnte, indem man die klassische Situation von Minderheiten im europäischen Raum in Betracht zog, so muß man bei großen Gruppen islamischer Einwanderer zunehmend von fehlender Loyalität dem Westen gegenüber sprechen. Im Ergebnis ist eine Schrumpfung von individueller Freiheit und Toleranz festzustellen.

Mit den klassischen, sozial begründeten Erklärungen ist dem Phänomen immer seltener beizukommen. Hatten diese Einwanderer doch dieselben Bedingungen wie die meisten anderen auch. Zumindest ähnliche. Es geht nicht um das Problem des ungesicherten sozialen Aufstiegs, sondern um die Frage der kulturellen Kompatibilität. Zahlreiche Werte des islamischen Traditionalismus widersprechen den Grundsätzen der urbanen Gesellschaft. Wer die Gleichheit der Geschlechter und die Freiheit des einzelnen ablehnt, kann nicht viel beitragen zum allgemeinen Wohl. Die urbane Gesellschaft hat einen grundsätzlich permissiven Charakter, daran kommt man nicht vorbei, da kann man noch so viel am Koran heruminterpretieren. Solange es die Freiheit nicht gibt, den Koran nicht zu kennen, bleibt eine folgenschwere Sprachlosigkeit zwischen der Urbanität und dem anatolischen Marktflecken, der sie überlagert und die Einheimischen bedrängt.

Immer häufiger ist festzustellen, daß Einheimische aus solchen Stadtteilen abwandern, dem Druck des Ghettos weichen. Ihre Gründe beziehen sich auf die Lebensqualität: Der letzte deutsche Laden hat dichtgemacht, die Boulette ist dem Döner gewichen, das Kind ist in der Schule mit seiner Muttersprache in der Minderheit, türkische Jugendgangs belästigen Frauen auf der Straße. Man kann das als populistisches Vokabular denunzieren, es dokumentiert aber auch eine Verkümmerung urbaner Umgangsformen.

Die Schrumpfung, die eine Stadt verträgt, ist die Reduktion ihrer Größenordnung in jeder Weise, solange das Grundmuster erhalten bleibt. Jenes Grundmuster der Innenstadt, das auf das europäische Mittelalter zurückgeht. Wer aber am Stadtkern rührt, der rührt am Gleichgewicht der Gesellschaft. Wenn die Gründe zur Abwanderung nicht mehr soziale, sondern kulturelle sind, wird der Umzug von den Betroffenen zunehmend als kalte Vertreibung empfunden werden. Man kann in einer europäischen Stadt nicht einfach den Muezzin ausrufen lassen, ohne die Hysterie zu riskieren.

Der gespaltene Konsens bewirkt unweigerlich eine schwindende Kohäsion der Gesellschaft. Die wachsende Heterogenität erfordert um so dringender die Festschreibung eines verbindlichen Wertekatalogs, der das Grundgesetz als den Pfeiler der Identität stärker in den Vordergrund rücken muß. Seßhaftigkeit braucht Sinn. Europa ist ein Projekt, und der Kern dieses Projekts ist die Urbanität. Wer diese in ihren säkularen und individualistischen Rechtsvorstellungen mitträgt, der gehört dazu. Wer dazu nicht bereit ist, der ist nachdrücklich über unsere Rechtsordnung zu belehren. Nachdrücklicher als bisher.

Migrantengruppen, die die Schrumpfung des erreichten Urbanitätsgrads betreiben, sind offensiv daran zu hindern. In Europa, und besonders in Deutschland, ist der Hang zur Selbstbezichtigung und die daraus resultierende falsche Toleranz angesichts politisch motivierter Gewalt ein Hindernis, das einer einfachen Erkenntnis im Wege steht: Die Demokratie muß gelegentlich auch verteidigt werden. Die Mittel zu dieser Verteidigung kann man sich nicht immer aussuchen.

Der Heimatfilm ist zwar zu Ende, seine letzte Vorstellung hat aber noch lange nicht stattgefunden. Um den notwendigen Rückbau, der den Verwerfungen dieser Zeit gerecht werden kann, vorzunehmen, muß man den europäischen Kern definieren. Damit der Verzicht nicht in einen Verzicht auf uns selbst mündet. Die Gartenbank ist zwar Geschichte, aber es ist gut zu wissen, daß die Idee der Gartenbank weiterhin in unserem Denkmuster mitwirkt. Diese Wirkungsweise gilt es zu untersuchen, auch ihr sind Lehren für unsere urbane Zukunft im Zeichen der firmitas zu entnehmen.

»Umstritten« war noch das harmloseste Attribut, das dem ermordeten niederländischen Filmregisseur Theo van Gogh in den Nachrufen der Medien verpaßt wurde. Immer wieder wurde er als Provokateur bezeichnet. Was will man damit sagen? Daß das Opfer selber schuld ist an seinem Schicksal, mindestens zum Teil? Theo van Gogh hat seine Meinung ausschließlich mit künstlerischen und publizistischen Mitteln zum Ausdruck gebracht. In einer offenen Gesellschaft hat auch der Provokateur seinen Platz. Seine Aufgabe ist, durch das offene und gezielt vereinfachte Ansprechen von Problemen, den politisch korrekten Mainstream zu konterkarieren. Deshalb fühlt sich die Öffentlichkeit von ihm gestört, auch wenn es eine Störung ihrer Lethargie ist.

Sowohl in der Islamkontroverse als auch in der Türkei-Beitrittsdebatte ist das fatale Wirken von Klischees zu beobachten. Eine unauffällige kollektive Selbstzensur greift reflexartig um sich. Jeder, der auf ein Islamproblem hinweist, muß sich umgehend dafür entschuldigen. Wieso gilt es als Provokation, wenn ein Filmemacher auf die dem Koran verpflichtete Unterdrückung der Frau hinweist? Gibt es diese Unterdrückung etwa nicht? Der Mythos vom guten Immigranten ist genauso weltfremd wie jener vom bösen Ausländer.

Das Drehbuch zu van Goghs Film »Submission« wurde von einer aus Somalia stammenden jungen Frau verfaßt, Ayaan Hirsi Ali. Sie ist liberale Abgeordnete im niederländischen Parlament und führt seit ihrer Flucht aus Afrika einen Kampf gegen Zwangsehen und Männergewalt in den moslemischen Gemeinschaften. Indem Hirsi Ali gelegentlich als unduldsam bezeichnet wird, erscheint die Auseinandersetzung mit den Fanatikern als durch sie, die Menschenrechtlerin, provoziert. Ist das nicht eine Verdrehung der Tatsachen?

Die meisten Opfer des islamischen Fundamentalismus haben nicht wir, die christlichen und säkularen Europäer, zu beklagen, sondern die Muslime selbst. Sind sie doch den Regeln und Verboten einer religiös genormten Gemeinschaft ausgesetzt, in der niemand frei ist, weil der Grundsatz die Unterwerfung unter das Prophetenwort fordert. In einer Gesellschaft, in der der Maßstab nicht das Bürgerrecht, sondern die Rechtgläubigkeit ist, bleibt der individuellen Freiheit der Boden entzogen.

Wendet man sich dem Einzelschicksal zu, wird einem das Ausmaß der Menschenfeindlichkeit in einer archaischen Gesellschaft schnell bewußt. Aufschlußreich ist, daß uns diese Einzelschicksale, bis auf ein paar Fälle von Bestsellern, kaum interessieren. Wir sprechen lieber von Kulturen. Auch wenn wir, wie mit der Frankfurter Buchmesse 2004 und ihrem fragwürdigen Schwerpunkt Arabien, den Dialog meinen. Was aber ist der Dialog zwischen den Kulturen wert, wenn er das Einzelschicksal nicht berücksichtigt, wenn er nichts anderes ist als kalte Diplomatie, die der Staatsräson das Wort redet? Warum regt man sich in Deutschland schon seit Jahren gebetsmühlenartig über Huntington auf, wenn man letzten Endes seinen Empfehlungen folgt? Huntington war es doch, der in den neunziger Jahren die Nichteinmischung in die Angelegenheiten anderer Kulturen propagierte.

Mit dieser defensiven Mentalität kommen wir in Europa nicht weiter. Gerade in den Niederlanden hat man das schon vor Jahren erkannt. Denken wir doch endlich darüber nach, warum gerade die Vorreiter des multikulturellen Mythos zu Avantgardisten der Skepsis geworden sind. Können wir aus der niederländischen Debatte wirklich nichts lernen?

Der Aufsatz von Paul Scheffer, »Das multikulturelle Drama«, der in unserem Nachbarland den Anstoß zur Diskussion gab, ist bereits 2002 auf deutsch erschienen, ohne jede Resonanz. Anstatt sich endlich mit der Problematik der Integration auseinanderzusetzen, pflegt man weiterhin die Denkbilder vergangener Jahrzehnte. Die verwirrten jungen arabischen Männer aber, denen ein Rollenverhalten anerzogen wird, das sie für eine säkulare und egalitäre Gesellschaft untauglich macht, sind weder Freiheitskämpfer noch Widerständler. Sie werden auch nicht von Armut und Ungerechtigkeit getrieben, wie Teile unserer Öffentlichkeit und der politischen Klasse glauben möchten, allen voran die Empörungsakrobatin Claudia Roth.

Das multikulturelle Abenteuer lehrt uns, daß seine Realität etwas anderes ist als der Kreuzberger Karneval der Kulturen. Zu den europäischen Errungenschaften gehört bekanntlich, neben der Abschaffung der Todesstrafe, auch die Verfügungsgewalt der Frauen über ihren eigenen Körper. Dafür wurde lange genug gekämpft, auch in Deutschland. Wir positionieren uns in solchen Fragen mit Vorliebe gegen fundamentalistische Strömungen in den Vereinigten Staaten, ignorieren sie aber in den Immigrantenkreisen mitten unter uns. Ist das nicht seltsam?

Immigranten sind an ihrer Integrationsbereitschaft zu messen. Ist es nicht so, daß, im nachhinein betrachtet, der Multikulturalismus-Begriff sich gegen die Hegemonie der europäischen Kultur richtete? Die Hegemonie des Europäischen zu untergraben bedeutet aber auch, die Grundsätze von Säkularität und individueller Freiheit auszuhebeln. Wäre dieser Gedanke nicht eine Überlegung wert? Eine Ideologie, die sich gegen die Gleichberechtigung der Geschlechter wendet, kann keine Basis für die Demokratie bilden, aus dem einfachen Grund, weil sie die Hälfte der Bevölkerung von den Bürgerrechten ausschließt.

Parallelgesellschaften, insbesondere die moslemischen, zeichnen sich dadurch aus, daß in ihnen andere Gesetze gelten als in der offiziellen europäischen Öffentlichkeit: Mädchenbeschneidung, Zwangsehe, Ehrenmord. Wer aber für das ungeschriebene Gesetz der patriarchalischen Ordnung Verständnis zeigt, der duldet mit dieser Akzeptanz die Untergrabung der vielbeschworenen Werte unseres demokratischen Gemeinwesens. Daß Immigrantengruppen immer neue Privilegien fordern, führt am Ende dazu, daß der Rechtsstaat nur noch für die Einheimischen gilt. Multikulturalismus aber darf es nicht auf Kosten der Menschenrechte geben. Solange der Islam die Trennung von Staatsidee und Moschee ablehnt, ist er als Ideologie zu betrachten, nicht als Religion. Seine Ziele sind damit politische und fallen nicht unter die Religionsfreiheit.

Von den moslemischen Immigrantengemeinschaften ist eine deutlichere Distanzierung von den Islamisten zu verlangen. Der Abstand, den wir zum europäischen Rechtsextremismus halten, muß auch hier als Maßstab gelten. Unsere Öffentlichkeit aber sollte keinen Zweifel mehr daran lassen, daß wir die säkularen und liberalen Strömungen unter den moslemischen Immigranten unterstützen. Statt Sozialhilfe an Haßprediger wie Kaplan zu zahlen, wäre es höchste Zeit, Frauen wie Ayaan Hirsi Ali mit ihren Erfahrungen und Anliegen zu Wort kommen zu lassen. Von Hirsi Ali ist 2005 endlich das Buch »Ich klage an. Plädoyer für die Befreiung der muslimischen Frauen« auf deutsch erschienen.

Früher waren Islamkritikerinnen in der deutschen Öffentlichkeit viel mehr präsent. Sie sind im letzten Jahrzehnt fast verschwunden. Warum? Mindestens jene Frauen, die sich mit Büchern in den letzten Jahren an die deutsche Öffentlichkeit gewandt haben, sollten mehr zu Wort kommen: Seyran Ates, Serap Cileli und Necla Kelek.

Der Mord an Theo van Gogh lehrt uns: Wenn der Provokateur nicht mehr seines Lebens sicher sein kann, steht die Meinungsfreiheit auf dem Spiel. Sie aber ist das A und O unserer modernen Gesellschaft. Kein Religionsprinzip darf uns an ihrer Verteidigung hindern. Was Europa gegen den Vatikan durchgesetzt hat, sollte es auch dem Islam gegenüber verteidigen können.

Sind wir Deutschen eine Nation in Europa wie alle anderen? Herausgehoben und gleichzeitig eingebettet durch unsere Sprache, Kultur, Religion und Verfassung?

Die Werte des Christentums grundieren Europa stärker, als es manchem Europäer lieb ist. Was aber ist heute christlich? Der reale Einfluß der Kirchen zeigt sich in den Institutionen. Analysiert man Entscheidungen in wichtigen Fragen wie der Genforschung, muß man in Deutschland wahrscheinlich von einer halbsäkularen Gesellschaft sprechen. Es gibt viele »res mixtae«, zu viele, die über die klassischen Ehe- und Erziehungsfragen weit hinausgehen. Religion, so auch das Christentum, erschöpft sich nicht mit der Glaubensfrage. Hinter deren Horizont bildet sie kulturelle Embleme aus, hat in der jeweiligen Pictura ihr dauerhaftes Versteck.

Wie aber ist es um eine Nation bestellt, deren Nationalhymne einen nur teilweise zugelassenen Text hat? Wenn jeder feierliche Anlaß uns an die Fragmentierung unseres Nationenbegriffs erinnert und auch an die schrecklichen Ursachen der Amputation? Wir wagen es nicht einmal, uns für die Verbreitung unserer Sprache einzusetzen. Durch sie sind wir schließlich Europäer, und durch sie haben wir wichtige Beiträge zur europäischen Kultur geliefert, nicht zuletzt in der Philosophie. Die meistgesprochene Sprache des Kontinents führt in der EU ein Schattendasein.

Jenseits des vor allem von den Künsten getragenen kulturellen Beitrags zur europäischen Identität ist die deutsche Öffentlichkeit auch eine wichtige Plattform der Propagierung gesamteuropäischer Ästhetik, sei es Literatur, Theater und Film, Oper oder Konzert.

Einschlägige grenzüberschreitende Kontakte und Debatten finden in Deutschland einen wichtigen Resonanzboden.

Die Nation ist einer der drei europäischen Bausteine, neben der Region und der Metropole. Der Nationenbegriff muß deshalb im kollektiven Bewußtsein neu verankert werden, soll das Unbehagen an Deutschland endlich der Normalität weichen, die es uns erlaubt, als Europäer eine Zukunft zu haben und zur Konsolidierung des europäischen Kulturkreises beizutragen. »Eine Nation, die nicht auf sich stolz sein kann«, sagt der ungarische Schriftsteller György Dalos, »kann sich auch nicht schämen.«

X.

Tattoos der Angst: Die Rückkehr der Schöpfung

Morgens um sieben im Stadtpark wäre es ein Vergehen, einen normalen Schritt zu wagen. Der Tag hat noch nicht begonnen, deshalb ist es angesagt, übermütig zu sein. Jede Pirouette ist erlaubt, jeder Luftsprung. Unterhalb des Laufschritts geht nichts. Der Übermut aber ist paradox, hört man doch keinen Jubelschrei, geschweige denn ein Lachen oder Glucksen. Die von der Morgenstunde Beschwingten schweigen vor sich hin, als wäre neuerdings die Verschlossenheit die Maske der Luftikusse.

Allein die ewigen Paare haben ein Recht auf das Gespräch, während sie nebeneinanderher laufen. Paare haben selbst zu dieser Stunde, die die Ausnahme von der Regel des Tages zu bilden hat, etwas zu besprechen. Sie wirken selbst beim Luftholen so ernst, als könnten sie jeden Augenblick unter der Last ihrer Sorgen zusammenbrechen. Aber nicht deshalb sind sie hier, sie sind vielmehr da, um uns Singles zu beweisen, daß sie die Situation meistern, davon sind sie überzeugt. Was sie nicht ahnen, ist, daß sie uns mit ihrem Verhalten womöglich vor der Paarung bewahren, als ein abschreckendes Beispiel dafür, das man sich sogar unter Bäumen angeregt über die Telefonrechnung unterhalten kann.

Kommen jetzt die jungen Frauen mit ihrem iPod vorbei, ist es, als wollten sie sich mit den Kopfhörern die Ohren angesichts dieser Paare verstopfen, um ja nicht hören zu müssen, was ihnen blühen könnte, angesichts ihrer Machtlosigkeit gegen den Heiratsantrag oder die gemeinsame Wohnung.

Kopfhörer machen neugierig, aber auch melancholisch. Man wird niemals erfahren, was die Sportsdame zu hören beliebt, es ist ihr Geheimnis und wird es auch bleiben, denn ansprechen, um die Frage nach der Musik zu stellen, das geht nun wirklich nicht, es wäre das Maximum an Belästigung, schlimmer noch, als wenn man grillen würde oder den dicken Hund ohne Leine laufen lassen.

Über die Gangarten und Laufschritte ist alles berichtet, in Büchern und Bildern zuhauf. Der Stadtpark imitiert nur das einschlägige Kompendium. Er hat aber zur frühen Stunde auch schon seine Außenseiter: Männer mit Skistöcken, die den Langlauf auf dem Schotterweg üben. Das ist nichts Besonderes, es ist bloß noch nicht so verbreitet. Man nimmt's hin. Vielleicht ist es ja bald die Mode und steht uns allen bevor. Die Vergänglichkeit der Moden, selbst was das Luftholen betrifft, zeigt sich darin, daß der Laufsteg-Park mit allem und jedem bevölkert ist. Die einen sehen aus, als würden sie seit zehn Jahren hier laufen, die anderen, als hätten sie die Bühne, aus dem Katalog kommend, gerade erst betreten.

Das aber erinnert uns an die Unübersichtlichkeit, die wir schon kennen. Und wenn jetzt jemand auch noch auf die Uhr sieht, ist es wie ein allgemein gültiges Zeichen. Der Geschäftstag beginnt.

Die perfekte Welle

So hieß 2004 die Surfer-Hymne der Pop-Gruppe Juli. Ihr Refrain sagt uns: »Das ist die perfekte Welle / Das ist der perfekte Tag / Lass dich einfach von ihr tragen / Denk am besten gar nicht nach / Das ist die perfekte Welle / Das ist der perfekte Tag.« Wohl fühlen und ausgeliefert sein gehen ineinander über. Der mitgetragene einzelne erkennt seine Freiheit, aber auch seine Grenzen.

»Du stellst dich in den Sturm und schreist / Ich bin hier – Ich bin frei / Alles was ich will ist Zeit.« Das Aufbegehren bleibt, und es bleibt ein existentielles, scharfgemacht mit einem plötzlichen Satz. Und dann wird es wieder zurückgenommen, als ziehe sich die Welle zurück, als wäre die Welle die Welt, zumindest ihr Zustand.

»Es gibt mehr, als du weißt / Es gibt mehr, als du sagst.« Als setze die Schöpfung unaufgeregt die Grenzen, in denen wir uns treiben lassen, in denen wir dem Träumen nachgehen.

In der Gefahrenzone

Niemand will konkret an eine Gefahr erinnert werden. Nichts erscheint weniger spannend als die Ursachen für den bevorstehenden Weltuntergang. Das Ende will imaginiert sein. So ist denn auch eines der erfolgreichsten Bücher der letzten Jahre Frank Schätzings Tausend-Seiten-Roman »Der Schwarm«, in dem eine Welle das nördliche Europa überrollt.

Er sagte sozusagen die Welle voraus, ohne sie zu benennen. Während die Pop-Gruppe über die perfekte Welle trällernd meditierte, nahm Schätzing den Tsunami vorweg. Der Juli-Song wurde aus der Rotation der Musiksender verbannt, da er plötzlich als frivol galt, Schätzings Roman hingegen kletterte ein zweites Mal die Bestsellerliste hoch. Der Begriff »Tsunami«, von dem bis dahin kein Mensch gehört hatte, hielt machtvoll Einzug in unseren Wortschatz.

Die von ihm untertitelten Bilder nahmen sich unserer Gefühle in einem solchen Ausmaß an, daß die Politiker, die uns gerne rühren, weil sie von unserer Rührung zu leben verstehen, sich in Hilfsangeboten überschlugen. Unsummen wurden genannt. Es war wie bei einer Moral-Auktion. Inzwischen weiß man, das meiste ist nie bei den Hilfsbedürftigen, bei den Opfern, angekommen.

Der Werbefachmann und Schriftsteller Schätzing aber wurde zum Experten, den sogar der Spiegel befragte. Seine Botschaften waren: »Wir wiegen uns in einer falschen Sicherheit. (...) Was man der Menschheit vorwerfen kann, ist zum einen, daß wir zu schnell in Systeme eingreifen, die wir nicht hinreichend verstanden haben oder aber vorschnell zu beherrschen glauben, zum anderen Ignoranz. (…) Ich werde auch nach dieser Katastrophe gern zum Tauchen fahren.«

Die Menschen, könnte man mit einem Weltkriegsbild sagen, sind existentielle Etappenschweine. Sie kennen die erste Linie, obzwar sie sich in Hörweite befindet, nur aus dem Heeresbericht. Und doch gab es Zeiten, in denen die Naturwissenschaftler noch den Schreibtisch verließen, um in der freien Natur Beobachtungen zu machen. Einer der letzten, die davon kündeten, war der Evolutionsbiologe Ernst Mayr (1904–2005). 2001 noch brachte er, fast hundertjährig, zusammen mit Jared Diamond, ein fünfhundert Seiten starkes Standardwerk über die Vögel Melanesiens heraus.

Was dagegen versteht der heutige Biologe vom Lebendigen, der die Lebewesen am Rechner simuliert?

Auffallend ist, daß, je weiter die Naturwissenschaften in ihrer Erkenntnisarbeit voranschreiten, sie sich bei der Beschreibung der gewonnenen Erkenntnisse um so mehr der Metapher bedienen. Es stellt sich die Frage: Wie weit sind »Schöpfung« und »Urknall« tatsächlich auseinander? Kann man unter solchen Voraussetzungen noch sinnvoll zwischen Zufalls- und Notwendigkeitsannahme unterscheiden?

Das Treibhaus

Das Repertoire ist am Anfang des neuen Jahrhunderts abgehakt, durch, wie der Journalist mit dem ihm eigenen Lakonismus in Augenblicken, in denen er sich vom Zeilenhonorar unbehelligt weiß, zu sagen pflegt.

Weltuntergang durch Klimaveränderung, Treibgase, Treibhauseffekt. Alles ist im Detail diskutiert. Ausgemalt, und zwar anschaulich, mit allen zur Verfügung stehenden technischen Mitteln der Imagination und Simulation. Die Welterklärungsmuster orientieren sich am Spektakularitätsgrad der Themen. So ist die Forderung nach der Verringerung des CO_2-Ausstoßes anschaulich genug, um damit die Weltuntergangsabwendung nachempfinden zu können. Was ist dagegen schon die Bekämpfung der Malaria? Entsprechend asymmetrisch fällt die Verteilung der Fördergelder aus. Die telegenen Themen kommen zuerst.

Es geht immer ums Ganze. Um steigende Meeresspiegel, untergehende Städte. Es sind uralte Imaginationsbilder. Von überallher läßt Atlantis grüßen, Pompeji, Thule und Vineta. Die Medien berichten. Ist die Überflutung von New Orleans nicht ein Beweis? Ein Beweis wofür? Die Stadt lag schließlich immer schon unterhalb des Meeresspiegels und setzte sich als »big easy« über alle Gefahren hinweg.

Tanz auf dem Vulkan, Reise auf der Titanic. Einer der erfolgreichsten Hollywoodfilme der neunziger Jahre war James Camerons Blockbuster über den Schiffsuntergang. Das 20. Jahrhundert läßt sich auch als Geschichte seiner Titanic-Verfilmungen erzählen. Sogar im Dritten Reich wurde ein Titanic-Film gedreht. Nach seiner Fertigstellung 1943 ließ Goebbels ihn nur im besetzten Ausland zeigen, er fürchtete bei der deutschen Bevölkerung den Vergleich mit der Reichssituation.

Der untergehende Luxusdampfer wurde zu einer Basismetapher der westlichen Populärkultur. Für den Untergang bestimmt zu sein ist, mit dem Größenwahn, ein wichtiger Grundzug des abendländischen Selbstverständnisses. Ihre deutsche Trivialisierung erfuhren diese Merkmale in der Nibelungentreue vor Stalingrad, in den Tischgesprächen im Führerbunker.

Pest und Cholera. Und kein Entrinnen. Die Medien beleben kollektive Ängste, treiben die Phantasie der Massen mit Kulturgeschichte an. Die gesamte Millenniumsverunsicherung um das Jahr 2000 folgte Strategien des Infotainments. Menschen voller Angst, wie im Mittelalter, und gleichzeitig wird man nicht müde, das Mittelalter für überwunden zu erklären, für abgehakt. Als wären wir immer noch gedankenlose Opfer der aufklärenden Selbstdarstellung. Als gelte diese immer noch als allein selig machend.

Psychothriller, Ort des Geschehens. Panic Room. Das Kino veranschaulicht die menschlichen Urängste und trifft damit den Nerv der Zeit. Die von uns eingerichteten Lebenswelten verstärken die Urängste noch. Wir agieren in einem neurotischen Kontext. Noch nie hatten die Menschen der westlichen Welt kollektiv so viel zu verlieren wie heute.

Wissen beruhigt nicht. Man weiß allgemein Bescheid, und dieses Wissen treibt die Angst an und aktiviert die »mental maps«.

Die Schlaueren sprechen von der Ressourcenfrage. Sie rechnen dir mit glaubhaften Zahlenbeispielen vor, wie lange wir es noch so treiben können, wenn wir nicht umdenken, wenn wir nicht zur Umkehr bereit sind. Sie geben sich als nüchterne, manchmal sogar illusionslose Warner. Es ist mittlerweile eine Branche, die ein ganzes Milieu bedient, einen Markt. Ökostrom-Designer. Eine der größten Werbeleistungen der letzten Jahre war, dem Strom eine Farbe zu geben. Eine geniale Findung des Als-Ob.

Die Brancheninteressen wirken in die politische Planung mit hinein. Sie sind ein moderner Teil der Subventionswirtschaft geworden. Was darin früher der Kohlepfennig war, ist jetzt der Ökostrom. Das Bergwerk ist verrufen, die Windmühle politisch korrekt. Das Interesse am Erdkern hat uns nach den Romantikern verlassen, wir streben jetzt nach der Weltraumnuß. Während das Erdinnere uns nur unsere Begrenzung lehren kann, verschafft uns die Randlosigkeit des Universums die Vorstellung einer Breitbandperspektive. Weil die Unendlichkeit eine Erscheinungsform des Nichts ist und wir das Nichts gerne als leer betrachten, eignet sich der Raum für unsere Projektionen. Alle Geschichten, die wir in den Weltraum schicken, von »Solaris« bis »Star Wars«, sind irdische Geschichten. Geschichten von Gut und Böse.

Die Umweltschützer haben sich unter Verwendung unserer Ängste und Sehnsüchte soweit unangreifbar gemacht, daß sie gelassen in die Staatskasse greifen können. Um das schillernde Wort Ökologie kreisen die Interessengruppen, ein Kartell von subventionierten Produzenten, ihre moralische Klientel, nämlich die Guten, und Gruppen der politischen Klasse, die sich das Thema auf die Fahne geschrieben haben. Eines der größten und dreistesten Betrugsmanöver stellt die sogenannte Ökosteuer dar. Sie wird für alles verwendet, nur nicht für ökologische Zwecke. Mit ihr werden seit Jahren diverse Haushaltslöcher gestopft. Es ist eine Art Feuerwehrsteuer. Der Name dient einfach der Legitimation.

An der Umweltproblematik kommt keiner mehr vorbei. Sie ist ein Fixpunkt der gesellschaftlichen Rituale. Daß das Flugzeug Verspätung hat, nimmt man widerspruchslos in Kauf. Man sitzt im Warteraum, stoisch. Und weil man nichts zu tun hat, sieht man der Putzfrau oder korrekt Raumpflegerin zu, eine Ausländerin, Balkantypus, wie sie die Abfalleimer leert. Man sieht eine Weile gedankenlos zu, dann aber ist man plötzlich wach. Die Abfalleimer haben drei getrennte Behälter, für Papier, Abfall und Verpackungen. An dem Wagen der Putzfrau sind aber nur zwei Behälter angebracht. Nun kann man beobachten, wie sie in den einen Behälter das Papier verstaut, und in den anderen Abfallreste und Verpackungen zusammenschüttet.

Obwohl solche Beobachtungen immer wieder gemacht werden, gibt es bei den Mülltrennungsbewußten keinen Aufschrei, keinen Protest. Es geht ihnen um den Gestus, nicht um den Zweck. Sie spielen.

Der deutsche Baum

Es ist eine Binsenwahrheit: Seit sich der Mensch aufgerichtet hat, stört er das universale Gleichgewicht. Je mehr er aus seinem aufrechten Gang gemacht hat, desto größer wurde auch der Schaden, den er anrichtet. Aufrecht ging man zum Baum, um ihn zu fällen.

Sichtbar für den reflexiven Menschen wurde das Problem aber erst durch die Beobachtung der Industrialisierung. Obwohl der gesamte lange Marsch der Spezies darauf hinzielt, erweckte erst die Industrialisierung den Eindruck, ein Eingriff in die Schöpfung zu sein. Seither pflegt der Mensch seine beiden Seiten gleichermaßen, die aktive und die reflexive.

Eines der Ergebnisse ist die Ambivalenz des ökologischen Denkens. Unter seinen Anhängern sind ausdrückliche Verteidiger der Schöpfung, aber auch zahllose Agnostiker, die sich um die Artenvielfalt kümmern. Wo die einen das Prinzip hochhalten, schwingen die anderen die Statistikkeule. Den einen ist die Natur heilig, den anderen erscheint sie unantastbar.

Das metaphysisch am erfolgreichsten aufgeladene deutsche Wort der achtziger Jahre war »Waldsterben«. Ein alter deutscher Topos, in Volkslied und romantischer Malerei, kündigte plötzlich von der großen Gefahr.

Die Grünen gingen auf die Demos mit Tannen in der Hand. Kurz entschlossene Archaiker. Ohne das Waldsterben wären sie erheblich weniger aufgefallen. Ihren Aufstieg verdanken sie in nicht geringem Maße dem Baum und der Bereitschaft der Öffentlichkeit, sich mit dem Baum zu identifizieren. 1983 übergibt die Grüne Marieluise Beck dem damaligen Kanzler Kohl einen durch sauren Regen geschädigten Tannenzweig.

Heute ist das Wort »Waldsterben« so gut wie unbekannt, es spielt keine Rolle mehr, und taucht mal eine Meldung über den kranken mitteleuropäischen Wald auf, sie bleibt folgenlos. Niemand mehr regt sich darüber auf. Die von Ängsten begleitete Aufregung hat jetzt andere Themen. Das Öko-Karussell hat sich weiter gedreht. Nach den Gesetzen des Infotainments. Grundsätzlich aber wurde der Ökogestus zum bleibenden Handlungsmuster des Gutmenschen.

In Deutschland wird jedes Thema der Ordnungsfrage subsumiert. Erst wenn es zu einem Ordnungsproblem wird, setzt es sich durch. Danach wird alles unter dem neuen Gesichtspunkt gnadenlos reglementiert. Bis hin zur Parodie, wie im Falle des Dosenpfands. Daß die Leute die Plastikflaschen in den Zügen der Bahn liegen lassen oder nicht mehr in den Supermärkten abgeben, wird nicht bloß hingenommen, der Staat profitiert sogar davon, da das in den Kassen des Einzelhandels verbliebene Pfandgeld versteuert wird. So gesehen, ist das Dosenpfand auch eine Dosensteuer. Ein weiterer Effekt des Pfands ist, daß einzelne Hersteller dazu übergegangen sind, Dosen aus verstärktem Karton herzustellen. Diese unterliegen nicht der Pfandpflicht, sind aber wohl ebenso umweltschädlich.

Im Keller des Mietshauses hat die Anzahl der Mülltonnen in den letzten zehn Jahren erheblich zugenommen, man sortiert wie bekloppt, und kaum einer fragt, ob am Ende der Kette nicht doch alles wieder zusammengeschüttet wird, um in die moderne Verbrennungsanlage, die die Kommune angeschafft hat, weil es angeblich um Arbeitsplätze ging, gekippt zu werden. Mit der Anzahl der verschiedenen Mülltonnen steigen aber auch die Gebühren der Müllabfuhr. Ob die Bevölkerung sich dieses leisten kann, wird nicht weiter in Betracht gezogen. Vollends in seiner Luxusdimension erscheint das Thema auf den Wahlplakaten der Partei der Besserverdienenden Die Grünen im Herbst 2005, wenn für Sonnendächer geworben wird. Wer, bitte, kann so etwas bezahlen? Wer, außer dem Mittelstand, der sich seine Angstphantasien etwas kosten läßt?

Vom Fatum der Geschichte

Die kollektive Angst beschwört die Kulturgeschichte herauf. Die Erzählungen von gestern. Sie sollen weiterhelfen. Was es schon einmal gab, selbst wenn es zur Katastrophe führte, wirkt beruhigend. Gefragt ist Sicherheit jeder Art, selbst jene, die die Fatalität bestätigt. Man möchte wissen, wann es zu Ende geht und wie. Als zähle nur das Ende. Ungläubige in der Bibel gefangen. Von ihr wollen wir zwar nichts mehr für das Leben erfahren, auch nichts für das Leben danach, wir wollen aber alles über den Tod wissen. Als wäre der Tod der geheime Schlüssel zu unserer Existenz.

Der kulturhistorische Exkurs zu Aids und anderem hat den Blick zurück geschärft. Es war nicht zuletzt die Seuchengefahr, die den Mittelaltervergleich heraufbeschwor. Das zur Seuche erklärte Aids und die Europa-Diskussion haben das Mittelalter zum aktuellen Thema gemacht. Das neue Mittelalterinteresse kam in den siebziger Jahren auf und erreichte seinen Höhepunkt mit den Achtzigern, als auf der einen Seite die Dämmerung des sowjetischen Totalitarismus offensichtlich wurde, auf der anderen aber auch die permissive Gesellschaft den Horizont der Sinnkrise erreichte. In einer paradoxen Gleichzeitigkeit entpuppte sich sowohl das kontrollierte als auch das freie Individuum als unzufrieden, und das zu einer Zeit, in der dem Kalten Krieg die Themen bereits ausgegangen waren.

Mit den Energiekrisen der siebziger Jahre und noch deutlicher durch den Supergau von Tschernobyl kündigte sich eine systemübergreifende Grenze, ein Limes für die menschliche Hybris an. Damit gab das Fatum sein Echo preis.

Eskalation

Die heutigen deutschen Hysterien hatten ihren Vorlauf um die Jahrhundertwende 1900. Dort entfalteten sich die Spiele um FKK, Esoterik, Ausdruckstanz, germanischen Heidenkult und Runeninterpretation. Sonnwendfeiern. Darin sind auch die okkulten Wurzeln der Nazis zu finden. Jene seltsame Verbindung Hitlers und Himmlers mit der esoterischen Zeitgeistformel. Beispielsweise der Einfluß von Jörg Lanz von Liebenfels (1874–1954) auf den Anstreicher. Lanz hatte die Sekte »Orden des Neuen Tempels« gegründet. Hitler hat Lanz 1909 besucht, er war ein regelmäßiger Leser von dessen Zeitschrift Ostara. Diese warb wie folgt: »Sind Sie blond? Sind Sie ein Mann? Dann lesen Sie die ›Ostara‹,

Bücherei der Blonden und Mannesrechtler.« Heft 69 von 1913 trug den Titel: »Der heilige Gral als das Mysterium der arisch-christlichen Rassenkultreligion«. Eine Trivialphilosophie ganz nach dem Geschmack des halbgebildeten Hitler.

Himmler machte den germanisch okkulten Bereich zum Reservoir seiner SS-Ideologie. Er bediente sich bei dem frühen österreichischen Aussteiger Guido von List, der die Heiligtümer der alten Germanen zu beleben versuchte, und baute auf die Erkenntnisse von Ott Rahn, einem Gralssucher, der es zum Obersturmbannführer gebracht hatte, aber wegen seiner Homosexualität verfolgt wurde und 1939 in den Tiroler Bergen wahrscheinlich Selbstmord beging. Im Dom von Quedlinburg und auf der Wewelsburg bei Paderborn plante Himmler die Einrichtung zentraler Kultstätten der SS.

Viele der okkulten und germanischen Rituale, die an der Jahrhundertwende gepflegt wurden, flossen in die ideologischen Gesten der Nazis ein, überlebten diese aber auch. Einige der Kultstätten sind bis heute Wallfahrtsorte einer dubiosen Alternativkultur. Dazu gehören vor allem die Sonnenwendfeiern, die sowohl von rechtsextremen Gruppen begangen werden als auch von Naiven aller Art, die sich in heidnische Spektakel vertiefen, das Vorchristliche suchen, den Zauber der Externsteine oder die Kraft der Runen. Als wollten sie den Bonifatius rückgängig machen. Der Ort der Externsteine wird von manchen als Ort des letzten Widerstands gegen das Christentum angesehen.

Diese Kraftfelder, die allesamt auch einen Kult der Natur und des Natürlichen anstreben, haben auch im Aufkommen des ökologischen Denkens seit den siebziger Jahren eine Rolle gespielt, bevor sie sich dann in den aktuellen Ängsten aufgelöst haben. Man sollte die esoterische Dimension der Industriekritik aber nicht unterschätzen. Das Irrationale hat seinen Anteil an dieser Kritik und am ökologischen Denken bis heute behaupten können. Es hat die gesellschaftlich relevanten Angstthemen mitgestaltet.

Auf das Waldsterbenerlebnis und die Atomgefahr folgte die Diskussion um das gefährliche Essen. Man konnte befürchten, eine Nation werde veganisch.

Mit dem Stichwort »Genmanipulation« war für den Eingriff in die Schöpfung die nächste Stufe formuliert. Alle Neuerungen werden, so gesehen, blockiert.

Kriegsangst

Am folgenreichsten blieb während der gesamten Geschichte Deutschlands seit 1945 unter den Ängsten die Kriegsangst. Die deutsche Katastrophe im 20. Jahrhundert hat für die Einrichtung der Friedensbewegung der achtziger Jahre und ihre regelmäßigen Neuauflagen Basischarakter. Was in den Fünfzigern als Protest gegen die Wiederbewaffnung und gegen die Atomkriegsgefahr begann, erreichte am Anfang der achtziger Jahre, als die Gefahren eher begrenzt waren und das Wettrüsten vor allem als Muskelspiel der Supermächte fungierte, einen erstaunlichen Höhepunkt. Hamburger Kirchentag und Krefelder Appell führten Christen, Neue Linke, DKP, Pazifisten, Zivilisationskritiker, Antiwestler und Nationalisten zusammen.

Zu den Großkundgebungen im Bonner Hofgarten kamen Hunderttausende. Zum Anlaß wurde die als NATO-Nachrüstung bekannt gewordene Aufstellung von Mittelstreckenraketen in Deutschland. Entsprechende operative Vorbereitungen des Pentagon waren 1980 durch eine gezielte Indiskretion öffentlich geworden.

Neben ihren politischen Forderungen vermittelten diese Versammlungen auch ein starkes Gemeinschaftsgefühl. Es war etwas Neues in der bundesdeutschen Öffentlichkeit. Etwas, das weit in den Mainstream hinein wirkte. »Ein bißchen Frieden« hieß das Lied, mit dem 1982 die deutsche Nachwuchssängerin Nicole den Grand Prix Eurovision gewann. Der Pazifismus war sogar gesamtdeutsch, auffallend oft wurde der Besatzungsbegriff zur Sprache gebracht. Es ging nicht nur um den Frieden, es ging auch um Deutschland, und wie in den meisten Fällen, in denen es um Deutschland ging, um den Weltuntergang. Nena, »99 Luftballons«: »Seh die Welt in Trümmern liegen.«

Politisch betrachtet, kehrte mit der neuen Friedensbewegung die Formel vom Dritten Weg in die Öffentlichkeit zurück. Die Aktionen blieben, im Unterschied zu den Aktivitäten von Atomkraftgegnern und Umweltschützern, in bemerkenswerter Weise gewaltfrei. Der Fanatismus hatte sich diesmal auf die Meinungsbildung verlagert. Die Parole lautete: Frieden um jeden Preis, auch wenn er die Duldung von Menschenrechtsverletzungen erforderte. So entstand ein Friedenskonzept, das sich am Kapitulationsgestus orientierte. Es stellte vor allem die Notwendigkeit der Verteidigung der westlichen Welt in Frage, bei gleichzeitiger Verharmlosung des sowjetischen Militarismus und der aktiven Förderung von Befreiungsbewegungen in der Dritten Welt. Obwohl für die jungen Männer der Bewegung als einzige Option der Zivildienst galt und die Wehrdienstverweigerung als chic galt, wurde eifrig Geld für Waffenkäufe der Rebellen in Nicaragua und El Salvador gesammelt. Es gab sogar Fälle von deutschen Wehrdienstverweigerern, die sich in Mittelamerika zeitweilig der Guerilla anschlossen.

Die Friedensbewegung pflegte die Feindbilder von 68. Dazu gehörte auch die Einseitigkeit der Schuldzuweisungen. Die entsprechenden Denkbilder sind heute noch wirksam, auch ohne die großen Massenaufläufe.

Nach 89 verwandelten sich die großen Demos unter dem Gesichtspunkt der Erlebnisgesellschaft in folkloristische Umzüge. Golf- und Irakkrieg haben das Thema noch einmal belebt, heute unterscheidet sich eine Friedensdemo letzten Endes wenig von der Love Parade. Die Frage ist: Wie kann man in der Erlebnisgesellschaft trotzdem Differenz zum Ausdruck bringen? Durch Gewalt gegen die Warenwelt, wie Attac es zuletzt versuchte?

Die großen Themen der Zeit, wie sie in den achtziger Jahren formuliert wurden, perpetuieren als deutsche Hysterien. »In den hysterischen Gemeinschaften nimmt die Neigung zur falschen Selbsteinschätzung ständig zu«, stellt Istvan Bibo fest. Anstatt einer Analyse der Krise erfolgt eine fortlaufende Inszenierung des Weltuntergangs. Vor nichts scheinen die Menschen mehr zurückzuscheuen als vor der nüchternen Analyse, vor dem existentiellen Kassensturz. Ist die entzauberte Welt im Sinne Max Webers schwerer auszuhalten als die mythische? Die Vernunft zeigt sich erschöpft. Für den protestantischen Theologen Paul Tillich entsteht kollektive Angst, wenn Kulturen im Niedergang begriffen sind.

Während des Kalten Kriegs gab es eine Sendung auf dem amerikanischen Osteuropasender Free Europe, die mit dem Malraux-Zitat begann: »Das 21. Jahrhundert wird entweder religiös sein oder überhaupt nicht sein.« Der Satz stammt aus den »Anti-Memoiren«.

Ob das 21. Jahrhundert religiös sein wird oder nicht, scheint mir die falsche Fragestellung zu sein. Das Thema ist vielmehr, was es bedeutet, wenn es religiös sein sollte, und was es bedeutet, wenn es nicht religiös sein sollte. Man kann dies als eine Machtfrage betrachten, aber auch als eine Sinnfrage. Ist eine Zeit gekommen, in der wieder einmal die Vernunft verteidigt werden muß? Die heutige Angst ist janusköpfig. Sie ist halb inszeniert, halb Ausdruck des »erschöpften Selbst« (Alain Ehrenberg). Deutlich wurde dieses mit den Millenniumsfeiern. Spiel und Hysterie kreisen umeinander. Das Problem, das wir haben: Gott ist älter als Darwin.

»Wer einen Krieg der Kulturen vermeiden will, muß sich die unabgeschlossene Dialektik des eigenen, abendländischen Säkularisierungsprozesses in Erinnerung rufen«, meint Jürgen Habermas in seiner Rede anläßlich der Verleihung des Friedenspreises des deutschen Buchhandels 2001.

In der Folge traf der Philosoph Kardinal Ratzinger zum

Gespräch. Dabei erscheint wichtiger, daß sie sich trafen, als das, was sie miteinander redeten. Habermas legitimierte durch den Gestus nicht nur Ratzinger als Intellektuellen, mit ihm akzeptierte die Erbengemeinschaft der Aufklärung die Theologie als Gesprächspartner, was seit der französischen Revolution nicht mehr selbstverständlich ist. Habermas: »Kurzum, das nachmetaphysische Denken verhält sich zur Religion lernbereit und agnostisch zugleich. Es besteht auf der Differenz zwischen Glaubensgewissheiten und öffentlich kritisierbaren Geltungsansprüchen, enthält sich aber der rationalistischen Anmaßung, selber zu entscheiden, was in den religiösen Lehren vernünftig und was unvernünftig ist. Die Gehalte, die sich die Vernunft durch Übersetzung aneignet, müssen dem Glauben nicht verlorengehen. Aber eine Apologie des Glaubens mit philosophischen Mitteln ist nicht Sache der agnostisch bleibenden Philosophie.«

Zeigt dies einen neuen Umgang von Vernunft und Spiritualität miteinander an? Ist es die Bereitschaft der Aufklärung, ihr Menschenbild umfassender zu gestalten? Eine Bereitschaft, nach den tiefen Krisen der Vernunft im Gefolge ihrer Partizipation am Totalitarismus des 20. Jahrhunderts, die Kraftfelder des Mythos aus der Denunziation des Irrationalismus zu entlassen? Oder nur eine weitere Episode der Ratlosigkeit? Auf die Frage: »Warum die Zehn Gebote?« soll der Filmemacher Kieslowski seinerzeit geantwortet haben: »Weil sie da sind.«

Gott ist, nach dem »Urwort« des Augustinus, nicht nur mit dem ganzen Herzen, sondern auch mit dem ganzen Verstand zu lieben. Selbst die Apologetik ist aufgespalten.

Falls die Religion tatsächlich zurückkehren sollte, wird sie jedoch nicht als das zu uns finden, was sie früher einmal bedeutete. Vielmehr wird auch sie die Rahmenbedingungen der Gegenwart gelten lassen müssen, um sich ihren Platz darin so bedeutsam wie möglich auszugestalten. Was die Religion bereits gewonnen hat, ist eine neue Akzeptanz, die auch das Infotainment einschließt.

Seit der Werdung von Gesellschaft ist das Dilemma der Religion aber, daß die Menschen sich ihr aus dem Bedürfnis nach Angstkompensation nähern. Dieses Bedürfnis ist zeitlos, es verbindet sich regelmäßig mit der Sehnsucht nach Geborgenheit. Wir tragen die Tattoos der Angst.

Die Schöpfung kehrt als Event zurück, Gott ist Mastermind. Damit sind Matrix und Universum austauschbar, ein folgenreicher Vorgang.

Kirchenmanifest

Die beiden offiziellen Großkirchen in Deutschland, die evangelische und die katholische, sind seit langer Zeit auf dem gesellschaftlichen Rückzug, will man den Statistiken glauben. Ihre Macht ist aber ungebrochen. Sie sitzen weiterhin in allen öffentlichen Gremien, von den Rundfunkräten bis zum Ethikrat, und sie reden mit. Selbst Gesetze können nicht ohne sie verabschiedet werden, ob es nun um den Schwangerschaftsabbruch geht oder um die Stammzellenforschung. Wenn früher die Religion durch die Kirche Einfluß auf die Gesellschaft nahm, so greift die Kirche heute immer wieder mit Hilfe der Religion nach dem säkularen Raum.

Die Trennung von Kirche und Staat ist in Deutschland nur halbherzig durchgeführt worden.

Es gilt seit der Weimarer Reichsverfassung eine Kombination aus Trennung und vertraglich geregelter Kooperation. Die Praxis besteht aus zahllosen Kompromissen, die durch unsere föderalen Strukturen einen vielfältigen Spielraum finden. Die offensichtlichste Verbindung zwischen der göttlichen und der weltlichen Macht besteht darin, daß die Kirchensteuer vom Finanzamt eingetrieben wird, eine weltweit einzigartige Lösung, die längst abzuschaffen gewesen wäre, aber nicht einmal mehr zur Sprache kommt. Daß die Kirchen in Deutschland mit mehr Geld ausgestattet sind als anderswo, hat nicht bloß mehr soziales Engagement zur Folge, sondern, wie in zahllosen anderen Bereichen unseres korporatistischen Systems, mehr Bürokratie. Unsere Organisationskosten sind höher.

Wenn die Kirchen ziemlich weit in den säkularen Raum vorgedrungen sind, so gilt auch umgekehrt, daß die säkularen Belange den Kirchenbereich für sich in Anspruch nehmen. Vor allem seit den siebziger Jahren hat sich das postachtundsechziger Weltbild im Kirchenraum installieren können. Die Koordinaten von Nord-Süd-Konflikt, Kapitalismuskritik und Friedenskampf, Asylrecht / Bleiberecht und Atomwirtschaftsablehnung fanden ein bequemes Dach bei der Kirche. Fast sah es so aus, als sei man eine Dependance der Befreiungstheologie und Ernesto Cardenal der Oberhirte und darin der DDR-Kirche der achtziger Jahre durchaus verwandt. Kirche als politisches und soziales Obdach bedeutet aber auch ein Abrücken von den liturgischen und seelsorgerischen Aufgaben, mehr noch, deren Trivialisierung in der Umstürzung des Christlichen ins Kollektiv. Ein Produkt der Siebziger war die Politisierung des Glaubensbekenntnisses, die Manifestwerdung des Gebets. Der theologische Niedergang durch den Dialog mit dem Kommunismus ist wohl am besten in den Texten der Dorothee Sölle dokumentiert, der Erfinderin des »Politischen Nachtgebets«. Sie formulierte steile Thesen, die den Zweck verfolgten, Christen und Marxisten gegen die kapitalistische Entfremdung zusammenzuführen. So schrieb sie: »Der Entwurf Christi setzt die theistische Weltanschauung nicht voraus (auch wenn Jesus von Nazareth Theist war); die Berufung auf Gott fügt dem Entwurf Christi nichts hinzu.« Oder: »Praktischer Theismus ist Rechtfertigung der bestehenden Verhältnisse; christlich handeln heißt heute praktisch, atheistisch handeln.« Wenn sie aber als Gemeinsamkeit zwischen Christen und Marxisten die Bewahrung der »Fähigkeit zum Leiden« sieht, muß man zugeben, in dieser Frage haben die Kommunisten sich redlich bemüht.

Nie ist die Manipulation Jesu weiter getrieben worden.

Aus der Welt von Mutter Sölle gingen die Gutmenschen hervor, die bis heute unsere öffentlichen Räume mit ihrer Unwiderstehlichkeit belagern. Früher ein Franz Alt, jetzt ein Jürgen Todenhöfer, Bestsellerautoren im Auftrag des Guten. Alt, der bekannteste unter den zahlreichen Verwaltern des Jesus-Kitsches, hat zuletzt ein Buch mit dem Titel »Der ökologische Jesus« (2003) veröffentlicht. Todenhöfer (»Andy und Marwa«) pflegt den rührenden, amerikakritischen Pazifismus.

Einzelne Kirchen kommen noch in den Neunzigern in die Schlagzeilen durch ihr Eintreten gegen die Abschiebung, durch die Symbolik des Kirchenasyls. Im Herbst 2004 stellte sich eine Kirchengemeinde in Hamburg gegen den für den Airbus-Test notwendigen Ausbau der Startbahn. Sie weigerte sich, ein Grundstück an das Unternehmen zu verkaufen.

Die Entlassung der Religion aus der Autorität der Kirche läßt sie überallhin gehen, in alle Lebensbereiche eintreten als stummer Gast. Während die offiziellen Kirchen vom Diesseits überschwemmt wurden, verabschiedete sich die Spiritualität in andere Räume, in die Schmuddelnischen des Religiösen, in Freikirchen und Meditation. Ins Ungefähre.

Die Erlebnisgesellschaft nimmt Abschied von einem ihrer Helden

In der permissiven Gesellschaft macht man von sich reden, indem man sich der Medien bedient, sich einmischt, etwas zu den großen Themen sagt: Weltfrieden, soziale Frage, Sexualität. Die permissive Gesellschaft, die die Aufklärung beerbt hat, läßt vieles zu, den Spaß, aber auch den Papst. Johannes Paul II. hat für seine notorisch reformresistente Kirche das Beste daraus gemacht. Er hat ihr zum Höchsten verholfen, das man in der permissiven Gesellschaft erreichen kann, zu Popularität.

Der im April 2005 verstorbene Papst ist ein Beispiel dafür,

wie Popularität heute jenseits von Populismus zustande kommt. Sein Markenzeichen war die Persönlichkeit. In einer Zeit, in der die Leitfiguren immer lächerlicher werden, bestenfalls Schauspieler und Sportler sind, ist die Persönlichkeit ein naheliegendes Kriterium. In seinem Fall war es aber auch ein Verlegenheitsargument angesichts seiner teils haarsträubenden Ansichten zur Geschlechterfrage und zur Sexualität. Der anachronistische Zug der Institution Papst ließ sich in der Pop-Kultur, die die Paradoxie zum ideellen Outfit erklärt hat, bequem aufheben. Außer zum material girl Madonna hat Johannes Paul II. wohl zu allem und jedem etwas gesagt.

Das Spektakel in Rom aus Anlaß seiner Beerdigung verweist auf die Dringlichkeit der Sinnfrage, aber auch auf den Opportunismus als habituelles Kennzeichen unserer Zeit. Die in der Lücke zwischen Sünde und Strafe mit dem Versprechen der Erlösung agierende katholische Kirche belohnt nicht zuletzt den Opportunismus. Noch nie sind Touristen so schnell zu Pilgern geworden, auch wenn Romreisen immer schon den Zweck hatten, das europäische Dilemma zu veredeln. Spätestens seit Nietzsche und Spengler leben die Europäer im Verdacht, mit ihrem Latein am Ende zu sein. Es ist, als wollten sie sich von Zeit zu Zeit in Erinnerung rufen, Gott sei gar nicht tot. Wenn uns Che Guevara und Bin Laden mit dem Armageddon drohen, lassen wir uns doch lieber die Gottesstrafe vom Vatikan ausmalen. Die Europäer, die das Vertrauen in ihre Institutionen längst eingebüßt haben, setzen ab und zu auf die Erlösung statt auf die Zukunft, nicht weil sie an die Erlösung glauben, sondern weil sie diese als Emotionalisierungsmehrwert empfinden. Es ist das Ersatzangebot der Erlebnisgesellschaft für die Heilsbotschaft. Die katholische Kirche stellt das zur Emotionalisierung notwendige Zeremoniell zur Verfügung. Von Zeit zu Zeit haben die Menschen offensichtlich das Anaximander-Bedürfnis, nämlich zu glauben, die Erde sei eine Scheibe.

In einer Zeit, in der jeder halbwegs professionelle Yoga-Kurs mehr leistet als die Beichte, besteht die wohl größte Anmaßung darin, daß jemand, der dem Leben nicht gewachsen ist, sein Heil in der Ewigkeit sucht. Letzten Endes ist der Ruf nach Religion Ausdruck der menschlichen Unfähigkeit, sich mit der Endlichkeit abzufinden, eine durchaus triviale Angelegenheit. Diese Unfähigkeit aber ist die größtmögliche Brüskierung des Gottesprinzips. Man verwandelt den Protest in ein Gebet. So erhält Religion eine falsche Aufgabe, sie kanalisiert Lebensgefühle. Warum ist die Ewigkeit leichter zu ertragen als die Vergänglichkeit? Warum appelliert man an Gott, um sich gegen das Diesseits zu stellen? Warum meint man damit die Gottesgunst zu verdienen? Viele, die sich Gottes Auftrag anmaßen, treten als Agenten des Todes auf. Ein Zufall?

Daß die Kirche sich zur Sachwalterin der Weltordnung gemacht hat, ist ein Verhängnis, weil sie damit deren Unantastbarkeit zum Dogma erhebt. Die Ungerechtigkeit erhält eine theologische Begründung und bildet gleichzeitig den Rahmen des karitativen Betätigungsfelds der Kirche. Nirgends hat der Katholizismus einen größeren Zulauf als in den himmelschreiend ungerechten Gesellschaften Lateinamerikas.

Gott hat seltsamerweise gleich zwei Sprecher auf Erden hinterlassen: Jesus und den Papst. Einen Schwachen und einen Starken, einen Anarchisten und einen Autoritären. Die Unsichtbarkeit des einen dient der Sichtbarkeit des anderen. Während der eine in immer neuen Inkarnationen des Freiheitswillens auftritt, ruft der andere unbeirrt zur Ordnung auf.

Beide luden den Intellektuellen seit dem Mittelalter zur Mitarbeit ein. Zu ihren Bedingungen.

Erst mit der Aufklärung stellen sich die Intellektuellen außerhalb dieser Konstellation. Die katholische Kirche antwortete mit dem Heiligen Offizium. Die Trennung aber beschränkte sich auf die Machtfrage. Die Begriffe wandern bis heute hin und her. Ihre Inbesitznahme blieb auf beiden Seiten unvollständig. Die Kämpfe zwischen Kirche und Aufklärung sind zwar ausgefochten, die Grundkonstellation ist aber nicht erschüttert. Nach Inquisition und Stalinismus können beide

Projekte nicht mehr die eigenen Grenzen ignorieren. Beide sehen sich aber auch mit der mentalen Macht des anderen konfrontiert. Die Substanz, um die gekämpft wurde, hat Begriffe hervorgebracht, die beiden Kontrahenten zur Verfügung stehen.

So mußte der Kirche, die heute im Namen der Menschenwürde auftritt, die individuelle Freiheit zunächst abgetrotzt werden. Erst die Trennung von Kirche und Staat machte die Menschenrechte institutionalisierbar. Die Lehre daraus: Der Fundamentalismus ist nicht durch die richtige Religion zu bekämpfen, sondern durch Laizismus. Ist die Sache aber damit erledigt?

Die Kirche nahm sich der Unterentwicklung an, erhob aber die Demut zum sozialen Habitus. Ist das Verbot der Verhütung nicht der größtmögliche Angriff auf ein selbstbestimmtes Individuum? Und der Marienkult unter diesen Umständen nicht eine raffinierte Intrige? Indem sie Gott zum Schirmherr der Armut erklärte, hat sich die katholische Kirche zur Dritten-Welt-Kirche gemacht und scheinbar das Erbe der Tricontinentale angetreten. Die Hostie ersetzt die Revolution, weil die Revolution sich selbst erledigt hat. Jesus bleibt stumm, es redet der Papst.

Der Papst tritt als Persönlichkeit auf, als intellektueller Verwalter der Macht, die nicht von den Bürgern legitimiert wird, sondern vom Gottesprinzip. Er hält jene Schlüssel in der Hand, von denen viele Intellektuelle des 20. Jahrhunderts träumten. Einige von ihnen machten sich sogar mit den Kommunisten gemein, um endlich den Menschen formen zu können. Das hat die Kirche nicht nötig. Sie weiß um die Abhängigkeiten des einzelnen, um seine Verwundbarkeit durch das Vergängliche. Sie lebt von der Zeitlosigkeit, die sie verspricht, als Befreiung vom Terror, den Zeit und Raum auf den Menschen ausüben.

Papst Johannes Paul II. hat aus seiner Kirche keineswegs ein Subversionsinstrument gemacht. Er hat sich zwar hinter das Aufbegehren der antikommunistischen Gewerkschaft

Solidarność in Polen gestellt, ist aber auch zusammen mit Castro gegen die Globalisierung angetreten. Beides waren populäre Auftritte. In Europa gegen Rußland, in Lateinamerika gegen die USA. Die Großmacht Vatikan sollte der jeweiligen Weltmacht in Erinnerung gerufen werden. Polen ist heute, auch das muß gesagt werden, bei allem Einfluß und der Macht der Kirche über die Gesellschaft, kein vorbildliches Land, weder ökonomisch und politisch, noch sozial oder moralisch. Sein Wirtschaftsleben ist so unberechenbar wie überall im postkommunistischen Osteuropa, die soziale Solidarität ist nicht größer als in den Nachbarländern, die Gläubigen haben auch hier die Ex-Kommunisten in die Regierung gewählt. Was Polen jedoch von seinen Nachbarländern unterscheidet, ist eine wachsende Vergiftung der Öffentlichkeit durch militante katholische Gruppen und die repressivste Abtreibungsgesetzgebung Europas, die den Frauen das Verfügungsrecht über ihren Körper gnadenlos abspricht.

Der zum Individuum avancierte Mensch protestiert nicht nur gegen sein soziales Schicksal, sondern auch gegen seine existentielle Begrenzung. Darauf antwortet die Kirche mit einem Trick, der Trennung von Körper und Geist, der Verharmlosung des Todes zum symbolischen Akt durch den Transfer des Realen in die Effigie. Die Frage ist nicht, ob es den Himmel gibt oder nicht, die Frage ist vielmehr, warum wir meinen, wir hätten etwas damit zu tun.

Wenn es eine theologisch vorgetragene christliche Lüge gibt, dann besteht sie darin, den Menschen zum Mittelpunkt des Gottesinteresses zu erklären. Warum aber sollte dieses unzulängliche Wesen Mensch, das es immer wieder fertigbringt, seine Unzulänglichkeit zur metaphysischen Frage zu erheben, für den Allmächtigen so interessant sein? Der Anthropozentrismus ist ebenso ein Irrtum wie der Geozentrismus. Das römische Spektakel im Sommer 2005 aber machte den Mittelpunktswahn zum Thema einer gewaltigen Show, in der die Erlebnisgesellschaft einen ihrer Helden verabschiedete, den Papst.

Eines der Kennzeichen der Erlebnisgesellschaft ist, daß sie weder Anfang noch Ende kennt. Sie bewegt sich in einer Endlosschleife. Damit ersetzt sie die Ewigkeit. Alles andere geht in den Soundtrack ein. Auch die Religion. Die Markierungspunkte aber sind Event und Chillout. Das Event ist Refrain und Leitmotiv. Auf die Papst-Verabschiedung folgte die Papst-Begrüßung. Der Neue, Benedikt, ist mit dem Auftritt auf dem katholischen Weltjugendtag in Köln in die Schleife eingetreten, hat sie zur Liturgie veredelt. »Halleluja! Der Papst ist los«, titelte die Bild-Zeitung. Die Eventkultur verlangt nach der Liturgie. Schon seit Woodstock hat die Pop-Szene einen deutlich liturgischen Ansatz. Die Stunde der Rückkehr des Transzendenten ins öffentliche Leben ist nicht zufällig die Stunde der katholischen Kirche, sie erfüllt zwei wesentliche Bedingungen: die Ereignishaftigkeit und den Kosmopolitismus. Sie verschafft dem einzelnen im Zeitalter des Identitätsproblems Anerkennung, jenseits von Herkunft und Bedeutung.

In Köln wurde die sanfte Rolle des Katholizismus als einzige übriggebliebene große friedliche Weltklammer besiegelt. Mit den religiösen Zeremonien, den Messen für die überwältigenden Massen, wurde die Geborgenheit zelebriert. Der Name »Benedetto« eignet sich zum rhythmischen Rufen und Händeklatschen. Rhythmus aber ist eine Urform der Geborgenheit und der Verheißung. Die Aufgabe des Papstes war, sich den Menschen zu zeigen und dazu in mehreren Sprachen zu sprechen, sich damit symbolisch allen zuzuwenden. Die Weltkirche schließt niemanden aus, und das in einer Welt, in der das Ausgeschlossenwerden zum täglichen Brot geworden ist. So ist auch sein Zugehen auf die anderen Religionen zu verstehen, sein Interesse für die Ökumene.

Die Massen waren in der Hand des Papstes, des Superhirten. Die Wiederholung verschafft Sicherheit. Sie ersetzt den Gottesbeweis. Die Zehn Gebote machen mit.

Gewiß, es gibt das Vier-Sterne-Kloster für den betuchten Bürger. Er kann dort, bei den Dominikanerinnen am Morgen das Tautreten üben. Wo vor Zeiten mal ein Kneipp-Sanatorium war, orientiert man sich jetzt am Feng Shui und nennt es Vitalzentrum. Laudes und Kristallbad koexistieren. Klosterleben, das was kostet.

Unlängst aber sah ich Marmeladengläser im Supermarkt, auf denen das Wort »Wellness« stand. Das Wohlfühltheater macht vor nichts halt. Wellness für alle, ist der neue Schlachtruf der Konsumgesellschaft. Sie macht die Menschen, im Unterschied zum Sozialismus, nicht durch Umverteilung gleich, sondern durch die Erschwinglichkeit der Standards.

Ich blicke auf das Mineralwasserregal und betrachte die immer schöner werdenden Flaschen. Auch hier steht »Wellness« drauf. Was aber ist drin? Nicht doch der Sprudel von gestern, die mit Kohlensäure angereicherte Pfütze?

Wohin man auch blickt, die Seele verspricht zu baumeln. Im Imbiß um die Ecke ist tibetanische Musik zu hören. Im Wohnzimmerladen daneben wollen Steine in die Hand genommen werden.

Die große Vorsitzende der Seelenklempnerei aber ist Andrea Berg, die Sängerin und Proll-Diva aus Oberhausen, sie ist die Seelenagentin des Ballermann-Menschen. Ihr Produzent Eugen Römer sagt von ihr, sie sei die einzige ihm bekannte Frau, die zwanzigtausend Menschen gleichzeitig umarmen könne. In diesem Sinn ist sie wohl Päpstin zu nennen.

Ihr sensationeller Erfolg seit ein paar Jahren geht an den Medien vorbei. Obwohl sie den größten Publikums- und Verkaufserfolg in der Branche mit Abstand hält, ist sie kaum im Fernsehen zu sehen. Sie hält den Kontakt zur Basis in anderer Weise.

2004 hatte sie eine große Deutschland-Tournee mit dreißig ausverkauften Konzerten. Die Show und die DVD zur Show tragen den Titel: »Eine Reise durch die Seele«. Alles wohl inszeniert, ganz und gar zeitgemäß. Die Ideologie ihrer Show aber präsentiert sie selber mit kleinen Geschichten zwischen den Liedern. Das große Thema ist die Liebe. Sie spielt offen auf ihre eigenen gescheiterten Love-affairs an. Indem sie sich zum Thema macht, und zwar ohne den Umweg über die Medien zu gehen, bleibt sie eine von uns. Ihr erstes Wort auf der Bühne, und ihr häufigstes während der Konzerte, heißt: Freunde! Gemeint ist das Publikum, das plötzlich als Gemeinschaft dasteht, angeführt von der jungen Frau auf der Bühne, die von sich sagt, sie sei bis vor ein paar Jahren Bürofrau gewesen, bei der kassenärztlichen Vereinigung. Das kunstseidene Mädchen steht auf der Bühne, es hat eine einfache Botschaft. Es könnte selber im Saal sein.

Die Berg tritt als die verruchte Frau von nebenan auf. Ganz Schlampe, aber nett. Im ersten Teil der Show trägt sie zum Minirock hohe Stiefel, und an einem Bein, am rechten, einen Strumpf mit Straps. Das andere ist nackt. Ihre Lieder sind melancholisch und trotzig zugleich. In der Hymne der Show, ihrem großen Hit, heißt es: »Du hast mich tausendmal belogen / Du hast mich tausendmal verletzt / Ich bin mit dir so hoch geflogen / Doch der Himmel war besetzt.« Der Refrain beschreibt perfekt die Gefühle, die jeder kennt. Dieses abrupte Pendeln zwischen Banalität und Unvernunft, Wissen und Nicht-wissen-Wollen, der Lust, sich vom Gefühl tragen zu lassen, auf Ebenen, die nicht halten und von denen man weiß, daß sie nicht halten. Sie ist ganz schön gefährlich, die Liebe, und sie bildet das Terrain der Kleine-Leute-Philosophie, die die Erkenntnisfrage wortreich im Gefühlshaushalt verortet, in der Lebenskunst. Andrea Berg bedient das Thema und ist Teil davon. Sie arbeitet am Wohlbefinden der Machtlosen. Diese brauchen den Schlager nicht zum Aufbegehren, sondern zum Träumen. Jenseits der Trivialität des Gesellschaftskonstrukts sind Gefühle angesagt. Sie verkapseln das Sprachlose. Die Sängerin streichelt an Gottes Statt. Man weiß es. Es hilft nichts, daß man es weiß.

Über Hufeisen

Odo Marquard beginnt seinen Vortrag über »die Unvermeidlichkeit der Geisteswissenschaften« mit der folgenden Anekdote über den Physiker Nils Bohr: »Bohr erhält Besuch auf seiner Skihütte. Der Blick des Besuchers fällt auf ein Hufeisen, das über der Skihüttentür angebracht ist. Verwundert fragt er Bohr: ›Sie als Naturwissenschaftler glauben daran?‹ Darauf Bohr: ›Selbstverständlich glaube ich nicht daran. Doch man hat mir versichert, daß Hufeisen auch dann wirken, wenn man nicht an sie glaubt.‹«

XI.

Deutschland ohne Grenzen: Die Phantome der Identität

Um die Jahreswende 2005 erschien ein Skandal am Horizont, der seither als Visa-Affäre bekannt ist. Glaubt man den Verlautbarungen, so soll es in unseriöser Weise zur Ausstellung von Visa vor allem in deutschen Konsulaten in der Ukraine gekommen sein.

Zum Bauernopfer der Angelegenheit wurde ein ehemaliger Staatsminister im Auswärtigen Amt, Ludger Volmer (Die Grünen). Nach ihm war die Visa-Erleichterung benannt worden, der Volmer-Erlaß. Bei Volmer kam aber etwas ganz anderes heraus, was vordergründig mit der Visa-Geschichte nichts zu tun hatte. Er war Teilhaber einer in Bad Honnef ansässigen Unternehmensberatung. Ein weiterer Teilhaber dieser Firma war in der CDU und sogar in der Paneuropa-Union. Man verträgt sich. Die Firma kassierte Provisionen von der privatisierten Bundesdruckerei für angebliche Aufträge in Südafrika. Oder, wie Volmer sagt, Beratungshonorare. Das klingt zumindest originell, ist aber aus der Schublade Nebentätigkeiten, in der Version des Politikers wiederum: »ein zweites Standbein«. Worin besteht nun die Visa-Affäre?

Die Opposition, die das Thema am Kokeln hielt, behauptete mit schöner Regelmäßigkeit, die Visa-Begünstigungen hätten dazu geführt, daß Tausende ukrainischer Schwarzarbeiter, Kriminelle und Zwangsprostituierte nach Deutschland gekommen seien. Wirklich?

Daß die Visa-Affäre diesen Bekanntheitsgrad erreichen konnte, hat sicherlich innenpolitische Gründe, ist aber auch allgemeiner, mentalitätsbezogen zu erklären. Deutsche Ängste und deutsche Überheblichkeit stehen dahinter. Wenn es beim Prinzip bleibt, Besitzstände zu wahren, kann bald jedes Mittel recht sein. Die Ängste erfordern nicht nur Erklärungen, sondern auch Bedrohungsbilder. So werden die Ukrainer, die Monate zuvor noch ein glänzendes Image im deutschen Fernsehen durch ihre »orangene Revolution« hatten, zu illegalen Arbeitsmarktkonkurrenten. In einer Gesellschaft, die nicht die Ursachen der Schwierigkeiten bei sich selbst sucht, kommt es zwangsläufig zur Emotionalisierung der Problemfelder und zu panischer Rhetorik. Daß es gleichzeitig um eine Gesellschaft geht, die nicht wehrhaft ist, läßt die Sache weiter eskalieren. Aufgrund der Geschlagenenmentalität seit 1945 beschränkt sich die Gegenwehr auf Emotionen und Abschottungsforderungen. Man ist handlungsunfähig und tobt sich rhetorisch aus. Es gibt einen entsprechenden Markt der Begriffe, der immer neue Plastikwörter, sozusagen Munition, anbietet. Beispiel Zwangsprostituierte. Wem nehmen diese eigentlich den Job weg, wenn sie in Ketten an der Rezeption der Fünf-Sterne-Hotels vorbeigeführt werden?

Daß, neben den Ängsten, die Besitzstände zu verlieren, ein zweiter Faktor, die unhinterfragte Überheblichkeit, wirkt, macht die Sache um so schwieriger. Sowohl die Eliten als auch erhebliche Teile der Bevölkerung scheinen der Meinung zu sein, alle Welt stehe an den deutschen Grenzen und wolle um jeden Preis rein. Diese Meinungen bleiben von der Realität weitgehend unberührt, nur so ist es zu erklären, daß man aus Pleiten wie der Greencard-Regelung, von der kaum jemand Gebrauch machte, keinerlei Schlußfolgerungen zieht. Dieses Scheitern hätte uns lehren können, daß wir als Einwanderungsland noch längst nicht attraktiv genug sind. Wenn ein Land Einwanderer braucht, muß es auch eine klare Vorstellung von diesen haben sowie eine Vorstellung davon, wie es sie zu integrieren gedenkt. Die Frage ist: Was hat Deutschland einem Einwanderer zu bieten, jenseits von Sozialkassen und Leiharbeiterstatus?

Es war eine altlinke Forderung der achtziger Jahre: Offene Grenzen. Man konnte sie in der taz vorfinden und an Kreuzberger Häuserwänden. Jetzt sind sie da.

Was sich zeigt, ist, kurz gesagt: Die Grenzen verschwinden, das Unterscheidungsbedürfnis bleibt. Die Angst vor der Entgrenzung ist allgemein, sie betrifft nicht nur Konservative, zu kurz Gekommene oder gar Ewiggestrige. Die allgemeine Angst, die mit der Entgrenzung die Selbstauflösung fürchtet, besteht auf Unterscheidung und Abgrenzung. Bei genauerer Benennung wird sie zur Angst vor der Verwischung der Identität. Die Identität erscheint deutlicher denn je als Claim des Ich. Grenzen, wir vergessen es, hatten ursprünglich auch eine Schutzfunktion, zumal befestigte Grenzen. Vor der Pervertierung des Grenzbegriffs durch den Totalitarismus markierte die Grenze auch die Identität. Durch die Öffnung kehrt die Identitätsfrage mit Macht zurück.

So treffen Phantomschmerzen auf reale Konfliktlagen. Lutz Niethammer spricht vom »Identitätsjargon«.

Kultur und Nation treten gegen die Globalisierung an. Sie treten wie eh und je als Begriffe aus dem Innenraum des Limes auf. Intra muros. Selbst die Anti-Globalisierungsbewegung und ihre Affekte bleiben innerhalb der Denkfigur. Globalisierung ist für sie letzten Endes Barbarei. Die Rückkehr der Besonderheit ist Teil des Universalisierungsprozesses. Die deutsche Gesellschaft, die mit ihren Nachkriegsreparationsversuchen Identität, Nation und Kultur weitgehend abrüstete, steht damit vor einem realen Problem. Wie kann man diese Begriffe aktivieren, wie lassen sich in der abgerüsteten Nation die eigenen Interessen definieren? Wie kann man auf Augenhöhe den anderen gegenübertreten? Und wie die irregeleitete Überheblichkeit in eine Normalität des Selbstbewußtseins zurückführen?

Und schließlich: Läßt sich ein solcher Prozeß kontrollieren?

Die zivilisierte Nationalgemeinschaft muß die Bedeutung der Nachbarschaften im vereinigten Europa erkennen. Deutschlands altes Problem sind seine östlichen Nachbarn. Zum erstenmal in der Geschichte ist eine wirkliche Chance für die Normalisierung gegeben. Das europäische Dach macht es möglich, die gegenseitige Vorwurfs- und Mißtrauensrhetorik zu überwinden, Drang nach Osten und Vertreibung nicht mehr als Berechnungsgrundlage einzusetzen.

Karl Schlögel schrieb 1991: »Deutschland ist von den Erschütterungen im östlichen Europa eingeholt worden. Die Entlassung in seine Souveränität verdankt es der Umwälzung in seinen östlichen Nachbarländern und einer Vormacht, die sich der neuen Situation fügt. Polen, die Tschechoslowakei, Ungarn, die baltischen Staaten, Rußland, die den Anschluß an Europa wieder finden wollen, können keine Barriere gebrauchen. Sie sind aus dem toten Winkel, in den sie verbannt waren, herausgetreten. Sie haben Nachbarschaftsverhältnisse hergestellt aus eigenem Interesse. Sie haben die Deutschen wieder zu ihren Nachbarn gemacht, und die Deutschen haben neue Nachbarn bekommen.«

Deutsche und Slawen nach der EU-Osterweiterung

Zugegeben: Es wäre ein Wunder, wenn der griesgrämigen deutschen Öffentlichkeit zur EU-Osterweiterung etwas anderes als Sorgen einfallen würde. Von Arbeitsplatzvernichtung durch Firmenabwanderung ist die Rede und von Ängsten über eine Massenzuwanderung. Die Politik aber warnt bereits vor den Niedrigsteuermodellen der Beitrittsstaaten, als wäre dies ein weiterer Grund für die deutsche Misere und damit eine Entlastung der deutschen politischen Klasse.

Warum können wir uns über das Ereignis nicht freuen? Gründe gäbe es schließlich genug. Nach den Katastrophen des 20. Jahrhunderts ist durch die Aufhebung der trennenden nationalen Grenzen eine neue Nachbarschaft zwischen

Deutschen, Österreichern und Slawen möglich. Vielleicht zum erstenmal in der Geschichte können Deutsche, Tschechen und Polen unter dem übernationalen Dach der EU, frei von politischen Neurosen, miteinander ins Gespräch kommen. Und zwar jenseits der Phantasien vom deutschen Imperialismus der Langen Kerls oder von den nationalistischen polnischen Autodieben. Können wir uns denn nicht auch wieder auf Herder berufen, der bekanntlich viel für die europäische Integration der slawischen Volkskultur getan hat?

Erstmals geht es nicht nur darum, daß Deutsche und Österreicher ihre Schuld für die Verbrechen des vergangenen Jahrhunderts zu bekennen haben, vielmehr müssen sich auch Polen und Tschechen endlich aus den Verschanzungsdiskursen des Kalten Kriegs herausbegeben und sich den Fragen der offenen Gesellschaft stellen. Sie können sich nicht weiter mit der revanchistischen Gefahr herausreden, eine Unbeweglichkeit ihrerseits ist nicht mehr mit den Klischees der Nachkriegszeit zu rechtfertigen. Klischees, in denen im übrigen Preußen, das Kaiserreich, Habsburg und der Nationalsozialismus in unzulässiger Weise zusammengerührt wurden. Die gemeinsamen Schulbuchkommissionen haben als Vorboten der Annäherung einiges hinter sich und manches noch zu erledigen. Die unerquickliche Vergangenheit ist nicht nur eine deutsche, es ist auch eine tschechische und eine polnische, nicht zuletzt in Gestalt von Vertreibung und Enteignung.

Die Diskussionen der Zukunft werden nicht mehr reduzierbar sein auf einen deutsch-slawischen Schlagabtausch, die Argumentationen werden sich vielmehr am bürgerrechtlichen Maßstab der Europäischen Union messen müssen. Das gegenseitige Aufrechnen wird durch den übergeordneten verfassungsrechtlichen Rahmen obsolet. Was in Berlin, Prag und Warschau schnell von Emotionen überlagert wird, wie die Debatte um ein Zentrum gegen Vertreibungen beweist, kann in Brüssel als ganz normale Rechtssache erscheinen.

Viele Anzeichen deuten darauf hin, daß die Zeit gekommen ist, die Vergangenheit nicht mehr ausschließlich unter politischem Aspekt zu betrachten. Was uns verbindet, ist endlich wieder genauer beschreibbar als das, was uns trennt. Wer heute in Polen oder Tschechien die Kulturgeschichte seiner Stadt studiert, wird mit deutschen oder österreichischen Spuren konfrontiert. Weder Schlesien noch Böhmen sind ohne die deutsche Kultur denkbar, auch heute nicht. Daß diese von den Kommunisten aus dem kollektiven Gedächtnis durch Geschichtsklitterung getilgt wurde, um den slawischen Völkern ihre antideutsche Militanz zu erhalten, geschah im Interesse der sowjetischen Hegemonialmacht. Auch das ist Geschichte.

Die vergrößerte EU macht es möglich, aus den Fehlern der Vergangenheit zu lernen, sofern der Wille dazu da ist. Abgrenzungsstrategien sind auch jetzt wieder zu erkennen. Polen und Tschechen suchten immer wieder nach Garantien von außen, um sich gegen die deutsche Übermacht in Mitteleuropa wehren zu können. Früher hießen die Garanten England und Frankreich. Sie haben, wie wir wissen, in der entscheidenden Situation, in München 1938, kläglich versagt. Heute versucht man in der gesellschaftlichen Praxis die Abgrenzung zu erhalten. Ist der zunehmende Vorsprung des Englischen dem Deutschen gegenüber in Ostmitteleuropa nicht auch ein Ausdruck des Abgrenzungsbedürfnisses? Und wie verhält es sich mit dem systematischen Ausblenden der habsburgischen Erfahrung, wobei durch die Osterweiterung der alte Raum der Doppelmonarchie in frappierender Weise fast wieder hergestellt wird?

Wenn bis 1918, bei einem Jahrhunderte währenden gegenseitigen Beeinflussungsprozeß, Hauptgrund für den deutsch-slawischen Eklat der deutsche und österreichische Hegemonialanspruch und seine Kollision mit dem tschechischen und polnischen Nationalismus war, so sind die Hindernisse heute eher den mental befestigten Vorurteilen übereinander zuzuschreiben. Sie verwandeln alles in eine Territorialfrage.

Beide Seiten haben jetzt die Gelegenheit, die Vorurteile überwinden zu können, da die Interessen augenscheinlich gemeinsame sind. Von der Öffnung der Grenzen profitieren alle Beteiligten, sofern sie es verstehen, die neue Situation für sich zu nutzen. Freiheit steht nicht nur zur Verfügung, sie will auch mit Sinn ausgefüllt werden. Beklagen wir uns also nicht über die Dynamik der Neuen, sondern machen wir uns endlich daran, unsere Trägheit zu überwinden. Wenden wir uns den spannenden Fragen zu, die die Osterweiterung bietet, zum Beispiel: Was wird aus den bisher geteilten Oderstädten, Görlitz, Guben, Frankfurt, nach dem Wegfall der Grenze? Es öffnen sich so der deutschen Öffentlichkeit neue Räume, die bisher von einer zutiefst provinziellen Erinnerungspolitik der Vertriebenen besetzt waren.

Mit dem Beitritt der ostmitteleuropäischen Staaten zur EU ist zum erstenmal in der Geschichte eine dauerhafte Lösung für die deutsch-österreichische und slawische Nachbarschaft in Sicht. Je eher wir das begreifen, desto besser für unsere Zukunft. Denn sobald Deutsche und ihre slawischen Nachbarn die gemeinsamen Interessen verstanden haben, kann es auch nicht mehr zu einer weiteren Spaltung Europas kommen. Rußland wird nicht nur die Realität zur Kenntnis nehmen, sondern sich auch als Partner, der die Grenzen respektiert, zu verhalten haben. Damit aber hätte Europa den Rücken frei und könnte sich den Herausforderungen und Gefahren der Gegenwart, von der Globalisierung der Wirtschaftsabläufe bis zum islamischen Terrorismus, stellen.

Signale der Normalität

Daß deutsche Sprache und Kultur einmal eine zentrale Rolle in Ostmitteleuropa gespielt haben, ist Geschichte, preußische, habsburgische, ostjüdische. Nach dem nationalsozialistischen Furor und der ihm folgenden stalinistischen Flurbereinigung war die Problematik zur Museumsangelegenheit geworden, Stoff für Archivare, Historiker, Schriftsteller und Nostalgiker.

Hinter den vielen Mißverständnissen und gezielten Verleumdungen der Nachkriegszeit lebte aber auch mancher Mythos weiter. Jener von der Prager deutschen Literatur mit Rilke, Kafka und Ungar und dem Prager Tagblatt der Zwischenkriegszeit. Aber auch der Mythos der Straßenbahn, die bis 1938 zwischen Wien und Bratislava verkehrte und mit der man nach Wien in die Oper fuhr, und der des Pester Lloyd, jener liberalen Budapester Zeitung, in der Thomas Mann veröffentlicht hat. Dieser konnte dort noch 1936 vor Hitler warnen, in Horthys Ungarn war das möglich. Der Pester Lloyd erschien bis zum April 1945. Über die Jahre der Gleichschaltung schweigt man sich allerdings aus.

Auch anderthalb Jahrzehnte nach dem Ende des Kommunismus sind von all den Legenden noch Spuren übrig. In Prag lebt immer noch eine deutschschreibende Schriftstellerin, die 1916 geborene Lenka Reinerová. Sie gilt als die letzte Autorin mit Erinnerungen an die alten Zeiten, was sie selbst nicht ohne Ironie kommentiert: »Ich werde oftmals gefragt«, sagt sie im Interview, »wie gut ich Kafka kannte. Als Kafka starb, war ich acht Jahre alt.«

Zwischen Wien und Bratislava gibt es auch heute keinen Straßenbahnverkehr, aber man fährt wieder in die Oper, und zwar mit dem Bus, diesmal aber von Wien nach Bratislava, weil dort alles so preiswert ist und außerdem noch traditionell gespielt wird, ganz wie früher, ganz ohne Schlingensief.

Auch die Zeitungen sind wieder da: Seit den neunziger Jahren gibt es einen kleinen deutschsprachigen Zeitungsmarkt in Ostmitteleuropa. Zu unterscheiden sind drei Kategorien von Publikationen: Publikumszeitungen, Zeitungen der deutschen Minderheiten und Wirtschaftsblätter.

Die beiden großen etablierten Publikumszeitungen sind die wöchentlich erscheinenden Prager Zeitung und Pester Lloyd, zu ihnen aufgeschlossen haben in den letzten Jahren noch die Budapester Zeitung und die Monatsschrift Baltische Rundschau aus dem litauischen Vilnius.

Prager Zeitung (seit 1991) und Pester Lloyd (seit 1994)

sind, wie ihre legendären Vorläufer, auf die sie sich ausdrücklich berufen und in deren Tradition sie sich verstehen, Metropolenzeitungen. Die heutige Situation ist jedoch mit der von damals kaum vergleichbar. Den Zeitungen fehlt der Resonanzraum einer bürgerlichen Stadtbevölkerung, es fehlen die jüdischen Träger der Urbanität. In der Gründungszeit ihrer großen Vorbilder waren Budapest und Prag weitgehend deutschsprachig, ein gut verankertes Mittelklasse-Idiom stützte Journalismus und Literatur ab.

Mit einer Mischung aus Information, Kommentar und Service wenden sich die beiden Zeitungen heute an Touristen, Geschäftsreisende und auch an Einheimische. Die Blattgründer und Chefredakteure stammen beide aus Ostdeutschland, Uwe Müller in Prag aus Zwickau, Gotthard B. Schicker in Budapest aus Annaberg.

Ihre Hauptkonkurrenten sind nicht andere deutschsprachige Publikationen, sondern die Zeitungen der amerikanischen Expats, die sich in den neunziger Jahren in Budapest und Prag niederließen und dort eigene Szenen bilden. Ihre Zeitungen, The Prague Post und The Budapest Sun sind bis heute mehr von Szene und Zeitgeist geprägt als die deutschen, denen man letzten Endes doch die deutsch-osteuropäischen Altlasten anmerkt.

So sind die Rahmenbedingungen, unter denen die deutschsprachigen Zeitungen erscheinen, höchst unterschiedlich. Während es in Ungarn nie, auch nicht zu den schlimmsten Zeiten, eine ausgeprägte Aversion gegen die deutsche Kultur gab, scheint in Polen die Problematik des ehemaligen deutschen Ostens weiterhin mit Konfliktstoff aufgeladen zu sein. Obwohl hier, will man den Statistiken glauben, noch die meisten Ostmitteleuropäer deutscher Herkunft leben und die Verbindungen zu Deutschland intensiv sind, gibt es kaum eine nennenswerte deutschsprachige Zeitung. Ein erstes überregionales Projekt stellt die monatlich erscheinende Polen-Rundschau dar. Warschau hat wohl auch nicht die Anziehungskraft Prags und Budapests, jedenfalls nicht deren Aura.

Erstaunlich bleibt vor dem nervösen geschichtlichen Hintergrund die relativ konfliktlose Etablierung einer deutschsprachigen Zeitung in Prag. Das ist um so erfreulicher, bedenkt man die ständigen deutsch-tschechischen Querelen wegen Vertreibung und Benes-Dekreten.

Die Wirtschaftsblätter hingegen präsentieren sich geschichtslos. Sie wollen den deutschsprachigen Geschäftsmann ansprechen, den Investor locken. So sehen sie auch mehr wie Werbepublikationen von Regierung, Kommunen oder Wirtschaftsverbänden aus. Manches von dem, was man darin liest, steht auch im Wirtschafsteil der Metropolenzeitungen. Plus aus Prag wird von der Deutsch-tschechischen Handelskammer herausgegeben, Wirtschaft in Ungarn ist eine Publikation der Deutsch-ungarischen Industrie- und Handelskammer, Region in Niederschlesien bezieht sich auf die Angebote der Euroregion Spree-Neiße-Bober.

Kaum eine Überschneidung findet sich mit den Mitteilungsblättern der jeweiligen deutschen Minderheiten. Sowohl die in Budapest erscheinende Neue Zeitung der Ungarndeutschen als auch die Landes-Zeitung in Prag für die Deutschen aus Böhmen, Mähren und Schlesien, das Karpatenblatt der Karpatendeutschen im slowakischen Poprad oder das Schlesische Wochenblatt der Deutschen in Polen beschränken sich weitgehend auf Vereinsarbeit und Kulturgeschichte. Sie führen in der Regel ein provinzielles Eigenleben, aufgrund von Subventionen der Bundesregierung und der betreffenden Staaten.

Eine Zwischenstellung nehmen die Publikationen der Deutschen in Rumänien ein. In Bukarest erscheint die einzige deutschsprachige Tageszeitung Osteuropas, Allgemeine deutsche Zeitung für Rumänien. Sie bedient ebenfalls die klassischen Minderheitenthemen, Folklore und Vereinsleben, ergänzt diese aber mit einem Aktualitätsteil aus Wirtschaft, Politik und Kultur. Hinzu kommen Regionalausgaben: Banater Zeitung und Karpatenrundschau. Im eigenwilligen siebenbürgischen Hermannstadt hat sie sogar noch Konkurrenz durch die dortige Hermannstädter Zeitung.

Insgesamt aber sagen die Publikationen der Minderheiten mehr über deren Verfassung aus als über die Dynamik des heutigen Ostmitteleuropa. Es sind, außer den Deutschen in Polen und Ungarn, die aber weitgehend assimiliert wurden, sehr kleine Gruppen, die ihre Rolle von früher längst nicht mehr wahrnehmen können, sondern eher ein Schattendasein im Geflecht von marginaler Existenz, Subventionen, Vorzeigediplomatie, landsmannschaftlichem Interesse und Altersheim führen.

Die Etablierung deutschsprachiger Metropolen-Zeitungen in Ostmitteleuropa, jenseits der Minderheitenbelange, ist jedoch ein Indikator für den neu in Gang gekommenen Austausch zwischen dem deutschsprachigen und dem ostmitteleuropäischen Raum. Es sind Signale der Normalität. Die alten Dimensionen der Ostsiedlung wird man nicht wieder herstellen können und wollen, diesmal ist das Deutsche auch in seinem traditionellen ostmitteleuropäischen Einflußgebiet hinter das Englische zurückgefallen, spielt aber wieder eine Rolle. Es ist ein gutes Zeichen für Handel und Wirtschaft, aber auch für eine neue friedliche Nachbarschaft.

Die Rußlandbegeisterung zwischen Pop und Metaphysik

Die Utopien haben die Europäer bekanntlich um den halben Erdball getrieben und wieder zurück. Letzte Gewißheit wollten sie haben, die Sehnsucht stillen. Zumindest aber einmal in den dunklen Raum schauen, Einblick gewinnen in die Inszenierung der Unendlichkeit. Besonders schlimm hat es die Deutschen getroffen. Abgeschnitten von den Ozeanen, konnten sie nicht mehr als koloniale Resteverwalter werden, von Togo bis Samoa, alles nicht der Rede wert. Sie, Plessners Verspätete, haben allerlei Anstrengungen unternommen, wie die Erfindung des U-Boot-Kriegs, um sich doch noch an den Herrschern der Meere zu rächen. Als bliebe ihnen nur der Krieg, um sich in Erinnerung zu rufen.

Ungeliebter Juniorpartner des Westens wollte das Deutsche Reich nicht sein. Voltaire vor Augen und Herders Volkslied im Gedächtnis, blickte die Deutsche Gesellschaft unentwegt nach dem Osten. »Ostkolonisation« und »Drang nach Osten« blieben beherrschende Themen der deutschen Öffentlichkeit.

Der überzogene Anspruch an die eigene Rolle, kurz, der deutsche Größenwahn, ließ die sogenannten kleinen Völker, insbesondere die slawischen, denen die Deutschen auf ihrem Osttreck begegneten, für sie nebensächlich erscheinen. Die Deutschen wurden von diesen übrigens »Nemci«, die Stummen, genannt. Bis heute zeigt die deutsche Gesellschaft auffallend wenig Interesse an ihren unmittelbaren östlichen Nachbarn, Polen und Tschechen.

Die einzige Nation, die im Osten seit dem 18. Jahrhundert als ebenbürtig empfunden wurde, war die russische. Mit ihr konnte man sich messen. Als Partner, Konkurrent und Gegner, oft genug auch Feind. Die Zuordnungen verschwimmen bis heute. Mal ging es um große ökonomische Projekte, wie zur Zeit Peters des Großen und während der frühen stalinistischen Industrialisierung, mal um gemeinsame Militärangelegenheiten. Die Zarenarmee hatte zahlreiche deutsche Offiziere, nach dem Vertrag von Rapallo (1922) verlegte die durch die Friedensverträge lahmgelegte Reichswehr manche ihrer heimlichen Aktivitäten in die Sowjetunion. Mit Rußlands Hilfe stand man gegen Napoleon auf, focht aber mit diesem Rußland auch erbitterte Verteilungskämpfe in den beiden Weltkriegen um den Osten Europas aus. Nicht zuletzt um den Raum. Die agrarischen Phantasien des »Volks ohne Raum« bezogen sich stets auf den Osten. Als wäre Deutschland im 20. Jahrhundert ein Volk von Bauern gewesen und nicht eine aufstrebende Industriegesellschaft. Die deutschen Angstphantasien hatten immer schon fragwürdige Grundlagen.

Es ist die preußische Erbschaft, die den Bezug zu Rußland zwingend erscheinen ließ. Preußens Ostausdehnung und seine gleichzeitig wachsende Hegemonialstellung in Deutschland verschoben die Achse des Deutschen Reichs. Nirgends sonst in Deutschland wurde eine so erfolgreiche Fusion zwischen Autokratie und Staatsapparat verwirklicht. Einerseits siegte Kants Vernunft, andererseits wuchs die Sehnsucht nach jener Größe, die im folgenden Jahrhundert in der Apokalypse von Stalingrad versank.

Rußland ist für die Deutschen weit mehr als ein Land. Es ist eine Allegorie, von Caspar David Friedrich und Ivan Rebroff gemeinsam entworfen. Wenn die Deutschen für andere Länder Verständnis haben, so haben sie für Rußland Gefühle. Als Adressat dieser Gefühle gilt die »russische Seele«, ein Abbild von Erhabenheit und Kitsch. Spiegelt sich darin nicht der eigene »Weltschmerz«, der nicht mehr so recht zum Ausdruck kommen will, nach den Verbrechen des Dritten Reichs und der Machtübernahme durch die Pop-Kultur? In der deutschen Geschichte hat sich mit Auschwitz ein schwarzes Loch aufgetan, in dem die eigene Metaphysik verschwunden ist, das Bedürfnis nach ihr aber blieb erhalten. Man kann seinen Spuren folgen, von Hans Jürgen Syberberg bis Botho Strauß.

Rußland ist Folie. Daran konnten die fast fünfzigjährige Besatzung und die erzwungene Teilung Deutschlands kaum etwas ändern. Sie sind praktisch ausgeblendet. Ihr wahrer, verbrecherischer Charakter ging schon am Ende der achtziger Jahre in der Gorbi-Manie unter. Rußland ist seither einen weiten Weg gegangen, der gleichzeitig auch eine Kurzstrecke war: Von der Perestroika zu Putins neuer Autokratie.

Spätestens mit dem Erfolg von Wladimir Kaminer und seiner »Russendisko« ist die Rußland-Rezeption Teil der Erlebnisgesellschaft geworden. Was interessieren uns schon der Tschetschenienkrieg oder die Umweltkatastrophe in der Barentssee! Auf die Straße geht man in Deutschland wegen des Irakkriegs oder des Kyoto-Abkommens. Kümmert sich Attac etwa um Rußland?

»Heute muß kein Dichter mehr um sein Leben fürchten«, sagte Christina Weiss, die Kulturstaatsministerin, in ihrer Eröffnungsrede zur Frankfurter Buchmesse 2003, anläßlich des Länderschwerpunkts Rußland. Während sie dies behauptete, wurde in der Industriestadt Toljatti der Chefredakteur einer Wochenzeitung ermordet. Zur selben Zeit weilte der Bundeskanzler Schröder an der sogenannten geographischen Grenze Europas, in der Stadt Jekaterinburg, im Ural. Das Fernsehen zeigte ihn uns, wie er gemeinsam mit dem ehemaligen KGB-Offizier Putin Kerzen in einer orthodoxen Kirche anzündete. Der Kirchenbesuch als Pop-Inszenierung: Die Szene könnte aus einem Video-Clip von Madonna stammen. In Jekaterinburg haben die ehemaligen Arbeitgeber Putins, die Bolschewiken, die Zarenfamilie ermordet.

Das ist alles bekannt. Im Fall Rußland wenden wir aber die Kriterien nicht an, die wir sonst für verbindlich halten. Zum Vergleich sei an die Posse des Boykotts der Schüssel-Regierung in Wien erinnert, wegen der Koalition mit der FPÖ des Jörg Haider.

Rußland wird als Ausnahme betrachtet und heute auch wieder als Ausnahmepartner. »Deutschlands Rückkehr auf die Weltbühne«, wie ein Buchtitel von Gregor Schöllgen lautet, erweist sich als ein Manöver, das uns wieder einmal von der angelsächsischen Welt absetzt. Prompt ist auch der alte Sonderwegs-Befürworter Egon Bahr zur Stelle. Sein Buch heißt »Der deutsche Weg«, ein Wort, mit dem auch der Kanzler Schröder schon mal spielte. Bahr geht es naturgemäß um ein selbstbewußtes Verhältnis zu den Vereinigten Staaten. Wie fragwürdig unsere deutsche Besonderheit stets war, daß sie uns schließlich in den Abgrund führte, aus dem wir allein durch die Hilfe des Westens wieder herausfinden konnten, scheint die Befürworter deutscher Eigenständigkeit, »Singularität«, wie Bahr sagt, nur wenig zu beeindrucken.

Das aber hat Folgen. Der Ausnahmepartner Rußland tritt uns plötzlich als willkommener Verbündeter entgegen. Ernst Niekisch hätte seine Freude daran.

In Rußland ist mit der Herrschaft Putins der vage Ansatz zur Bürgergesellschaft aus den frühen neunziger Jahren weiter zurückgedrängt worden, man kann auch sagen ins Abseits. Putin verwaltet sein Rußland wie ein Amtsleiter. Sein Hauptziel ist die Wiederherstellung der Staatsautorität. Die Inhalte sind ihm egal. Bezeichnend der Name der Kremlpartei: »Einiges Rußland«. Die Beliebigkeit könnte nicht größer sein. Es handelt sich um eine posttotalitäre Form der Machtausübung, in der der Apparat über die Gesellschaft herrscht und die Amtsinhaber bemüht sind, den Schein zu wahren, ohne eine gewisse Lässigkeit einzubüßen. Es geht um die Kontrolle von Verwaltung, Politik, Polizei, Armee, Wirtschaft und Medien.

Die Macht setzt sich nicht mehr mit den Dichtern auseinander. Warum sollte sie es auch? Die Auseinandersetzung mit den Dichtern war eine Marotte des bolschewistischen Totalitarismus. Die großen Strippenzieher der Propaganda, allen voran Lenin, fürchteten die Kenner des Wortes, fürchteten, wegen ihrer paranoiden Angst die Macht, die sie sich angeeignet hatten, wieder verlieren zu können. Sie versuchten die Meinungsfreiheit im Keim zu ersticken.

Diesen Fehler hat der postkommunistische Autoritarismus korrigiert. Die Kreml-Macht manipuliert die Meinungsfreiheit, versucht das Meinungsbild unter ihre Kontrolle zu bringen. Sie weiß, die Dichter sind ungefährlich. Die meisten von ihnen haben sich in ihren mehr oder weniger postmodernen (Weltuntergangs-)Phantasien eingerichtet und schreiben so, als hätten sie Verträge mit amerikanischen Literaturagenten. Nach Frankfurt, zur Buchmesse, sind sie mit Kreml-Tickets angereist, auf Staatskosten, als Delegacija.

Die Macht, die aus dem Familiengefüge der alten Nomenklatura und deren Wucherungen stammt, setzt sich mit ihren Konkurrenten, den Oligarchen, den mächtig gewordenen

Unternehmern, mit den Spielverderbern aus Politik und Medien, auseinander. Sie sind es, die gefährlich leben, wenn sie sich gegen den Kreml stellen, sie und die kritischen Journalisten. Der Fall Chodorchowski hat es ausreichend bewiesen.

Im Gefängnis saß zuletzt aber auch ein Schriftsteller: Eduard Limonow. Er ist der einzige Autor, der im Vorfeld der Frankfurter Buchmesse im Herbst 2003 eine vernichtende Kritik an Putins Rußland veröffentlichte. Limonow aber ist kein Demokrat. Er ist der Gründer einer nationalbolschewistischen Partei. In den neunziger Jahren brüstete er sich damit, von Radovan Karadzics Amtssitz in Pale aus eigenhändig eine Rakete auf das belagerte Sarajewo abgefeuert zu haben.

Die Bilder, die man sich von Rußland macht, sind Wunschbilder. Die Einpassung dieser Wunschbilder in die Logik des Entertainments verharmlost die russische Problematik. Die deutsche Öffentlichkeit betrachtet Rußland unpolitisch. Sie neigt zur Ästhetisierung des Gegenstands, ganz im Sinn von Boris Groys. Darin versteckt sich die stille Bewunderung der »Größe« und die heimliche Sehnsucht nach dem »Raum«. Rußland ist Allegorie und Anekdote zugleich, seine Verzauberung ignoriert die Realität und beschwingt den deutschen Horizont.

Deutschland sollte zwar ein klares Interesse an einer langfristigen Stabilisierung Rußlands als Ordnungsmacht zwischen Europa und Asien haben, aber unsere Verbündeten sind in der westlichen Welt. Dort, wo das Territorium Max Webers liegt und jener demokratisch abgesicherte Pragmatismus beheimatet ist, der Freiheit und Wohlstand erst möglich macht.

Eine der folgenschweren Initiativen deutscher Außenpolitik, die die Regierung Schröder zu verantworten hat, ist die Bildung der Achse Paris-Berlin und vor allem ihre Verlängerung nach Moskau. Das Konzept gibt nicht nur das falsche Signal einer europäischen Abgrenzung zu den USA, es bedeutet auch eine zunehmende Abhängigkeit von den

Rohstofflieferungen Rußlands und eine Nichtbeachtung der osteuropäischen, vor allem der polnischen Interessen. Manchmal kann man den Eindruck haben, in Teilen der deutschen Öffentlichkeit und der politischen Klasse ist immer noch nicht angekommen, daß wir uns in einer weitreichenden Union mit den ostmitteleuropäischen Staaten befinden. Zwei dramatische Beispiele aus dem Jahr 2005: Deutschland vereinbart mit Rußland den Bau einer Pipeline durch die Ostsee, unter Umgehung Polens. Ein Beispiel praktizierter Dummheit – man macht sich von Rußland abhängig – und verheerender politischer Symbolik. Das zweite Beispiel: Bundeskanzler Schröder trifft sich gemeinsam mit dem französischen Staatschef Chirac in Kaliningrad, anläßlich der 750-Jahr-Feier Königsbergs mit Putin, der 750 Jahre Kaliningrad feiert. Mal abgesehen davon, daß der völkerrechtliche Anspruch Rußlands auf das Königsberger Gebiet so legitim ist wie Rußlands sonstige territorialen Raubzüge im Osten Europas, von Finnland bis Rumänien, und abgesehen auch davon, daß der russische Namensgeber der heutigen Stadt, Kalinin, sowjetischer Staatspräsident während der großen stalinistischen Säuberungen der dreißiger Jahre war, ist es ein Meisterstück deutscher Diplomatie, nicht zu merken, was es bedeutet, daß die Nachbarstaaten des Oblast, Polen und Litauen, nicht eingeladen waren. Über allen deutsch-russischen Kooperationen liegt der Schatten von Rapallo und mehr noch jener des Molotow-Ribbentrop-Paktes.

Kaliningrad ist für die EU ein Instabilitätsfaktor mit Zukunft. Eingeklemmt zwischen den EU-Ländern Litauen und Polen und ohne territorialen Zusammenhang mit Rußland, ist es ein Ort der Militärmafia und des nichtstaatlichen Gangstertums. Seine einzige Funktion für das heutige Rußland hat es als Militärbasis, es ist der einzige eisfreie Hafen, den die russische Militärmarine in der Ostsee besitzt. Ökonomisch ist das Gebiet unterentwickelt, da ihm jede Sonderregelung und jeder Sonderstatus von Moskau verweigert wird. Der Ort ohne Lebensqualität ist so eine ausbaufähige

Basis für Schmuggel und Drogenhandel. Es ist ein willkommenes Pfand für den Troublemaker Rußland Europa gegenüber, speziell Polen und dem Baltikum. Ein autokratisches Rußland kann die EU mit Energieabhängigkeit und mit der Instabilität Kaliningrads unter Druck setzen.

Die chinesische Lösung

Etliche Weltwirtschaftsastrologen sehen seit vielen Jahren China kommen. Dieses Bild fasziniert seither den spekulativen Teil des Unternehmertums. Auch und gerade in Deutschland. Seine Lobbyisten versuchen seit vielen Jahren die politische Klasse mit ins Boot zu ziehen, um beim großen Abenteuer nicht ganz ohne Leine zu sein. Sie fanden in Gerhard Schröder einen engagierten Befürworter. Das berüchtigte Plagiat-Land China als kommender Markt wurde zu einem der zählebigen Klischees deutscher Exportwirtschaft. Was aber hätten wir davon als deutsche Gesellschaft?

Die Argumente, die der Bundeskanzler Schröder für die Aufhebung des Waffenembargos gegen China parat hielt, kommen einem verdächtig bekannt vor. Alles schon mal gehört. Und zwar in den achtziger Jahren, in bezug auf Osteuropa, auf die DDR. Von Entspannungspolitikern, Konvergenztheoretikern, Salonmarxisten und nicht zuletzt vom Ostausschuß der deutschen Industrie. Auch damals sollte Vorsicht walten und kein Porzellan zerschlagen werden. Auch damals befand man sich im fruchtbaren Dialog, zum Beispiel mit der SED, mittels des »Streitpapiers«; »Streitkultur« hieß das geflügelte Wort. Die Konvergenz der Systeme hatte auf dem Papier bereits große Fortschritte gemacht. Einzelne Politiker wie Oskar Lafontaine und Gerhard Schröder spielten 1985 sogar mit dem Gedanken, die DDR-Staatsangehörigkeit anzuerkennen, man könnte auch sagen, die Ostdeutschen auszubürgern.

Auch damals waren nicht die Dissidenten die Gesprächspartner, es war dies, neben Honecker und Jaruzelski, Gorbatschow, der große Reformer eines nichtswürdigen Staatsgebildes, das sich Sowjetunion nannte. Bernd Engelmann, der Schriftsteller mit den guten (Stasi-)Kontakten, erklärte im deutschen Fernsehen, die für ihn spannendste Zeitungslektüre biete die Prawda.

Auch damals machte die deutsche Wirtschaft angeblich glänzende Geschäfte, mit dem Ostblock und im sogenannten innerdeutschen Handel. Davon ist heute nicht mehr die Rede. Wer erinnert sich noch an einen Otto Wolf von Amerongen, nachdrücklichster Befürworter der Annäherung durch Handel und Inhaber eines Familienunternehmens, das sich schon im Dritten Reich durch die Arisierung Vorteile zu verschaffen wußte? Herzlich wenig ist seither über die Frage geschrieben worden, wer profitiert hat und vor allem auf wessen Kosten.

Das heiße Thema, über das man immer schon gerne hinwegging, die Hermes-Bürgschaften, eine für die Wirtschaft patente Lösung bei Risikoinvestitionen im Ausland. Ihre Verluste werden durch den Steuerzahler ausgeglichen, wenn die Firmen zum Opfer von Repressalien in den betreffenden Staaten werden. Auch die Fehlinvestitionen.

Bei unserem komplizierten Staatszuständigkeitsdenken mag das, trotz allem Mißbrauch, Sinn gemacht haben, solange diese Unternehmen in die Nationalökonomie eingebunden waren, das heißt solange Teile ihrer Gewinne in Form von Steuern und Investitionen in den deutschen Wirtschaftskreislauf zurückflossen. Das aber ist Vergangenheit.

Bekanntlich nimmt die Geschichte keine Rücksicht, auch auf die gefühlte Vernunft von Politikern nicht. Im Spielfeld der friedlichen Koexistenz sind zahllose Spielverderber aufgetaucht: die Solidarność, der Papst, die Charta 77, die Bürgerrechtler der DDR, die Budapester liberalen Regimekritiker.

Als im Herbst 1989 die Massen die Straße beherrschten und die institutionellen Phantasiegebilde der Kommunisten wie Kartenhäuser zusammenkrachten, waren die westlichen Warner vor der großen Destabilisierung schon wieder auf den Marktplätzen und auf den Balkons zu sehen, wo sie geschäftig das Deutschlandlied mitsangen. Nie war der Opportunismus deutlicher als in den Herbsttagen des Jahres 1989 zu spüren. Alles war vergessen und vergeben. Die Menschen- und Bürgerrechte hatten gesiegt, gegen wen, war plötzlich unwichtig, diese Diskussion, auch diese, glaubte man nicht mehr führen zu müssen. Aber, so zeigt es sich wieder einmal, jede nicht geführte Debatte über die öffentliche Moral beschädigt diese auf Dauer.

Fünfzehn Jahre nach dem Ruck in der Weltgeschichte, nach den Wundern des Jahres 1989, die bis nach Südafrika ausstrahlten, zumindest aber die Rahmenbedingungen für das heutige freie Europa schufen, beherrscht die alte Ignoranz wieder die Bühne der deutschen Politik. Wirtschaftlichen Interessen wird Vorrang eingeräumt, der Mythos der zukünftigen Weltmacht China wird rauf und runter beschworen. Keines der Klischees über das totalitäre Imperium wird dabei ausgelassen. Was aber hat das heutige China wirklich erreicht? Es hat durch das Massaker auf dem Platz des himmlischen Friedens exemplarisch vorgeführt, wie man, trotz ökonomischen Reformprozesses, eine Diktatur am Leben erhalten kann.

Eine der Folgen der fehlenden Meinungsfreiheit: Nirgends ist der Wachstumsfetischismus so verbreitet wie in China. Mit allen ökologischen Kollateralschäden, nicht zuletzt durch Verschleuderung im Ergebnis suboptimaler Nutzung von Ressourcen.

Das Imperium ist gleichzeitig Vorbild für die finsteren Mächte dieser Welt. Koryphäen der Repression wie Castro, der sich die meisten politischen Häftlinge leistet, aber auch mickrige Stammes-Marxisten wie Mugabe und Isolations-exzentriker wie Nordkoreas Dynast Kim Yong Il leben im Schatten und im Schutze Chinas. Es ist zumindest der psychologische Protektor solcher Kräfte.

China mißachtet offen und konsequent die Menschenrechte, aber auch das Völkerrecht insgesamt. Man sehe sich an, was mit Hongkong seit dem Anschluß geschieht, man bedenke die Drohungen gegenüber Taiwan. Von den Arbeitsbedingungen, die in China herrschen, von der Ausbeutung der Menschen dort ist nie die Rede, und das bei Leuten, die in ihren Sonntagsreden früher immer wieder von der sozialen Gerechtigkeit gegenüber der Dritten Welt schwärmten und am liebsten die Bananenpreise angehoben hätten.

Was aber hat Deutschland davon, wenn es seine Menschenrechtspolitik aufgibt, um mit den Befürwortern eines Kapitalismus ohne Demokratie in China oder mit Putins autoritärem Rußland ins Geschäft zu kommen? Wahrscheinlich gar nichts. Die Konzerne, die in China produzieren lassen, haben sich längst von der Nationalökonomie abgekoppelt, unter anderem mit Hilfe dilettantischer Bilanzgesetze, die von der Schröder-Regierung verabschiedet wurden und dazu führten, daß kaum noch Steuern von diesen Großunternehmen in Deutschland gezahlt werden. Ihre Investitionen tätigen sie ohnehin in China. In den deutschen Geldkreislauf, den der Staat nicht einmal mehr durch eine eigene Währung kontrollieren kann, gelangt kaum etwas von den Ergebnissen der amtlichen Förderung. Wenn Schröder durch die Welt reiste, stets von Wirtschaftsdelegationen begleitet, und jedes Mal große Projekte und milliardenschwere Verträge präsentierte, drängte sich die Frage auf: Wer ist hier nun wessen Agent?

Weil es in der politischen Klasse immer öfter um Machterhalt oder Machtgewinn geht, besteht die Gefahr, daß sich die Beziehungen zur Wirtschaft auf die Hoffnung eines Wahlkampfgeschenks, in welcher Form auch immer, reduzieren. Diese Reduktion rührt an die Grundlagen unserer Gesellschaft, zu denen immerhin laut Verfassung die Unantastbarkeit der Menschenwürde gehört. Diese Menschenwürde aber ist unteilbar, sie ist weltweit zu verteidigen. Schließlich hat Deutschland die UNO-Menschenrechtskonvention, im Unterschied zu China, längst ratifiziert.

In dem auf hohem Niveau von der Krise geschüttelten Deutschland ist die Ursachenforschung längst an die Stelle der Krisenbewältigung getreten. Wenn bis vor einiger Zeit noch die Gewerkschaften an allem schuld hatten, waren plötzlich die Konzerne für den Stillstand verantwortlich. Jedenfalls in den Augen etlicher Akteure aus der politischen Klasse. Auch das kann morgen schon wieder anders sein. Die cleveren Spieler aus den Parteispitzen, die die Öffentlichkeit mit Schlagworten eindecken, lassen sich täglich neue Erklärungen einfallen oder von ihren Beratern zurechtbasteln.

Bevor sich herausstellt, daß es wieder einmal nur eine Worthülse war, ist schon das nächste Thema dran. Wer das Tempo bestimmt, ist Herr der Lage. Der Populismus ist zur Prämisse aller Angelegenheiten geworden. Man ruft etwas in den Wald und freut sich über das Echo. Der Rest ist Untätigkeit. Um so lauter die politische Klasse beteuert, daß es ihr um die Zukunft Deutschlands ginge, desto deutlicher wird, es geht um nichts als um den nächsten Wahlkampf in einem der zahlreichen Fürstentümer des deutschen Bundes. Die Punktsiege werden mit einer Vehemenz angestrebt, als hätte sich der Dreißigjährige Krieg ins Fernsehen verlagert. Worum aber geht es wirklich? Um nichts, um noch weniger als nichts, um die Macht.

Anstatt die Probleme Deutschlands als das zu betrachten, was sie immer schon waren, nämlich Strukturprobleme, wird unentwegt Feuerwerk abgebrannt. Im Frühjahr 2005 muß die Osterweiterung der EU herhalten, sogar der EU-Integrationsprozeß. Europa-Skepsis nennt man das. Große Gefahren drohten den Deutschen wieder einmal aus dem Osten. Diesmal war es aber nicht der Kommunismus, diesmal waren es die Arbeitsuchenden, um nicht zu sagen Arbeitswilligen, die den Deutschen ihre Arbeitsplätze streitig machten. Als wäre Schwarzarbeit das Ergebnis von Reiseerleichterungen und nicht Ausdruck eines überregulierten

Arbeitsmarktes, der die Flexibilität durch Protektionismus erstickt.

Doch es ging noch weiter. Ganze Staaten und ihre erfolgreiche Steuerpolitik wurden für die lahme Konjunktur in Deutschland verantwortlich gemacht. Angeblich warben diese mit ihrer Wirtschaftspolitik die deutschen Unternehmen ab. Völlig ausgeblendet bleibt, daß die deutsche Wirtschaft im Osten Europas seit der Öffnung enorm expandieren und zumindest einen Teil der einheimischen Krise durch die neuen Absatzmärkte ausgleichen konnte.

Statt dessen beherrschen im deutschen Schilda Schlagwörter wie »Billiglohnländer«, »Schlepper«, »illegale Einwanderer« und »Zwangsprostituierte« die öffentliche Debatte. Leute, die noch nicht einmal den Singular von Visa kennen, sprachen raunend von Visa- Affären. Die neue Abschottungsrhetorik aber schadet der Zukunft Europas und verhindert die dringende Reform des Landes.

Die Stunde der Armen

Neben den Freiheiten leistet sich der Westen auch seine Marotten. Seit einiger Zeit ist er europamüde. Das Beste, was unsere Medien über die angekündigten Neuzugänge Bulgarien und Rumänien zu sagen wissen, kommt zum Ausdruck, wenn sie diese als Landschaft betrachten, aber sobald die erste Ortschaft erreicht ist, wird schon das pittoreske Pferdefuhrwerk vorgeführt, und die Rede ist umgehend vom Land der Gegensätze. Diese Redewendung zierte bereits die Reisebücher der Zwischenkriegszeit. Gewiß, es sind in Bulgarien und Rumänien Pferdewagen unterwegs, es fahren dort aber auch Autos über den Asphalt, und zwar wesentlich mehr als Pferdewagen. Rumänien besitzt sogar ein eigenes Pkw-Werk.

Als im Frühjahr 2005 die Beitrittsverträge in Luxemburg unterzeichnet wurden, sprach Bulgariens Ministerpräsident Simeon Sakskoburggotski den Satz: »Bulgarien kehrt politisch in die Familie der europäischen Nationen zurück, zu der es immer gehörte.« Der Mann, der dem Haus Sachsen-Coburg entstammt und dessen Familie im ausgehenden 19. Jahrhundert die bulgarische Monarchie neu begründete, positionierte sich damit im Sinne von Milan Kunderas Thesen aus den achtziger Jahren. Die »Rückkehr« gilt für die Balkanländer, wie vorher für die Mitteleuropäer, als eine symbolbefrachtete Befreiung aus der von Stalin verfügten Isolation.

Für den Westen sind es allerdings Länder ohne Eros. Auch wenn ein Bulgare, Christo, den Reichstag verhüllt hat und das absurde Theater ohne den Franzosen rumänischer Herkunft Ionesco undenkbar ist, ebenso wie die Religionsgeschichte ohne Mircea Eliade, der seine Jugend in Bukarest verbrachte.

Die Europamüdigkeit treibt bisweilen seltsame Blüten. So bestimmt die Lokalpolitik zunehmend den Europadiskurs. Klar, Rumänien und Bulgarien haben noch einen weiten Weg vor sich, bis sie die Standards der Kernländer der EU erreichen können. Ihnen soll auch nichts geschenkt werden, zur Kontrolle hat aber, wie bisher, das Instrumentarium des »Aqui communautaire« zu genügen. Darüber hinaus jedoch sollte man sich langsam an den Gedanken gewöhnen, daß eine erweiterte EU nicht nur den Osten verändert, sondern auch den Westen.

Das wichtigste, was die beiden Staaten bisher realisiert haben, ist etwas, was zu wenig geschätzt wird, die Stabilität. In Bulgarien kam es, trotz des Staatsbankrotts von 1996 und der historisch aufgeladenen Konfliktsituation mit der türkischen Minderheit, zu keinen bewaffneten Auseinandersetzungen. Auch in Rumänien konnte der gesellschaftliche Frieden, trotz gewaltsamen Diktatorensturzes und Bergarbeitermärsche, anfängliche Scharmützel mit der ungarischen Minderheit in Siebenbürgen und Ausschreitungen gegen die Roma, schnell wiederhergestellt werden. Die türkische Minderheit in Bulgarien ist heute ebenso wie die ungarische in Rumänien an der Regierung beteiligt. Der Weg in die Stabilität war in beiden Ländern mit dem Beitrittswunsch verknüpft. Ohne die EU-Option wären manche Entwicklungen wohl anders verlaufen, zumindest langsamer.

Gerne wird das Roma-Problem auf den Warnschild gehoben. Nur: Dieses ist in Rumänien und Bulgarien kein anderes als in Ungarn und in der Slowakei. Die Roma sind die Bilderträger der Armut. So erscheint die Stunde der Armen als Stunde der Armut. Gemeint aber sind unsere westlichen Ängste vor der Verarmung. Bulgarien und Rumänien eignen sich statistisch, aber auch ikonographisch zur negativen Rollenbesetzung. Was man ihnen namentlich vorwirft, trifft Osteuropa insgesamt und ist auch so gemeint. Hat man nicht auch Polen das anachronistische Gewicht seiner Landwirtschaft vorgehalten?

Dabei wirkt sich der Weg Bulgariens und Rumäniens in die EU heute schon exemplarisch für die Länder der Region aus, indem er Stabilität schafft, gibt er dem postjugoslawischen Westbalkan eine Perspektive und der westlichen Wirtschaft ein Betätigungsfeld. Es handelt sich schließlich nicht nur um einen Zustand der Unterentwicklung, sondern auch um zukünftige Märkte. Bei wachsender Kaufkraft wird besonders Rumänien mit seinen zweiundzwanzig Millionen Menschen für die westliche, aber auch für die aufstrebende ostmitteleuropäische Wirtschaft interessant werden. Deutsche Unternehmen sind in großer Zahl bereits in beiden Ländern aktiv. Sie nutzen neben den niedrigen Löhnen auch die zum Teil solide Grundausbildung von Ingenieuren. Die Investitionen, die im Vergleich zu den ostmitteleuropäischen Staaten noch gering sind, werden sich durch die Beitrittsperspektive schnell verstärken. Das aber nützt nicht nur den Beitrittsländern, sondern auch den deutschen Mittelstandsfirmen, die ihren schrumpfenden Absatz daheim weitgehend durch die Expansion im europäischen Osten ausgleichen können.

Die Einbindung in die EU wird die zu Recht beklagten Mißstände in den beiden Ländern ausräumen helfen, vor allem die Verwaltungskorruption und die Rechtsunsicherheit.

Mißstände im zusammenwachsenden Europa können aber auch Ergebnis von Wechselwirkungen zwischen Ost und West sein. Während die EU eine mangelhafte Pressefreiheit in Rumänien konstatierte, warfen Bukarester Journalisten dem WAZ-Konzern politische Einflußnahme bei einer großen Tageszeitung vor.

Die Vergangenheit harrt in beiden Ländern immer noch der Aufarbeitung. Die bisherigen zaghaften Versuche, auch die Gründung entsprechender Institutionen, hat wenig öffentliches Interesse hervorgerufen. So sind alte Seilschaften der Geheimdienste ungestört an den Schaltstellen der Gesellschaft aktiv. Sie zu kontrollieren sollte unter den Rahmenbedingungen der EU eher gelingen als ohne diese.

Es ist für Europa besser, wenn die beiden Staaten in der EU sind, man wird später merken, daß ihre Mitgliedschaft weniger kostet als ihre Aussperrung aus dem europäischen Projekt. Wie teuer uns Instabilität kommen kann, haben wir schließlich im ehemaligen Jugoslawien erfahren, wir erfahren es täglich neu, in den Protektoraten Bosnien und Kosovo.

Interesse und Grenze

Die deutsche Außenpolitik gehörte zu den benachteiligten Bereichen der Nachkriegszeit. Auf Außenpolitik konnte man am leichtesten verzichten, meinte man, und in der Außenpolitik steckt auch soviel Symbolkraft, daß die Siegermächte durch deren Beschneidung demonstrativ Kontrolle ausüben konnten, Deutschland gegenüber, aber auch in der eigenen und für die eigene Öffentlichkeit. Bis zum Ende der deutschen Teilung war die Außenpolitik Fragment, sie tobte sich zunächst einmal in Strafaktionen vor dem Hintergrund des Kalten Kriegs, mit der Hallstein-Doktrin, aus und später zunehmend in einer ebenso undifferenzierten Geldkofferpolitik.

Seit der Vereinigung befindet man sich in der Rekonstruktion. Das neue Selbstbewußtsein baut aber auf zahlreiche Ungereimtheiten. An ihrer Wiege steht Kohls Alleingang für die deutsche Einheit, mit den zehn Punkten, eine Meisterleistung. Weitere positive Aspekte sind die Balkanpolitik der Kohl-Regierung und der rot-grünen Koalition seit der Kosovo-Krise sowie die konsequente Befürwortung der EU-Osterweiterung. Alles andere zeugt von wenig Zielsicherheit.

Grenzen werden nicht in gleicher Weise wahrgenommen und auch nicht gleich bewertet. Zwischen den Ostgrenzen und den Westgrenzen gibt es in der kollektiven Wahrnehmung einen wesentlichen Unterschied. Die Westgrenzen beschäftigen uns wenig oder gar nicht. Oder ist irgendwo schon mal die Grenze zu Frankreich in irgendeiner Debatte vorgekommen? Es ist selbstverständlich, daß sie geöffnet ist, mit ihrer Öffnung verbindet man kein Thema, und schon längst keine Affäre. Man überschreitet diese Grenze, um im Elsaß essen zu gehen oder ein Haus zu kaufen. Ähnliches trifft auch auf die anderen Westgrenzen zu, von Österreich bis Dänemark.

Aus den Westgrenzen ist eine imaginäre Linie geworden, die aber als Grenze von allen beteiligten, hüben wie drüben, eingehalten wird. Sie ist sprachlich und kulturell markiert. Die Staatsgrenze ist im Kopf und wird es auch bleiben.

Bei den Ostgrenzen ist es anders. Bei den Grenzen zu Polen und Tschechien ist noch zuviel Ideologie im Spiel und ein zu großes Wohlstandsgefälle. Die Asymmetrien an diesen Grenzen werden meist nur von der Nachteilsseite aus betrachtet, die illegalen schwarzarbeitenden Grenzgänger werden registriert, nicht aber die billige Tankstelle und der günstige Zahnarzt, den wir im Nachbarland aufsuchen. Bei den meisten Deutschen ist noch nicht angekommen, daß wir uns mit diesen Ländern in einer Union befinden, in einer Schicksalsgemeinschaft. Selbst die Institutionen der Öffentlichkeit scheinen die Tragweite der neuen Situation nicht zu begreifen, wie sollte man sonst den Rückgang der Slawistik und der damit verbundenen osteuropäischen Landeskunde an den deutschen Universitäten erklären? Diese Länder sind eine Terra incognita, mit vielen Klischees behaftet, von denen ein Teil, man muß es zugeben, sogar zutrifft.

Was aber kann man von der Bevölkerung erwarten, wenn selbst die Außenpolitik der rot-grünen Amtszeit die neue Nachbarschaft nicht entdeckt hat. Die immer neuen Flirts und Deals mit Rußland zeigen, daß man sich mit den polnischen und tschechischen Interessen wenig auseinandergesetzt hat. In Zukunft sollte jede deutsche Rußlandpolitik eine mit Polen abgestimmte sein.

Die deutsche Außenpolitik hatte bei Rot-Grün einen Hang zum Höhenflug. Man wollte Weltprobleme lösen, Minister wollten sich profilieren. So mischte man in der Nahostpolitik mit und verbündete sich mit Ländern, mit denen man gar nichts zu tun hat, nur, um einen Sitz im UN-Sicherheitsrat zu ergattern. Man möchte Weltmacht sein. Bis hin zur Form unserer Entwicklungshilfe gebärden wir uns wie eine postkoloniale Großmacht.

Die nationale Profilsucht hat uns nicht nur in eine fragwürdige Lage in der internationalen Politik geführt, bis hin zu den unnötigen Querelen mit den Vereinigten Staaten, sondern auch in der EU isoliert, indem wir als Sekundant Frankreichs zur Bevormundung der sogenannten kleinen Nationen angetreten sind. Wir fordern eine Meinungsführerschaft und gleichzeitig erfüllen wir die ökonomischen Stabilitätskriterien der Union seit vier Jahren nicht mehr.

Die angeberischen Ziele einer dermaßen luftigen Außenpolitik haben diese rhetorisch aufgeblasen. Von den realen Bedürfnissen Deutschlands und Europas ist sie weit entfernt. Dazu beigetragen hat die zunehmende Profilierung des Kanzlers Schröder, der, je weniger Erfolge er sonst aufweisen konnte, um so mehr die Rolle des Nebenaußenministers einnahm, in der Europapolitik, in den Beziehungen zu Rußland, im China-Geschäft. Die Menschenrechte haben während der rot-grünen Amtszeit an Bedeutung verloren. Die Tschetschenien-Frage wurde marginalisiert, um die Schönwetterpolitik mit Putin aufrechtzuerhalten, aus demselben Grund blieb auch das Beutekunstproblem bis heute unerledigt. Für die Verurteilung des Genozids an den Armeniern benötigte es im Bundestag eines Antrags der CDU-Opposition. Der Friedenskanzler wurde nicht müde, aus seiner Ablehnung des Irakkriegs Wahlkapital zu schlagen. Zum einen muß man sagen, es war wohl richtig, sich an der Irakexpedition nicht zu beteiligen, aber man hätte es auch ohne die Brüskierung der amerikanischen Regierung tun können, indem man auf die sonstigen Engagements Deutschlands hingewiesen hätte, zum Beispiel auf dem Balkan. Zum anderen muß man auch sagen, daß es Schurkenstaaten gegenüber ein echtes Dilemma gibt. Was ein solches Dilemma bedeutet, zeigt die Fruchtlosigkeit der Atomverhandlungen mit Teheran durch die EU.

Eine zeitgemäße deutsche Außenpolitik muß den deutschen und europäischen Interessen folgen. Diese verfolgen primär die demokratische Stabilität des eigenen Kontinents. Die Sicherung seines aktuellen Bestands. Dazu gehört die weitere Entwicklung Osteuropas, die Begleitung des Anpassungsprozesses in den osteuropäischen Staaten. Dazu gehört aber auch die Neukonstruktion des Balkans, vor allem Ex-Jugoslawiens und des albanischen Raums. Hier ist die deutsche Politik engagiert, und das sollte auch so bleiben. In der Bevölkerung allerdings ist eine weitreichende Ignoranz Südosteuropa gegenüber zu beobachten. Als ginge es uns nichts an. Jede Instabilität auf dem Balkan betrifft Mitteleuropa und damit uns direkt. Zuletzt haben es die jugoslawischen Kriege und Flüchtlingsdramen der neunziger Jahre gezeigt. Die Balkanvölker beziehen sich auf Europa, es ist ihre einzige kulturelle Zugehörigkeit. Das macht den entscheidenden Unterschied zur Türkei aus.

In Deutschland fehlt ein ausreichendes Bewußtsein von der kulturgeschichtlich begründeten europäischen Identität. Ein solches Bewußtsein ist aber unerläßlich für das Selbstverständnis innerhalb der europäischen Union. Dazu gehört auch das Wissen um die Kulturgrenzen. Nur wer in der Lage ist, den Unterschied produktiv zu machen, kann den anderen respektieren, und nur wer den anderen als anderen respektiert, kann sein eigenes Gleichgewicht behalten.

Das Dilemma der europäischen Ostgrenze

Zum Antritt seiner EU-Ratspräsidentschaft 2003 hat Italiens eigenwilliger Regierungschef Berlusconi von seiner Vision eines großen Europa mit Rußland, Israel und der Türkei als Mitgliedern gesprochen. Dieses großspurige Statement verweist auf ein gerade durch die Erweiterung der EU immer deutlicher werdendes Problem, das der notwendigen Begrenzung. Damit aber ist vor allem die Ostgrenze angesprochen.

Wie alle Erfolgsmodelle hat auch das europäische Modell eine Spur der Uneindeutigkeit hinterlassen. Seit Jahrhunderten sucht man eine Antwort auf die Frage, bis wohin Europa reicht. Sie ist ebenso bedeutsam wie die Frage, was Europa ist.

Wo die Ozeane beginnen, ist es einfach, die Kontinente zu begrenzen. Europa hat den Vorteil der Wassergrenze nur im Westen und im Norden. Im Süden liegt zwar das Mittelmeer, aber seine Ufer sind nahe beieinander, und die Ostgrenze ist kontinental und völlig offen.

Da die EU immer mehr mit Europa gleichgesetzt wird, stellt sich mit der laufenden Erweiterung immer dringender auch die Frage der Begrenzung, wenn man ihre Identität erhalten will.

Die europäische Ostgrenze erscheint seit dem 18. Jahrhundert, seit Rußland eine Rolle in Europa zu spielen beginnt, als Grenze zwischen Rußland und Europa, gleichzeitig stellt sie aber auch die Frage nach der Zugehörigkeit und der Identität Rußlands.

Im 19. Jahrhundert war Rußland zumindest als europäischer Spieler akzeptiert. Durch seine Rolle im Kampf gegen

Napoleon und danach, bei der Bekämpfung der Revolutionen von 1848. Rußland trat in diesem Zeitraum als ein Garant der Restauration in Europa auf.

Empfand man damals Rußland als Teil Europas? Phantasievolle Geographen hatten im 18. Jahrhundert die europäische Grenze am Ural festgelegt. Das russische Territorium, das so vermeintlich ein europäisches wurde, war aber niemals im Bewußtsein der Europäer Teil ihres Kontinents. Die Bilder von Landschaft und Stadt reichten seit der deutschen Ostkolonisation des Mittelalters weit nach Osteuropa hinein, Rußland tangierten sie jedoch nicht. Außer vielleicht Nowgorod, durch die Hanse. Das russische Territorium ist von den Römern nie erkundet worden. Selbst die Griechen begnügten sich mit der Schwarzmeerküste.

Rußlands Kultur- und Staatskonzept wurde außerhalb der westlichen Mittelalterwelt entwickelt. Es bezog sich in künstlicher Weise, aus der Ferne, auf Byzanz. Diese Rezeption mutet heute fast wie eine Verlegenheitslösung für eine Staatsidee an, die kein Fundament für sich finden kann.

Wie nicht selten in solchen Fällen hat das russische Reich sich in die byzantinische Idee verrannt, bis zu der Wahnvorstellung hin, Moskau wäre, nach dem Fall Konstantinopels von 1453, zum dritten Rom auserkoren. Aus diesem Tagtraum aber konnte nicht viel mehr werden als die Vorstellung, die Ostkirche zu erhalten, die Orthodoxie, das wahre Christentum, zu hegen und gegen Asien zu verteidigen, gegen den Ansturm der Mongolen, später gegen das Osmanische Reich, aber auch gegen den westlichen Rationalismus. Es war der Segen einer kollektiven Aufgabe und gleichzeitig die Legitimation zur Pflege des Stillstands.

Diese Legitimation hat kaum zur sinnvollen Gestaltung der russischen Gesellschaft beigetragen, sie war ihr nur aufgestülpt. Die rasante europäische Entwicklung, mit Renaissance und Aufklärung, Individualisierung und Industrialisierung, wollte Rußland durch die Autorität Peters des Großen wettmachen. Mehr hatte es nicht aufzubieten. Die Konkurrenz zum Abendland und der ideologische Erbantritt Ostroms versetzten Rußland schließlich in das Format eines Imperiums. Man pflegt bis heute mehr das Imperiale als die Verfaßtheit der eigenen Gesellschaft. Nicht nur seine Ausdehnung über die Räume Asiens, sondern auch diese Diskrepanz lassen Rußland Europa fremd erscheinen. Für Europas Selbstverständnis ist die Einrichtung der Gesellschaft von zentraler Bedeutung. So gibt es also bis heute eine feste ideelle Grenze zwischen Europa und Rußland. Sie ist, vor allem in den Augen der Osteuropäer, durch den staatsfetischistischen Bolschewismus noch weiter verstärkt worden. Rußland erscheint als immerwährendes Gehege des Autoritären.

Es kann aus zahlreichen Gründen nicht Teil Europas werden, es kann aber vom Spieler zum großen Partner avancieren. Rußland könnte wieder ein eigenständiges Gravitationszentrum sein, neben dem europäischen, und die Stabilität im euroasiatischen Raum gewährleisten, eine Rolle, die es seit dem 18. Jahrhundert eingenommen hat.

Auch wegen der Stabilitätsfrage stellt sich das Problem der europäischen Ostgrenze neu. Wie weit hat Europas Verantwortung im Osten in der Zukunft zu gehen, und wo beginnt der russische Verantwortungsbereich nach dem Zusammenbruch und Zerfall des sowjetischen Imperiums?

2007, mit der Aufnahme Rumäniens und Bulgariens in die EU, wird der Limes gezogen sein. Er verläuft dann entlang der Ostgrenzen Finnlands, der baltischen Staaten, Polens, der Slowakei, Ungarns und Rumäniens zur Donaumündung und zum Schwarzen Meer. Es mag eine auf den ersten Blick plausible Grenze sein, sie ist aber bei genauerem Hinsehen höchst ungerecht. Die Ungerechtigkeit hat vor allem mit der Differenz zwischen gesellschaftlichem Raum und Staatsterritorium in der Region zu tun. Sie wirft neue Fragen auf.

Zwischen Rußland und dem erweiterten EU-Gebiet liegen drei nicht zugeordnete Staaten: Weißrußland, die Ukraine und die Moldau-Republik. Alle drei sind, wegen der Erfahrungen mit dem Sowjetimperialismus, auf Distanz zu Moskau bedacht. Alle drei haben eine gering ausgebildete eigene Staatsidee und Tradition. Weißrußland und die Moldau-Republik sind zum erstenmal in ihrer Geschichte selbständige Staaten, die Ukraine hat ihre Staatsidee nur in den anarchischen Begleiterscheinungen der Weltkriege thematisieren können. Viel schwerer aber wiegt, daß die Ukraine durch das mittelalterliche Kiewer Reich an der Wiege des russischen Machtwillens stand, also von Anfang an einen Zusammenhang mit dem russischen Staatskonzept bildete. Hinzu kommt, daß die heutige Westukraine, das ehemalige Galizien, wie auch Weißrußland, im Mittelalter und lange danach, dem polnisch-litauischen Staatswesen angehörten und daß später in Galizien und der von Habsburg maßgeschneiderten Bukowina die k. u. k. Mitteleuropa-Idee propagiert wurde. Galizien gehörte in der Zwischenkriegszeit zu Polen, die Bukowina zu Rumänien. Ihre Sowjetisierung fand, im Unterschied zu den Minsker und Kiewer Teilgebieten, erst in den vierziger Jahren statt. Eine mentale Differenz ist so bis heute zwischen Lemberg / Lwiw und Kiew auszumachen. Jedenfalls spielt sie eine Rolle in der ukrainischen Öffentlichkeit und läßt den heutigen Staat in einer fragwürdigen Spagatsituation erscheinen.

Die Moldau-Republik wiederum ist der Ostteil der rumänischen Moldau, er kam durch die russisch-osmanischen Kriege ab 1812 in den Zaren-Machtbereich, war aber in der Zwischenkriegszeit rumänisch. Nach 1991 ist eine Vereinigung mit Rumänien aus vielen Gründen nicht zustande gekommen. So blieb dieses Gebiet in einer staatsanarchischen Situation, heute ist es vor allem als Quelle von Armut, Kriminalität und Frauenhandel bekannt.

Opfer der im Gefolge des Zweiten Weltkriegs falsch gezogenen Grenzen sind auch ethnische Minderheiten und Gruppen, die alle einen Bezug zu Staaten Ost- und Ostmitteleuropas haben, die mittlerweile EU-Mitglieder sind oder es demnächst sein werden. So bleiben außerhalb des Limes die polnischen Gruppen in Weißrußland und der Ukraine, die Ungarn aus der Karpatenukraine und die Rumänen aus der ebenfalls ukrainischen Nordbukowina sowie der Moldau-Republik, wo die Rumänischsprachigen fünfundsechzig Prozent der Bevölkerung ausmachen, im Grunde das Staatsvolk sind. Werden all diese Gruppen die neue Grenze widerspruchslos hinnehmen?

Die EU-Ostgrenze wird Visa-Zwänge und die Einschränkung des Kleinen Grenzverkehrs für die vor den Toren Gebliebenen mit sich bringen. Mit weitreichenden Folgen für deren ökonomisches Überleben.

Zusammen mit der heruntergewirtschafteten russischen Enklave Kaliningrad, dem früheren nördlichen Teil Ostpreußens, stellen diese Länder ein Provisorium an der zukünftigen Ostgrenze der EU dar. Es sind Basarstaaten, und sie in die EU aufzunehmen ist weder ökonomisch noch politisch zu bewältigen. Die europäisch orientierten Gruppen stellen dort eine Minderheit dar. Es gibt dort im Vergleich zu den osteuropäischen Ländern keinen nationalen Konsens über den Europabezug. Dafür sind die Verbindungen zu Rußland sehr stark. Es sind mental zerrissene Gesellschaften. Was aber soll aus den proeuropäischen Gruppen werden?

Eine Aufnahme dieser Länder würde den russischen Raum in Frage stellen. Also müßte man in einem solchen Fall auch Rußland mit aufnehmen. Damit aber würde endgültig eine Überdehnung des Europabegriffs mit allen Folgen für die innere Verfaßtheit der Union eintreten.

So bleibt für die Übergangszeit nur ein Stabilisierungskonzept durch Kooperation und Entwicklungshilfe und langfristig die Hoffnung, daß das diskreditierte Rußland den Weg zu einer neuen Normalität findet und seine Rolle als Hegemon im eurorasischen Raum wahrnehmen kann. Werden aber Länder wie die Ukraine das russische Zentrum wieder akzeptieren? Und werden die gemeinsamen Interessen Europas und Rußlands wichtig genug bleiben, um in der Zukunft eine russische Wendung gegen Europa zu verhindern?

Die Beweggründe der türkischen Eliten für einen Beitritt liegen auf der Hand. Sie wollen sich aus der wirtschaftlichen Krisensituation durch EU-Subventionen retten und ihre korruptionsbelastete Machtposition gegen fundamentalistisch inspirierte Massenbewegungen absichern. Dazu kommen türkische Unternehmer, die aus den Emigrantengruppen in Europa aufgestiegen sind und deren Firmen in der EU und in der Türkei agieren, sowie hedonistische Gruppen, vor allem in der Metropole Istanbul, die ihre Lebensform durch den Islamismus gefährdet sehen. Die Verwechslung der Kult-Clubs von Istanbul (»Istanbul ist geil!«) mit den türkischen Zuständen ist in den letzten Jahren stetig gewachsen, begünstigt auch durch oberflächliche Medienvermittlungen wie Fatih Akins Film »Crossing the Bridge: The Sound of Istanbul« (2005) über die Musik der chaotischen Megastadt. Selbst die renommierte Kulturzeitschrift du titelte im November 2005: »Istanbul. Hippe Stadt am Horn«. Nur: Die Show eines Fatih Ürek oder der Szene-Roman von Esmahan Aykol sagen kaum etwas über das Hinterland aus.

Was aber treibt europäische und speziell deutsche Politiker bei dem Thema um, was beabsichtigen sie mit der Forderung nach einem türkischen Beitritt? Kann es sein, daß sie nicht wissen, wovon sie reden? Dabei warnen namhafte Historiker, Hans-Ulrich Wehler und Heinrich August Winkler, denen man sonst durchaus Glauben schenkt, vor dem Problem. Schließlich soll Europa mehr sein als ein Zollverein. Der ehemalige französische Staatspräsident Valéry Giscard d'Estaing ist der Ansicht, daß sich mit dem Beitritt der Türkei die Natur des europäischen Projektes wandeln würde. Gegen einen Türkei-Beitritt hat sich auch Jacques Le Goff ausgesprochen.

Die Kontroversen um eine europäische Verfassung und die zukünftige Gestaltung der europäischen Institutionen zeigen, daß Europa an einem Wendepunkt angekommen ist. Wenn aus dem unruhigen Kontinent wirklich eine funktionierende Staatengemeinschaft werden soll, ist jetzt, mit der Osterweiterung, die Zeit für eine Konsolidierung gekommen. Wenn man die EU als Wertegemeinschaft erhalten will, muß ihre Begrenzung vereinbart werden. Europa kann nicht beliebig ausgeweitet werden, es riskiert, wie alle Großstaaten, eine Überdehnung.

Damit aber würde es seine Identität einbüßen. Um das Bekenntnis zur europäischen Identität drücken sich viele Politiker, vor allem in Deutschland. Die fruchtlose Diskussion um den Verfassungstext zeigt, daß man es nicht wagt, sich offen zu den europäischen Grundlagen zu bekennen. Bekanntlich sind das: die griechisch-römische Antike, die jüdisch-christliche Religionsformel, das darauf beruhende Mittelalter, die Renaissance mit ihrem Rückgriff auf die Antike, die Aufklärung, die angelsächsischen Verfassungsideen, der Individualismus und das Arbeitsethos der Moderne.

Rechtsstaat und Freiheitsbegriff sind untrennbar mit diesen Stationen der Entwicklung und dem christlichen Menschenbild verbunden. Der säkulare Staat und die Bürgerrechte sind ohne das verzweigte Netz dieser Voraussetzungen undenkbar, auch der Liberalismus. Auf diesem Netz ruht die Mentalität, die die europäische Gesellschaft, die westliche Welt insgesamt, in Gang hält. Ihr Erfolgsgeheimnis ist die Innovationsfähigkeit.

Alles zusammen aber stellt einen kulturhistorischen Konsens dar, auf einem begrenzten Territorium. Wer die europäische Identität erhalten will, muß die Grenzen benennen. Die Türkei befindet sich außerhalb des europäischen Kulturkreises. Ihre Modernisierung, wie sie seit Atatürk angestrebt wurde, ignoriert die islamische Grundierung der eigenen Gesellschaft. Nicht diese ist laizistisch, sondern der Staat. So mußte der politische Laizismus ein Papiertiger bleiben, der mit polizeilichen Mitteln am Leben erhalten wird. Wer die Fernsehbilder vom 8. März 2005 aus Istanbul gesehen hat, die Polizisten, die brutal Frauen zusammenschlugen, muß wissen, was das bedeutet. Die Türkei bekennt sich nicht zu ihren historischen Verbrechen. Sie verharmlost bis heute den Völkermord an den Armeniern und die Verfolgung der Aramäer, der Schriftsteller Orhan Pamuk, Friedenspreisträger des Börsenvereins des Deutschen Buchhandels, sah sich als Folge seiner Kritik an diesem Tatbestand im Herbst 2005 mit einer Anklage wegen »Herabsetzung des Türkentums« konfrontiert. Es ist kein Einzelfall. Mit ähnlichen Vorwürfen wurde auch der für Versöhnung plädierende Chefredakteur der armenisch-türkischen Wochenzeitung Agos Hrant Dink traktiert.

Man kann aus Europa nicht den Weltstaat machen. Das ist eine leere Utopie. Wer nicht erkennen will, daß die Werte der modernen Demokratie historisch gewachsene und religiös grundierte kulturelle Voraussetzungen haben, der hat nichts verstanden und wird auch nichts verstehen. Wie sich Demokratie und Freiheit außerhalb der westlichen Welt verankern lassen, bleibt weiterhin eine offene Frage. Sie ist jeweils am Einzelfall zu diskutieren.

Es ist bezeichnend für den Zustand unserer Öffentlichkeit, daß schon die Benennung der europäischen Grundlagen als politisch unkorrekt eingestuft wird. Dazu gehört auch, daß man es nicht wagte, die jüdisch-christlichen Wurzeln unserer Kultur in der europäischen Verfassung zu verankern.

Religionen sind nicht austauschbar. Der Vergleich, anläßlich der Kopftuchdebatte, zwischen Kreuz und Kopftuch ist schlicht falsch. Das Kreuz, dessen Tragen im übrigen freiwillig ist, verletzt, im Unterschied zum Kopftuch, nicht die Rechte der Frau.

Der Islam, das beweisen die bereits existierenden Konflikte mit Immigrantengruppen, und, wohlgemerkt, auch innerhalb von ihnen, ist in mancher Hinsicht mit den westlichen Werten unvereinbar. Schon weil er gegen die Gleichberechtigung der Geschlechter agiert, die Bildungsmöglichkeiten und die

Bewegungsfreiheit der Frauen einschränkt. In der Türkei gab es 2003 unter den Männern 6,5 Prozent Analphabeten, unter den Frauen waren es 23,4 Prozent. Hat das wirklich nichts mit dem Islam zu tun?

Mit einem großen islamischen Land in der EU als Fürsprecher würde sich die ohnehin wenig erfolgreiche Integration der entsprechenden Immigrantengruppen noch schwieriger gestalten. Ihre Parallelwelten könnten durch eine EU-Türkei legitimiert werden. Mit dem Gefühl der Autorität und Legitimität eigener kultureller Wertvorstellungen ausgestattet, würde die Integrationsbereitschaft der jungen Männer aus den Einwanderergemeinschaften noch weiter abnehmen.

Die Türkei wäre nach der Zuerkennung der Mitgliedschaft in der EU, bei voranschreitender politischer Integration des Europastaats, das größte Land im Verbund. Aufgrund der Bevölkerungszahl und des Territorialgefüges würde es im Europaparlament und in der Kommission in Brüssel das größte Gewicht erhalten. Dort ginge politisch nichts mehr ohne die Türkei. Gleichzeitig wäre diese, wegen ihrer ökonomischen und infrastrukturellen Unterentwicklung das größte Nehmerland der Union. Europa wäre also politisch von der Türkei abhängig und würde gleichzeitig seine Ressourcen hauptsächlich in die Entwicklung Anatoliens einbringen, statt damit das eigene Niveau abzusichern und die Innovation voranzutreiben. Die Folge wäre eine Stagnation in Europa und die Abnahme der Wettbewerbsfähigkeit gegenüber Nordamerika und Südostasien. Wie will man einen solchen Tatbestand der europäischen Öffentlichkeit vermitteln?

Und noch etwas: Die Türkei weigert sich, Zypern anzuerkennen, ein Mitgliedsland der EU. Mehr noch: Sie hält einen Teil von dessen Territorium völkerrechtswidrig besetzt. Auch daraus läßt sich ableiten, wie die »Stabilität« aussehen könnte, die die Türkei in die EU einbringen würde.

Zu einem funktionierenden Europa gehört seine geographische Begrenzung. Selbst innerhalb dieser Grenzen werden wir, nach der Aufnahme der Nachzügler Rumänien und Bulgarien, aber auch Kroatien, ausreichend Probleme haben, vor allem mit der Integration des Balkan-Innenraums, speziell des ehemaligen Jugoslawien und der albanischen Gebiete.

Dazu kommen die russische Krisen-Enklave Kaliningrad/Königsberg und das komplizierte Verhältnis zu Putins Rußland. Eine geographische Begrenzung bedeutet auch eine geopolitische Besinnung auf die eigenen Aufgaben.

Weil es in der Beitrittsfrage immer wieder zu Vergleichen zwischen den Balkanländern und der Türkei kommt, ist an dieser Stelle zu sagen: Die geographische Grenze Europas verläuft am Bosporus, und der Balkanbrückenkopf der Türkei ist ein imperiales Überbleibsel, nicht anders als Spaniens Nordafrikabesitzungen Ceuta und Melilla. Niemand würde daraus Spaniens Zugehörigkeit zu Afrika ableiten. Interessanter noch wird es, wenn die Europafähigkeit des Balkans in Frage gestellt, die Zugehörigkeit der Türkei geographisch aber mit einem Zipfel dieses Balkans begründet wird. Wenn Länder wie Rumänien und Bulgarien auch nicht den gesamten Entwicklungsprozeß Europas mitgetragen haben, so sind sie in ihrem Selbstverständnis doch als Teil des byzantinischen Projektes an der europäischen Idee beteiligt. Wie für Griechenland ist auch für sie Europa der natürliche Bezugspunkt. Es ist für die kleinen Länder das einzige Zentrum, dem sie sich anschließen können. Da es kein zweites Europa-Projekt gibt, muß die EU, die ursprünglich eine Struktur des abendländischen Westens war, auch den Osten aufnehmen, das orthodoxe Modell integrieren.

Jeder Vergleich dieser Länder mit der Türkei ist ein schlechter Witz, zumal sie es war, die das byzantinische Projekt zerschlagen und das zivilisatorische griechische Erbe an Kleinasiens Küsten und am Schwarzen Meer insgesamt vernichtet hat. Noch 1955 wurden Istanbuls Griechen durch ein Pogrom vertrieben.

Christliche Gruppen werden in der Türkei weiterhin benachteiligt und schikaniert, ebenso wie andere religiöse und ethnische Minderheiten, Alewiten und Kurden. Unerwünscht war im Lande auch Papst Benedikt, als er im November 2005 zum orthodoxen Patriarchen Bartholomäus reisen wollte.

Mit einem Beitritt der Türkei hätten wir neben den großen ökonomischen Verwerfungen des Landes, mit seinen gefürchteten Zahlungsbilanzkrisen sowie der unlösbaren Kurdenfrage plötzlich eine EU-Außengrenze zum Kaukasus, dem Iran, Irak und Syrien. Wir würden in die zahlreichen regionalen Konflikte hineingezogen. Wenn wir die Türkei aufnehmen, rufen wir weitere Kandidaten auf den Plan: die chaotischen christlichen Kleinstaaten des Kaukasus, Armenien und Georgien. Vom Schwarzmeeranrainer Ukraine nicht zu reden.

Sobald alle Argumente abgehakt sind, pflegen die Befürworter des Türkei-Beitritts zu einer Visionskeule zu greifen. Die Demokratisierung eines großen muslimischen Landes, heißt es dann bedeutungsvoll, würde den gesamten islamischen Raum verändern und alles zum Guten wenden. Wer so redet, hat keine Ahnung. Die Türkei ist nie Vorbild für Arabien gewesen, sie war in osmanischen Zeiten vielmehr Konkurrent und Unterdrücker. Die Türkei hat nicht den geringsten Einfluß auf die arabische Welt.

Mit der Türkei sollte uns eine enge Partnerschaft mit weitreichenden Handels- und Rechtsvorteilen verbinden, was zum Teil bereits realisiert ist, mehr nicht. Der geopolitische Wirkungskreis des Landes ist nicht Europa, es ist vielmehr der einer Regionalmacht zwischen Balkan, Schwarzem Meer, Kaukasus, arabischem Raum und dem Mittelasien der Turkvölker. Wenn die Türkei diese Regionalaufgabe in der Zukunft annimmt, kann sie ein wertvoller Partner Europas sein. Eine Mitgliedschaft in der EU dagegen wäre sinnlos, sie könnte sogar das prekäre innere Gleichgewicht des politisch instabilen Landes stören. Die EU-Rechtslage betreffende Minderheiten und Religionsfreiheit könnten auf paradoxe Weise eine Re-Islamisierung des türkischen Staats bewirken.

Darüber hinaus würde der Beitritt die Türkei von ihrer regionalen Rolle abhalten und die Instabilität in der Region verstärken. Für die Wiederherstellung der Ordnung wäre dann die EU zuständig. Wenn die Mitgliedschaft der Balkanländer Stabilität für den Balkan und für Europa insgesamt bedeutet, so wäre ein Beitritt der Türkei die ziemlich sichere Voraussetzung für Instabilität in der Union und auch im geopolitischen Umfeld der Türkei.

Weltmacht Europa

Mit den außenpolitischen Profilierungen der selbsternannten EU-Führungsmächte Frankreich und Deutschland wurden alte deutsche Höhenflüge Bestandteil europäischer Anliegen und damit wieder aussprechbar. Das macht sie nicht besser. Das alte französische Rivalitätsdenken gegenüber der angelsächsischen Welt fand in dem vorpreschenden vereinigten Deutschland einen willkommenen Verbündeten, und das ist auch schon alles an Gemeinsamkeit. Frankreichs realitätsferner Anspruch gewann so oberflächlich an Legitimität, während die deutschen Intentionen als europäische Belange getarnt erschienen.

Diese in den letzten Jahren geführte Achsenpolitik hat Deutschland überhaupt nichts gebracht, außer einer weltweiten, zum Teil recht fragwürdigen militärischen Präsenz, es führte zu einer verfehlten Positionierung Europas gegen die Vereinigten Staaten und bescherte uns das Mißtrauen einiger europäischen Nachbarländer.

Hier ist so manches an Reparatur zu leisten. Das Hauptanliegen aber bleibt die Arbeit an der Festigung der europäischen Union. Diese muß in ihren Aufgaben klar umrissen sein. Dazu gehört die offen ausgesprochene Festlegung ihrer Identität und damit auch der Grenzen. Man muß sich, gegen den Aufschrei der politisch korrekten Dummköpfe, zu den europäischen Grundlagen bekennen. Dazu gehört, ausgehend von der grundsätzlich säkularen Kennzeichnung unseres Staatswesens, eine vorurteilsfreie Würdigung der christlichen Voraussetzungen unserer heutigen Demokratie und unseres Freiheitsbegriffs, im Ergebnis der von Max Weber benannten »Verkettung von Umständen«. Gemeint ist seine Merkmalbeschreibung des Okzidents, einschließlich der mittelalterlichen Grundlagen, wie sie zuletzt von Michael Mitterauer aufgefächert wurden. Sie zeigen, daß die heutigen europäischen Verfassungsfundamente zwar in der Auseinandersetzung mit dem Christentum, aber nicht durch dessen Annullierung durchgesetzt wurden. Daß es einen Zusammenhang zwischen Buddhismus und Wirtschaft in Ost- und Südostasien gibt, ist unbestritten. Nur die Auswirkung des Christentums auf den Arbeitsbegriff in Europa wird hartnäckig geleugnet. Bereits die bloße Erwähnung läßt so manchem Ideologen die Zornesader anschwellen. Seinen Sonntag aber verteidigt er.

Eine Identität hat ein Innen, aber auch ein Außen. Deshalb kann sie, auf das Territorium bezogen, nur eine regionale sein, auch als kontinentaler Zusammenschluß. Das will heißen: Europa zuerst. Jede Macht hat zunächst einmal regionale Interessen. Auch in den Zeiten der vielbeschworenen Globalisierung. Die sichersten und besten Wirtschaftsbeziehungen finden innerhalb Europas statt. Das besagen alle Statistiken. Die zweitwichtigsten sind die zu den Vereinigten Staaten. Das sollten wir vor Augen haben, wenn wir weltweit das vagabundierende Geschäft betreiben. Das Wissen um unsere Anker hindert uns nicht daran, mit China oder Rußland ins Geschäft zu kommen. Auch die Vereinigten Staaten machen Geschäfte mit diesen Staaten, ohne von ihrer Position abzugehen. Ein gutes Beispiel dafür ist die Taiwan-Frage. Während die deutsche Außenpolitik so gut wie alle Forderungen des chinesischen Totalitarismus hinnimmt, sind die Vereinigten Staaten bei gleichem Geschäftserfolg weiterhin der Existenzgarant Taiwans.

Deutschlands Politik sollte sich an den Gedanken gewöhnen, daß es zwar banaler, aber für uns wichtiger sein kann, die Balkanfrage unter Kontrolle zu bringen, als die andauernde, medienwirksame und ebenso folgenlose Beschäftigung mit der Nahostfrage zu pflegen. Es wäre angebracht, endlich einmal eine Bilanz der Unterstützung der Palästinenser vorzunehmen, eine Kostenrechnung, und festzustellen, was Europa davon hat. Und ob überhaupt jemand etwas davon hat, außer den mafiotischen Führungscliquen und ihren zahllosen Polizeieinheiten und Geheimdiensten, mit denen sie sich gegenseitig bespitzeln. Schließlich wird durch die Subvention ein Zustand am Leben erhalten, ein Provisorium, mit dem die arabischen Staaten ein Bedrohungspotential gegen Israel aufrechterhalten. Das Flüchtlingsproblem, das seit 1948 besteht, hätte man schließlich längst anders lösen können. Vielleicht sogar nach deutschem Vorbild. Das Problem der Palästinenser und ihrer arabischen Patenländer besteht doch darin, daß sie, symbolisch gesprochen, niemals bereit waren, ihre Oder-Neiße-Grenze anzuerkennen.

Die Palästinenserfrage ist in Wirklichkeit eine lokale Angelegenheit, die in manipulativer Weise mit dem islamistischen Terrorismus und der Ölfrage verknüpft wird. Mit beidem hat sie praktisch nichts zu tun.

Soviel ist klar: Der deutsche Horizont spiegelt sich in Europa. Die Schicksalsgemeinschaft ist die europäisch-atlantische. Nur sie ist in der Lage, das 20. Jahrhundert hat es bewiesen, Demokratie, individuelle Freiheit, Bürger- und Menschenrechte, freie Marktwirtschaft und Privateigentum zu garantieren.

XII.

Bonus: Über den Horizont

Je weniger Zuversicht wir finden, desto mehr Größenwahn macht sich bemerkbar. Immer noch glauben wir, wir seien besser als die anderen. Dabei sind wir in vielem nicht einmal mehr so gut wie die, die wir meinen. Das aber heißt noch lange nicht, daß wir verloren wären. Wir haben noch ausreichend Ressourcen jeder Art, um uns neu zu positionieren. Noch haben wir sie. Wir müssen allerdings zur Realität, zum Realitätssinn zurückfinden und damit zu unseren tatsächlichen Möglichkeiten und Chancen. Wir können nicht weiter von der Substanz leben.

Kleinere Reparaturarbeiten an unserem Staats- und Gesellschaftsgebäude, wie sie immer wieder ins Gespräch gebracht werden, können nicht mehr viel ausrichten. Weil es ums Ganze geht, müssen alle Beteiligten zum Verzicht bereit sein, vom Facharbeiter bis zum Management, vom Handwerk bis zum Staatstheater und zum Staatsbeamten. Es geht nicht mehr darum, die Gruppeninteressen gegeneinander auszufechten und den Partner wie beim Kartenspiel zu übervorteilen. Der Hinterzimmerkonsens, wie er im Bundesrat in der Regel gepflegt wird, hat ausgedient.

Wir müssen lernen, uns als Teil des Systems Deutschland zu begreifen und die Interessen des Landes als übergeordnete, als Rahmenbedingungen zu verstehen, selbst wenn wir dafür über unseren Schatten zu springen hätten. Das erfordert die Bereitschaft, vieles von unserem augenblicklichen kollektiven Weltbild aufzugeben. Bei dem Umdenken, das dringend nötig ist, stehen uns Nachkriegsverbote, postachtundsechziger Sozialisation und der über alles wachende Korporatismus deutlich im Wege. »Deutschlands Zukunft liegt in den Köpfen seiner Menschen«, behauptet sogar der Vertrag der großen Koalitionäre. Nur wenn es uns gelingen sollte, die gut gemeinten Klischees zu überwinden, kommen wir voran.

Erstes Ziel muß die Senkung der Staatsausgaben sein. Dabei geht es nicht darum, den Sozialstaat abzuschaffen, sondern ihn wieder finanzierbar zu machen, nicht zuletzt durch die Minimierung seiner Verwaltungskosten. Dazu gehört ein Steuerrecht ohne Ausnahmeregelungen, mit niedrigeren Steuersätzen, die aber mehr bringen sollten als die hohen, mit den vielen, bisher wortreich beklagten Schlupflöchern. Dazu gehört auch der Abbau der Bürokratie, wie der Wasserkopf Bundesagentur für Arbeit in Nürnberg. Und dazu gehört die Einführung eines Mindesteinkommens, nicht eines Mindestlohns. Das Mindesteinkommen ließe sich über das Finanzamt als negative Einkommensteuer auszahlen und würde so ganze Bereiche der Sozialbürokratie überflüssig machen. Der Sozialstaat muß sich wieder an der Sozialstaatsidee orientieren und nicht, wie in den letzten Jahrzehnten, an einer korporatistisch geprägten Anspruchshaltung. Die Verteilungs- und Umverteilungsideologie muß wieder in die zweite Reihe rücken, hinter Innovationswillen und Wertschöpfungsbereitschaft. Ein gesetzlicher Anspruch auf Weihnachtsgeld ist absurd, es ist der Transfer eines Geschenks in den Lohnanspruch.

Der Arbeitsbegriff ist aus seinen rigiden Verankerungen zu lösen. Nicht der Arbeitsplatz, sondern die Arbeitsmöglichkeit hat den Ausschlag zu geben. Dazu ist der Flächentarif abzuschaffen und der Kündigungsschutz einzugrenzen. Begriffe wie »Zumutbarkeit«, aber auch »Angemessenheit« haben auf dem Arbeitsmarkt nichts verloren. Arbeit sollte uns wieder umfassender erscheinen, als die Arbeitsplatzdefinition es vorsieht.

Eine einfache Wahrheit muß auf den Tisch: Für sein Wohlergehen ist der einzelne zunächst einmal selbst zuständig.

Unsere Gesellschaft hat keinen Glücksanspruch zu garantieren, weil sie, im Unterschied zu den totalitären Systemen, auch keinen Glücksbegriff vorzuschreiben hat. Was sie leisten sollte, ist vielmehr, den Weg des einzelnen zu seiner Glücksvorstellung so weit wie möglich zu ebnen. Das Glückskonzept muß aber der einzelne selbst einbringen.

Nicht alles läßt sich staatlich verwalten, und schon längst nicht mit Erfolg. Die Unabwägbarkeiten des Arbeitsbegriffs in seiner Gestalt als Verwaltungsbegriff erfordern seine Trennung von den Leistungen der Sozialkassen. Diese könnten stabiler sein, wenn man sie nach dem Prinzip von Versicherungen führen würde. Dadurch wäre nicht jede Krise auf dem Arbeitsmarkt automatisch eine Krise der gesamten Gesellschaft und eine lähmende Belastung des Staatshaushalts.

Das Deutschlandbild verlangt nach Normalität. Es handelt sich um unser Land. Anstatt den Horizont ideologisch auszuschmücken und martialisch die rechte Gefahr zu beschwören, sollten wir uns der Verantwortung diesem Land gegenüber stellen. Verbieten wir uns nicht weiter unser Selbstbewußtsein, wenn es darum geht, die Leistungen Deutschlands zu würdigen.

Nur eine Normalisierung unseres Selbstverständnisses kann den vagabundierenden Topoi des Revisionismus die Ambivalenz nehmen. Es gibt nichts zu revidieren, weder durch Luftkriegsdiskussionen noch durch Vertreibungsdokumentationen. Die Lektion ist gelernt. Wer sie aber immer noch nicht gelernt hat, der lernt sie nie. Die Vergangenheit sollte nicht dauernd auf den Moralmarkt getragen werden. Sonst wird sie zu Kitsch. Wenn unser Deutschlandkonzept mehr sein soll als die Summe der Partikularinteressen, muß sich unser Gedächtnis unserer gesamten Geschichte und Kultur zuwenden können.

Wir müssen neu anfangen. Das aber heißt nicht nur, daß wir für weniger Geld mehr arbeiten werden. Es heißt auch, daß wir uns von Teilen des parasitären Sektors trennen werden. Es muß mehr innerhalb der Wertschöpfung gearbeitet werden als in deren Verwaltung oder gar Interpretation und Archivierung.

Das unseriöse Statistikspiel, bei dem jede aufkommende These, aber auch ihr Gegenteil jederzeit belegt werden können, muß ein Ende nehmen, zumal die letzten Volkszählungsdaten von 1987, also von vor der Vereinigung, stammen. Unser föderalistisch zerklüfteter Datenpool taugt schon lange nichts mehr. Erkenntnisse wie die, daß Deutschland die größten Sparguthaben der Welt aufhäuft und gleichzeitig Millionen Kinder von Sozialhilfe leben, daß die Lohnkosten ungewöhnlich hoch sind, die Kaufkraft aber wenig über die Kauflust verrät, sind ungefähr so aussagekräftig wie die Behauptung, Frauen bevorzugten den Sex am Abend und Männer den am Morgen. Es handelt sich oft genug um Regenbogenstatistik.

Eine Regierung, die sich ernst nimmt, sollte nicht mit neuen Gesetzen antreten, sondern mit der zügigen Abschaffung eines Teils der bestehenden. Viele sind überflüssig. Jede Regierung, auch die einer großen Koalition, ist am Umgang mit dem Gesetzesfundus zu messen. Nur wer die zweite Wirklichkeit, die der Paragraphen, einigermaßen in den Griff bekommt, kann das Staatsschiff wieder flottmachen.

Die Gefahren für Deutschland bestehen nicht in der Rückkehr seiner Vergangenheit, sie bestehen im Verfehlen der Gegenwart. Vieles als Reflex auf die deutsche Vergangenheit blockiert unsere Handlungsmöglichkeiten. Wer sich nicht in der Lage sieht, genveränderte Pflanzen zu züchten, um daraus Treibstoff zu gewinnen, der verpaßt die alternativen Energien. Alles sonstige Gerede über die Ökologie ist Quatsch. Die Zukunft der Industriegesellschaft entscheidet sich im nächsten Jahrzehnt an der Energiefrage. Es geht einfach darum, ob es uns gelingen wird, eine Alternative zum Öl zu finden oder nicht, ob wir die Brennstoffzelle zum Funktionieren bringen oder nicht. Wieviel trägt Deutschland mit Grundlagenforschung dazu bei?

Es nützt nichts, die kompromittierte erste Strophe des Deutschlandlieds durch den Weltmeisterbegriff zu ersetzen, so wie man durch den weltweiten Einkauf von Firmen auch nicht zum Global Player wird, sondern, wie einige Beispiele gezeigt haben, seine Kapitaldecke abschmilzt. Wir sollten uns auch mental von der ersten Strophe des Deutschlandlieds verabschieden.

Wir müssen neu lernen, uns als Teil des europäischen Kulturkreises zu begreifen. Die Freiheit, die wir nach 1945 und 1989 ergänzend erworben haben, ist es wert, verteidigt zu werden. Treten wir in den Wettbewerb mit denen, die den gleichen Werten verpflichtet sind, und verabschieden wir uns endlich von der Kooperation mit den Feinden der Freiheit.

Die Armut generiert nicht unmittelbar das Verbrechen, Menschenwürde und Menschenfreundlichkeit sind nicht an Wohlstand gebunden. Die Zahl der reichen Schurken ist schließlich Legion. Der Antrieb für das große Verbrechen ist, wir haben es selbst in unserer Geschichte erlebt, ideologischer Natur. Für den Fanatismus ist Armut nur ein Alibi.

Man kann, was uns antreibt, antreiben sollte, Gemeinsinn oder auch nur Fairneß nennen, wer sich davon verabschiedet, der verabschiedet sich aus den gesellschaftlichen Grundregeln. Zum Patriotismus gehören neben allem anderen auch Zahlungs- und Steuermoral. Ohne sie ist jede Vaterlandsliebe pure Demagogie. Das gilt auch für die Wirtschaft.

In der Kultur einer Gesellschaft, in ihrer Substanz, spiegelt sich nicht nur die Lebensqualität, sondern auch die Fähigkeit zu Innovation und Entwicklung. So wie die Demokratie den mündigen Bürger braucht, so braucht auch die Wirtschaft, neben Facharbeiter und Ingenieur, den intelligenten Konsumenten. Je dümmer die Klientel ist, desto weniger komplizierte Produkte kann man ihr verkaufen. Wenn man nichts in den Kunden investiert, wird man ihm bloß Billigerzeugnisse überlassen können.

Die Industriegesellschaft lebt nicht nur vom Wachstum, sie lebt auch von der Ausbildung und der Bildung der Menschen. Wer nicht ausbildet, nimmt die eigene Firma nicht ernst. So gesehen, ist die Gesellschaft ein komplexer Organismus, dessen kommunizierende Systeme nicht nur am Laufen gehalten, sondern auch laufend erneuert werden müssen. Darum geht es, und nicht um Tarifdebatten.

All das erfordert das Heraustreten aus dem Korporatismus. Nur so wird der Staat frei von den Interessen der Konzerne und von denen der Angestellten. Der Staat muß seine Unabhängigkeit wiedergewinnen, um stärker zu werden. Es kann nicht sein, daß er vor Kartellen und Preisabsprachen mit dem Hinweis kuscht, er sei machtlos. Solange er über die Gestaltung der Rahmenbedingungen verfügt, ist er nicht machtlos. Die Drohung, woandershin zu gehen, ist seitens der Wirtschaft oft eine leere Geste. Viele brauchen den deutschen Markt und letzten Endes den Rückhalt der deutschen Gesellschaft. Auch ein Produkt lebt weitgehend von seiner Identität. Unternehmen brauchen eine Heimat, selbst wenn sie diese nur Standort nennen.

Jetzt ist allerseits Dynamik erforderlich, Dynamik und Flexibilität. Um das System in Bewegung zu bringen, müssen zunächst einmal die Rahmenbedingungen gelockert werden. Es ist die dringliche Aufgabe der großen Koalition. Nur so kann die »Mauer« im Gesellschaftssystem zu Fall gebracht werden. Nur so kann auf gutes Land gesät werden. Wer Ohren hat, der höre.

Die ausgestellte Zukunft

Daß die Galerie hell erleuchtet ist, ist selbstverständlich und macht uns trotzdem unsicher. Wir stehen in hohen Altbauräumen und blicken mehr auf uns selbst als auf die Bilder. Wir halten Gläser in der Hand, an denen wir verlegen drehen, als könnten wir dem Licht, das sich in ihnen spiegelt, eine Botschaft entnehmen, die wir gar nicht kennen wollen. Der Anlaß, aus dem wir hier beisammen stehen, ist eine Vernissage oder eine Finissage, wir sind unschlüssig.

Die Bilder um uns herum haben wir selbst gemalt. Das ist bekannt. Was ihren Verkauf betrifft, sind wir skeptisch. Wir werfen prüfende Blicke auf das, was an den Wänden hängt, als wären wir Käufer und nicht Verkäufer. Als wäre uns die Zukunft dieser Bilder egal, obwohl wir die Besitzer sind.

So drehen wir uns um uns herum, wenden uns den anderen zu und von allem anderen ab, und reden. Reden so lange über ein Bild, bis es mit einem Knall von der Wand fällt. Das haben wir seit unserer Kindheit nicht mehr erlebt, sagen wir erschrocken, und plötzlich schmeckt uns der Wein, und der Weinberg geht uns als Wort über die Lippen.

Über uns ist jetzt nicht mehr die hohe Decke, sondern ein schmaler Mond. Der Horizont öffnet sich und stellt sich uns entgegen. Für einen Augenblick ist es uns, als könnten wir ihn entziffern, als sollten wir es.

»Die Bedeutung einer Sache ist ihre Wirklichkeit«, sagt Gómez Dávila.

Literatur

Bücher

Ackermann, Ulrike, Sündenfall der Intellektuellen. Ein deutsch-französischer Streit von 1945 bis heute, Stuttgart 2000

Aly, Götz, Hitlers Volksstaat. Raub, Rassenkrieg und nationaler Sozialismus, Frankfurt am Main 2005

Attac Deutschland, Alles über Attac, Frankfurt am Main 2004

Aust, Stefan, Der Baader-Meinhof-Komplex, München 1989

Bannenberg, Britta/Wolfgang Schaupensteiner, Korruption in Deutschland. Portrait einer Wachstumsbranche, München 2004

Baumann, Bommi, Wie alles anfing, Berlin 1991

Bellmund, Klaus/ Kaarel Siniveer, Kulte, Führer, Lichtgestalten. Esoterik als Mittel rechtsradikaler Propaganda, München 1997

Benda, Julien, Der Verrat der Intellektuellen, Frankfurt am Main 1988

Benjamin, Walter, Einbahnstraße, Berlin 1983

Bibo, Istvan, Die deutsche Hysterie. Ursachen und Geschichte, Frankfurt am Main 1991

Blau, Friedrich, Die deutschen Landsknechte, Essen o. J.

Bohnsack, Günter/Herbert Bremer, Auftrag: Irreführung. Wie die Stasi Politik im Westen machte, Hamburg 1992

Bolaffi, Angelo, Die schrecklichen Deutschen. Eine merkwürdige Liebeserklärung, Berlin 1995

Böll, Heinrich, Schwierigkeiten mit der Brüderlichkeit. Politische Schriften, München 1976

Böll, Heinrich/Freimut Duve/ Klaus Staeck (Hg) Verantwortlich für Polen? Reinbek 1982

Boock, Peter-Jürgen/ Peter Schneider, Ratte tot … Ein Briefwechsel, Darmstadt 1985

Böttiger, Helmut, Ostzeit/Westzeit. Aufbrüche einer neuen Kultur, München 1996

Brandt, Peter/ Herbert Ammon (Hg.), Die Linke und die nationale Frage. Dokumente zur deutschen Einheit seit 1945, Reinbek 1981

Broszat, Martin, Zweihundert Jahre deutsche Polenpolitik, Frankfurt am Main 1972
Brückner, Peter, Versuch, uns und anderen die Bundesrepublik zu erklären, Berlin 1978
Brunst, Klaudia, Je später der Abend ... Über Talkshows, Stars und uns, Freiburg im Breisgau 2005
Bude, Heinz, Das Altern einer Generation. Die Jahrgänge 1938 bis 1948, Frankfurt am Main 1997
Bude, Heinz, Generation Berlin, Berlin 2001

Canclini, Nestor García, Hybrid Cultures. Strategies for Entering and Leaving Modernity, Minneapolis 1995
Chaussy, Ulrich, Die drei Leben des Rudi Dutschke. Eine Biographie, Darmstadt 1983
Constantin, Theodor, Plaste und Elaste. Ein deutsch-deutsches Wörterbuch, Berlin 1988
Corino, Karl, »Außen Marmor, innen Gips«. Die Legenden des Stephan Hermlin, Düsseldorf 1996

Daim, Wilfried, Der Mann, der Hitler die Ideen gab. Jörg Lanz von Liebenfels, Wiesbaden o.J.
Deiritz, Karl/Hannes Krauss, Der deutsch-deutsche Literaturstreit oder »Freunde, es spricht sich schlecht mit gebundener Zunge«. Analysen und Materialien, Hamburg 1991
Delius, Friedrich Christian, Der Sonntag, an dem ich Weltmeister wurde, Reinbek 1994
Delumeau, Jean, Angst im Abendland. Die Geschichte kollektiver Ängste im Europa des 14. bis 18. Jahrhunderts, Reinbek 1985
Di Fabio, Udo, Die Kultur der Freiheit, München 2005
Diner, Dan, Feindbild Amerika. Über die Beständigkeit eines Ressentiments, München 2002
Doehlemann, Martin, Langeweile? Deutung eines verbreiteten Phänomens, Frankfurt am Main 1991

Engler, Wolfgang, Die Ostdeutschen. Kunde von einem verlorenen Land, Berlin 2000
Engler, Wolfgang, Bürger, ohne Arbeit. Für eine radikale Neugestaltung der Gesellschaft, Berlin 2005
Enzensberger, Hans Magnus/Rainer Nitsche/Klaus Roehler/Winfried Schafhausen, Klassenbuch 3. Ein Lesebuch zu den Klassen-

kämpfen in Deutschland 1920–1971, Darmstadt und Neuwied 1972
Enzensberger, Hans Magnus, Die große Wanderung. 33 Markierungen, Frankfurt am Main 1992
Enzensberger, Hans Magnus, Aussichten auf den Bürgerkrieg, Frankfurt am Main 1992

Fallaci, Oriana, Wir, Engel und Bestien. Ein Bericht aus dem Vietnamkrieg, München 1977
Fallaci, Oriana, Die Wut und der Stolz, München 2002
Fanon, Frantz, Les damnés de la terre, Paris 1970
Fest, Joachim C., Das Gesicht des Dritten Reiches. Profile einer totalitären Herrschaft, München 1988
Friedrich, Jörg, Der Brand. Deutschland im Bombenkrieg 1940–1945, München 2002
Fuchs, Jürgen, Das Ende einer Feigheit, Roman, Reinbek 1988
Fuchs, Jürgen, Magdalena, Roman, Berlin 1998
Fuhrmann, Manfred, Bildung. Europas kulturelle Identität, Stuttgart 2002

Giordano, Ralph, Die zweite Schuld oder Von der Last Deutscher zu sein, München 1990
Giordano, Ralph, Die Partei hat immer recht. Ein Erlebnisbericht über den Stalinismus auf deutschem Boden, Freiburg im Breisgau 1990
Giordano, Ralph (Hg.), Deutschland und Israel: Solidarität in der Bewährung. Bilanz und Perspektive der deutsch-israelischen Beziehungen, Gerlingen 1992
Goffman, Erving, Wir alle spielen Theater. Die Selbstdarstellung im Alltag, München 1983
Graeb-Könneker, Sebastian, Literatur im Dritten Reich. Dokumente und Texte, Stuttgart 2001
Gross, Johannes, Die Deutschen, Frankfurt am Main 1967
Gross, Johannes, Die Begründung der Berliner Republik, Stuttgart 1995
Gruhl, Herbert, Ein Planet wird geplündert. Die Schreckensbilanz unserer Politik, Frankfurt am Main 1982
Guevara, Che, Der neue Mensch – Entwürfe für das Leben in der Zukunft, Dortmund 1984
Guggenberger, Bernd, Sein oder Design. Im Supermarkt der Lebenswelten, Reinbek 2000

Haberlik, Christina, Gerwin Zohlen, Ein Stadtführer zur Architektur des neuen Berlin. 60 Bauten im Überblick, Berlin 2002

Habermas, Jürgen, Glauben und Wissen. Friedenspreis des Deutschen Buchhandels 2001, Frankfurt am Main 2001

Habermas, Jürgen, Zwischen Naturalismus und Religion. Philosophische Aufsätze, Frankfurt am Main 2005

Haffner, Sebastian, Anmerkungen zu Hitler, Frankfurt am Main 2003

Haffner, Sebastian, Überlegungen eines Wechselwählers, Berlin 1980

Haffner, Sebastian, Zwischen den Kriegen. Essays zur Zeitgeschichte, München 2001

Halbwachs, Maurice, Das kollektive Gedächtnis, Frankfurt am Main 1985

Hanika, Iris, Das Loch im Brot, Frankfurt am Main 2003

Havemann, Robert, Fragen Antworten Fragen. Aus der Biographie eines deutschen Marxisten, München 1970

Harrison, Lawrence E., Underdevelopment is a State of Mind. The Latin American Case, Oxford 1985

Harrison, Lawrence E. /Samuel P. Huntington, Culture Matters. How Values Shape Human Progress, New York 2000

Herf, Jeffrey, Zweierlei Erinnerung. Die NS-Vergangenheit im geteilten Deutschland, Berlin 1998

Herzinger, Richard/Hannes Stein, Endzeit-Propheten oder Die Offensive der Antiwestler, Reinbek 1995

Herzinger, Richard, Republik ohne Mitte. Ein politischer Essay, Berlin 2001

Herzog, Marianne, Nicht den Hunger verlieren, Berlin 1980

Higounet, Charles, Die deutsche Ostsiedlung im Mittelalter, München 1990

Illies, Florian, Generation Golf. Eine Inspektion, Berlin 2000

Jaspers, Karl, Wohin treibt die Bundesrepublik? Tatsachen, Gefahren, Chancen, München 1966

Jungk, Robert, Heller als tausend Sonnen, Stuttgart 1956

Kallscheuer, Otto (Hg.), Das Europa der Religionen, Frankfurt am Main 1996

Karsunke, Yaak, Kilroy & andere. Gedichte, Berlin 1967

Klier, Freya, Verschleppt ans Ende der Welt. Schicksale deutscher Frauen in sowjetischen Arbeitslagern, Berlin 1996

Knabe, Hubertus, Der diskrete Charme der DDR. Stasi und Westmedien, Berlin 2001

Koch, Hans Jürgen, Wallfahrtsstätten der Nation. Vom Völkerschlachtdenkmal zur Bavaria, Frankfurt am Main 1971

Koenen, Gerd, Das rote Jahrzehnt. Unsere kleine deutsche Kulturrevolution 1967–1977, Köln 2001

Körner, Hans-Michael/Katharina Weigand (Hg.), Hauptstadt. Historische Perspektiven eines deutschen Themas, München 1995

Kracauer, Siegfried, Die Angestellten, Frankfurt am Main 1971

Kraushaar, Wolfgang, Die Bombe im jüdischen Gemeindehaus, Hamburg 2005

Krockow, Christian Graf von, Scheiterhaufen. Größe und Elend des deutschen Geistes, Reinbek 1993

Krockow, Christian Graf von, Von deutschen Mythen, München 1997

Krützen, Michaela, Hans Albers. Eine deutsche Karriere, Berlin 1995

Kullmann, Katja, Generation Ally. Warum es heute so kompliziert ist, eine Frau zu sein, Frankfurt am Main 2003

Kunze, Reiner, Die wunderbaren Jahre. Prosa, Frankfurt am Main 1976

Leggewie, Claus, Kofferträger. Das Algerien-Projekt der Linken, Berlin 1984

Mailänder, Ulf/Ulrich Zander, Das kleine Westberlin-Lexikon, Berlin 2003

Meinhof, Ulrike Marie, Die Würde des Menschen ist antastbar. Aufsätze und Polemiken, Berlin 1980

Martin, Bernd (Hg.), Deutschland in Europa. Ein historischer Rückblick, München 1992

Martin, Marko, Sommer 1990, München 2004

Meschnig, Alexander/Mathias Stuhr, www.revolution.de. Die Kultur der New Economy, Hamburg 2001

Miegel, Meinhard, Die deformierte Gesellschaft. Wie die Deutschen ihre Wirklichkeit verdrängen, Berlin 2002

Misik, Robert, Genial dagegen. Kritisches Denken von Marx bis Michael Moore, Berlin 2005

Mitscherlich, Alexander und Margarete, Die Unfähigkeit zu trauern. Grundlagen kollektiven Verhaltens, München 1977

Mitterauer, Michael, Warum Europa? Mittelalterliche Grundlagen eines Sonderwegs, München 2003

Mohler, Armin, Vergangenheitsbewältigung. Von der Läuterung zur Manipulation, Stuttgart 1968

Mohr, Reinhard, Zaungäste. Die Generation, die nach der Revolte kam, Frankfurt am Main 1992

Müller, Michael/ Andreas Kanonenberg, Die RAF-Stasi-Connection, Berlin 1992

Niethammer, Lutz (Hg.), Der »gesäuberte« Antifaschismus: Die SED und die roten Kapos von Buchenwald, Berlin 1994

Niethammer, Lutz, Kollektive Identität. Heimliche Quellen einer unheimlichen Konjunktur, Reinbek 2000

Nora, Pierre, Zwischen Geschichte und Gedächtnis, Frankfurt am Main 1998

Nutt, Harry, Chance und Glück. Erkundungen zum Glücksspiel in Deutschland, Frankfurt am Main 1994

Pleitgen, Fritz (Hg.), Die Ausbürgerung. Anfang vom Ende der DDR, München 2001

Plessner, Helmuth, Die verspätete Nation. Über die politische Verführbarkeit bürgerlichen Geistes, Frankfurt am Main 1974

Polcz, Alaine, One Woman in the War. Hungary 1944–1945, Budapest 2002

Raddatz, Fritz J. (Hg.), Warum ich Marxist bin, Frankfurt am Main 1980

Rangel, Carlos, Der Westen und die Dritte Welt. Von falschen Schuldkomplexen zu echter Verantwortung, München 1986

Rheingold, Howard, Smart Mobs. The Next Social Revolution, Cambridge 2002

Rifkin, Jeremy, Die H^2-Revolution. Mit neuer Energie für eine gerechte Gesellschaft, Frankfurt 2002

Rohrmoser, Günter, Deutschlands Tragödie. Der geistige Weg in den Nationalsozialismus, München 2002

Roth, Jürgen, Ermitteln verboten! Warum die Polizei den Kampf gegen die Kriminalität aufgegeben hat, Frankfurt am Main 2004

Rotterdam, Erasmus von, Das Lob der Torheit, Frankfurt am Main 1979

Rühmkorf, Peter, Über das Volksvermögen. Exkurse in den literarischen Untergrund, Reinbek 1967

Saña, Heleno, Die verklemmte Nation. Zur Seelenlage der Deutschen, München 1992
Sauzay, Brigitte, Retour à Berlin. Ein deutsches Tagebuch, München 2000
Schacht, Ulrich (Hg.), Hohenecker Protokolle. Aussagen zur Geschichte der politischen Verfolgung von Frauen in der DDR, Berlin 1989
Schädlich, Hans Joachim, Anders, Roman, Reinbek 2003
Schäfer, Hans Dieter, Das gespaltene Bewußtsein. Deutsche Kultur und Lebenswirklichkeit 1933–1945, München 1981
Schenk, Fritz, Der Fall Hohmann. Die Dokumentation, München 2004
Scheuch, Erwin K. und Ute, Cliquen, Klüngel und Karrieren. Über den Verfall der politischen Parteien, Reinbek 1992
Schildt, Axel, »Moderne Zeiten«. Freizeit, Massenmedien und ›Zeitgeist‹ in der Bundesrepublik der fünfziger Jahre, Hamburg 1995
Schlögel, Karl, Die Mitte liegt ostwärts. Die Deutschen, Mitteleuropa und der verlorene Osten, Berlin 1986
Schlögel, Karl, Berlin. Ostbahnhof Europas. Russen und Deutsche in ihrem Jahrhundert, Berlin 1998
Schneider, Peter, Ansprachen. Reden, Notizen, Gedichte, Berlin 1970
Schöllgen, Gregor, Jenseits von Hitler. Die Deutschen in der Weltpolitik von Bismarck bis heute, Berlin 2005
Schwanitz, Dietrich, Bildung, Frankfurt am Main 1999
Schumacher, Hajo, Kopf hoch, Deutschland. Optimistische Geschichten aus einer verzagten Republik, München 2005
Schulze, Gerhard, Kulissen des Glücks. Streifzüge durch die Eventkultur, Frankfurt am Main 1999
Schütt, Peter, Mein letztes Gefecht. Abschied und Beichte eines Genossen, Böblingen 1992
Schwilk, Heimo/Ulrich Schacht (Hg.) Die selbstbewusste Nation, Berlin 1994
Seibt, Ferdinand, Deutschland und die Tschechen. Geschichte einer Nachbarschaft in der Mitte Europas, München 1993
Siedler, Wolf Jobst, Abschied von Preußen, Berlin 1991
Silbermann, Alphons, Von der Kunst der Arsckriecherei, Berlin 1997
Simrock, Karl, Die Schildbürger, Furth im Wald o. J.
Sölle, Dorothee, Das Recht ein anderer zu werden. Theologische Texte, Neuwied und Berlin 1971
Sontheimer, Kurt, Das Elend unserer Intellektuellen. Linke Theorie in der Bundesrepublik Deutschland, Hamburg 1976

Sontheimer, Kurt, Antidemokratisches Denken in der Weimarer Republik, München 1978
Sontheimer, Michael/Otto Kallscheuer, Einschüsse. Besichtigung eines Frontverlaufs. Zehn Jahre nach dem Deutschen Herbst, Berlin 1987
Stephan, Cora, Ganz entspannt im Supermarkt. Liebe und Leben im ausgehenden 20. Jahrhundert, Berlin 1985
Stephan, Cora, Der Betroffenheitskult. Eine politische Sittengeschichte, Reinbek 1994
Steingart, Gabor, Deutschland. Der Abstieg eines Superstars, München 2004

Thadden, Rudolf von, Fragen an Preußen. Zur Geschichte eines aufgehobenen Staates, München 1987
Thompson, Daniel, Das Ende der Zeiten. Apokalyptik und Jahrtausendwende, Hildesheim 1997

Wagenbach, Klaus/ Winfried Stephan/ Michael Krüger (Hg.), Vaterland, Muttersprache. Deutsche Schriftsteller und ihr Staat von 1945 bis heute, Berlin 1979
Wallraff, Günter, Industriereportagen. Als Arbeiter in deutschen Großbetrieben, Reinbek 1970
Walser, Martin, Erfahrungen beim Verfassen einer Sonntagsrede, Frankfurt am Main 1998
Wir warn die stärkste der Partein … Erfahrungsberichte aus der Welt der K-Gruppen, Berlin 1977

DVDs

Fatih Akin, Gegen die Wand (2004)
Wolfgang Becker, Goodbye, Lenin (2003)
Andrea Berg, Eine Reise durch die Seele (2004)
James Cameron, Titanic (2001/1997)
Charles Chaplin, Der große Diktator (2005/1940)
Tom Gerhardt, Ballermann 6 (2004/1997)
Leander Haussmann, Sonnenallee (2003/1999)
Leander Haussmann, Herr Lehmann (2004/2003)
Joachim Hasler, Heißer Sommer (2003/1967)
André Heller, Im toten Winkel – Hitlers Sekretärin (2004/2002)
Michael »Bully« Herbig, Der Schuh des Manitu (2002/2001)
Oliver Hirschbiegel/Bernd Eichinger, Der Untergang (2005/2004)

Helmut Käutner, Große Freiheit Nr.7 (2005/1944)
Ernst Lubitsch, Sein oder Nichtsein (2000/1942)
Marc Rothemund, Sophie Scholl – Die letzten Tage (2005/2004)
Ridley Scott, Blade Runner (1999/1993)
Rüdiger Sünner, Schwarze Sonne: Mythologische Hintergründe des Nationalsozialismus (2001/1998)
Sönke Wortmann, Das Wunder von Bern (2004/2003)
Simon West, Lara Croft: Tomb Raider (2003/2001)

CDs

2raumwohnung, Kommt zusammen (2001)
Kristina Bach, Best of (2005)
Jürgen Drews, Ein Bett im Kornfeld (2001)
Juli, Es ist Juli (2004)
Annett Louisan, Bohème (2004)
MIA, Stille Post (2004)
DJ Ötzi, Anton aus Tirol (2000)
Puhdys, 36 Hits aus 36 Jahren (2005)
Bill Ramsey, Ohne Krimi geht die Mimi nie ins Bett (2000)
De Randfichten, Lebt denn dr Holzmichl noch …? (2004)
Renft, Live in Concert (1996)
Tocotronic, Pure Vernunft Darf Niemals Siegen (2005)
Ton Steine Scherben, Keine Macht für Niemand (1972)
Caterina Valente, Bonjour Catherine (2000)
Hanne Wieder, Einzigartig (2001)
Wir sind Helden, Die Reklamation (2003)

Gret Haller
Politik der Götter
Europa und der neue
Fundamentalismus
224 Seiten. Gebunden
ISBN 3-351-02608-0

»Geschichtlich fundiert, gedanklich brilliant.«

NEUE WESTFÄLISCHE ZEITUNG

Welcher Zusammenhang besteht zwischen dem vom US-Präsidenten gelenkten Kampf gegen den Terrorismus und der Bedeutung von religiöser Identität? Lassen sich Demokratie und Menschenrechte mittels Militärschlägen exportieren? Stellen Christentum und Islam mit ihrem Wahrheitsanspruch die europäische Identität in Frage? Wie läßt sich Streit zwischen den Religionen verhindern? Gret Haller betrachtet die Achtung der Menschenwürde, Rechtsstaatlichkeit und die Stärkung des Völkerrechts als Maßstab für verantwortliches politisches Handeln. Das Buch erörtet, warum es für Europa keine Alternative zur Trennung von Religion und Politik gibt.

Mehr von Gret Haller im Taschenbuch:
Die Grenzen der Solidarität. Sachbuch. AtV 8108-1

aufbau
VERLAG

Weitere Informationen erhalten Sie unter
www.aufbau-verlag.de oder in Ihrer Buchhandlung

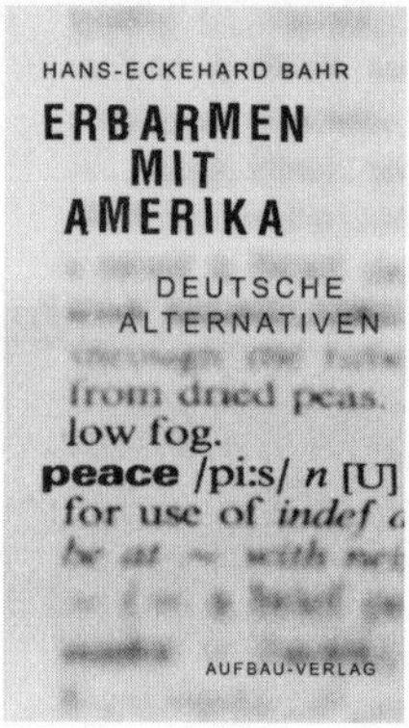

Hans-Eckehard Bahr
Erbarmen mit Amerika
Deutsche Alternativen
Sachbuch
157 Seiten. Gebunden
ISBN 3-351-02569-6

Statt Bomben und Embargos

Hans-Eckehard Bahr stellt Alternativen für ein konstruktives, nicht-militärisches Engagement Europas vor und greift dabei auf die politische Kultur des anderen Amerika zurück – des Amerika von Martin Luther King.
Als George W. Bush am 12. September 2001 zum Kreuzzug gegen »das Böse« aufrief, war dies für die Staaten Europas kein Grund, sich der Hysterie anzuschließen. Deutschland lernte in jahrelangen Verhandlungen, Systemgegensätze diplomatisch durch eine Politik ohne Bomben und Embargos zu lösen. Mit diesen wichtigen Erfahrungen kann heute der Dialog zerstrittener Kulturen ungemein bereichert werden.

»Bahrs Buch sticht aus der Literatur hervor, weil der Autor die religiösen Wurzeln des Weltmachtstrebens in Washington nicht nur beschreibt, sondern aus gründlicher, theologisch geschulter Bibelkenntnis untersucht – und ernst nimmt.« SÜDDEUTSCHE ZEITUNG

aufbau
VERLAG

Weitere Informationen erhalten Sie unter
www.aufbau-verlag.de oder in Ihrer Buchhandlung

Micha Brumlik
Wer Sturm sät
Die Vertreibung der Deutschen
Herausgegeben von Michel Friedmann
300 Seiten. Gebunden
ISBN 3-351-02580-7

Das Jahrhundert der Vertreibungen

Zum Ende des Zweiten Weltkrieges flohen Millionen Deutsche aus ehemaligen deutschen Ostgebieten. Unzählige wurden Opfer von Raub, Mord und Vergewaltigung. Micha Brumliks differenzierte Analyse zeigt einen Weg, sich dieser Geschichte zu stellen und einen Ton für die Debatte zu finden, der allen Opfern gerecht wird.

Die Beschäftigung mit Vertriebenen gipfelte in den Bemühungen, ihnen mit dem umstrittenen Zentrum gegen Vertreibungen ein Denkmal zu setzen. Brumliks Analyse stellt die monströse Vernichtungs- und Umsiedlungspolitik in den historischen Kontext des »Jahrhunderts der Vertreibungen« – vom Genozid der Türken an den Armeniern, der Deportation der Krim-Tataren durch Stalin bis hin zu Bürgerkrieg und Vertreibungen im postkommunistischen Jugoslawien. Das nationalsozialistische Deutschland steigerte diese Tendenzen bis ins Unvorstellbare und hat damit ein »präzedenzloses Verbrechen« (Yehuda Bauer) zu verantworten.

aufbau
VERLAG

Weitere Informationen über Micha Brumlik erhalten Sie unter www.aufbau-verlag.de oder in Ihrer Buchhandlung

Recht ist, was den Waffen nützt
Justiz und Pazifismus im 20. Jahrhundert
Herausgegeben von Helmut Kramer
und Wolfram Wette
Mit einem Vorwort von Hans-Jochen Vogel
Mit 33 Abbildungen
432 Seiten. Gebunden
ISBN 3-351-02578-5

Pazifisten im Visier der Justiz

Erstmals zeichnen Juristen und Historiker ein Gesamtbild des Verhältnisses von Justiz und Pazifismus im kriegerischen 20. Jahrhundert Fazit des Gemeinschaftsprojektes ist: Im Konflikt zwischen Macht und Freiheit hat sich die Justiz im Kaiserreich, in der Weimarer Republik, im NS-Staat und bis in die jüngste Zeit häufig auf die Seite der Machthaber geschlagen. Sie bediente sich dabei der strafrechtlichen Vorwürfe des angeblichen Landesverrats, der Wehrkraftzersetzung, der Nötigung etc.
Die »kalte Amnestie« für Wehrmachtsjuristen, die Versuche zur Kriminalisierung von Gegnern der Wiederbewaffnung und zur Aushöhlung des Grundrechts auf Kriegsdienstverweigerung verweisen auf die Autoritätsgläubigkeit von Richtern und deren Nachgiebigkeit gegenüber militärischen Interessen auch nach 1945. Aber es gibt dennoch ermutigende Versuche, diese dominante Strömung der Justiz zu durchbrechen.

»Dem Buch gebührt weite Verbreitung.« DAS PARLAMENT

aufbau
VERLAG

Weitere Informationen erhalten Sie unter
www.aufbau-verlag.de oder in Ihrer Buchhandlung